Ingeniería del Software:

# Gestión personal para el éxito

## 2da Edición

Jacinto Fung León

Primera edición  2017 ISBN-13: 978-1973334743

Primera edición  2017 ISBN-10: 1973334747

Safe Creative: 1711184873388

**ISBN-13:** 978-1082539978

Gracias a ti, mi Dios, por todo.

Gracias a mis padres por mi existencia y educación.

Gracias a mi familia por su apoyo y paciencia.

Gracias a mis hijos y esposa por hacerme sentir vivo y luchador.

Gracias a mis amistades por regalarme sus momentos.

Gracias a todos, por enseñarme que solo vale la pena en la vida
la rectitud y el ser integral.

# Prefacio

El proceso de creación de un software es similar a los diversos proyectos en la vida humana. Los proyectos varían desde los más técnicos que necesitan tanta intervención de personas especializadas del área, hasta proyectos que depende de la creatividad y esfuerzo mental basado en ideas puras abstractas. El software en el mundo real tiene la combinación de los dos mundos, un producto que se desarrolla con la creatividad del humano y basada en la tecnológica que usa el computador. El área que abarca en el desarrollo de software es en el área científica, con un alto nivel de disciplina con el uso de los procesos de desarrollos. Una de esta disciplina es la Ingeniería del Software que permite garantizar el éxito de los proyectos. La realidad, los proyectos de desarrollos de software en el mundo tiene un alto nivel de fracaso sin la Ingeniería del Software. La Ingeniería del Software permite estudiar la diversidad de razones de los fracasos como los casos de éxitos a nivel mundial. En este libro de "Ingeniería del Software: gestión personal para el éxito" describe otra visión de los fracasos y de los éxitos de los proyectos. Al final, el humano es el que falla en los proyectos, es el mismo personal que alcanza también el éxito, hay razones que producen estos diferentes resultados. Gran peso de la responsabilidad lo tienen los líderes, los gestores, los administradores o los gerentes que dirigen el personal. Pero es el grupo en su totalidad que construye estos resultados. Existen diversos estudios y ramas de la ciencia que investigan este tipo de comportamiento grupal que procura en generar excelentes modelos de gestiones para los proyectos. Basados en estos estudios, entramos a otro extremo del estudio, estudiar la toma de decisiones y sus acciones del individuo que pueden hacer realidad estos cambios, no solo del proyecto sino también en la vida misma. Se refleja el éxito y fracaso a nivel atómico en los grupos, donde puede sumar para el éxito o fracaso del colectivo.

El libro contiene tres grandes separaciones, está estructurado en el inicio con diversos conceptos de las ciencias blandas y duras, donde se refresca y hace énfasis en las ideas para dirigirlo en las direcciones adecuadas a la Ingeniería del Software. Actualmente las empresas, no solo de tecnología sino en todas las áreas económicas, incorporan la evaluación sobre el potencial humano basado en la ciencia blanda para reclutar el personal, como por ejemplo, el carácter, la pro actividad, el nivel de compromiso, la responsabilidad, etc. La segunda estructura del libro comprende los conceptos de la Ingeniería del Software a usarse en la investigación referente a la gestión, donde permite buscar similitudes con otras ciencias, como las coincidencias en otras ramas del conocimiento. Los capítulos del 2 al 5 describen los diferentes conceptos de la Ingeniería del Software y sus relaciones. Finalmente, en los últimos capítulos se entra en el tema de "la gestión personal", toda gestión está compuesta de un conjunto de diversa sub gestiones, en los últimos capítulos de definen los enlaces de las ciencias blandas y duras con la gestión.

# Contenido

# 1. Conceptos varios de la ciencia

*"Quien mira hacia fuera, sueña;*

*Quien mira hacia adentro, despierta."*

*Carl Gustav Jung*

## 1. Introducción

La vida profesional permite modelar las otras áreas de la vida, como la familiar que influye en las gestiones diarias. Con base a este hecho se hace consciente de la influencia e integración de un todo; de forma reciproca, la vivencia de las otras áreas de la vida que influyen en el modelo mental en la profesión; aunque son áreas separadas, todas las áreas existen patrones comunes de comportamiento que identifican estas influencias. En este particular, se centra en el pensamiento y comportamiento adquirido en la profesión de la ingeniería del software, utilizando este conocimiento como herramienta formal disponible a ser utilizado para enfrentar los retos diarios. Los conocimientos adquiridos a diarios permiten ser utilizado en el área de la ingeniería del software, en caso más elemental de la gestión, donde incluye modelo mental y el uso de todos los recursos disponibles para llegar al objetivo o las metas. La base fundamental donde se sustenta la ingeniería del software que incluye los procesos y las tecnologías, que a simple vista en aplicar el conocimiento científico permite un alto nivel de éxito en la teoría, por ser predecible por la ciencia; pero en la realidad existen más fracasos que éxitos en los proyectos de desarrollo de software; las razones pueden ser muchas, pero el caso de estudio que se identifica es el hecho de las tomas de decisiones y las acciones ejecutadas, encamina a la gestión que puede estar centralizado el problema. Pero existe mucha información y conocimiento de la gestión, cursos y especializaciones que estudian e investigan en esta área, pero aún se tienen más fracasos que éxito. Otro tipo de visión, se identifica en la teoría de los procesos probados en los casos de éxitos, pero aplicados en otros proyectos no fueron exitosos. El factor común de ambos casos son los componentes humanos que intervienen, el factor humano es crucial en el éxito o fracaso de los proyectos. La gestión y el humano interviene en el resultado de los proyectos, la combinación de las tomas de decisiones y acciones como integrante del proceso de gestión del humano.

El software es el resultado de la combinación de las dos ciencias, que más adelante se describen; con la ingeniería del software garantiza la calidad del producto a entregar, los resultados de fracasos y de éxitos depende de la gestión del proyecto. La gestión posee la opción de usar las dos ciencias, el uso correcto o no de ambas ciencias permiten ver los resultados de los proyectos informáticos. La creación del producto proviene generalmente de la creatividad, pensamiento y el "arte" de lo abstracto del hombre, esto lo que se acerca a la ciencia blanda en el proyecto. Por otro lado, la ejecución y entrega del producto llamado Software proviene del manejo fundamental de la matemática, física y química, reflejando en las diferentes ingenierías (electrónica, mecánica, materiales, etc.) que son parte de la ciencia dura. La combinación de ambas ciencias permite una mezcla que puede resultar destructiva o constructiva dentro del proyecto. La combinación, selección y uso depende de la gestión que se haga el uso de ellas.

Se intenta con este libro el uso del conocimiento de esta área técnica mejore la calidad de vida; mejorar su efectividad en el trabajo, sea del área o no; dar a conocer a  personas no técnicas el mundo que viven los informáticos e ingeniero del área; tener otra visión de mundo en que nos rodea pero como ingeniero de desarrollo del Software; personas que desean conocer este mundo y está decidiendo que carrera debe escoger; el libro puede ser usado en la parte académica en la introducción básica de la materia de Ingeniería del Software. El libro está basado por algunas teorías de la Ingeniería del Software que se describe en forma sencilla y espero entendible a las personas que no es del área; pero con el rigor de un trabajo académico que combina ambas ciencias (blanda y dura) para presentar diferentes visiones y propuestas al respecto.

El otro objetivo del libro es de integrar todas las partes de los pensamientos, creencias, conocimientos, habilidades, y experiencias en las acciones futuras en la vida. Como dijo Albert Einstein en algún momento: "todo en esta vida se puede demostrar científicamente, lo que no se puede se lo dejo a Dios". Este libro intenta tocar parte del límite entre la ciencia dura y la blanda, es decir, una visión integradora.

## 1.1. Conceptos de Ciencia dura y ciencia blanda

El manejo de estos dos conceptos de ciencia dura y ciencia blanda, no es de forma peyorativa, se utiliza para expresar de forma familiar para entender las dos ciencias "separadas"; no es el propósito de este libro discutir el origen de estos dos conceptos, ni hacer la investigación del origen de la misma. Una de la ciencia abarca el estudio del hombre y por el otro, la naturaleza, la palabra "separadas" está entre comilla porque en la superficie se da una idea inicial que hay que diferenciar las dos ciencias; pero al investigar ambos conceptos, no tienen diferencias en el fondo. La diferencia es el área del dominio de estudio, pero la metodología usada es similar o inclusive idéntica. Siendo dos áreas de dominio: el hombre y la naturaleza; el estudio del hombre se basa en cómo justificar o buscar el origen del pensamiento y actos del hombre, involucra área del dominio de la psicología, filosofía, derecho (leyes), sociales y políticas, economías, todas las expresiones artísticas, etc., donde la mayoría de los casos no se pueden cuantificar y experimentar, está relacionado al estudio de la sociedad o el hombre y sus relaciones, una característica de esta ciencia no se garantiza lo predecible de las observaciones; mientras que la ciencia dura, la mayoría de los objetos de estudio se pueden tocar, percibir con los sentidos, y en todos los casos medir en el ciclo completo de estudio, su característica es predecible.

En la ingeniería de software existen ambas ciencias, donde está presente en la ciencia dura, donde se refleja en los componentes físicos electrónicos de las computadoras; que funcionan según la teoría de la matemática y la física, las conexiones físicas de los diferentes componentes dentro del ordenador (o computador), y las conexiones físicas con los diferentes ordenadores; la ciencia dura está presente en el hardware (inicialmente proviene de dos palabras inglesa: hard – duro; ware – mercancía, baratija). Los programas o aplicaciones funcionan por la ciencia dura, aunque sea la parte más blanda o no tangible del ordenador (soft – blando; ware – mercancía, baratija), basada generalmente por la matemática, lógica computacional, algoritmos y programación, que es la parte de la ciencia dura. ¿Dónde se encuentra en la ingeniería de software la ciencia blanda?, es una buena pregunta, la respuesta es análogo a responder a la pregunta ¿qué un programa es la parte blanda o dura de un ordenador?, es fácil descubrir que la mayoría de los temas se pueden ubicar en cada ciencia, pero, se hace difícil en limitarla, cuando al ubicar un tema que está en el límite y catalogarlo en una ciencia, pero en este libro no cubrirá la clasificación de esos temas, debido a que cada una de ellas se confundirán y no habrán límites; verlo de forma integral como una sola ciencia. El pensamiento integral de este libro es precisamente la justificación donde más delante se describe. El libro describe de diferentes temas, que son las partes de la ingeniería de software que vamos a tocar, no podemos abarcar todos los temas en el libro, pero se intenta de cubrir la mayoría, debido a que cambia constantemente por los descubrimientos y las nuevas tecnologías que aparecen, y por el mismo avance de la ciencia. La ciencia dura constituye la intervención del humano en el proyecto, la relación entre ambos donde se define por lo predecible, repetible, controlado y universal de sus principios, mientras que la ciencia blanda no cumple una o varias de estas características. La ciencia blanda generalmente está presente en las relaciones de las personas en el proyecto, el individuo en sí mismo en la toma de decisiones, las acciones que se ejecutan y seleccionan en las tomas de decisiones y posiblemente la razón de actuar en el desarrollo del software. Existen otras ciencias blandas involucradas en los proyectos informáticos que no mencionamos en el libro, no se mencionan por falta de formalismo de validez por la ciencia o por descuido del autor (en este caso pido perdón por esto).

La intención de este libro no es unificar las dos ciencias, la idea es sacar lo mejor de ambos para ser usado en esta ingeniería. Ambas ciencias poseen hasta el momento un cúmulo de conocimiento y experiencia que está conformado en principios, leyes y normas que en cada ciencia y en cada área del conocimiento está envuelto, por ejemplo, en la ingeniería de software tiene sus principios, leyes y normas que integran como una área de la ingeniería, de la misma forma de las diferentes ramas de la ingeniería genética u otra ingeniería. Como la ciencia dura y blanda existen factores comunes o límites que se unen en ambas ciencias, sucede lo mismo en la Ingeniería del Software, existen puntos donde se diferencian las dos ciencias, pero también existen coincidencias en ambas. Entre las diferentes áreas que involucran la misma ciencia, también se verifica la marcada separación, y en algún lugar debe coincidir en sus límites. Si en la misma ciencia existen estas limitaciones, fusiones y separaciones entre sus diferentes áreas de dominio de conocimiento; en la ingeniería del software sucede el mismo como ambas ciencias.

## 1.2. Principios

Los "Principios" según la Real Academia Española [Rae01, página 1834] es "*Cada una de las primeras proposiciones o verdades fundamentales por donde se empiezan a estudiar las ciencias o las artes. Norma o idea fundamental que rige el pensamiento o la conducta*". En la ingeniería de software se basa en principios igual que en las otras ingenierías, donde se define un conjunto de normas y principios.

Los principios de las diferentes ciencias cambian con el transcurrir del tiempo, evoluciona, crece, acumula conocimiento o existe diversidad de enfoques, etc., esto lo que nosotros llamamos avance de la ciencia. Pero hay que tener cuidado en los cambios. Hay principios que se acumulan en una ciencia, hay principio que se sustituye por otro, y hay otros principios que se mantienen inalterables desde que nació esa ciencia, debido a que no hay otro que lo sustituya, reemplace, o simplemente que aparece uno nuevo que reconfirma en su estado inalterable el primer principio. Este mecanismo está presente por una o varias metodologías y formalismos científicos, que por su rigor permite evolucionar los principios de una ciencia. Ejemplo claro en las teorías de Newton que sus leyes son mantenidas hasta el siglo 20 y son vista de otra forma al demostrarse la teoría de la relatividad de Einstein. Otro ejemplo que las verdades cambian, en el pasado creían que la tierra era el centro del universo, hasta que se demostró que es el sol el centro y la tierra gira alrededor de esta, luego el sol era el centro del universo, pero los avances tecnológicos indican que el sol es el centro del sistema solar en la vía láctea y no del universo.

Los principios se basan en verdades, ¿qué significa estas verdades?, se asumen como ciertas, y si no se cumple la verdad ¿qué sucede?; si está bien basada y no tenemos los resultados deseados, se debe evaluar si fue una correcta aplicación de esta, investigar los casos o condiciones que se aplican estos principios, o los resultados fueron mal medidos o mal interpretado. El otro lado de la verdad está la falsedad, es simplemente es la falta de la verdad; si se realizan acciones apoyado por un principio que no lo es como tal; o aplicar todo lo contrario del principio y esperar el mismo resultado definido por esta; la falsedad es el rechazo de esa verdad. En la representación mental existe la verdad y lo falso (no verdad) que se refleja en diferentes ámbitos de la ciencia; desde el punto de vista de la informática y los ordenadores se representa como "1" (uno) significa verdadero y "0" (cero) como falso, en el caso de la electrónica es "0" (cero) al colocar en un circuito cero a dos y medio (0,0 - 2,5 voltios) voltios, y "1" (uno) significa más de dos y medio voltios a cinco voltios (2,5 – 5,0 voltios). Todos los principios fundamentales mantienen su aplicabilidad o practicidad, al utilizarlos los resultados deben ser las consecuencias definidas por los principios. La verdad es inmutable y de conformidad, una realidad, la racionalidad de algo. Un principio también se puede definir como una ley con base a norma y reglas que se debe seguir para un propósito, pero existen diversos tipos de leyes, en el caso que se plantean en dos tipos de leyes: en leyes naturales y leyes del hombre, basados en los tipos de ciencias. Algunos autores describen tres tipos de leyes: las naturales, la divina (relación con Dios) y las acordadas por el hombre. De aquí en adelante el uso del concepto de principio se relaciona a la ley natural y la verdad (la realidad que se estudiará más adelante en el libro).

Los proyectos exitosos de la ingeniería en el mundo se basaron fundamentalmente en el uso y la correcta selección de los principios y sus aplicaciones, el uso de las verdades fundamentales. En el caso de la ingeniería del software no escapa de estos éxitos. Los proyectos con fracasos, de alguna manera fallaron en la aplicación de los principios o de no usarlas. Para asegurar el éxito, es descubrir varios principios que converge o se forme en uno solo, es decir, tener el principio que se cumpla con todos los demás, es prácticamente tener la formula física que indique el comportamiento del mundo y del universo. Crear nuevos principios con la aplicación de los actuales conocidos.

Los principios tienen origen en el pensamiento humano, de ver el mundo y al humano mismo, de los cuales los principios podemos crearlos, destruirlos, cambiarlos o modificarlos. Hay que separar o clasificar en dos principios: interno del humano y externo del humano. Vamos a describir el más sencillo que proviene del externo del humano, donde proviene del estudio de la naturaleza y del mismo hombre desde un punto de vista de afuera hacia adentro, en el sentido físico tangible, en el caso del hombre como la medicina, el estudio del cuerpo humano (anatomía, etc.), el caso de la naturaleza como el estudio de los movimientos de los planetas, la química, etc., que proviene en su mayoría de la observación. El origen de la idea humano o interna, es la otra área del conocimiento filosófico, conductual, pensamiento, psicología, arte, etc., que viene de la creación mental del hombre. Por ejemplo de ambos principios, los principios económicos de un país comunista y de un país democrático, tienen leyes, normas y principios que rigen, se ve que no tiene coincidencia en su mayoría de sus principios, igual sucede con la cultura, creencias, etc., existe diversidad de principios. Mientras los principios de la física se cumplen en cualquier parte del mundo siendo un país comunista o democrático, es aplicable en todas partes y en cualquier momento. He aquí el término de leyes, principios universales o de la naturaleza, ahora hay principios universales que proviene de la creación interna del hombre, si, porque llega a ser catalogado, verificado y dentro del formalismo de la ciencia, pero los demás principios es aplicable en condicionamiento de contexto, momento, situaciones o estados de la misma naturaleza, es decir, dada la circunstancia que se aplica o no esos principios.

Los proyectos con éxitos fueron los que aplicaron en su mayoría con principios universales, o los principios indicados en sus propios contextos. Por ejemplo, en cualquier parte del mundo, la matemática nos indica "1 + 1 = 2", sino se aplica este principio, los edificios se caen por un mal cálculo, pero en el área de la gestión de proyectos, al indicar que hay que trabajar en equipo y en sinergia, aquí aplica que "1 + 1 < 2", trabajar en equipo con dos recursos es más productivo que los dos recursos trabajen de forma no coordinada o separada, es la medida de los resultados con diferentes manejo de los dos recursos, alguien dijo "el todo es más que la suma de sus partes".

Entramos ahora en los principios creados por el mismo hombre, el interno del humano, existe una diversidad y cantidad de principios, que esta cierto punto se abre otra área que son los paradigmas, pero por ahora no entremos a este concepto. Estos principios están desde el estudio del pensar del hombre como la filosofía, la religión, el arte, etc., muchas áreas y disciplinas del conocer humano, que son válidas como las expuestas con los principios anteriores, donde la demostración científica es también rígida, o demostrable en forma práctica. El ejemplo de la sinergia como concepto de "el todo es más que la suma de sus partes", aplicado a la gerencia de proyectos en manejos de recursos humanos, donde, "1 + 1 = 1½ o 1 + 1 = 3 o más" indicado por el Dr. Stephen Covey [Cov01, páginas 337-350] en su libro de "los 7 hábitos de las gente altamente efectiva", sinergia negativa y sinergia positiva, rompe con el concepto de la matemática de "1 + 1 = 2", en cada es demostrable en su área de conocimiento.

Puede haber una relación entre los principios internos del hombre que provenga de las ciencias blandas, como principios externas al hombre que es propio de la ciencia dura, lo que si estamos de acuerdos del "deber" de uso de los principios en todo lo que hacemos. En la construcción, desarrollo, mantenimiento de aplicaciones informáticos, involucran ambas ciencias y sus principios dependiendo del contexto donde se aplican.

Estas clasificaciones de los principios del autor son propios, no es una clasificación única, pueden haber muchas más clasificaciones que el lector pensará que esta es errada. Pero el punto de esta clasificación sea de manera educativa y manera de simplificar el objetivo de este libro.

### 1.2.1. Ciencia dura de la Ingeniería del Software

Los principios de las ciencias duras en la ingeniería del software son: el uso de la electricidad o la electrónica, la física, las matemáticas como ciencia exacta, la mecánica, el comportamiento de los materiales como el uso de silicios en los circuitos integrales, cables de cobres, las cintas magnéticas, los discos duros, las memorias, etc., todos se basan en múltiples principios de diversas áreas de la ciencia, que trabajan en conjunto dando un solo resultado que es su computadora, su teléfono inteligente, etc., por ejemplo, en un disco duro de su ordenador, está construido de un material que permite ser magnetizado, usa oxido de hierro o ferro magnético, material que permite cambiar sus electrones, mantiene su estado si no se cambia, aunque no son bueno en conducir la electricidad, pero se basan en la química y física para guardar información; los cabezales de discos hacen movimientos para las lecturas y escrituras, se apoyan en principios de la mecánica en cubrir toda la superficie del disco con los brazos de metal del cabezal; existen muchos más ejemplos que permite identificar los principios que rigen cada componente de su ordenador y el área de la ciencia dura que pertenece para su funcionalidad. Los principios son generalmente predecibles, universales y objetivos al ser aplicados en los proyectos. Se conocen condiciones y acciones iniciales que al ser aplicados se tienen un resultado esperado, por esta razón se le llama ciencia exacta. Una característica fuerte de estos principios de la ciencia dura es la experimentación (repetición) controlado que genera los resultados esperados (predecibles). La medición es el resultado del control ejercido en esta ciencia. Se refiere mayormente aplicar acciones muy definidas en el uso correctas de las herramientas, uso estándar de la tecnología. Existe mucha más área de la ciencia dura que son pilares en la construcción de las computadoras como el software, cada área de la ciencia es descubierta desde el inicio en el software como nivel de abstracción superior y al detallar su funcionalidad interna llegaremos a un nivel abstracto bajo que está en el área básica de la ciencia (matemática, física, química, etc.).

### 1.2.2. Ciencia blanda de la Ingeniería del Software

Todos los principios son hechos por el hombre, inclusive los principios de la ciencia dura, nos referimos a los principios de las ciencias blandas, donde abarca la gestión, la calidad, administración de recursos, modelos de desarrollos, la interrelación humana en equipos de trabajos, etc., donde son principios humanistas y sociales que provienen del razonamiento, pensamiento y abstracciones mentales. Aunque cumple con el formalismo de leyes y normas de la ciencia, cumple con toda la disciplina, ordenado y del conocimiento en función al entorno de las relaciones humanas y su cultura. Los principios como en la ciencia dura, se indica que hay que aplicar el principio para cada caso o condición, condiciones que dependen de la situación geográfica, cultural, el modelo de pensamiento, la creencia, el periodo de tiempo y otros factores humanos; los resultados son favorables con la elección y uso de esos principios. En una analogía de la ciencia dura con  las medicinas, existe una medicina en el mundo para un mal y no hay otra, pero en la ciencia blanda existe muchas medicinas para un mismo mal, su efecto contraria o favorable es la selección de la correcta en cada caso. Los principios de la ciencia blanda pierden ciertas características de los principios de la ciencia dura, en algunos casos, no es universal o no se puede repetirse de forma controlada y artificialmente, para ser un principio particular y singular de los hechos, inclusive es difícil hacer mediciones y controles de las acciones como los resultados. Hay ciencias blandas que están limitadas con las ciencias duras e internamente entre ellas misma con otras áreas, por ejemplo, como la psicología, la neurología, el psicoanálisis y la neurociencia donde existen coincidencia y otras partes están bien demarcados. La diferencia de las dos ciencias en el caso de la repetición "artificial" y controlada de los principios, leyes o normas que la ciencia blanda no dispone, se pierde la predictibilidad. Los principios de la ciencia blanda pocos son predecibles, repetibles e universal. Tienen leyes y principios muy particulares que son difíciles de utilizar y no posee la exactitud de lo que se desea. La rigidez de esta ciencia se pierde y entra en lo extremo de la creatividad e innovación de la tecnología, sin límite alguno para utilizar y crear nuestros pensamientos, es la ciencia que abre muchos caminos que no son conocidos. En la ingeniería del software se embarca en el área de la inteligencia artificial, en la minería de datos, los nuevos modelos de desarrollos que aparecen en cada año para construir software, usos de redes informáticos como conexión en el mundo, gestión de proyecto efectivo o eficiente, etc., y otros temas que las nuevas tecnologías nos cubren.

### 1.2.3. Usos de los diferentes principios

Generalmente los principios de la ciencia dura cuando se usan tienen resultados esperados. Algunos casos aplicamos principios de la misma forma a la ciencia blanda como en la ciencia dura, pero hay casos donde el resultado no es satisfactorio en el uso de los principios en ambas ciencias. En la mayoría de los casos se pueden identificar con los siguientes problemas:

- Aplicación incorrecta de los principios. Uso incorrecto de los principios.
- Mala interpretación de los principios. Aplicación de los principios en un área al que no le corresponde o realizar acciones (o condiciones) que no existe en el principio.
- Desconocimientos de los principios. Desconoce de los principios existentes o no se realiza correctamente el estudio previo para la aplicación o selección del principio.
- Revisión o evaluación errónea de los resultados. Una mala medición u observación.
- El principio usado no es repetible de forma artificial (experimental), ni controlada.

Las recomendaciones de usos de los principios:

a) Conocimiento de los principios existente y su correcta aplicabilidad.
b) Estudio previo de forma correcta y completa del contexto o condición.
c) Selección correcta de los principios para ese contexto o condición.
d) Seleccionar dos o más principios de diversas ciencias para el mismo contexto, si es único que abarca todos los principios de las diversas ciencias, es lo recomendable. Este punto, es factible de crear o modificar principios, utilizando los mecanismos de validación de cada ciencia. Por ejemplo, la validación de los principios, con las teorías de la relatividad y la física cuántica por ahora no se puede unificar, pero introduce la filosofía y metafísica al campo de la física [Per01].

Se recomienda que toda acción se base en uno o más principios, y si son varios mucho mejor.

La combinación de usar las dos ciencias por medios de sus principios, permite hacer una relación de sinergia para el éxito o el total fracaso por el mal uso o desconocimiento de ellas. Por un lado, la ciencia blanda permite crear e innovar con nuevas ideas, y ser aterrizado (construir basado) con la ciencia dura. Nada se produce en quedarse en una sola ciencia, si tenemos muchas ideas y no se aterriza serán sueños; si construimos sin ninguna idea y motivación, creamos y producimos basuras informáticas.

## 1.3. La eficiencia y lo efectivo

La eficiencia y lo efectivo son dos conceptos que involucran en todo desarrollo de aplicaciones informáticos o Software. Lo principal es el uso correcto de estos dos conceptos todo el tiempo e inclusive en todo aspecto de la vida; el uso de uno o de ambos conceptos depende de las circunstancias o de un contexto en específico. Sus significados y usos son parecidos o sinónimos según la Real Academia Española [Rae01, páginas 865 y 866], es llegar a lograr a un estado o efecto deseado, pero la diferencia entre ambos conceptos es el manejo de los recursos aplicados. Según en el área de gerencia de empresas, la eficiencia cuida del uso de sus recursos en lograr sus objetivos, lograr el mismo objetivo con los menos recursos, cuantifica el uso de los recursos para llegar a un estado deseado, mientras que el efectivo logra su estado deseado sin importar los recursos aplicados. Un ejemplo, un programador para desarrollar una aplicación que realice ciertas funcionalidades específicas, pero en otra empresa de la competencia, tiene los mismos objetivos para construir el mismo software, tiene también un programador, ambos llegan a construir sus respectivos programas informáticos, pero uno se tarda un mes y el otro dos meses, ambos son efectivos, pero el programador que realiza el programa en un mes es eficiente, el costo del software varia si se basa con el sueldo de los programadores que se les pagas en las empresas, se asume que ambos programadores tienen el mismo sueldo; si el programador que tarda dos meses cobra la mitad, a nivel de costo de sueldo sería igual pero en este caso hay un costo adicional que es el tiempo, un mes de tranquilidad o estrés por entrega o venta del software, son costo adicionales que veces no se miden pero afecta al proyecto y la empresa.

De lo descrito en los temas pasados, podemos pensar que al trabajar con la ciencia dura y con sus principios, podemos ser eficientes, mientras que al usar la ciencia blanda y sus principios podemos ser efectivos. En la Ingeniería del Software se maneja los dos conceptos claramente, en el manejo del personal en la empresa o proyecto, todo lo que involucra al humano y sus relaciones se mencionan siempre el concepto de ser efectivos, efectivos en las actividades u objetivos a alcanzar, efectivos en sus acciones. Mientras si hablamos de tecnologías la mayoría de los casos domina la eficiencia o el nivel de eficiencia. No es tan tajante lo que indico en el párrafo anterior, el punto, es que la ciencia blanda es difícil de cuantificar, medir, o evaluar de forma exacta, por esta razón se utiliza el concepto de efectivo, mientras hay casos que si se puede cuantificar (por ejemplo, los costos) y llevarlo al concepto de la eficiencia. Todo lo que se pueda medir en forma numérica esta en el concepto de la eficiencia, el resto se manejará con el concepto de efectivo.

Todo el conocimiento del humano en el manejo del concepto del efectivo, tiende o se intenta llevar al concepto de la eficiencia, es decir, poder cuantificar (fijar un número) si esta en término cualitativo (frío, calor, feo, bonito, impacta, etc.) en el caso de las empresas en el manejo de proyectos. Tener la capacidad de llevar mediciones de todo lo que tenemos con mayor exactitud. Esta idea no es nueva, es tan antigua que hay muchos ejemplos, Newton como Albert Einsten buscaban un valor exacto para los diferentes casos con fórmulas, Newton en cuantificar el tiempo de la caída de los objetos a la Tierra, y Albert Einsten en encontrar una ecuación que indique el comportamiento de todo el universo. El estudio en las universidades de las probabilidades, estadísticas, investigación de operaciones, etc., tiende en parte a buscar la forma concreta en cuantificar o medir lo que no se puede medir.

En el área de mejoramientos de producción en toda empresa buscan estudiar los procesos para llevar mejorar la producción o ventas de sus productos, comienza con mediciones cualitativos y cuantitativos, de los cuales, verificar las mediciones cualitativas llevarla a cuantitativas, si es posible. Ejemplos de mediciones cualitativas es el nivel de impacto de cambios de un sistema informático en una empresa, o impacto psicológico de los usuarios en el uso de un nuevo programa informático, ¿cómo podemos medirlos?; otro ejemplo de es la temperatura de un cuarto donde hay varias personas, algunos dicen que tienen frío, otros dicen que hace calor, son diferentes apreciaciones cualitativas de la temperatura del mismo cuarto por las personas, pero el termómetro indica que la temperatura es de 21° grado centígrado.

Lo que concluimos en este tema, es aplicar la eficiencia en todo lo que se pueda realizar, y si no se puede, igual hay que ser efectivo. Para ser eficiente se debe medir los recursos aplicados para llegar al objetivo. Para realizar las mediciones se debe cuantificar o hacer apreciaciones cualitativas. Lo más exactos son las mediciones cuantitativas y las mediciones cualitativas posee a veces subjetividad, en este caso ser lo más objetivo posible.

## 1.4. Conocimientos generales y especializados

Este tema es controversial inclusive a nivel de universidades, escuelas y colegios. Existen varias corrientes que están a favor y en contra de otro. Desde los mismos países en el área de educación, al impartir el conocimiento de los temas y el nivel de conocimientos que debe tener un individuo en la sociedad, incluso hay debates a favor en contra de cada una de ellas. El conocimiento de los individuos con base a estos dos conceptos, depende de la madurez de cada individuo e inclusive la madurez de los padres (conociendo muy bien a su hijo[a]) en escoger en una de las dos para sus hijos, esto depende más del individuo mismo, el reconocer sus habilidades y potenciales en el proceso de aprendizaje de estos conocimientos, la facilidad del área del conocimiento y su aplicación.

Lo ideal es tener individuos integrales, que aprenda y utilice ambos conocimientos. Esto depende del carácter y la individualidad de las personas en sus capacidades de aprender y aplicar estos conocimientos en la práctica, se puede decir, dependen de la genética de las personas. Si vemos en un país específico, existen intelectuales y pensadores famosos, como también una diversidad de excelentes profesionales en el área del conocimiento especializados. Podemos ver personas con gran conocimientos generales, que saben de todos los temas, como existía una famosa persona en mi país que "poseía un mar de conocimiento", una persona muy letrada y podía hablar y dar una clase completa de cualquier tema, esta misma persona podía decir que su conocimiento especializada era dudosa, "no se sabe que tan profundo es ese nivel del mar", pero otras personas decían que era demasiado profundo si se le dejaba investigar, estos son casos de personas con gran conocimiento general. El caso de los especialistas es lo contrario, se ve una gota en la superficie comparado con el mar, pero si busca la profundidad de esa gota puedas que no consiga el fondo. En los casos médicos es el ejemplo de conocimiento especializado, existen en cada área un especialista o varios de gran renombre experto en su área, por ejemplo: el ojo posee innumerables especialista, un especialista para la córnea, otro para la retina, para el iris, las enfermedades del ojo, manejo solo de casos de uveítis, etc., y muchos más especialista que uno no se imagina, estamos solo hablando del ojo, imagina a hora todo el cuerpo humano. En la informática sucede lo mismo, una de las áreas es la Ingeniería del Software, esta Ingeniería hay a su vez, más sub áreas de estudio, por ejemplo, estudios y usos de las diferentes tecnologías, arquitecturas de software, los diferentes modelos de desarrollos, y dentro de ellas solo el estudio de la etapa de mantenimientos de un software, y así sucesivamente. El estudio de la Ingeniería del software se preguntará, ¿qué es mejor saber, saber de todo un poco o anclarse en un punto de especialización?, la respuesta no es fácil, similar al conocimiento necesario a adquirir, si es general o especializado. La Ingeniería del Software tiene la amplitud de ser aplicado en cualquier parte de los proyectos informáticos, desde el manejo de la tecnología hasta la gestión de personal.

Todos tienen un costo que pagar y unos beneficios que se adquieren, uno de ellos es el tiempo. El tiempo permite acumular conocimiento, el tiempo lo podemos ver como enemigo o como amigo, tú decides, el conocimiento se adquiere con el tiempo por medio del aprendizaje, si no aprendemos cada momento, estamos perdiendo el tiempo, todo debemos buscar un nuevo conocimiento en cada momento, es una utopía o el deseo del humano, tener el conocimiento adquirido de 20 años en un minuto, de los cuales debemos irnos en forma equilibrada, no ir a los extremos, en lo personal ambos son importantes tanto el conocimiento general como el especializado, es el uso y aplicación de estos conocimientos depende del lugar y momento adecuado, ser oportuno. Imaginase de una licitación donde se indica que debes conectar un ordenador central a tu ordenador personal, es importante de conectarte, sino, el cliente se va con otro proveedor, la competencia;  hasta el momento la única empresa que ha logrado conectarse en el pasado, es de tu empresa, pero el aplicativo es antiguo y se tiene que actualizar, tienes una nueva aplicación que sustituye al antiguo que no se conecta correctamente hacia el ordenador central, estas en la misma situación como los demás proveedores de la competencia, se da cuenta que el paquete que envías al computador central es igual a los competidores y no funciona, lo lógico es usar el mismo paquete antiguo que se envía con el viejo aplicativo, y compara con el nuevo paquete, se verifica que hay dos números que no concuerda, más aún dos bits que debe ser eliminados, es decir, colocar en uno (1) a cero (0) en binario, pero el paquete lo ve en hexadecimal en el código del programa, la solución es convertir hexadecimal a binario, hacer la resta y volver a hexadecimal, este problema es uno de los que se encuentra y son críticos en los protocolos de comunicación de los grandes ordenadores, un área muy especializada en el mundo de los ordenadores y se resuelve con conocimientos generales de la informática, con operaciones aritméticas de números binarios y la conversiones de hexadecimal a binarios.

Los conocimientos generales es el inicio o son bases a los conocimientos especializados. Pero hay dos vertientes, ir a una especialización o una carrera con conocimientos general. Se tiene tres o cuatro años para estudiar en una universidad, ¿qué selecciono?, Ingeniería Informática que es con conocimiento general o Ingeniería del Software como carrera especializadas en un área de la informática. Si se ve de otra perspectiva, la universidad debería ser llamada especialización, carreras, facultades, etc., menos universidad, si hablamos de tiempo de estadía en sus paredes para adquirir conocimientos, o por concepto en la lengua española [Rae01, página 2254], pero tranquilo, la universidad si se ve desde otro punto de vista, la universidad es como diversidad de conocimientos reunidos en un punto, donde está el conocimiento general del universo, que son todos los profesores y los alumnos, mientras que cada profesor, materia o carrera está la representación de la especialización del conocimiento. Igual no me ayuda a definir a que voy a una universidad, si los vemos como estudiante, tener conciencia de que al entrar a una universidad se van a especializar en un área del conocimiento, por el otro lado, existe además mucho más conocimientos de lo que nosotros adquirimos en una carrera, y lo respetamos con conciencia. El estudiante debe adquirir no solo conocimientos en sus áreas, adicional a esto, deben aprender adquirir nuevos conocimientos, buscar nuevos conocimientos con los modelos de aprendizajes o modelos de descubrir nuevos (investigación) conocimientos para esta área de especialización. La forma o mecanismo de pensamiento en la adquisición, descubrimientos de nuevos conocimientos son fundamentales, no importa el área del conocimiento, el individuo puede continuar en la línea del mismo conocimiento o seleccionar otra área del conocimiento aplicando estos fundamentos. Por esta razón, los profesores o especialistas de sus áreas, son investigadores en su profesión, dentro y fuera de las universidades.

### 1.4.1. Conocimientos generales

El proceso de adquisición de conocimientos generales se inicia desde que somos células dentro de nuestros padres, que se unen y adquieren nuevos conocimientos en un nuevo ser, aprende por sí solo y adquiere conocimiento innato y la mayoría desaparece al llegar a nivel de crecimiento. Desde que nacemos hasta llegar a la universidad existe un proceso de adquisición de conocimientos y aplicación de esta, avanzamos en cada etapa, y en cada etapa es base para el siguiente nivel hasta completar la universidad. Los cúmulos de esas experiencias se consideran conocimientos generales, y se suma a la rama inicial de la carrera, donde se basan en conocimientos generales con materias y asignaturas de conocimiento general, existen universidades en el mundo que se dedican en el primer año de dictar asignaturas o materias iguales y obligatorias para todas las carreras no importa que sean humanísticas o científicas, esto depende de la estructura educacional de cada país. Existen universidades que el inicio de la carrera ofrecen materias de la carrera o de su especialización, obviando las materias de cultura general. En las universidades hay carreras que continúan incrementando los conocimientos generales, pero desde aplicación de modelos de pensamientos propios de las ciencias blandas. El buscar conocimientos generales en otros ámbitos (por ejemplos otros países) traen ventajas como desventajas.

Las ventajas de este tipo de conocimientos:

- Una diversidad de visión del mismo objeto o tema.
- Amplitud de selección del área del conocimiento a estudiar.
- Amplitud de criterio y juicio.
- Fácil adaptabilidad a los cambios que puede suceder.
- No tiene límite en variedad de conocimientos. "Conocer de todo un poco".

Las desventajas:

- Puede llegar a conocer lo básico, depende de cada persona de estancarse, profundizar o ampliar. El "Conocer de todo un poco" es la otra cara de la moneda que depende del individuo en continuar su estudio.
- Diversidad de criterios por diferentes visiones de un tema.
- No concreta los puntos específicos.

En el marco profesional, países con sueldos bajos para los profesionales de una área económica especifica, esta área económica tiene la característica que el conocimiento general es predominante,  con un alto nivel de oferta de profesionales y poca demanda de trabajos en este campo laboral. Profesionales que son reemplazados por otros por un sueldo menor por la alta competencia, donde llega un punto que la deserción profesional a otras áreas o que cambie la proporción de la demanda y oferta de los trabajos - profesionales. El nivel de calidad se mantiene o aumenta por la rotación de personal, indudablemente aumenta la calidad de los trabajos entregados y disminuyen los costos. Los profesionales tienden a buscar mejoras desde el nivel de nuevos conocimientos especializados hasta cambiar su área de conocimiento y empezar en otra profesión, le es fácil el cambio o el interés de aumentar su aprendizaje por este tipo de conocimiento y amplitud de su visión de la economía de su país.

## 1.4.2. Conocimientos especializados

Se deriva del resultado del proceso de estudio profundo de un área del conocimiento en específico de una rama de la ciencia o arte, el estudio detallado y limitado (en lo amplio, no lo profundo).

Las ventajas de este tipo de conocimientos:

- Perfeccionamiento hasta el mínimo detalle de una rama de la ciencia o arte, profundiza.
- Muy pocas personas tienen este conocimiento "Conocer el todo de un poco".
- Son muy fuertes las bases y demostrables en donde se envuelven con criterio y juicio.
- Puede generar nuevas especializaciones.

Las desventajas:

- Difícil de adaptarse a otra área de conocimiento o cambios.
- Se mantiene en su especialización y tiene poca diversidad de visión.
- Puede que con el tiempo esta especialización desaparezca con el tiempo.

La tendencia del conocimiento general como el especializado pareciera de estar en guerra, o las tendencias se balancean en momento de la humanidad de un conocimiento a otro, todo depende de la historia y época que vive el hombre. En la actualidad la tendencia es de conocimiento general va ganando por las tecnologías actuales de la información, con las redes sociales ayudan a este tipo de conocimiento general, no dando crédito al especializado. En cambio, en la época del siglo XX el estudio universitario, en algunos países, tenía la tendencia de la especialización, inclusive se proyectaba en los gobiernos de esos momentos, en fomentar carreras muy especializadas con la realidad del país y se planificaban en el futuro para tener estos especialistas. Todos los países con madurez política de estado, poseen la proyección de los profesionales necesarios para el futuro y el rumbo a tomar. La economía del país pauta la necesidad de producir ingenieros con especialización que faltaba en ese momento.

Hay profesionales que en estos momentos están en la fuerza laboral de un país, pero en las universidades actuales dejaron de formar estos profesionales, carreras que eran en sus momentos pasados de gran auge, que actualmente son absorbidas por otras especializaciones o carreras, o quizás simplemente mueren, hasta el cierre de facultades en las universidades. Pero aparecen otras nuevas carreras especializadas como también de conocimientos generales. Lo que sucede en la historia de la humanidad con las universidades y las escuelas, son los reflejos de estos conocimientos cambiantes. Si hacemos la reflexión de los conocimientos generales están en las escuelas y los colegios, y los conocimientos especializados en las carreras a fin (recordar que hay carreras con conocimiento general) en las universidades. La variación de las escuelas y colegios de hace años atrás no se contrastan con los cambios surgidos en las universidades. Las materias o asignaturas que se dictan en una carrera hace veinte o treinta años atrás en una universidad, si se compara con la actual, ¿tendrá diferencias o son iguales? No estoy criticando que un conocimiento es mejor que otro, ambos evolucionan a su ritmo como crecen en sus caminos de adquirir nuevos conocimientos, ambos inclusive se pueden interrelacionar para crecer y evolucionar juntos, otros están separados y aislados. Lo que se critica es el extremismo de que no debe existir entre ambos, no es el hecho de la existencia de uno, debe desaparecer el otro. Existen muchos conocimientos generales en las diferentes áreas que invitan a no trabajar el otro conocimiento que es la especialización, y viceversa.

En el momento actual  indica que el conocimiento general va ganando, motivado por el entorno de la redes informáticas y las tecnologías, exceso de información amplia por la Internet; pero no especializada en la mayoría de los casos, cuidando con tomar todas esta información como válida, es una visión que deben considerar por parte de las personas especializadas, donde saben cuál es el punto de información y el punto de desviación del tema. Las personas muy especializadas saben cuáles son las informaciones reales que hablan por el conocimiento general, cuando le toca los temas que conocen o de su área de conocimiento, y se hace fácil detectar las desviaciones para generar un criterio o conclusión errado. Viene la decisión de a quien hago caso, lo que dice la masa de gente en su mayoría con conocimiento general o a un especialista, cuando no se conoce un tema. La elección es de uno, en hacer caso a uno u al otro, la mejor decisión cuando la masa de gente y el especialista determina la misma opción o a la misma conclusión, pero si son antagónica, diferentes, etc., las opciones que debe seleccionar son propuesta por la masa de personas o por el especialista, ¿qué haces?, la opción segura es de que tú mismo aprenda del tema a profundidad, estudie al especialista, el perfil de la masa de gente, y la respuesta que obtenga provenga de ti mismo; tener criterio propio, posteriormente sea corroborado por las respuestas de la masa de gente o del especialista. Y si tú crea otra nueva opción al de la masa de gente y del especialista, ¿cuál escoge?... Es importante determinar que el conocimiento tiene niveles de profundidad y amplitud, la escala más alta o el grado más alto del conocimiento se define como sabiduría, es el uso cauteloso y prudente del conocimiento, el uso de esta en términos de aplicación de principios, ética, moral, etc. Usar el conocimiento con la inteligencia y experiencia propia, que da como consecuencia el pensar y reflexionar en el ámbito moral y ético. Da una connotación al sentido común, la claridad de juicio, autodominio, moderación en las acciones con el fin del bienestar propio y de los demás. La psicología, la filosofía, la religión, el derecho y otras áreas incluyen el concepto de la sabiduría en sus estudios y sus pretextos.

El concepto del conocimiento es indicado en los textos de la carrera de la ingeniería informática o en el área de tecnología, donde varios autores presentes en este libro indica que todo se inicia con los datos, los datos ordenados producen información, la información produce conocimiento y tomas de decisión (y posteriormente acción), todos los sistemas informáticos tratan de datos e información, pocos sistemas informáticos están relacionados al conocimiento, como los sistemas basados en el conocimiento (o sistemas expertos) en el área de la inteligencia artificial, pero la sabiduría hasta el momento, los aplican a pocos humanos.

En el marco profesional del especialista, existe un detrimento dentro de las empresas, tener un personal altamente cualificado en una especialidad es costoso para cualquier empresa, depende de la gestión y política de la empresa en poder mantener y beneficiarse con el conocimiento especializado; en la mayoría de los casos, las empresas no hacen la buena administración de estas y tienden a liberar al trabajador. El especialista en cambio tiene la potencialidad de servir no a uno sino a varias empresas ofreciendo su conocimiento especializado, apalancándose de las redes globales y ofreciendo sus servicios a nivel mundial; en estos momentos de alto nivel de pequeñas y medianas empresas como emprendedores independientes se han incrementado a nivel mundial, desde los finales del siglo pasado, con las diferentes historias conocidas, personas con conocimiento muy particulares y especializados han construido sus grandes empresas que han crecido en este siglo XXI. Tanto a nivel de conocimiento especializado como generales, las empresas se han clasificados por producir sus productos y servicios a clientes con características muy especializadas o genéricas.

En resumen, ambos conocimientos son importantes y a veces debes aplicar los dos para resolver un problema. Saber identificar cada conocimiento y su aplicabilidad te será de mucha ayuda. En la Ingeniería del Software como carrera o como materia cumple con todos estos pretextos anteriores, se alimenta de ambos conocimientos. En resumen, la plenitud del uso del conocimiento es la sabiduría.

## 1.5. Aprendizaje y auto aprendizaje

Aprender es adquirir conocimientos por estudio o por la experiencia, es el concepto más básico. Las experiencias pueden provenir de infinitos lugares; desde el modo consciente llevarlo al inconsciente, y viceversa, repeticiones de algo que sea voluntario o no, y al repetir las mismas condiciones se aplican en forma inconsciente o consciente, por ejemplo, las repeticiones conscientes de acciones para llegar a un acto inconsciente, esto se aplica en las prácticas de las artes marciales como el Karate, Tae Kwon Do, etc., que son prácticas de movimientos repetitivos que se vuelven inconscientes al aplicarlo en condiciones similares.

Otras formas de aprender son por analogía, observaciones, experiencias pasadas, combinaciones de estas, etc., hay muchas telas que cortar, hay muchas teorías de aprendizajes que estudiar. Lo que si sabemos, no debemos descartar ninguna y considerar estas teorías. No es tema de profundización en este libro, solo debemos tener en cuenta que hay especialización y doctorados en esta área de aprendizaje que podemos investigar más en el fondo y aprovecharla en esta ingeniería.

Un punto crucial es saber de nosotros mismo, como aprendemos, usar un mecanismo de aprendizaje que funcione a cada uno, y que sea efectivo para uno, o tratar de usar varios mecanismo y escoger cual nos resulta mejor, desde horario de estudio u otro método como el uso de la experiencia; la idea es encontrar la forma de aprender por sí mismo, esto lo llamo como auto aprendizaje; aunque te coloquen profesores o maestros adicionales para que aprenda, o que no sea necesario, el profesional sino tiene la capacidad o la motivación de aprender, no lo hará; la idea es que en algún momento en la vida vas estar solo, no vas a tener un profesional, profesor, familiar o alguien que te enseñe, debes aprender por ti mismo. Te has preguntado si ya te graduaste, no asiste más a las aulas o salones, ¿cómo vas a seguir aprendiendo?, o si tiene un profesor o maestro que no aporta nada en tu aprendizaje, ¿qué haces?

Lo que nos interesa es el aprendizaje en sí, uno de los pensamientos que se tiene de la vida, es que todos los días debemos aprender algo nuevo. Existe como indican muchas teorías de aprendizajes; la idea es el fondo es aprender, saber cómo aprender y tener consciencia de estos aprendizajes. Aprender por experiencias o por estudio. Un ejemplo típico, cuando uno está en la universidad o en la escuela, se estudia para pasar la materia o el curso, el objetivo final es pasar los exámenes o la carrera, graduarnos. El problema de ver esta forma, los estudios se hacen más cuesta arriba en pasar las materias y seguir en una carrera, cada vez que pasa a otra materia superior o en el próximo lapso, se hace más difícil, mientras que otras personas estudian las materias siguientes o los siguientes lapsos se hacen más sencillos que los primeros o los anteriores, pero todos los estudiantes ven las mismas materias en la carrera; el punto es que si estudia para aprender, las notas de las materias vienen como añadiduras. Al graduarse sucede lo mismo, uno trabaja por el dinero, si lo vemos así, el dinero fácilmente se va, uno profesionalmente debe tener una buena imagen, y el dinero viene por añadiduras; pero la buena imagen proviene en parte de mantenerse actualizado en su área o profesión, de aprender todos los días. Cada curso o materia es base para el siguiente curso o materia, de la misma forma cada etapa de nuestra vida es base para la siguiente etapa, la única forma de seguir es aprendiendo.

En resumen, debes aprender todos los días algo nuevo, saber aprender uno mismo en forma efectivo y estudiar para aprender (no solo con el objetivo de aprobar el curso).

## 1.6. Motivación

Como lo define en la Real Academia Española [Rae01, página 1545], la motivación es "ensayo mentalmente preparatorio de una acción para animar o animarse a ejecutarla con interés y diligencia". En esta definición incluye el caso de auto motivarse cuando está presente la palabra "animarse". Es el estado de ánimo para hacer algo; crear emoción de lo que se va a realizar. La gestión de equipo y grupo de trabajo en la escuela, universidades como en el campo laboral – profesional, se menciona mucho esta palabra, en motivar al personal en hacer las cosas con ánimo, como un equipo de futbol o de deporte para obtener el trofeo o ganar el campeonato, etc.

Debe generar un interés a las personas para realizar algo, generalmente es la labor de los líderes, motivadores y gerentes de las empresas; pero en la vida tenemos la responsabilidad de hacerlo en algún momento. El ser diligente o tener cuidado en hacer las cosas, y no ser negligente. Lo siguiente a estudiar, es la acción para animar o animarse, que viene de la mente, procesar mentalmente la acción a ejecutar, pero antes de accionar debemos previamente verificar, validar y buscar las consecuencias de la acción a aplicar antes de accionar, este punto hace la diferencia entre animar o no con esa acción, por eso la mayoría de las acciones de motivación fallan, caemos en la trampa en que "no lo pensé antes de hacerlo", hay un margen en el pensar y accionar, hacer el ejercicio mental de la consecuencia o las posibles consecuencias de aplicar la acción;  toda acción hay una consecuencia y si se aplica algunos de los principios de la ciencia conocidos en este accionar, preguntarse ¿es válido aplicar ese principio?; si  esta involucrados los principios en la acción, debe existir de antemano los posibles resultados, donde, es medible, es oportuno, es motivador, es real el resultado como la acción, habrán cambios de estado deseado, y muchos más conclusiones que pueden involucrar en el accionar. Si el accionar permite el cambio de interés y hacerlo bien, se aplica la acción.

El punto más difícil es de auto motivarse, si somos las personas que debemos motivar a otro, primero debemos motivarnos uno mismo. A veces no se conoce a uno mismo, menos como animarse y hacer las cosas bien. Si uno mismo no se puede animarse como hace para motivar a otro. Es difícil, posible pero difícil, lo más sencillo comenzamos con uno mismo en motivarnos. Conseguir acciones que aplicando a uno mismo nos motiva hacer las cosas. La auto motivación trae como consecuencia el dar el ejemplo a los demás, el solo hecho de realizar acciones de animarse permite que se note en el mundo exterior y por el solo hecho de realizarlo, motiva a que otras personas se animen en realizar tus acciones, por ejemplo: los hijos son los resultados de los ejemplos de los padres, los imitan.

La motivación podemos empezar en la parte mental del estado ideal, lo deseado por nosotros o lo que se desea, y como llegar a ella desde atrás hacia delante, ver el objetivo final cumplido en mente y retroceder las acciones que debemos hacer para llegar a esa meta, de tal forma que lleguemos con ánimos y bien hecho, validar antes de que las acciones se inicie, en las condiciones actuales en que estamos, esto se llama ingeniería inversa. La otra forma más natural, es ver que diferentes acciones se puede realizar en las condiciones actuales y verificar si en cada acción cumple o puede llegar al  objetivo deseado, si se verifica que cumple en una acción, asumir que se realizó y el estado actual cambia a otro estado por la acción, se repite otra vez, en ver las diferentes acciones que se puede realizar hasta llegar al objetivo, ir paso a paso. Recuerde que en ambas en la forma natural o ingeniería inversa, se debe aplicar que toda acción hay una consecuencia válida.

## 1.7. La teoría y la práctica

Se habla de la relación y la separación de "la teoría y la práctica", desde pensadores políticos con la dialéctica marxista, la dialéctica filosófica, etc., recorriendo estudio en una gran área del pensamiento humano y sobretodo en la escuela básica hasta los doctorados de la enseñanza y aprendizaje en el área de la docencia. Tener en cuenta estos dos conceptos basados según Clemente M.: *"La teoría constituye un conjunto de leyes, enunciados e hipótesis que configuran un corpus de conocimiento científico, sistematizado y organizado, que permite derivar a partir de estos fundamentos reglas de actuación…. En educación podemos entender la práctica como una praxis que implica conocimiento para conseguir determinados fines. La práctica es el saber hacer"* [Cle01].

Como indica Carmen Álvarez [Alv01] en la  concentración de la "Pequeña Pedagogía" en  relacionar la teoría y la práctica en el área de la docencia, se desarrolla mayormente y depende del  trabajo y esfuerzo de cada profesor y maestro de la enseñanza. La labor fundamental de explicar en forma práctica la teoría expuesta en las aulas y salones, genera el puente que comunica la teoría y la práctica, entre el conocimiento y la acción. Hay muchos estudios al respecto que tampoco es la idea de este libro en abordar, pero hay que tener presente que en la especialización de esta área es muy profunda, hay muchos trabajos e investigaciones al respecto.

En el área de la ingeniería del software y en la carrera de la informática, sucede también con otras carreras, donde la teoría y la práctica involucra estudio serio, inclusive en la formación universitaria, donde cada periodo de tiempo se realizan cambios en pro de la enseñanza y aprendizaje. En algunos países, las universidades encontrarán profesores de los últimos años o semestres, donde los profesores de asignaturas son muy especializadas, los profesores no son académicos por completo o no tienen el tiempo completo para la parte teórica, profesores tiempo parcial que comparte la educación y la vida profesional en las empresas; los trabajos en las empresas reales (la parte práctica) determina el perfil del profesor en estas materias, profesores con experiencias en el área que enseñan a los estudiantes; permite llevar las prácticas laborales a las universidades, suceden en situaciones en asignaturas muy especializadas que no hay una formación académica. Como hay casos que los profesores provienen netamente del ambiente académico universitario, que combina la teoría y la práctica (investigación en los laboratorios). Esto depende muchas variantes, las condiciones de la educación del país, como la economía del país, etc., la formación depende parte en la actualización de sus empresas con lo último en el conocimiento e investigación del área, es decir, hay más investigaciones en las empresas que en las universidades; hay países donde cambia la proporción de las investigaciones y avances en el área, las universidades tienen más investigaciones y avances que las empresas, o la relación de colaboración entre las empresas y las universidades se dispersan o van juntas sobre la base de la cooperación. Marco teórico en las universidades y especializaciones del conocimiento teórico y práctico en la industria y empresas, puede haber un desbalance de uno a otro en el conocimiento teórico y lo práctico, depende de las políticas de educación y economía impuestos en cada país.

En la práctica, hay casos donde los egresados de las universidades se sientan frustrados al entrar en el ámbito laboral (práctica), de la misma forma con profesionales con alto conocimiento y experiencia en las empresas, se frustran al entrar a la docencia. Pero es otra área de estudio en la docencia y la enseñanza, que no nos abocamos como ingeniero, al menos que queramos ser docentes.

Profesores o ingenieros al estar involucrados en la enseñanza en las universidades y en las empresas, la forma de cambio o establecimiento de pensamiento de llevar un curso para la enseñanza en su ámbito de trabajo; se debe plantear en la enseñanza el equilibrio y el mejor aprovechamiento de los tiempos de la teoría y la práctica, por ejemplo, las dos horas académicas teóricas tiene el mismo efecto de cinco minutos prácticos en el aprendizaje, o viceversa, es una cuestión modelo de enseñanza. Pero el aprendizaje, sin una buena enseñanza no tiene el efecto deseado. Como indica la práctica hace el maestro, el aprendizaje proviene también de estos ámbitos, de la teoría y la práctica, el aprendizaje lo podemos localizar en un libro como en una labor o experiencia hecha (una práctica) en la empresa o en las aulas.

Desde el estudiante hasta el profesor se le dificulta la unión de la teoría y la práctica. Muchos estudiantes se pregunta ¿para qué me sirve lo que estudie o aprendí con la teoría en mi carrera?, por ejemplo, las materias generales o básicas en las universidades que son mandatorios a veces para las carreras de ingeniería, como la ética, la administración, las ciencias sociales y otras que no se vincula con los temas y las áreas del conocimiento de la ingeniería, igual sucede con las carreras humanísticas que deben aprender lo básico de geometría, cálculos y otras materias científicas. Punto de rompimiento de la teoría y la práctica de la carrera se ve mucho en los estudiantes, pero es uno mismo de tomar conciencia como estudiante o como profesor, que el ahora no se puede buscar lo práctico a toda esta teoría en la carrera, pero hay que garantizar, si el futuro se presenta en aplicar este conocimiento teórico, se pueda usar correctamente, aquí es donde se da el aprendizaje de uno mismo en la práctica y por sí solo, es familiar en decir: "ya entendí para que sirve lo que aprendí". No solo sucede este extremo, sucede también en las materias de la carrera que no se enseña la parte práctica de las teorías. En la enseñanza teórica, el estudiante no vincula la teoría en la práctica, o no se explica la aplicabilidad de esta, es la labor y conciencia de cada uno en buscar este vínculo. No es fácil, pero hay que hacerlo, recuerde el concepto de sabiduría. La enseñanza como el aprendizaje existen diversos modelos que mencionan el uso práctico de la teoría y viceversa, los modelos de educación se determinan en cada institución, región o país.

Tomar conciencia del aprendizaje de uno mismo como la auto enseñanza, darse cuenta de la diferenciación en lo que nos sucede y trasladar en el marco teórico de nuestras experiencias, se verifica con los principios o normas establecidas en los contextos adecuados, y viceversa, de la teoría buscar lo práctico. Generalmente, es tarde al identificar y descubrir este tipo de conducta que debemos tener, la relación entre la práctica como la parte teórica, en temprana edad se inculca en el mismo ambiente y es primordial que los padres también tomen conciencia de esta enseñanza. Los niños son el reflejo de la vida familiar y al tomar conciencia de esto se debe decidir qué rumbo tomar cuando se tiene cierta madurez. Hay que ser autocrítico en este sentido. Llevar lo aprendido en la práctica a la teoría, y viceversa. Tener conciencia las separaciones y los "puentes" entre la teoría y la práctica. Uno debe acordarse siempre que el profesor de probabilidades o estadísticas (que da esa única materia para todas las carreras de la universidad), no sabe de ingeniería del Software y no sabe qué se puede aplicar a ella en las tomas de decisiones de un proyecto informático, tú sí, al relacionar la teoría de estadísticas con manejo de proyectos en una empresa y tomar acciones.

Se debe considerar el área del dominio del conocimiento donde se enseña o se aprende. La teoría y la práctica está vinculada a la ciencia que proviene, recordando que la ciencia blanda no permite la experimentación controlada en la mayoría de los casos, y la enseñanza – aprendizaje será en un marco teórico; mientras que el área de dominio de la ciencia dura se presta más al marco práctico. En los modelos de aprendizaje – enseñanzas deben existir el equilibrio de los marcos teóricos y prácticos dependiendo de la ciencia que provenga en el área de estudio.

El crecimiento del conocimiento es el fin último del aprendizaje, este crecimiento se genera con nuevas teorías por las prácticas, o con las teorías generar nuevas prácticas, por supuesto la creación de lo práctico con la experiencia, o nueva teoría basada de otras teorías, y todos sus "puentes" que se conectan. En resumen, la teoría y la práctica crecen al tener esos puentes. Estos son formas de aprender todos los días algo nuevo.

La recomendación es del aprendizaje práctico de algo, debe identificarlo a uno o más teoría que lo corrobore y si se encuentra una o más teoría para justificar la acción a tomar, buscar los puentes entre ambos, si hay más de un puente es mejor. Combinar, el ver para creer o creer para hacerlo.

## 1.8. Miedo a lo nuevo

¡Lo nuevo es malo!, ¡lo nuevo es bueno!, ¡las nuevas experiencias te fortalecen o te ponen en peligro!, ¡cambiar de vida ponen en riesgo muchas cosas importantes! o ¡te permiten descubrirte a ti mismo!, ¡cambiar de trabajo es una locura porque está en riesgo tu estabilidad! o ¡los cambios son necesarios para tu desarrollo personal!; frases éstas muy usadas por los "coach", por los emprendedores, en los retos personales que uno se propone, los motivadores profesionales y empresarios en el área de las pequeñas y medianas empresas, inclusive a nivel profesional en un ambiente de trabajo de las grandes empresas, también en las altas gerencias donde se discuten los nuevos proyectos con las nuevas tecnologías o en las nuevas áreas que manejan la innovación, que se abren en lo económico como en lo social, ir en caminos no conocidos o no explorados, y en la espalda con un costo que no se sabe si es una inversión o es una pérdida en el futuro.

"Miedo a lo nuevo" es una sensación que en algún momento nos hemos topado en la vida profesional y en la vida personal. Sólo tenemos conciencia del miedo cuando nos toca vivir lo, cada uno tiene una historia de un momento de miedo a lo nuevo, ya sea planificada o no, los más terribles son las planificadas, saber que en el futuro tenemos que hacer cambios, damos ese periodo que se alarga e intentar de que no llegue, como lo que vivieron el cambio del año 2000 con los diferentes sistemas informáticos. Existen otros sucesos que llegan de pronto, sin planificación, es inesperado, donde simplemente sucede y no se pensaba que iba a suceder, pero suceden los cambios. Depende de cada cambio se logra o no controlarlo, sea planificado o no.

Este tema no se discute en un libro de tecnología o científico, no es competencia de la ciencia dura, es más un tema que se investiga y estudia mucho en la ciencia blanda, pero igual hay que destacar. Los seres vivos como lo conozco, todo nace, crece, se desarrolla y luego muere o se transforma, todo en la vida hay cambio, evoluciona o involuciona, muy pocas cosas son estática en la vida, más aún en la carrera de la ingeniería del software, todo el tiempo cambia y se desarrolla nueva tecnología, nuevos ordenadores o computadores, nuevos dispositivos, sistemas de operaciones que nacen, cambia o mueren, o se transforma, sucede lo mismo como los seres vivos, no para de cambiar. En todas las ciencias y carreras sucede lo mismo, todo cambia.

A nivel profesional, al estar en una empresa, un trabajo, en una tecnología, siente que no cambia, percibe que está estancado o no se mueve a la misma velocidad que las demás empresas, se genera ese miedo que en algún momento debemos mudarnos a una nueva empresa, a un nuevo trabajo o cambiar a una tecnología más avanzada, tiene la sensación de perder el tiempo y se genera un miedo de lo que va suceder en el futuro.

La auto evaluación personal que se hace cada uno en ese momento, da miedo con los cambios que se generan desde afuera en el mundo exterior. Por ejemplo: uno recuerda en el trabajo en una empresa con tecnología propietaria, donde empezó el "boom" de las nuevas tecnologías o actualmente con el "boom" de Internet, mientras uno está en la misma tecnología de hace 10 o más años atrás, queda impotente en pensar en esta condición, porque depende de la empresa y no de uno en cambiarla.

Más aún, si desea cambiar de carrera o trabajo porque no hay avance, ¿adivina?, sucede lo mismo si te cambia, la sensación es la misma, o es peor, como andar en un vehículo o coche, al cambiar a la otra vía que avanza más rápido por el tráfico, y situado en tu nueva vía observa que donde estaba anteriormente avanza más rápido de donde te encuentra.

Piense ahora, usted está en una empresa con la última tecnología, ningún otra empresa en el mundo posee la experiencia con esa tecnología, ¿qué haces si eres el encargado de trabajarlo?; si eres un investigador y desea encontrar una medicina que no se ha descubierto todavía para la cura de una nueva enfermedad. Ambos casos están en la misma posición con respecto a hacer algo nuevo, y con sensación de miedo a diferente nivel.

Todos los días vivimos nuevos cambios aunque no nos damos cuenta, son pequeñas, no son visibles, no se perciben, pero están presentes y suceden. Son como las oportunidades, existen para todos por igual, la diferencia es que uno lo ve y otros no. Los cambios los detectamos al tener conciencia de ellas aún siendo pequeñas, solo nos damos cuentas de los grandes cambios o percibimos que van haberlos.

Los cambios son naturales y aparecen todos los días. ¿Por qué nos da miedo?, la mayoría de esos cambios son grandes y perceptibles. Miedo a cambiar nuestra conducta, al fracaso, al éxito, a lo que vamos a enfrentar sin saber lo que viene, miedos que cada uno conoce. El miedo es natural, pero podemos desaparecer, bajar, mantener o subir la intensidad, depende de nosotros, ¡si depende de nosotros!, depende de lo que hagamos o no hagamos en ese momento.

En la ingeniería de software se habla de disminuir el nivel de incertidumbre, es el intento del humano en disminuir la brecha de lo desconocido a lo conocido. El miedo se debe a lo desconocido, lo desconocido aumenta el nivel de incertidumbre, por eso debemos de alguna forma de adquirir más información o conocimiento de lo desconocido, así se enfrentan los miedos. Al inicio de los proyectos de la Ingeniería del Software todos tenemos miedo, desde el usuario final como los programadores, gerentes de proyectos y de la cuenta; a nivel profesional se busca de aclarar los mayores puntos posibles que se desea tener en el programa informático final, mientras más información tenga, el miedo disminuye, se mantiene o sube.

El miedo sube si no se sabe cómo se va hacer, y disminuye si se sabe cómo se va hacer. El saber o no va proporcional al miedo que se genera después de la información adquirida. Los buenos profesionales usan mecanismos o formas de disminuir el nivel de incertidumbre, no aumentarla, de la misma forma, es el tratamiento del miedo.

Depende de cada uno de enfrentar o manejar su miedo, los profesionales altamente cualificados, como los grandes personajes en el mundo lo hacen. Buscan otras vías o caminos que los demás han cruzados y no han tenido éxito, o simplemente hacen lo mismo que otros al tener éxito. Cualquier alternativa es simplemente de verificar que sus acciones debe disminuir la incertidumbre, disminuir el miedo y sentirse seguro.

Acordarse que el miedo es algo intuitivo y natural que viene desde el origen de cualquier ser vivo, inclusive del humano, es la alerta que nos dispara para la supervivencia, hay que escucharla y estudiarla de donde se originan y actuar. Depende del conocimiento del miedo, tomar la decisión y actuar.

Recordemos que tenemos principios, que podemos guiarnos o indicar como actuar. Si no hay principio que pueda disminuir esos miedos, debemos buscarlos, encontrarlo o simplemente creamos esos principios, si se basa en los párrafos anteriores es válido. Más delante del libro se indica como la ingeniería del software permite disminuir el nivel de incertidumbre.

En resumen, debemos escuchar, estudiar y analizar esos miedos, hay que considerarlo y respetarlo, accionar para disminuir esos miedos.

## 1.9. Pasión

La pasión es una palabra que en el ámbito científico o en la carrera técnica no aparece, inclusive en varios países lo consideran como falta de profesionalismo en un ambiente empresarial serio, por ejemplo: las presentaciones de negocios hacerla en forma apasionada son mal vista. No es entrar en polémica que si es correcto o no en este libro. Hay que buscar un equilibro entre los diferentes conceptos que involucran esta palabra. En el ámbito de las grandes empresas, y más se observan en las empresas tecnológicas, las imágenes de los líderes se mencionan esta palabra, en sus ideas o recomendaciones, los seguidores al líder aparece o debe nacer la palabra pasión. Pero sus enfoques de esta palabra no es de un sentimiento que eclipse a los demás sentimientos como la razón, el amor, el odio, deseos, etc., es la pasión que gobierna todo los demás, en mi criterio personal a nivel de empresa tiene razón en no usarla; y hacer dentro de la empresa con esta palabra que desaparezca. Pero la palabra pasión de estos líderes es de enaltecer todos los demás sentimientos que involucren en las actividades de una empresa, trabajo, liderazgo, efectividad del personal, etc., a los buenos sentimientos que ayuden a la empresa y la producción, e inclusive a lo personal y para el personal que lo involucra. Es una realidad que es lamentablemente cruda, pero tiene efecto a nivel personal si lo estudia en el fondo. Un líder de una empresa con esa visión y pasión, puede que genere a las empresas que sus empleados renuncien por el hecho que le abran los ojos, como se recomienda a los empleados, que si no le gusta este trabajo, mejor renunciar y buscar otro trabajo; si ama lo que hace, no vas a trabajar más; o si busca un "hobby" o algo que le gusta hacer, además le pagan por hacerlo, no es trabajar; como estos ejemplos hay muchos más donde genera la pasión por el trabajo que realiza. Un líder con ese sentido de la pasión tendrá muchos seguidores, si no tiene pasión, no son líderes, la pasión es lo que permite conectarse con sus seguidores. Para el personal o los seguidores son como ejemplos vivos de personas que aman lo que hacen, aman los negocios, aman los nuevos retos, aman la producción y ganancias, que algunos los reflejas en retribuciones adicionales o mejoras de trabajos e ingresos a sus seguidores.

Del otro lado de la acera, los empleados son incentivados de querer hacer las cosas, como profesionales, hacer bien sus labores y con la mayor excelencia posible. La idea principal es de tener una imagen de profesionalismo de un nivel alto de competencia, en ambos sentidos de la palabra, competitivo de ganar el premio, y competente de hacer las cosas en forma excelente (van ligadas estos dos significados, más adelante se detallará en el próximo tema), todo esto genera el creer en tener pasión en lo que se hace, querer hacerla y creer que se puede hacer. Todos los que hablamos de sentimientos vehementes de creer, amar, querer y hacer las cosas de forma que los resultados sean excelentes. Debe salir de cada uno y no ser impuesto, al menos que sea auto impuesto por su propia creencia o por sus propios sentimientos, que nazca de uno. Tener buenos sentimientos en lo se cree, ama y hace.

Hay muchos más sentimientos que no he nombrado que debería entrar pero el fin último es, amar lo que se hace, sino, simplemente no lo haga. Es un sentimiento que mantiene el motor trabajando a su máxima capacidad, no ver el reloj y darse cuenta que está en un labor por largo tiempo y no sentirlo, pareciera que hubiera ocurrido un minuto que en la realidad ya tiene varias horas, ni sentir el cansancio, es hacer las cosas y no darse cuenta del largo tiempo que se ha dedicado, esto es pasión. Grandes proyectos han salido de los laboratorios con los ordenadores, hay muchos cuentos y anécdotas que de repente recuerdes de estos episodios de largos tiempos en ellas. La ciudad de la informática si lo vemos por dentro, existe esa pasión, desde afuera lo vemos como sacrificios, trabajos duros, amor al trabajo, persistencia, hasta locos, pero en el fondo es ese sentimiento que no sabemos identificar. Friedrich Hegel declaró "Nada grande se hace sin pasión".

Para apasionarte en lo que quiere hacer o ser, debes primero saber cómo eres o conocerte uno mismo. Saber los gustos, los deseos y solo tú sabes lo que quieres, lo que sabes hacer y no sabe hacer, lo que te agrada y lo que desagrada, de lo que es bueno y lo que eres malo. Es encontrase uno mismo y preguntarse ¿qué quiere ser y desea hacer?, debes empezar en averiguar quién eres. En lecturas de filosofía como en la religión, inclusive de libros de autoayuda profesional, libros de emprendedores, presentan una pregunta mayor, ¿Cuál es mi misión en esta vida?, todo se puede hacer en este mundo, pero el deber ser van junto. Combinar el querer, hacer y el deber de las cosas, al combinarlas tendrás éxitos, y es el inicio de la pasión en hacer las cosas.

En las universidades existen muchos ejemplos, existen estudiantes en su mayoría, no le apasiona la materia de la Ingeniería del Software, igualmente de la carrera. Siendo profesor, la mayoría de las consultas eran para estudiantes que indicaba que por diversos motivos, no estaba conforme seguir en la universidad, ni la carrera, ya sea porque los padres deseaban que se graduará en esta carrera, pero al estudiante no le gustaba (no lo apasionaba) u otras escusas para hacer lo que no se quiere. La recomendación es lo mismo, si te gusta la carrera se debe continuar, sino, va a tener una carga para aprobar esta materia como las siguientes materias, graduarte va ser cuesta arriba, va ser muy pesado cada vez que avanza, que debería ser al revés, gustarle y apasionarse, al avanzar debe ser de menos cargas con las materias, y si obtiene el título, vas a trabajar en los mismos todos los días. Si no te gusta la carrera, estando en la mitad para culminar, es preferible perder dos años de tu vida, que perder tu vida completa, la decisión sabia de los estudiantes es de retirar la materia o de la universidad, y seguir estudiando en otra universidad o en otra carrera que le gusta y le apasiona. La otra opción, es buscar que te apasione, combinar lo que le gusta hacer con la carrera y verás que será como un paseo al avanzar, hay varios graduados en la carrera y ejerciendo con éxito actualmente. Existen otros ejemplos como estudiantes que le apasionan su carrera y la materia, pero van mal en la práctica, no deseaban entregar para la fecha definida, algo que no funcionaba, faltando uno o dos días antes para la entrega de un proyecto de laboratorio, el proyecto está planificada para varias semanas, pero en la teoría los estudiantes van excelente, pero no consideraron la práctica de la materia como era, se asesora en la hora dedicada por el profesor para las consultas, se indica que se repasen los temas teóricos que fallaban para cumplir con el proyecto, y se animan a entregar el proyecto, se indica que si puede cumplir con el tiempo, aun faltando pocos días, pero saben que deben ser más efectivo con el trabajo que hasta ahora realizaron, se determinó que estos estudiantes estaban ciegos por la pasión por la carrera y la materia, los estudiantes entregaron a tiempo y funcionando los proyectos correctamente, lograron los objetivos al canalizar correctamente esa pasión en corregir las fallas.

En resumen, lo importante es tener pasión en todo lo que se hace y no cegarse por ella. La pasión depende del contexto, se debe esconder a la vista de lo demás, solo por respeto a ellos.

## 1.10. La carrera

Al estudiar una carrera en la universidad, se debe comparar con los deportes, como un maratón combinando con la carrera de 100 metros planos y con relevos. Son tres disciplinas del atletismo que se puede combinar. Existen en los maratones cientos o miles de atletas que compiten, la probabilidad de ganar es menor que correr en 100 metros planos, por tener menos competidores este último. Pero se pregunta el ¿por qué un atleta compite en un maratón?, conociendo previamente que para tener el trofeo va a ser difícil, por la cantidad de competidores que participan en el maratón. El maratonista compite contra sí mismo, no contra su adversario, su objetivo es arrancar y terminar en la meta, no importa cuánto tarde, es una victoria propio de su persona en culminar este reto, su meta es correr todo el recorrido, un recorrido de larga distancia, existen atletas que por condiciones especiales tienen desventajas de un maratonista normal, pero son admirados por cumplir este reto, cubrir esa distancia, y no son los que llegan de primero, hay personas normales que no lo pueden cubrir o no se atreven a competir, muchos ni lo piensan en hacerlo. Si se combina en llegar a la meta y llegar de primero tiene que aplicar un mayor esfuerzo, el cruzar la meta de primero es algo adicional. Otra características del maratonista, es que se concentra tanto en uno mismo, que a veces se pierde en la posición donde está en la competencia, no sabe si esta de primero, de último, o está en el centro del grupo.

A diferencia de los atletas de 100 metros planos, el objetivo es correr en contra de los que están en los otros carriles y llegar de primero en un corto tiempo, por supuesto, la mayoría de los atletas es intentar romper su propio record, su mayor atención es estar delante de lo demás, mientras que el maratonista se ve a sí mismo en cómo lograr llegar a la meta. El pensar en la carrera con relevos, por ejemplo: 4x400 metros, son cuatros (4) atletas que deben trabajar en equipo, un atleta por equipo tiene un testigo (el testigo indica que compite en ese momento contra los otros equipos) que corre y debe competir al cubrir la distancia de 400 metros lo más pronto posible y pasar el testigo a otro compañero, el equipo que gana es que llegue primero a la meta con el testigo y que todos los integrantes recorran la distancia indicada uno a la vez; tiene dos objetivos, ser el más rápido similar a la competencia de los 100 metros planos de forma individual, y trabajar en equipo para que el último del equipo llegue de primero a la meta, aplican estrategias de juego de equipo, etc.

En la vida hay momento que se trabaja sólo y otro momento con ayuda. El hombre desde que nace hasta que muere debe hacer cosas por sí sola, igual que en los deportes, cuando es bebé depende del equipo que son los padres y familiares; el bebé al iniciar el gateo y al caminar se debe valer por sí mismo, el papel de los padres y familiares están de apoyo, el bebé debe hacer solo la labor de gatear o pararse para el inicio de caminar, el bebé busca en todas sus herramientas, recursos o posibilidades de acción para lograr su propio objetivo de ser independiente de gatear o caminar, depende de él mismo. Sucede eso con los atletas, ya sean en los relevos, 100 metros planos y maratonista, hay parte o en su totalidad realizar su labor por sí mismo y no depender de nadie, ya sea que este apoyado o no por otro, el objetivo es personal. Hay etapa que sí depende de los demás y debe ser un miembro de un equipo con objetivos personales que combina con los objetivos del equipo, como integrante del equipo o de la sociedad, todos tienen objetivos comunes, existen momentos que debemos evaluar la situación con lo demás y con uno mismo.

En la carrera profesional sucede lo mismo, la mayoría del tiempo debemos estar en un maratón, siempre medir y cuidar nuestros recursos que contamos para llegar a nuestras metas, hasta el punto de competir y luchar contra uno mismo, mejorarse uno mismo. En cada momento debemos tener siempre metas, uno, dos o varios, por cada etapa en la vida profesional (y porque no, en la vida personal también) debemos trazarnos metas y objetivos. Debemos pararnos de vez en cuando, para evaluar la situación actual y los logros, ya sea para redefinir acciones o seguir con lo planificado para llegar a las metas, evaluarse uno mismo y evaluar a lo demás como forma de medición de los logros; o si estamos en buen camino para llegar a la meta, esta parte se hace la analogía con los 100 metros planos, esto tiene como objetivo, mejorar la situación actual para el futuro. En la carrera profesional también existe la etapa de trabajar en equipo como los relevos, ayudarte con el apoyo de otro, o dar apoyo a otro, donde el beneficio es de todo, llegar todo a la meta. Trabajar en equipo es hacer sinergia con el prójimo para el beneficio de todos, es de aquí la frase "ganar – ganar", o todos ganan. Cada integrante del equipo hace algo que beneficia a todos, y no es lo mismo, estando solo y hacerlo todo.

Ya sea en los 100 metros planos, maratonista o relevos, cada atleta debe tener consigo algo que permita cumplir sus metas en forma individual, ese algo es la competencia, la competencia tiene dos conceptos que vamos describir y ambos no son separados. Un concepto de competencia es poder cumplir o tener capacidad para hacer algo, el individuo capaz o apto. Se define como la persona que tiene esa capacidad de lograr los objetivos asignados o propuestos; pero para estar capacitado debe cumplir ciertas características que permite el cumplimiento de estos. Hay capacidades innatas y otras adquiridas, capacidades sea por entrenamiento, experiencia o conocimiento previo, uso inteligente de los recursos, etc. En momentos críticos entramos al otro significado de la palabra de la "competencia", de luchar o disputa entre personas que aspira lo mismo, pero para luchar con los demás, debemos antes luchar contra nosotros mismo, al no tener la capacidad de algo, depende de uno en adquirir esa capacidad o simplemente ser competente, al estudiar una carrera en la universidad, nos ayuda de alguna forma luchar con uno mismo para adquirir esa capacidad, si no podemos aprender, si no podemos conocer nuevas cosas, si no podemos estudiar, etc., debemos tomar conciencia de las debilidades para luchar y lograr para superarse, si no podemos superarnos, no podemos superar como individuo y más aún como equipo. Para ser elegido en un equipo, debe tener cierta capacidades o competencias que son usadas para el equipo, al no tener la competencia, el individuo debe buscar cómo lograr obtenerlo, debemos competir con uno mismo para lograrlo, superarse uno mismo, y no depender de mas nadie si no de uno mismo. Para competir en los 100 metros planos, relevos o maratonista debe primero competir consigo mismo para ser admitido y cumplir con los requisitos para las pruebas con lo demás.

A veces los atletas utilizan estrategia, empiezan de último, cuida su ritmo y lo mantiene constante, sabe su resistencia, saber el punto crítico de la trayectoria (se llama "la pared" de los deportistas, donde es el momento que el atleta no puede más físicamente) y saber manejarlo, es concentrarse en uno mismo, superar el punto crítico para seguir avanzando en la competencia; se conoce a sí mismo, sabe de sus debilidades y sus fortalezas. Aún en su ritmo, ve que empieza a pasar a otros corredores, sin aumentar su ritmo, y a la etapa final de la competencia se utilizan todos sus esfuerzos para terminar de llegar a la meta de primero, si es necesario. ¿Qué suceden a los atletas que aplica lo contrario, utiliza todo sus recursos en las etapas iniciales sin administrar correctamente sus esfuerzos en todo el trayecto?, es muy probable que no llegue a la meta. Conociendo uno mismo, busca de administrar, dosificar los recursos de manera personal y aplican un conjunto de acciones que permiten planificar en cumplir los objetivos, trazan estrategias según sus capacidades. La carrera profesional, igual en la vida se define metas y planes a largo, mediano y corto plazo, sucede lo mismo en el deporte.

En la vida profesional se darán cuenta que existen colegas que están en las grandes ligas, otros como sabemos que están en las ligas menores. Similar a los deportes, estos términos se escuchan en las empresas cuando se observan la forma, la manera de trabajar y los resultados obtenidos, se detecta rápidamente como ciertos profesionales, sus niveles de competencias son altas, persona que por su manera de cómo vive su profesión, como deportistas que son maratonistas o atletas de alto niveles en su profesión, a veces los profesionales no saben en qué liga pertenecen; esto depende de lo que te indique implícitamente o lo que se detecta en lo demás en tu entorno; estos son los momentos que uno debe ser un corredor de 100 metros planos, en saber donde está ubicado en su profesión por medio de la observación del entorno. Al evaluarte te sorprenderá en dónde está ubicado, si eres una maratonista en tu profesión. La idea de los miembros de las ligas menores sean los relevos en las ligas mayores, existen etapas que cubrir y madurar, tomar experiencia para subir de liga. El Ingeniero de Software tendrá una visión de la vida según el nivel profesional donde se encuentra, no por tener un cargo dentro de un proyecto, es decir, el crecimiento del profesional si lo vemos de otro ángulo, los profesionales que poseen cargos superiores al rol de un ingeniero dentro un proyecto, sigue siendo por dentro un ingeniero de software aunque tenga el cargo de gerente o presidente de la empresa.

En resumen, debemos ser maratonista durante toda nuestra vida, superarse uno mismo, mejorar todos los días en nuestra vida, y ser competente en todos los sentidos, aquí podemos combinar ser corredores de 100 metros planos o de relevo. Como dice el proverbio africano, "si quieres ir rápido camina solo, si quieres llegar lejos ve acompañado", depende del objetivo de la etapa de tu vida profesional, vas solo o acompañado.

## 1.11. Éxito y fracaso

El éxito es la consecuencia de uno o varios fracasos, son pocos casos que se presentan los éxitos a la primera vez que se actúa. El accionar debe estar previamente con un pensamiento del objetivo y los pasos para llegar a este. El conjunto total del pensamiento como los pasos a realizar, deben estar previamente estructurado por las experiencias y conocimientos, o la visualización mental proveniente de casos similares o nuevos. Basado en el uso de principios conocidos aplicable al objetivo y acciones trazados, el acercar al éxito es inevitable, mientras menos conocimientos y experiencias existan, el éxito se aleja. El alcanzar nuevo conocimiento y experiencia es necesario para el éxito, se debe fallar para encontrar lo nuevo y el éxito. Es similar de ver una película vieja varias veces, que al verlo de nuevo, para verificar que hay cambio del final que conocemos, este no cambiará. Pero al ver una película nueva o leer un libro nuevo, nuestro conocimiento y pensamiento abarcan una infinidad de opciones de escenarios, no sabemos los resultados sino al final de la película o del libro, y ese final es totalmente diferente a los que pensamos. Si el final de la película o del libro está dentro de nuestras opciones de pensamiento, la expectativa es acertada, sino, la admiración y sorpresa que podemos aprender con otro final. Si volvemos a verlas el resultado es el mismo, al menos, que cambie la versión del libro o que modifiquen el guión de la película y crean otra secuela. El éxito y el fracaso sucede lo mismo con la admiración, sorpresa y expectativa que se encuentra en el proyecto. Hay que evaluar en este tipo de pensamiento del éxito y fracaso.

Los éxitos que vienen al azar, sin previos conocimientos o sin experiencias son pocos; al analizarlo, los exitosos realizan cosas creativas, o el caso que se presente a nosotros la misma circunstancia, se actúa de una forma más común o general que toda persona normal haría y no tendría éxito. El exitoso ve cosas diferentes que lo demás no ven; las oportunidades se presentan a todos por igual, pero el exitoso lo ve, y otros no, aunque se presente la misma oportunidad varias veces. El éxito de uno no necesariamente es el éxito de otro, es decir, dos personas con las mismas condiciones y las mismas oportunidades, acciona de la misma manera, no necesariamente ambos tendrán el mismo éxito. En las empresas y organizaciones se revelan muchos de estos ejemplos, empresas exitosas que son copiadas por otras empresas, pero terminan con diferentes resultados e inclusive hasta fracasan. En cambio, hay empresas que se copian los éxitos de los demás pero con pequeños cambios que generan más éxito que los originales. Ambos ejemplos son como los clones de los ordenadores de los años 80 y 90; como los éxitos de las empresas asiáticas en el uso de internet. El fracaso se debe tener en cuenta para el futuro, por varias razones:

- No volver a hacer lo mismo (no perder el tiempo) dada las mismas condiciones. Para no repetir el fracaso, tener en cuenta en el presente y para el futuro de lo que se realizó en el pasado. Se recolecta información en función de dos objetivos, primero para no repetir con la misma condición, la misma acción aplicada, conociendo su resultado; tener o crear un control o lista de condiciones, acciones y resultados conocidos; segundo, permite validar el éxito del futuro con la verificación de la eliminación de las condiciones y acciones de los fracasos pasados. Hay casos que se registran y se detectan errores de interpretación o fallas en la observación, que provoca encontrar el éxito posterior al fracaso analizado.

- Utilizar el proceso de ensayo y error en el caso que no hay principios o leyes que apoyen. Tener un abanico de acciones de la misma condición con resultados fallidos y realizar acciones diferentes al pasado. Cambiar las acciones en vez del objetivo. Aplicar la misma acción en diferentes condiciones al pasado es otra forma de encontrar otros resultados. Tener experiencia de algo fallido, como el ejemplo de las mil formas de cómo no hacer una bombilla, dicho por Thomas A. Edison.

- Verificar con acciones las teorías y más si no son leyes. La teoría es una idea que se genera en la mente, existen teorías que se convierten en leyes por pasar el rigor del método científico; las otras teorías no están demostradas y ni validadas, sigue siendo una idea hasta que cumpla lo predecible, objetivo y universal de una ley. Por esta razón, si se basa en una teoría las acciones que te llevarán al éxito, solo para salir de la duda, colocar en la práctica para demostrar las consecuencias de las teorías; quien sabe, hasta que encuentra el éxito con demostrar una ley. Generalmente las pruebas de las teorías generan errores, conocidos y controlables; está dentro del proceso de ensayo y error. La otra forma de verificar una teoría es aplicar la negación o no cumplimiento de esta; se puede aplicar de las mismas acciones contrarias con base a una ley; esto se puede aplicar cuando todas las posibles acciones y escenarios que están enfocados para el éxito son utilizados con resultados negativos. Ocurre que al aplicar acciones que generen fracasos o con probabilidad de éxito baja, son controladas por la misma condición y acción de la teoría. Estas acciones tienen el objetivo central de producir fracaso controlado donde los posibles resultados esperados son: fracaso con mayor probabilidad de ocurrir, o sin probabilidad que ocurra el éxito.

Cuando los resultados dan éxitos, que es poco probable, estamos en el caso que las condiciones o la visualización teórica no son las correctas o falta algo en el conocimiento y visión de la realidad, en este caso se debe investigar a profundidad en verificar el proceso. En el caso común que el resultado es de fracaso, dan señales de los problemas en la práctica, y con producir las fallas están generando información para focalizar el problema, se realiza poco a poco las correcciones y afinaciones necesarias para el éxito. Por ejemplo, al conectar una impresora a un ordenador por el puerto serial, ambos equipos deben tener la misma configuración para ser conectada a través del cable, deben tener el mismo tamaño de datos de transmisión, velocidad, etc., la configuración del puerto en el ordenador está definida a nivel del sistema operativo, y el lado de la impresora en su configuración interna, al conectarla y operar no imprime, pero no hay señales de error o de fallas, se realizan diferentes cambios de configuraciones sin éxito, no reacciona la impresora, se aplica la prueba para generar fallas, una de ellas es colocar diferentes configuraciones tanto a la impresora como en el ordenador, comenzó a funcionar a media, reaccionó la impresora, se detecta después que la configuración del ordenador cambia en el primer momento al utilizar u operar la impresora con el software, la configuración de los puertos en el sistema operativo cambia temporalmente de forma dinámica desde las aplicaciones del ordenador, se mantiene de forma rígida la configuración en el ordenador cuando se enciende, pero cambia la configuración en forma automática al ser usada, por casualidad con los diferentes los cambios en la configuración en la impresora, se obtuvo uno que era casi parecido al del ordenador en la configuración dinámica que se deseaba. Por regla la configuración del puerto serial en el sistema operativo es mandatorio para todos las aplicaciones de la computadora, en este caso se encontró un software que rompe la regla y teoría del instalador de la impresora.

- Verificación formal de los resultados en todos los pasos para llegar al éxito, inclusive con un fracaso. El fracaso es para otro un éxito, sucede que al realizar actividades que llegan a fracasar o tener éxito, al analizar los resultados puede ser aplicable con éxito en otro ámbito o problema. La salida a la venta en el mercado del teléfono inteligente de Steve Job fue antes de las tablas, pero el plan inicial de la empresa, era primero el desarrollo y la salida a la venta de la tabla antes del teléfono inteligente, en el camino del desarrollo de la tabla se descubrió el manejo de menús en las pantallas táctiles sin usar teclados físicos, se vio un potencial, no solo a la tabla sino también al teléfono, detiene el proyecto de la tabla y pasa este conocimiento al teléfono inteligente para culminarlo primero, sale a la venta y luego de su éxito, volvió retomar el proyecto de la tabla. Otro ejemplo de estos casos, es el descubrimiento de las pastillas azules de forma casual, en su origen, el desarrollo de las pastillas eran para la dilatación sanguínea, el objetivo era curar varios males cardiacos, como fármaco para el problema cardíaco es un fracaso, pero ya sabemos los resultados exitosos de esta pastilla en otra dolencia.

Puede haber muchas más razones de considerar los fracasos que no se nombró anteriormente, esto no quiere decir, que no estoy proclamando o recomendamos de tener que fracasar mucho para llegar al éxito. La idea es pensar que todo nuestro esfuerzo, conocimiento y actividad se centre en ser exitoso en todo lo que se realiza. Pero no hay que desperdiciar los fracasos, debemos sacar provecho de todo, mínimo se toma como aprendizaje de los fracasos.

Para el éxito no se describe mucho, se habla más de los fracasos, por eso que se indica que el aprendizaje se adquiere con los fracasos, porque duele y no se olvida, pero el éxito sucede lo contrario, lo olvidamos, la gran parte que se comentan a niveles de empresas, que el éxito de ayer no se cuenta para nada hoy, hay que seguir en el presente y proyectarse en el futuro, que el éxito y fracaso son útiles como aprendizaje. De darse la misma condición actual que es conocida en un éxito anterior, ¿no vas a hacer lo mismo?, mínimo se debe repetir el éxito, lo otro es mejorar esa acción teniendo la experiencia. La perfección viene alimentada por los éxitos y los fracasos. Lamentablemente para los clientes y los usuarios siempre recordarán el único fracaso que cometiste, después de los miles de éxitos festejados y olvidados juntos a ellos.

Vivir enfocado en ser exitoso y evitar los fracasos es válido, hacer este enfoque una realidad, no está tan lejos, si se aplican principios basado en los resultados tanto teórico y práctico exitoso. Y si fracasa, como dice una frase popular, "caer está permitido levantarse es obligatorio".

## 1.12. Felicidad, ética y virtud

Felicidad, ética y virtud son términos muy usados en la filosofía, este libro se presentan estos conceptos, debido a que estos términos, directa e indirectamente influyen sobre el éxito de los proyectos informáticos, basados en que los proyectos son realizados por los humanos, las personas tienen influencias en los resultados finales, en las tomas de decisiones y acciones en todo el proceso de la construcción del software.

Hablamos que el fin último del humano es la felicidad. La felicidad es tener una vida virtuosa [Gua01]. La virtud de tener conciencia de la misión que tiene uno en esta vida, la función de estar existiendo en este mundo. La ética es el estudio de la moral y la acción humana, comportamiento moral, lo que es el bien y el mal, conducta colectiva o social. La virtud, el bien, el mal y el comportamiento colectivo afecta de alguna forma en las relaciones humanas, que trae consecuencia en los resultados de los objetivos a alcanzar de la sociedad. Por ejemplo, el eructar frente a otra persona es de mala educación en el occidente, pero en ciertos lugares de lejano oriente es un gesto de buenos modales después de comer, comunica al anfitrión que su comida fue excelente. Este ejemplo como mucho que conoces, señala que el comportamiento social y cultural de un grupo de persona que se enmarca de contratos implícitos y explícitos basados en normas y conductas. Para un grupo social hay cosas que están mal, pero, para otras están bien. Generalmente en el área de la ingeniería (ciencias duras o exactas) la mayoría de los grupos tiene el consenso de lo bien y lo que está mal a nivel mundial, a diferencia en las ciencias blandas que puede ser relativo en el contexto social. La acción de enviar una corriente de 5 voltios en un medio que se desplaza de un componente a otro, la construcción correcta está definida por las leyes físicas, funciona o no funciona, las acciones son determinadas dentro de una ciencia exacta; en cambio una acción realizada en dos contextos sociales diferentes no deja claro lo bien o lo mal del hecho.

En el caso en la sociedad de trabajo sucede lo mismo en los contextos sociales, varía dependiendo de su entorno social y cultural, donde se refleja lo bueno y lo malo de la actuación del individuo, pero en los casos de la sociedad en el ámbito de trabajo, aún en un mismo trabajo en dos países diferentes se refleja aspectos comunes y diferencial en cada país, el trabajar en un país en una empresa tecnológica informática, aún siendo de la misma empresa y con el mismo nombre, el comportamiento, la moral y su cultura de trabajo se diferencia de un país a otro, del mismo hay la similitud en todos los países.

Al hablar de la felicidad en la comunidad de trabajo no encaja para algunos. Esto genera diferentes opiniones que se escucha en algunas las frases como: que el trabajo es un mal necesario, hasta el punto que es algo malo que se debe evitar, el trabajo es un castigo divino o pecado del humano, es la explotación del hombre por el hombre, trabajar más de la cuenta, la tendencia de robotizar el trabajo, sustituir el hombre por máquinas. Pero otras personas lo ven como algo positivo, la creación del universo y del humano por Dios en siete días, Dios tuvo que trabajar y luego descansar, el trabajo dignifica, etc. La relación de la felicidad y el trabajo, pocas personas lo conocen o no ven la relación, la empresa lo ven desde arriba hacia abajo, mantener un ambiente de trabajo adecuado para el trabajador, hay muchas empresas que asesora y empresas que invierte en este tipo de políticas en el entorno laboral, el objetivo en favorecer al trabajador para optimizar la producción y eficiencia de los colaboradores; hay mucho material para estudio sobre este tema. Obligar a ser felices a otro es contraproducente en cualquier ámbito y contexto, las organizaciones solo deben  incentivar esta forma de trabajar y no imponer. Por el otro lado, en la escuela y universidades no se enseñan de cómo ser felices, lo más cercanos son nuestros padres, familias o cercanos fuera del ambiente laboral, más está en el ámbito filosófico de la vida, la religión que procesa. La labor de la iglesia y desde el mismo punto de las empresas, casi no hay diferencia en la acción de estas instituciones, promover a ser feliz, pero el intento o motivación desde arriba hacia abajo debe existir, y seguir promoviendo. Pero la felicidad debe nacer de uno mismo, ser auto-felices, la felicidad de uno mismo, se inicia desde uno.

Si la persona no es feliz, no importa cuánto esfuerzo o trabajo realizan las instituciones y las gerencias, no va haber cambio. Esta felicidad debe estar combinada con la virtud, encaminado en la misión en la vida según Aristóteles [Gua01]. La misión y visión de las empresas también debe ser virtuoso, adicional a lo implícito al incremento de los beneficios económicos de todos, debe contener efectos positivos en su servicio y producto que ofrece a sus clientes. Igualmente a nivel individual, la felicidad combinada con la virtud debería ser a largo plazo, y debe incluirse en la vida completa, comenzamos a actuar y trabajar en esa misión, trabajar en lo que te gusta, en tu misión, si la extensión o parte de tu trabajo esté involucrado en la ingeniería o tu vida profesional, entonces, lo más lógico es que se escoge el trabajo, la profesión, el acompañante,  la empresa que va a construir en la felicidad del día a día. En el peor de los casos, en el trabajo actual que no te gusta, has abierto tus ojos ante la misión en la vida y la felicidad que has descubierto, debes ver como ser feliz con esa cruz; todos los días hacer actividades que te gusta; como trabajos pequeños que te encausen al camino deseado. Al final vas a cambiar de trabajo o  te adapta el trabajo a tu misión en la vida; tu trabajo actual que antes no te gustaba, poco a poco comenzará a gustarte con esos pequeños cambios que aplica día a día. Cada uno puede cambiar su mundo, cambia el ambiente de trabajo, ¡si lo puedes cambiar!, cámbialo en un ambiente feliz, para ti y lo demás; debe ser realista, cambiar las expectativas de la felicidad en una realidad; comienza cambiar el escritorio para sentirte a gusto y cómodo; genera el ambiente que deseas; de aquí se conoce varios dichos populares, "uno busca la felicidad en lugares donde no lo encuentran"; "la felicidad se encuentra haciendo cosas pequeñas" y muchas otras frases. La diferencia de la felicidad de largo plazo y de corto plazo, es que la primera la construye cada individuo, la de corto plazo puede ser un encuentro divino que te acompaña en la vida, un regalo del destino, como el pasar un momento con una persona querida sin planificarlo, el descubrir nuevos lugares que produce tranquilidad.

Cualquiera que sea la felicidad, en el fondo da como resultado la tranquilidad interna o la paz interna, esta paz viene junto con la paz con lo demás (comunidad), y combinación de ambas, al tener esa paz es la finalidad de todas las religiones, paz consigo mismo y con todo lo demás (incluyendo en la religión, paz con Dios). Al estar en paz es que obraste con el bien para ti mismo y para lo demás, eso es tener moral. Para construir tu felicidad debe trabajarlo, pero disfrútalo al trabajarlo. La decisión es tuya, ser feliz o triste, ser bueno o ser malo. La felicidad es un estado mental, y la felicidad es el objetivo prioritario en la vida en algunas religiones. La felicidad es un estado mental, sufres porque quiere, eres feliz porque quiere. La felicidad es el resultado de tener las expectativas deseadas y la realidad en uno solo, si hay diferencias entre la expectativa y la realidad se genera el sufrimiento.

A nivel empresarial, la felicidad es sinónimo de buena salud laboral, el ambiente de trabajo con un buen trato personal y profesional (la base es el respeto y la responsabilidad) produce la felicidad en el ambiente, o la felicidad produce una buena salud laboral. La felicidad colectiva de una empresa e institución produce bienestar tanto a la empresa como cada personal que lo integra. Reduce el costo de sanidad y hospitalización, enfermedades laborales, baja de empleados y baja la rotación de personal, a nivel de empresa es productivo y estable. Produce estabilidad a la empresa, como la estabilidad a nivel personal, si se enferma el colectivo se enferma la empresa. Si la mayoría de los empleados son saludables permite a la empresa obrar con mucha flexibilidad en sus procesos.

El ser bueno o ser malo, en todas las carreras desde ingeniería, medicinas, filosofía, política, etc., la moral y la ética son puntos de estudios, que deriva el resultado final o la evaluación final de la aplicación del conocimiento y acciones en cuestión, en las carreras que se sostiene en las ciencias con procesos y principios rígidos, predecibles y con exactitud, se puede evaluar los resultados como buenos o malos; en los dos sentidos, en el cumplimiento de los procesos y sus resultados predecibles, la aplicabilidad o no correcta de los procesos de hacerlo bien o mal determina los resultados; el otro sentido, el resultado final es bueno o malo para uno, para la humanidad o la naturaleza; es el efecto ético y moral de los resultados. En esta área técnica de la ingeniería del software son pocas cosas que se puede hablar, si estamos en el campo de la ciencia predecible o ciencia dura los resultados habla por sí mismo.

El ser ético como profesional o ingeniero depende de cada individuo, de su competencia, sus capacidades de aplicar y conocer de la ciencia predecible, la utilización correcta de las herramientas y conocimientos en los diferentes casos o problemas a resolver, como los objetivos trazados. Viene el desconocimiento de los principios o las reglas generales que rigen esta área, es justificación o no del fracaso, pero es igual de culpable por desconocimiento. El tener conociendo de los principios y los resultados futuros, aun conociendo que los resultados produzcan daños, se apliquen, las acciones imperan en este sentido de la maldad. Ambos casos entran en el concepto moral de lo malo. La ética profesional en la mayoría de las profesiones se inclinan en el otro lado de la ciencia, la ciencia blanda que en sus procesos no son tan predecibles ni exactas, en la ingeniería del software esta en el manejo de gerencia o administración de los proyectos en su mayor campo de acción, donde incluye la ética profesional de los ingenieros (todas las ingenierías) y los ingenieros de software. Todos deben cumplir los códigos de éticas de las profesiones, se recomienda tener presente todo el tiempo, donde se indica la forma de conducir de cada profesional, esto hace la evaluación de la actuación de cada individuo, si lo hace mal o bien, y teniendo por lo seguro que estos códigos de éticas están implícitos o explícitos en las leyes, leyes que se rigen el reglamentos y normas de cada nación, e inclusive puede estar inmerso en las leyes internacionales. En el caso de Ingeniería del Software esta publicado en la ACM ("Association for Computing Machinery" [Acm01]) el código de ética. El resultado del producto llamado software se impregna de la ciencia blanda en lo moral y en lo ético donde influye en el éxito o en el fracaso.

Todo proceso con correcta ejecución, con un resultado para el bien, dejará en el pasado bases que genera en el presente acciones que al futuro encontrará la felicidad eterna. El hacer las cosas de forma correcta, para bien de uno y lo demás; para la felicidad de uno y lo demás; en cualquier profesión que trabaje, genera la atracción para que lo demás en acompañarlo en el camino trazado, emite la imagen no solo en lo personal sino también en lo profesional, que al final todo lo material (dinero, fama, etc.) viene por añadidura.

La felicidad debe estar presente en todo momento, inclusive en un ambiente totalmente adverso para uno. Primero para defenderse del medio ambiente, la salud de uno debe mantenerse sano; estar sano no es un derecho es una obligación; al estar enfermo se convierte en una carga no solo donde trabaja, también es una carga para la familia y personas cercanas; la felicidad es síntoma de buena salud como mental; dirá que es un loco que es feliz en medio del desastre; pero sirve como barrera de protección en estos medios, y seguir la misión en la vida; no es una visión egoísta, de que uno está feliz y no importa lo demás, la visión es que si no estoy bien, voy a hacer una carga para lo demás. Segundo, la resistencia en la vida, mantenerte firme en tu trabajo o actividades diarias, porque te gusta, no el ambiente, sino lo que haces (pensamiento del maratonista) y te gusta hacerlo; ya por degaste por el ambiente, pueda que decaiga, pero la felicidad de uno es la prioridad, da como fuerza de seguir adelante con tu misión en la vida, no importa cuanta veces caigas, ser feliz y vuelve a levantarte, si tu misión es noble y buena, no hay motivo de parar. Tercero, compartir la felicidad, si todo están felices y menos uno, ¿qué efecto tiene a lo demás?, si todo están triste, uno es feliz y transmite esa felicidad, ¿cuál será el resultado?, en el peor de lo casos, solo tú está feliz, y en algún momento todo cambiará de estado de felicidad. Cuarto, no hay nada que te mantengan en un lugar o un estado no deseado, y no eres feliz, cambia de lugar o estado, si el lugar no ayuda, cámbiate, si hay algo que te ata, cambia tu ambiente. No hay razones para que este triste. Cada uno tiene y encuentra su propia felicidad, y son diversos, no es único, como los dos niños que le regalan los mismos juguetes, uno se divierte y es feliz jugando con el juguete, el otro es feliz jugando con el envoltorio o la caja del juguete.

En resumen, ser feliz sin dañar a nadie y trabajar en su felicidad. Sea un ingeniero feliz. Existen dos morales en la ingeniería del software, en el uso correcto de las ciencias exactas, en el uso en las herramientas tecnológicas por ejemplo, y el resultado de las acciones e intenciones propias del profesional definido en las ciencias blandas.

## 1.13. Diversidad y uniformidad

En esta parte del libro se han incluido conceptos y definiciones de varias áreas del conocimiento, como filosofía, religión, derecho, política, psicología y otras áreas que más adelante se mencionará. La diversidad de punto de vista se va a enlazar, relacionar o unir en el futuro, con el objetivo principal crear actividades o labores dentro de la ingeniería del software; no se basan en uno, sino en varios principios medibles y predecibles, donde produce la garantía de los resultados exitosos, si estos principios no están relacionado en el área pero si esta en el mismo dominio de acción, por ejemplo, desarrollar programas informáticos que cumplan con la regulaciones del gobierno, las necesidades del usuario, cumplimientos de los recursos de la empresa, respete el código de ética de la ingeniería, dando ganancia al comprador como a la empresa que desarrolla el aplicativo y genere un beneficio colectivo o social, en forma implícita debe cumplir con todas las reglas de lógicas y de matemáticas. Al cumplir uno de los principios anteriores está realizando un buen trabajo, pero si se cumple con todos los principios de las diferentes áreas mencionadas, ¿garantiza o no el éxito del proyecto?; es similar el uso de diferentes aplicaciones informáticos que se interconecta o integra para crear un nuevo aplicativo informático. Desde otro punto de vista, es construir aplicativo base que se puede generar diversas visiones o enfoques, por ejemplo: se desarrolla una aplicación informática para el área financiera, de donde se genera una diversidad de versiones de aplicaciones para una diversidad de uso en otro sector económico y de empresas.

La uniformidad permite crear cosas similares por diferentes fuentes, es decir, el desarrollo de aplicaciones para un sector económico y en un área específica. Las diferentes empresas tecnológicas desarrollan por separados sus soluciones informáticos y en algún momento se debe comunicar entre ellos en un proyecto, aún siendo competencia. Podemos llamarlos estandarizar las cosas, es importante que se construyen componentes para cualquier equipo o dispositivo, este funcione, es decir, el desarrollar un componente electrónico o un tornillo que sirve para diferentes industrias o empresas del sector, el producto debe tener una uniformidad en sus características con respecto a otro fabricante. En el caso de fabricación de los componentes para los ordenadores, los dispositivos deben tener una conexión estándar y con un tamaño para ser utilizado en una familia de modelo, no importa el fabricante o marca del ordenador. Los ejemplos de los teléfonos inteligentes, que algunos de los componentes físicos son iguales en varias marcas de teléfonos, aun teniendo sistemas operativos diferentes, el componente trabaja igual para todos los casos.

Existen también creación de ordenadores que son únicos, son las tecnologías propietarias, donde todos o la mayoría de sus componentes son creados por la misma empresa, no usa o usa poco componente de otra fábrica o empresa. En este mismo sentido, las aplicaciones informáticos son desarrolladas por la misma empresa que fabrica los ordenadores. Unas de las ventajas es que no tienen debilidades que los demás tienen a nivel de seguridad como acceso a esta tecnología, una de las desventajas es que el cliente está atado a esta tecnología.

Hay más ventajas como más desventajas en esta tecnología, y se puede comparar con las anteriores.

Este tema de diversidad y uniformidad es tratado en las ciencias sociales, estudio de la naturaleza, como en a nivel empresas, emprendedores, hasta el manejo político y económicos de convenio nacionales e internacionales. A lo que toca en la ingeniería del software lo vemos como diversidad de tecnología o manejo de la tecnología. Por el otro lado, el manejo y gestión de los proyectos, existen diversas formas de manejar los proyectos y modelos de desarrollos de aplicaciones informáticos, como diversidad de procesos, por ejemplo: para mantenimiento se define un modelo de desarrollo, para proyectos grandes otro, para proyectos pequeños otro modelo y así sucesivamente, dependiendo de las características del proyecto se define un modelo de desarrollo. Lo importante es tener presente que existe y abra nuevas diversidades tanto tecnológica como gestión y administración de proyectos. Pero de tanta diversidad debe tener en algún momento una uniformidad de las cosas, en algún momento se debe comunicar o integrar esta diversidad, en este momento deben aplicar criterios y características comunes para su unión. Todas las tecnologías no se pueden manejarse de forma aisladas, no son islas, se deben relacionar, en ese momento se deben unificar para comunicarse, deben usar estándares. Como habrá momento de aislamiento y de estar solo, para esto se debe saber los canales de comunicación que inhabilitar.

La diversidad existe por la misma naturaleza, inclusive en los seres vivos de la misma especie no son iguales, existen sus diferencias, se reconoce y se identifica dos miembros de la misma especie, hay que respetarlo. De la misma forma, existe uniformidad entre las especies, los elefantes se diferencias de las jirafas, pero las jirafas ven a todos los elefantes casi iguales, también hay que respetarlos. El problema de comunicarse en la diversidad de las lenguas se soluciona con una uniformidad de entendimiento, un latino para hablar con un francés, o se habla en español o se hable en francés, si ambos no habla el otro idioma debe haber un tercero, ya sea por señas o hablar inglés, por ejemplo, que ambos conozca un idioma común. El hecho de que un francés va vivir en América latina, debe adaptarse y aprender el español o el portugués, por lo menos, si desea tener una vida más tranquila. Este proceso se aplica la uniformidad de lengua en un lugar determinado.

La diversidad como se indica anteriormente, enfocado al conocimiento humano, podemos relacionarse en la calidad de los resultados o consecuencias de las acciones, si existen dos o más principios que avalé un mismo resultado, y estos principios provienen de una diversidad del área del conocimiento de la ciencia de predicción y exactitud, el resultado o consecuencia esta sobre seguro. La labor de uno es identificar las acciones con estos principios, y unificar. El pensamiento contrario, es de un resultado dado existe una acción definida; encontrar los principios en diversas áreas del conocimiento que justifiquen o que se cumplan con lo que se desea, justificar con las diversidades de principios.

## 1.14. Conocer y limitar

El conocimiento proviene del aprendizaje ya dicho en párrafos anteriores. Sucede en algún momento de la vida, e inclusive en la vida profesional nos topamos con los límites del conocimiento, una área nueva y desconocida, una vivencia no esperada y nueva, o que nadie más ha avanzado más allá donde está parado. Es una zona desconocida por todos, ¿qué haces?, ¿Cómo el ingeniero debe o no debe seguir?, ¿Cómo profesional del área me arriesgo?, ¿afecta mi vida completa en seguir o no?; no son fáciles las respuestas, depende de cada persona, las respuestas varían según las personas. Las respuestas fácilmente lo pueden responder los investigadores o científicos de cada área de estudio a qué pertenece el problema.

Los investigadores se apoyan en el método científico para transcender de la realidad u objeto de estudio. Los científicos usan la observación y las verdades que se puedan probar en un sistema ordenado que se pueda validar, verificar y comunicar; este cumulo se une en el conocimiento científico, mientras que los ingenieros son los que usan este conocimientos para ser aplicado en la realidad y cubrir las necesidades, el ser ingeniero es de ingeniar de resolver un problema, no ser ingenuo, por ejemplo: como ingeniero de software debe cubrir las necesidades de los usuarios. Pensemos entonces nuestro problema inicial, debo entonces contratar un investigador, un científico o un ingeniero para seguir adelante. Depende del tamaño del objetivo o problema que se presenta, si es grande, hay que buscar al más adecuado para avanzar, pero si son cosas del día y son pequeños, no vale la pena de contratar a nadie, depende de ti de avanzar solo o esperar que otro lo haga por ti. En el caso de contratar a otro y no hay nadie que desea avanzar o no tiene la competencia en avanzar, igual queda solo, depende de ti de nuevo en avanzar o quedarte. Si decide avanzar, va estar solo, aunque tenga compañía, ellos estarán solo de apoyo (eso vale en el fondo), igual depende de ti avanzar. Ante de avanzar debes evaluar todos los puntos o enfoques, si lo vemos tan sencillo como costo y beneficio, ganancias y pérdidas en todos los ángulos, dimensión del objetivo o del problema, por ejemplo: no solo en lo económico, sino lo social, imagen profesional, carrera en la empresa o institución, tú como persona, la vida misma, etc., y todo al ser evaluado tiene poco costo o las pérdidas son poca, pero la ganancia y beneficio es mucho, ¿vale la pena avanzar o no? Si desea seguir avanzando, ahora depende de si eres capaz o tiene la competencia de hacerlo, ¿cuenta con la herramienta necesaria?; o simplemente la motivación de hacerlo, hazlo, si tiene la motivación es lo principal, en hacerlo y cómo hacerlo para cumplir los objetivos y las metas que vienen. Todo depende de uno, está en una situación ideal de bajo riesgo, pero si es de alto y medio riesgo, aquí ya depende de cada uno de avanzar o no, hay mucho de que perder o el costo es alto, para poco beneficio o no hay ganancia, mi sugerencia no sigas. Pero si pretende seguir igual, en cualquier nivel de riesgo que esté, se recomienda de limitar el avance, poco a poco, así tendrá la ganancia o pérdida menor y por lo menos lo ha intentado, si no avanza, minimiza la pérdida y o no tener la pérdida total, pero en cualquier caso hay ganancia o beneficio, inclusive contrario a lo estudiado, ¿sigue o no avanzando?

Hay dos ejemplos: el primero, el estudio de un proyecto informático dio el análisis que es de alto riesgo, tecnología nueva y desconocida; nadie desea entrar en este proyecto; la solución se obtuvo en menos de dos horas en el lugar del problema, el problema es que no se sabe cómo desarrollar e implementar un requerimiento que es fundamental para el sistema con la nueva tecnología, y todo los demás requerimientos son similares al anterior, en conclusión era otro el problema, el miedo a lo desconocido, el costo o pérdida inicial son de dos horas de desarrollo del primer requerimiento por especialista para poder iniciar el proyecto. El segundo ejemplo, que ninguna empresa de tecnología puede conectar dos ordenadores en un cliente, es una conexión dentro de una red local, los dos ordenadores se conectan con un equipo adicional de red de transmisión remoto entre ellas (que no debería, además es costoso, son dispositivos que se usan para conectar dos ordenadores en ciudades distantes), al quitar este equipo de la red, dejaba de funcionar la conexión local entre los ordenadores, un mes de investigación y estudio, al final la solución para conectarse sin el equipo adicional fue con una línea de programación en un aplicativo informático; se gana el contrato con la venta del software; el costo de una línea de código era alto, por un mes de sueldo sin contar otros gastos, pero el beneficio final fue alta, y el cliente se ahorra en tener un dispositivo adicional para un uso adecuado en otra parte de la red.

En el proceso de adquisición de conocimiento, debe utilizar límites para ir al infinito, para ser más controlado, prudente y manejable, evitando pérdidas no solo económico, sino en todos los aspectos, evitar daños para uno y lo demás. Por otro lado, a veces en la vida,  se tiene que colocar en el papel de los diferentes profesionales, se debe ser investigador, científico, ingeniero, economista, filósofo y otras profesiones, todo en uno, sino, debemos contratar un ingeniero electricista para cambiar un bombillo en casa. Mínimo debemos sacar de nosotros mismo, nuestro ingeniero interno, para ingeniarse en resolver problema.

Las limitaciones siempre lo vemos como algo negativo, y es cierto si nos quedamos en mismo lugar, lo fundamental es conocer los límites o las limitaciones, es más realista que otra cosa, ser humilde, la visión positiva de los límites, son las visiones hacia donde podemos llegar, no solo a los límites, sino mas allá, la superación de los límites. Desde el punto de vista en la ingeniería lo podemos usar de diferentes formas y como herramientas:

- La medición es la forma de cuantificar o definir los límites, una forma de identificar crecimiento o aumento, como disminución, los cambios; en la práctica es cuantificar una porción, es más sencilla que medir grandes límites.
- Control, dentro ciertas líneas o zona que permite tener en observación y evaluación, manejar cierta área, zona limitada de afectación de las acciones, permite no propagar el problema.
- Responsabilidad, asignar dueño o encargado de esos límites, los componentes que influyen en un rango de espacio; la responsabilidad viene junto con el control.
- Orden, las cosas se debe ordenarse, ya sea por uniformidad de características, acción o estado; y tener separado las diferencias  y agruparlo por semejanza.
- Capacidad o competencia, delimitación de capacidades o comportamiento, si sale de esa área no se sabe su comportamiento o no funcionará correctamente.
- Tolerancia, cambiar el nivel de agrandar o disminuir los límites, para verificar la constancia del comportamiento o del estado.
- Planificación, es la combinación de  responsabilidad, control, orden y medición, en las futuras acciones a ejecutar y los resultados a percibir.
- otros, ver "Innovación";

Tanto en los proyectos profesionales de la ingeniería como en la vida, debemos considerar los límites enfocados a los resultados deseados como:

- Crecimiento, ya sea personal o profesional. Primero debemos saber en dónde estamos, y cuantificar hasta donde podemos llegar. Mediciones de la superación personal o profesional. Es más fácil pasar el límite cuando sabemos que existe, la superación es pasar el límite o agrandar los límites. Es más difícil cuando no se sabe los límites que hay que superar.

- Asignación de la responsabilidad, llegar a punto de hacerlo uno mismo, o pedir ayuda a una persona mejor cualificada en el área. Transferir la acción a otra persona y tener responsabilidad compartida, es trabajar con otro. Saber el límite de trabajar solo o con otro es importante. Estos se debe acompañar con mediciones de los resultados y estados actuales, como acciones a tomar. Contratar los mejores profesionales. Entra también el límite de dejar todo al contratado (dejarlo trabajar solo) o llevar el control de la persona contratada (trabajar en conjunto o guiado), debemos saber en qué posición tomar en el tipo de personal con que trabaja.

- Limitar o no los objetivos. Tus sueños no deben tener límite, mientras más grande sean, es mejor. Los sueños con fechas son los objetivos, los objetivos con acciones y responsabilidades son las actividades a realizar, las actividades realizadas debe tener resultados con entregas. Todos deben tener límites para cumplir tus sueños, menos tus sueños.

- Los resultados. En este proceso de limitar desde el principio, define las limitaciones o lo que se espera como resultados, se mide en resultados esperados y no esperados. Los resultados esperados son de nivel bajo, medio y alto, mediciones de resultados obtenidos como bajo o muy pobre, medio o valores que se esperaba, y alto sobrepaso nuestra expectativa. Los resultados no esperados son los resultados que no estaba presente en la predicción, debemos limitar los resultados para volver a estudiarlo desde su inicio, y obtener nuevos conocimientos.

Toda ciencia posee un cúmulo de conocimiento, se basa en un sistema ordenado, con el uso de métodos, formalismos, validación y verificación para incrementar este cúmulo, se auto limita en su crecimiento, pero es la forma correcta de crecimiento. Ahora entiendo la siguiente frase "El cielo es el límite" de Lao Tse.

## 1.15. Control

El control está presente en el mundo, todo está controlado ya sea por Dios, por la naturaleza o por el hombre, muchas áreas del conocimiento estudian este concepto, tanto en la carrera de gerencia, administración, economía, política, ciencias naturales, ciencias sociales, sistemas y procesos, y mucho más que no se menciona. En este libro extraigo solo lo que puede asociar a la ingeniería del software, y solo como tema introductorio en el área de gestión y gerencias de proyectos, la gestión abarca mucho más que un libro, hablamos de una carrera completa que no se cubre con una licenciatura, todos los días hay y habrá nueva forma de gerencia, el libro intenta tomar este tema introductorio o como mínimo necesario para continuar la carrera en una maestría o doctorado en el futuro. Los conceptos de gerencia son básicos y los centramos en el manejo de un micro proyecto. Sin ir muy lejos, la materia de ingeniería del software en las universidades, los conocimientos adquiridos son parte de manejo de gestión y gerencia de un proyecto informático, y existen muchos libros y autores que abordan sobre esta área, en cómo controlar y gestionar un proyecto.

En todo proceso natural, por ejemplo, un bebé que se inicia el proceso de caminar, pasa la fase de gatear a caminar, los padres no tienen el control del proceso, el bebé crece, el bebé debe solo pararse e iniciar el proceso de caminar, ¿Cómo padre, como podemos controlar esto?, como buen padre debemos acompañar al bebé en este proceso, los padres solo vigilan para que no se haga daño o tener menor daño posible, en este proceso que no hay control por los padres, los padres lo que puede hacer es de facilitar en el proceso y en colocar protectores en las paredes y en el suelos para las caídas, eliminar todos los posibles peligros en el camino donde recorre el bebé, evitando los vidrios o cerámicas que se puedan romper o alcanzar el bebé, para que no sufra un accidente. Pero el proceso de caminar lo debe hacer solo el bebé. El bebé debe o intentar controlar sus movimientos, sus pasos y esfuerzos para poder caminar, si el bebé desiste los padres deben esperar el momento, si el bebé se esfuerza y repite, lo padres también deben esperar. Hay otros procesos que el actor debe iniciar y llevar el control de todo el proceso, tiene el control total del proceso. El actor tiene la facultad de manejar todos los pasos del proceso como los resultados que se desean. Por ejemplo, hacer pan en su hogar, si tiene todo los ingredientes y la receta de cómo hacer pan, el control lo tiene la persona.

El concepto de control, en un inicio se puede referir a solo observaciones como evaluaciones, mediciones, comprobaciones, inspecciones, conocer y evaluar el estado actual. En varios puntos de los procesos observamos y verificamos, se puede detectar si hay cambios con respectos a las observaciones anteriores y poder concluir los cambios. El ejemplo del bebé al caminar, observamos cuando el bebé inicia este proceso, si se empieza a notar que se puede levantar apoyado a una base después de gatear, ya es indicio de que algún momento comenzará a caminar solo. Mientras no se levante solo, sus piernas no tienen las fuerzas de sostener su cuerpo, no va poder caminar. Pero si se apoya en sus dos piernas por sí solo, y empieza a realizar sus primeros pasos, hasta que el bebé tome el control total del caminar, el proceso no se termina, solo verificamos los cambios y los avances. Otro ejemplo, es el hacer el pan casero, solo observar que si se tiene la receta, se entienden los pasos de la receta, verificar que el horno funciona, se tiene todos los ingredientes, se puede empezar cuando queramos, si falta algo, no podemos iniciar, esto es otro tipo de control. Pero cuando los procesos solo se observan; lo que se puede hacer en tal caso, condicionar alrededor del proceso que no tenemos control, pero podemos o no afectarlo, en el caso si llueve, no tenemos control de la lluvia, pero si podemos salir afuera con un paragua para no mojarnos o simplemente nos mojamos si no usamos paraguas, si el objetivo es bañarnos con la lluvia, o no salgo para no mojarme, pero no tenemos control de la lluvia al final. Los objetivos de las observaciones es que el futuro se puede predecir y tomar acciones o no en ellas.

Al control se agrega otro significado, intervenir [Rae01, página 1294], en algunos procesos u objetos podemos intervenir, es decir, proceso u objeto que se puede alterar su estado actual con alguna acción interna o externa, la alteración o cambio puede ser aplicada en su totalidad o parte de esta. Existen procesos u objetos que no se pueden manipular por completo, si no parte de ellas.

Tener en claro diferentes objetos o procesos que tenemos que convivir, pero en la gestión y control podemos definir:

- No permite intervención.
- Permite intervención.

En los casos de objetos y procesos que no se permite intervención, es decir, haga lo que haga permanece inalterable su estado o sus características, o los cambios en el proceso, en este punto el gestor o el que convive con esto, debe verificar, observar, conocer el todo del objeto, inclusive predecir el futuro. Es punto importante tener paciencia, dejar que inicie, ocurra y finalice el proceso.

Conociendo esta naturaleza, permite en nuestro proceso como ayudamos y nos ayuda en lo que hacemos o nuestro objetivo con estos tipos de procesos. Por ejemplos, no podemos controlar que no llueva, pero al llover que puedo hacer para regar las plantas en el futuro, colocar contenedores de agua para su almacenamiento y usarlo después para el riego; o el uso de la luz solar en paneles para generación de electricidad. En el caso de los proyectos informáticos es importante la forma inicial de no intervenir el trabajo de los integrantes del equipo, cada integrante sabe lo que tiene que hacer, definido el objetivo en el equipo, en las empresas con personal altamente motivado, profesional entrenado, bien coordinado y con nivel de personalidad madura, se hace fácil la gestión de los proyectos, e inclusive los resultados son mayor de lo esperado e inclusive sorprendente. Se puede decir que cada integrante del equipo se auto controla. La gestión es de observación, mantener o mejorar el ambiente (condición) actual para dar lo mismo o mejorar los resultados esperados.

Los procesos que intervienen el humano, en ellas deben también tener el conocimiento de los procesos sin intervención, puede existir sub procesos que no necesitan de la acción humana. Adicionalmente, tener el conocimiento del mecanismo de intervención, inclusive pueda que existan otros mecanismos desconocidos actualmente que se descubren en el camino conocido. Proceso que permite crear nuevos mecanismos de control. Este punto hay muchas escuelas como filosofía de gerencia, de cómo manejar estos mecanismos de intervención conocido, la mayoría de las carreras en el manejo de personal en las empresas, tiene la visión desde arriba hacia abajo, es decir, enseña al estudiante como gerencia una empresa, ya sea como un presidente o como gerente de una área, etc., pero hablar de cómo una persona se gerencia, es decir, como individuo es una empresa, gerencia de la vida, si no se puede gestionarse a sí mismo, ¿cómo puede estar en la gerencia de una empresa o de un país?, hay en la historia de presidente de una nación que no puede controlar su casa (divorcio, alcoholismo, etc.), menos puede gobernar una nación, y la consecuencia se conoce. En este sentido, hay un periodo que empieza hablarse mucho y la explosión del marketing personal, micro empresas y medianas empresas, emprendedores, empresas personales. Tener control individual de su persona, sus habilidades, recursos, fortaleza y debilidades. Si hablamos a nivel personal, se habla mínimo tres parámetros o mecanismo de control en la carrera de ingeniería informática; es la relación entre el profesional y la empresa donde realiza cuantificación o medición para las tomas de decisiones y acciones, sobre la base de estos indicadores que el individuo puede definir la selección de un trabajo u otro, puede haber más indicadores o áreas para tomar una acción o decisión, pero las básicas son:

- Beneficios. Mayormente es el ingreso o sueldo de la persona, depende de cada país y de las empresas se contabiliza los ingresos adicionales para sus empleados. Depende de las leyes laborales de cada país, es el ingreso de todos los meses o trabajos realizados. Lo que percibe el profesional a nivel monetario.

- Ambiente de trabajo. Se habla de estructura física y las relaciones del personal donde labora.

- Tecnología. La herramienta de trabajo que tocaremos más adelante. Esto ayuda en parte a nivel profesional y personal de cada individuo, puede que afecte o no al punto anterior de ambiente de trabajo.

Los mecanismos de intervención mencionadas en el sentido desde la vista desde adentro hacia fuera, de cada individuo hacia el equipo. Un ingeniero en el área piensa que sus indicadores básicos son las mencionadas anteriormente, que en las empresas y las leyes lo manejan con otros tipos de criterios que el profesional. El ingeniero evalúa con estos indicadores en cambiarse o no de trabajo, para aceptar una oferta de trabajo, cambiar de empresa donde labora, o ser emprendedor independiente y dejar de trabajar para una empresa. Estos mínimos indicadores son usados en el mecanismo de evaluación interno para generar la toma de decisión y las acciones, donde se relacionan o influyen con la motivación, la preparación profesional, la competitividad, el costo, el compromiso, etc., del profesional.

En la gestión de los proyectos como en la vida, se debe medir, decidir e intervenir para el futuro, para esto debemos conocer como accionar con cada indicativo con el mecanismo de toma de decisión y acción, en cada caso debemos evaluar el estado actual y el estado propuesto de forma independiente, después evaluar y contabilizar todo, depende de su gusto o planes personales y profesionales, se toma la decisión. Todo trabajo actual debe colocar 100% en su ponderación inicial en los tres parámetros básicos (beneficios, ambiente de trabajo y tecnología), y el futuro debe colocar su ponderación en base al 100%, si está por debajo del 100% para el nuevo trabajo, este no cubre misma expectativa del actual trabajo, si es 100% no hay variación entre el actual trabajo y el nuevo propuesto, si es mayor a 100% en su nuevo trabajo propuesto cubre más de la expectativa del trabajo actual.

El beneficio se calcula dependiendo de la acción a tomar como: al aceptar el empleo, al cambiar de empleo o empresa, toda acción debe haber un incremento o mantener el mismo ingreso o beneficios, pero ¿qué sucede si el ingreso es menor, te cambiaría?, la lógica dice que no debes cambiarte. Debe calcular todos los beneficios actuales y evaluar al nuevo trabajo o actividad. Se cuantifica todos los gastos o costos del trabajo actual y el nuevo, debe llevar la suma total del costo de mantener el trabajo actual y del trabajo futuro, en este caso podemos tener un menor ingreso pero los costos son menores, hacer la diferencia de entre los ingresos y los costos, tenemos las ganancias de ambos trabajos, el objetivo es maximizar las ganancias. Para las personas naturales, trabajar de forma independiente le resulta con mayor ganancia, en este tipo de trabajo debe evaluar todo lo relacionado a las empresas (impuestos, aranceles, etc.). Para un gerente de una empresa tradicional, la formación y las escuelas tradicionales de gerencia son innumerables, una simplicidad de cálculo, por ejemplo, el cálculo de un proyecto se maneja de la misma forma entre costo, ingreso y ganancia, para un gerente es fácil tomar decisiones con este tipo de cálculo. Empresas donde el manejo de personal decide cambiar de país, en parte por la producción para disminuir los costos, el proyecto es cambiado a otros países porque su costo de vida son más económicos, o contratar personal de estos países debido por su bajo salario; permite a las empresas abrir oficinas en estos países, o de contratarlo en forma remota, sin moverse de su país de origen y con las tecnologías actuales como herramientas de control; un indicativo de evaluar el país que paga menor salario son los sueldos básicos o mínimos publicados por fuentes oficiales de cada país, por supuestos hay muchas más que evaluar como aranceles de importación exportación, convenios entre países o regiones, etc., cuidando los costos adicionales que incurren en no trabajar con los nacionales propios en el país. Otro ejemplo, el nuevo trabajo los trabajadores no es necesario usar traje formal, se refleja en reducción de gasto de lavandería (tintorería); el gasto se genera en lavar ropa en casa; o poseer un bono de transporte mensual para todos los empleados que reduce el costo de ir a la oficina. Los parámetros (costo, ingresos y ganancias) son cuantitativos, fácil de convertir en dinero o transformarlo en medida de moneda, pero las acciones de la gestión pueden ser variadas y los parámetros pueden cambiar radicalmente.

En el ambiente de trabajo se habla de dos características a evaluar, el primero, el entorno físico o la infraestructura de la zona de trabajo; el segundo, en un ambiente adecuado para trabajar sobre la base de las relaciones personales o contactos de compañeros de trabajos, permite un adecuado o no desempeño en el trabajo, un ambiente conflictivo o de cooperación, trabajar en forma individual, grupal o en equipo. Otras características que pertenecen en este parámetro, son beneficios intangibles monetariamente, no se refleja en la parte económica pero si a nivel profesional, personal o familiar, como permiso de maternidad, permiso de emergencia familiar, flexibilidad en el horario, empresa de buena reputación o buena escuela en el área, mejor imagen, etc. La India por ejemplo, es uno de los países que tiene mayor  ingreso de divisas del extranjero, las empresas contratan fuera de la India y cada empleado envía parte de sus sueldos a su país, el ambiente de trabajo depende del país donde labora, el ambiente y la cultura del país donde trabajan deben ser respetuosos y se adaptan, mientras que hay empresas que abren oficinas en la India que permite un ambiente familiar en vez de un ambiente corporativo extranjero, otros son que trabajan desde sus casas y asiste a la empresa cuando sea necesario. Cuando son empresas grandes y de reputación, el nivel de exigencia es mayor y escalar a los puestos superiores es más exigente, o trabajar en una empresa pequeña  o familiar para conocer el negocio completo como lo recomienda un exitoso empresario, Jack Ma de Alibaba. Cada individuo debe elegir la empresa que tenga el mejor ambiente, a su gusto, su meta y su forma de trabajar. Para definir este punto el porcentaje de evaluación, es de manera cualitativa, es decir, no es numérica o definirla en un valor numérico, en este caso podemos hacerlo en forma cuantitativa, debe haber una lista de características o puntos de observación de cada persona, tanto negativos como positivos de cada trabajo, y hacer las ponderaciones, como por ejemplo: el trabajo está ubicado cerca donde vive y se puede ir caminando, se ahorra el costo de transporte, en este caso tiene dos parámetros que afectan, el costo de transporte y se coloca como beneficios monetarios, el otro punto positivo intangible que es tener más tiempo para otra cosa, como dedicar más tiempo a la familia y no consumir el tiempo en el tráfico cuando se va al trabajo en coche.

El otro punto a evaluar de los ingenieros informáticos es la tecnología. La tecnología se evalúa en la empresa donde trabaja y en el nuevo trabajo, si la tecnología es la misma, o cambia. Este  tema se hablará más adelante, la visión como evaluar, observar en la toma de decisiones para intervenir con una acción, se puede medir en la satisfacción personal o profesional en el trabajo realizado con cambio de tecnología, es decir, el cambiar de una tecnología a otro se siente la diferencia, y la diferencia permite evaluar si  debo cambiar o no de trabajo. El ingeniero al trabajar en una tecnología se siente productivo  más que otra, se trabaja menos pero produce más comparando los resultados con ambas tecnologías. Otras personas evalúan que cambiar de tecnología es negativo, es válido para la persona que prefiere seguir con la misma tecnología al cambiar de trabajo, o se siente mejor hacer el trabajo manual que usar un equipo tecnológico. Aquí también cada individuo se sentirá realizado en el cambio o no de la tecnología. Ejemplos en la vida en sentirse bien, es comparar el conducir un coche con cambio manual a uno automático, o manejar un coche diseñado a la ciudad y compararlo con coche para todo terreno. Esta evaluación es cualitativa como el ambiente de trabajo, se recomienda en este caso saber lo que gusta y ponderar su satisfacción de sus logros o efectividad en el trabajo, use lista de cosas positivas como negativas y darle una ponderación numérica.

El resultado de la evaluación de cada punto entre el trabajo actual y el nuevo propuesto como: beneficio, ambiente de trabajo y tecnología; cada individuo debe escoger la ponderación del peso en cada parámetro para el cálculo final, en mi caso cada punto de evaluación tiene la misma ponderación (33,33 % = 1/3, es lo equitativo), si para el lector considera tener más peso en el parámetro de los beneficios o ganancias monetarias y lo demás puntos no tienen mucha ponderación, todas las ponderaciones al final tienen que sumar 100% (por ejemplo beneficio = 50% , ambiente de trabajo = 25% y tecnología = 25%, la suma de todos es 100%). Finalmente se debe hacer la diferencia entre la ponderación del trabajo propuesto (se asume que debe ser mayor al trabajo actual, en algunos casos puede ser menor) y el trabajo actual (que es siempre 100%) en cada parámetro, y el resultado se multiplica por la ponderación del 100% o la proporción que le asigna a cada parámetro. ¿Qué rango porcentaje (%) de ganancia hace que cambies de trabajo?, en forma personal debe haber un 25% o más al final de los resultados, es decir, en cada parámetro hay una mejoría de 50% adicional para cambiar de trabajo (ver figura 1). Si vemos el valor final, puede suceder que en la ganancia o beneficio monetario puede ser menor que la actual, pero en los otros parámetros hay una ganancia mucho mayor, esto refleja en la prioridad de cada persona, como están en un ambiente que equilibra la vida personal y el profesional, pero con menos sueldos; o tengo mucho sueldo pero no tengo vida y se trabaja mal; de estos números pueden reflejar combinaciones de estos tres parámetros. Tú decides.

| | Nuevo trabajo | Trabajo Actual | Diferencia | Proporción | Resultado |
|---|---|---|---|---|---|
| Beneficio | 150% | 100% | 50% | 33,33% | 16,67% |
| Ambiente de Trabajo | 150% | 100% | 50% | 33,33% | 16,67% |
| Tecnología | 150% | 100% | 50% | 33,33% | 16,67% |
| | | | | | 50,00% |

| | Nuevo trabajo | Trabajo Actual | Diferencia | Proporción | Resultado |
|---|---|---|---|---|---|
| Beneficio | 75% | 100% | -24% | 50% | -12,00% |
| Ambiente de Trabajo | 130% | 100% | 30% | 25% | 7,5% |
| Tecnología | 150% | 100% | 50% | 25% | 12,50% |
| | | | | | 8,00% |

| | Nuevo trabajo | Trabajo Actual | Diferencia | Proporción | Resultado |
|---|---|---|---|---|---|
| Beneficio | 155% | 100% | 55% | 33,33% | 18,33% |
| Ambiente de Trabajo | 140% | 100% | 40% | 33,33% | 13,33% |
| Tecnología | 160% | 100% | 60% | 33,33% | 20,00% |
| | | | | | 51,66% |

Figura 1. Cuadros comparativo del nuevo trabajo

Podemos tener control en nuestro trabajo como en nuestra vida con el uso de estos indicadores; existen modelos más complejos que permiten estudiar, observar y ponderar el estado actual, identificar el cambio que puede aplicar para intervenir en su proyecto informático o en la vida, el solo de hacer un cambio de trabajo o proceso que permite controlar su entorno, pequeñas acciones pueden generar grandes cambios. La recomendación que la intervención lo haga conociendo el resultado futuro, utilizando el conocimiento, las prioridades actuales y futuros, y dar el sentido en las decisiones y acciones. También tomando en cuenta que a veces no se puede intervenir pero si apoyar. Recuerde que es control que aplicas en la parte profesional, hay personas que dedica mayor porcentaje a la vida personal o a la salud, los cálculos indicados anteriormente es la parte profesional, por ejemplo: se añade los parámetros de salud, familia, depende de cada persona y sus preferencias en colocar un alto porcentaje a la parte profesional; mientras que otras personas, el porcentaje es baja en lo profesional, y prefieren más tiempo a las otras prioridades como la salud y la familia, colocando a estos porcentajes altos en los indicadores de control que pueden afectar la decisión y los parámetros profesionales en el resultado. Estos cambios permiten visualizar el control del futuro que se desea.

70

## 1.16. Responsabilidad

"¿Eres parte del problema o parte de la solución?."

Wayne W. Dyer

Todos tenemos responsabilidades, cada uno es responsable de su vida, responsable de continuar el legado de la familia, responsable de sus acciones, responsable de cuidar y proteger a sus hijos o a la familia. La responsabilidad tiene diferente significado como capacidad de satisfacer, cumplir o responder por algo o por alguien; cargo u obligación moral; como reconocer y aceptar las consecuencias de un hecho realizado libremente [Rae01, página 1960]. La definición de responsabilidad palabra en el diccionario permite usar los diferentes significados en diferentes contextos y seleccionar uno de estos donde se aplica, por ejemplo, en el derecho civil y social debemos tomar el significado de responsabilidad como reconocer y aceptar consecuencias de las acciones; en otro contexto en el aspecto de la vida se entra en la ética (moral) como en el contexto filosófico. Si en vez de seleccionar el significado dependiendo del contexto, sino, aplicar en todos los contextos de esta palabra, como un todo unificado, es decir, al usar esta palabra con todos sus significados juntos y no descartar ningún contexto, si se revisa el diccionario no solo se mencionan los tres significados, hay más significados. Creo que es lo más responsable aplicar todos o la mayoría de los contextos.

Usar el significado unificado de la responsabilidad permite tener diversa visión donde se puede aplicar en el área de ingeniería de software de las responsabilidades que toman al ejercer esta carrera u oficio. Generalmente, la responsabilidad se detalla mucho en los cargos que ejerce dentro de un grupo de trabajo; donde se debe responder en su mando varios recursos, ya sean materiales o humanos. La responsabilidad se describe por el perfil de cada persona en la organización dentro de un equipo de trabajo o empresa, se le indica cuáles son sus actividades y obligaciones para poder responder a los demás de su trabajo o cargo, pero las personas solo ven una parte del significado del cargo con responsabilidad cuando está enmarcado en responder los materiales o el personal a su cargo, no se habla de la responsabilidad misma de cada cargo, no es responder a otro, si no, al mismo cargo. El punto es cuando existen fallas, nadie se responsabiliza, ni el mismo encargado del proyecto (a veces), se generan todas las acciones que incrementan el problema en vez de solventarla, generando quejas o excusas; y en este punto donde se genera la costumbre que tenemos los humanos, buscar el culpable primero y luego solventar la falla, lo segundo es opcional si no se aplica el concepto de responsabilidad de forma íntegra; al solventar la falla se detecta la causa para que no vuelva a suceder.

Si lo vemos en algunas culturas, que todos son culpables de la falla, se ven en las noticias de la televisión donde el presidente de una gran corporación pide disculpa en público a los accionistas y a sus clientes por no cumplir los objetivos trazados en el año anterior. El responsable es desde el primero del mando de la empresa hasta el personal de nivel bajo. Dan señales que la empresa es responsable de todo y con mayor peso de responsabilidad son los que están en la alta directiva, el presidente es que da la cara, aun si la falla fue de un miembro o un área de la empresa, el presidente de la empresa se responsabiliza por sus miembros de la empresa; ahora, en la empresa ¿qué tantas quejas o excusas internas existen?; en comparación de las empresas que solo asume la responsabilidad el que lo cometió; no los queremos saber, pero se imagina. En el sentido contrario, cuando un área de la empresa no se escucha nada, ni quejas ni reclamos, ¿qué sucede?, están haciendo su trabajo.

Si transferimos correctamente las responsabilidades a todos los miembros de una sociedad o empresa, y tener claro el concepto de responsabilidad, cuando las personas se olvidan la palabra "moral" en el significado de responsabilidad, sucede lo que está ocurriendo en todas las empresas, fallas. No solo ocurre en una empresa o en un área de la empresa, en nuestra vida como individuo se ve claro el significado de la responsabilidad. Si vemos las razones de fracasos en los proyectos de ingeniería del software, se presenta dos características: la justificación, donde el problema es de otro, son escusas que no se pueden resolver; la otra característica son las quejas, no somos nosotros que se produjo la falla o el fracaso, son de los demás, se exige a lo demás la responsabilidad y acciones para solventar, no hay iniciativa propia de solventar teniendo la capacidad de resolver. Todo se refleja que la culpabilidad es de lo demás y lo deben resolver. Al leer las razones de fracasos de los proyectos de software, teniendo en mente que nosotros o uno mismo generamos los problemas que producen los fracasos, la lectura es diferente; la palabra responsabilidad se le viene en mente. Estar consciente de que somos el problema o que generamos el problema, por no evitar o no notificar la falla al verlo. No quiero que piensen que seamos culpables de todos los males del mundo, pero con solo ver esta parte con otra visión; el problema puede ser iniciado o continuar por nosotros, es parte de humildad de tomar conciencia, el tomar la realidad, es el inicio de la activación de que hacemos para mejorar el mundo, o el proyecto, un ejemplo de razones de fracaso de proyectos en nuestra carrera, es que los usuarios no dieron la información completa para desarrollar el software y la aplicación no realiza lo que se desea; si lo vemos con esta visión, es una queja contra el usuario y el culpable es él, pero si se plantea responsablemente en tomar la información completa del requerimiento, el culpable es el ingeniero que está tomando la información, es el responsable de que se debe hacer para que el usuario entregue la información completa, el usuario no conoce si el ingeniero sabe o no de lo que se quiere, es el ingeniero que debe detectar estas fallas de entrega de la información y hacer las correcciones para tener el requerimiento completo.

Un problema esencial del humano es la falla de comunicación en la conversación entre dos o más personas, el problema es estudiado en diferentes áreas del conocimientos humanos, especializaciones y diferentes carreras universitarias; no estoy indicando que un ingeniero debe tomar estas carreras o cursos, pero se recomienda hacerla; pero el objetivo es tener un nivel de aceptación e inclusive de tolerancia en este tipo de conocimiento básico. La ingeniería del software existe toda un área en recolectar información y varias especializaciones, una de ellas es la Ingeniería de Requerimiento, pero como se indica, se debe tener un conocimiento básico para cubrir esta área. El objetivo es tener el requerimiento completo, donde hay soluciones para estos y solo hay que buscarla y aplicarla.

La responsabilidad de un ingeniero es mantener una buena imagen profesional basado en hechos y actividades para el bien común y propio, capaz de asumir obligaciones que responda a sí mismo, a la sociedad y a los recursos a su cargo; tener obligaciones morales, reconocer y aceptar las consecuencias de sus actos. Cada supervisor de personal tiene la responsabilidad de sus miembros del área, en cada cargo que representa en un organigrama de la empresa o institución, es responsable de quienes los representan basado en los límites, control, principios y la moral de las acciones de cada individuo. Por ejemplo, un excelente frutero, su objetivo no solo vender frutas, es mantener las frutas sanas y óptimas para el consumo, para esto se necesita seleccionar las mejores frutas, si se detecta una manzana podrida, su responsabilidad es de mantenerlas todas sanas, se debe accionar correctamente en sacar las manzanas dañadas para no estropear a las otras manzanas.

## 1.17. Ética, valores morales y justicia

En la enseñanza y aprendizaje de la ética, como los valores morales y justicia proviene desde cada familia y ambiente social al que pertenece el individuo hasta su carácter, formación y educación adquirida. Como indica Sandoval [San01] en la ética como en los valores morales donde el individuo por su característica personal y conciencia, permite el amoldamiento en su vida de este aprendizaje, adaptando a su condición social. La escuela interviene también en este proceso de ética como los valores morales en los individuos. Las universidades están encargadas de la formación de buenos ciudadanos, con responsabilidad y compromiso ético para la realidad social. La formación de los profesionales y los conocimientos adquiridos a nivel profesional están combinadas de forma natural y cotidiana con los valores éticos en cada contenido de las materias, y que no solo está limitada en la competencia profesional sino también en el crecimiento personal, capacitado para las empresas y el progreso social.

No solo en las universidades enseñan de forma explicitas estos conceptos, en las empresas e instituciones poseen valores morales como ético que están bien enmarcada en el ambiente laboral de forma explicito e implícito en el aprendizaje real de estos valores. Se presenta también la separación entre la teoría y la práctica de los valores morales y la ética, dado esa separación en el proceso de aprendizaje en las universidades y la aplicación en el campo laboral de lo aprendido. Surgen tres grandes grupos de valores morales y éticas que debemos observar: inculcado en la familia, en la universidad y en el campo laboral, como se replantea los valores individuales, sociales y empresariales. En el fondo no debería ser catalogado o separado en grupos de valores morales y éticas, debe ser uno solo, que engloba la personalidad misma del individuo integral, no se separan los valores morales (como la disciplina, la honestidad, la responsabilidad, etc.) en cada etapa de la vida o en la formación educativa; por ejemplo, ser responsable con los deberes de la escuela como hijo, en sus estudios universitarios o en el cargo que ejerce en una empresa, pero no ejerce la responsabilidad de ser padre, es absurdo este tipo de concepto de responsabilidad, para unas cosas si es responsable pero para otras no, si has de ser responsable debe ser en todos los ámbitos. En el último ejemplo se aplica a un valor moral que es la responsabilidad, ahora, si las acciones aplicamos todos los otros valores morales con esta misma idea, este pensamiento es radical o ser extremista, pero es la visión del crecimiento no solo personal, sino social e inclusive espiritual, es decir, se aplica en todo los ámbitos de la vida. Aplicar cada valor moral en cada etapa de la vida, como aplicar en plenitud ese valor moral en el presente, donde su forma de hablar, pensar y actuar es unívoca, ser coherente e integró, hablar como piensa, hacer como piensa y hacer como habla.

Estar en una empresa con valores morales altas, viviendo con una familia y actuación personal igualmente con estos valores, es la visión que deberíamos tener todo, cada individuo escoge donde trabajar, cada individuo forma su familia y enseñar estos valores como padres, y libertad de decidir como individuo. Como individuo permite la elección de sus opciones hasta la universidad que desea formarse y en cualquier profesión, de igual forma de cómo actuar es nuestra elección en cualquier ámbito.

En el caso de la ingeniería del software, la moral está presente de forma implícita y explícita, está presente como: en el resultado de los entregables, persona disciplinada al escoger el modelo de trabajo con visión de excelencia o de calidad, y se refleja en los productos finales, la responsabilidad en cumplir el compromiso individual como grupal o del equipo, está presente en los resultados intermedios, en las actividades cumplidas y en los objetivos cumplidos. El respeto de las normas empresariales, como respeto a los principios de las ciencias exactas o predecibles y la buena aplicación de estos principios y leyes naturales durante el desarrollo y cumplimiento de los objetivos. En el caso de la ciencia humana en la ingeniería del software, entra el mismo estudio de la ética y valores morales como la justicia y otros temas que se apliquen en las relaciones humanas, como el respeto al personal que coordina y como humano, respeto al individuo (de uno mismo y su alrededor), respeto a la sociedad, respeto a la naturaleza, etc. Hay mucho tema en la ingeniería del software y materia que se relaciona con la ética y los valores morales, en ellas incluyen muy bien en su mayoría de sus partes de las prácticas profesionales y ética del ingeniero del software, donde ACM [Acm01] indica en forma explícita el código de ética, como también en los códigos de ética de la ingeniería en general, donde se convierte un deber y la obligación para los ingenieros. Desde el punto de vista de la vida, el código de ética de los profesionales es un apéndice de la ética en general que debemos cumplir como individuo en el campo laboral.

La conciencia en aprender de los valores morales, el individuo tome conciencia del beneficio que es para todo e inclusive para el mismo. Trabajar con ética profesional y con la competencia adquirida, mantiene a lo largo de la vida personal y profesional la plenitud con numerosos éxitos. Las empresas y sus clientes buscan a profesionales no solo competentes profesionalmente, sino altamente éticos, y con valores morales altos; permite un engranaje en la formación de equipo de trabajo con resultado altamente beneficioso para la empresa, sus clientes y la imagen profesional de los involucrados. La premisa de la excelencia para un profesional es poseer una excelente imagen profesional, y seguido de la imagen de la empresa donde labora; en condiciones normales de un profesional, la imagen de la empresa está por delante y luego el del profesional quien lo representa en los clientes, si en algún momento, la imagen profesional esta en tercer lugar, hay que revaluar o auto evaluarse en las condiciones de competencias y su nivel ético en la carrera y en la vida.

En los resultados buenos o malos en la ingeniería del software se presentan en dos vertientes, uno indiscutible cuando se basa con la ciencia exacta y predecible, y otra con la ciencia blanda. En ambas ciencias con la aplicación de los valores morales se pueden definir por los resultados, en la ciencia dura están bien marcadas en dos posibles resultados como bien o mal, donde el resultado depende directamente con las acciones correcta o no, depende aplicar o no los principios predecibles, objetivas y repetibles. En el caso de la ciencia blanda no es sencilla en un resultado bueno o malo, depende del efecto de la misma moral, ético y justicia que produce los resultados.

La justicia viene enmarcado en la acción como la evaluación del resultado de la entrega en la parte de la ingeniería; se debe castigar al que no cumple y beneficiar al que cumple. En una sociedad normal, el cumplimiento de los valores morales se ve compensado o castigado por las consecuencias de las acciones ejecutadas, en ciertas sociedades al no cumplir, no se genera el beneficio ni el castigo a los hechos, en el peor caso, se compensa al que hizo mal; estas últimas situaciones producen que la ética como los valores morales desaparezcan, desaparece el concepto del derecho y la justicia. Pero desde el punto de vista individual e integral de los individuos, exista o no justicia, uno debe regirse por la ética y los valores morales, no aplicar que dependiendo de… soy ético, es similar a, comportarse mal si no se observa. El comportamiento del profesional con la ética y valores morales no solo lo que rige en la ingeniería sino también en la misma vida misma, exista o no justicia; se debe cumplir por el simple hecho de que todo tiene consecuencia directa o indirectamente, a la larga sino no se cumple, este misma actuación será devuelta con sus consecuencias al que lo inició, sino a los hijos, o los hijos de sus hijos; todo se devuelve como un búmeran tarde o temprano. En ciertos ambientes laborales, los profesionales se distinguen y sobresalen de otros solo por hacer lo que tiene y debe hacer, no hace más allá de lo que su código de ética y prácticas profesionales le indican, ahora imaginar hacer más allá basado en  el código ética le permita. Existen empresas tecnológicas que con pocos profesionales hacen más que las grandes empresas, no solo rinden en lo económico, también en sus actuaciones en este mundo, solo con cumplir con los valores morales; en este sentido hay grandes empresas que caen o desaparecen solo por el hecho  de no cumplir los valores morales, ética y de justicia. Como lo indico Henry Ford "Calidad significa hacer lo correcto cuando nadie está mirando".

## 1.18. Sentido común

"Los hombres superficiales creen en la suerte y creen en las circunstancias….

Los fuertes creen en las causas y en los efectos."

Ralph Waldo Emerson

Existen muchos enfoques en el concepto de sentido común, desde los diferentes puntos de vistas filosóficos, religiosos y sociales entre otros. Al decir a otra persona de tener sentido común es una falta de respeto o es una falta de cortesía, me disculpo por esto; pero es claro, que es un tema muy discutido y vago en todos los sentidos, al referirse a que está involucrado los sentidos; una de las palabras en este enfoque es el "sentido"; desde un enfoque personal, los sentidos juegan un papel importante en la relación del mundo interior y exterior de cada individuo, como vemos, oímos, tocamos, olemos y gustar del mundo; sabemos que cada individuo ve cosas diferentes a nosotros, aun viendo el mismo objeto, sentimos cosas diferentes del mundo exterior estando en el mismo lugar y momento con otros; la visión del mundo occidental y el mundo oriental de ver las cosas, hay mucho que nos diferencia del uno a otro,  prácticamente como sentimos el mundo con nuestros receptores. La otra palabra en este concepto es "común", define como lo que varias personas y percibe lo mismo, no la diferencia, sino, lo igual como percibe en cada individuo con otras personas; de este concepto viene el significado de creencias y opiniones de un colectivo en torno a un tema o una cosa. Pero no lo vemos desde el punto individual de cada persona, en que la mayoría de las personas olvidan, sus propios sentidos, o el sexto sentido que permite sacar lo común de los otros cincos sentidos, por ejemplo: veo un caballo, huele a caballo, se siente como caballo, se escucha como caballo y sabe a caballo, ¿qué es?, definitivamente un caballo, pero aún así hay persona que está en contacto con ese mismo caballo dice que es un perro, ¿como sucede esto?, los cincos sentidos afirma que es caballo pero el sexto sentido niega el caballo y desea estar contacto con un perro, o no sabe que es un caballo y lo único que conoce es un perro; existen muchos más motivos de confundir un caballo con un perro, pero no es materia del libro; lo que si estamos aclarar que el sentido común proviene del factor común entre lo individual y el colectivo de algo, pero cuidado, una de ellas puede estar mal. Un ejemplo de los daltónicos, en la filosofía se puede pensar que, si esta persona ven la realidad del mundo como es y nosotros que somos la mayoría, somos que vemos mal. Lo que se quiere llegar es que nuestro sentido común individual debe ser el mayor número de recepción de lo que se percibe del mismo objeto colectivo.

Pero no solo los sentidos pueden distorsionar la realidad, sino también en lo que pensamos y hacemos con el sentido común de lo que percibimos. No hay manera de definirlo en la parte de la tecnología o de la ingeniería, y no existe esta relación; pero hay un acercamiento en lo indicado por Karl R. Popper en el trabajo de Gonzalez de Luna [Gon01], donde define dos aspectos del conocimiento humano: el conocimiento del sentido común u ordinario; y el conocimiento científico. La relación entre ambos es que este último es la ampliación o desarrollo del primero. Describe el autor de pasar del conocimiento del sentido común u ordinario a las críticas y a las metodologías, para ser comprobadas por el método científico; con este formalismo pasa a ser, no solo un conocimiento ordinario, sino también científico. Por supuestos de este conocimiento de sentido común algunos son descartados, modificados o validados para el conocimiento científico. Indica también el autor, a ser descartados este conocimiento del ambiente científico no debemos descartar de su origen como conocimiento ordinario, que puede ser que con los conocimientos actuales científicos no se puede demostrar y quien sabe se pueda demostrar en el futuro. Pero si hay algo pragmático en que podemos soportar, la idea es usar lo mas que se pueda en el área científica que es demostrable y predecible en nuestro contexto de la ingeniería, al usar el conocimiento del sentido común tenemos dos cosas claras que fijar, primero en demostrar científicamente este conocimiento para que sea predecible y válido, antes de ser usado en nuestra ingeniería; el segundo, al no demostrarse, se puede llegar a la no sustentación científica y su base puede en cualquier momento ser no válido y descartado en el ambiente usado, puede ser criticado en este contexto y hecho aplicable, sucede mucho en relación a la ciencia no exacta o blanda. Existe adicionalmente, en el área científica teorías y conocimientos que no son demostrables o en la práctica no se puede realizar, este tipo de conocimiento está en fase de investigación todavía o no hay ninguna conclusión al respecto.

En resumen en el área de la ingeniería y más en la ingeniería del software, la mayoría de las áreas se basan mas en conocimientos científicos y que son predecibles, no hay forma de refutar en resultado obtenido, y si usamos nuestro sentido común (individual o colectivo) que sea válido en el conocimiento científico o demostrable (predecible) en ella antes de aplicarla; una forma de avanzar en el conocimiento de esta área e inclusive de innovar, sino, ya será criticado los resultados obtenidos, si hay resultados. Recomendación, no aplique ese sentido común sino no es predecible. Recordar, cada acción tiene su consecuencia. Si el área es de gestión de proyectos o relacionado a la ciencia humana, puede que funcione el sentido común, si no hay forma de validarlo científicamente. En algunos casos, este conocimiento no demostrable puede ser percibido dentro de las señales de la vida.

## 1.19. Pirámide de Maslow

El psicólogo estadounidense Abraham Maslow en 1943, realizó un ensayo llamado "Una teoría para la motivación humana", plantean ideas de la clasificación de las necesidades y las motivaciones del humano en su comportamiento que no se han probado empíricamente en la actualidad en el área empresarial, como describe en su artículo Kremer, William y Hammond, Claudia [Kre01] indica que Maslow describe que los individuos definen cinco tipos de necesidades con un orden particular.

Primero, las necesidades básicas como comer, dormir, necesidades fisiológicas y los sexuales. Segundo, de estar asegurado en el futuro de las necesidades básicas, se presenta la seguridad y protección física, la salud. Tercero, la necesidad de amor, amistad y compañía, es la aceptación social del individuo. Cuarto, la necesidad de reconocimiento, respeto y estatus social, se refiere a la estima de la sociedad. Quinto y último nivel que se alcanza al cubrir todas las anteriores, es la autorrealización personal. Ver la siguiente figura de la pirámide de Maslow.

Kremer y Hammond [Kre01] también menciona ejemplo en las empresas usando esta pirámide, en las necesidades fisiológicas básicas se consideran el salario y un ambiente de trabajo decente; la seguridad es el nivel que incluye las condiciones de trabajos seguros y seguridad laboral; el tercero, que representa la permanencia y el amor define la atmósfera de trabajo agradable y supervisión amigable; el nivel de estima y respeto representa el reconocimiento con cargo rimbombante y reconocimiento de logros; y la autorrealización esta las oportunidades de creatividad y el crecimiento personal, y la promoción.

**Figura 2. Pirámide Abraham Maslow**

En la actualidad existen seguidores de esta idea de Maslow, así como detractores, como indica Kremer y Hammond en su artículo, menciona que *"No hay duda de que ha tenido una profunda influencia en la educación de management y prácticas de gestión"*, dice Gerard Hodkinson, psicólogo de la Escuela de Negocios de Warwick. "Uno de los puntos de vista es que, como gerentes, podemos dar forma a las condiciones que crean las aspiraciones de la gente".

En caso de la Ingeniería del software existen autores que se apoyan de estas ideas para desarrollar sus estudios en las gestiones en los diferentes modelos de procesos de desarrollo de software. En las combinaciones de la ingeniería del software y las declaraciones de la idea de Maslow; no se detecta de forma explícita o que se demuestra en las investigaciones realizadas en las empresas que no existen ninguna de estas motivaciones. El hecho y la realidad de que los individuos que trabajan en el área de la ingeniería de software o como empleados de cualquier área económica, tiene cubierto gran parte los primeros niveles de la pirámide de Maslow, sus comportamientos y motivaciones son inclinados hacia los niveles superiores, la mayoría de los individuos se plantean en las metas para los siguientes niveles de la pirámide pero en el sentido profesional, que puede ser tan variada que no existan una coincidencia o patrón dentro de la pirámide. Pero para llegar a trabajar en una empresa u obtener el título de ingeniero debió superar los niveles básicos y de seguridad en el contexto del nivel de educación, conocimiento y de la vida. El caso de mencionar la pirámide de Maslow a nivel profesional a ser estudiado en una empresa de tecnología no se considera un buen ejemplo, pero sucede al estudiar en las otras áreas de la vida del ingeniero, puede ocurrir que pueda encontrar un ejemplo aplicable en la empresa como lo presentaron en su artículo por Kremer y Hammond. La visión va al comportamiento del individuo, de su interior con el ambiente externo, puede haber mucho material de investigación y de estudio, el proceso del individuo como gestor de su comportamiento natural (en la vida, propio de la idea de Maslow) y cómo influye en la gestión de un proyecto de desarrollo de software. La visión y el comportamiento que define en esta idea son positivistas, que el resultado final es la felicidad del individuo y por supuesto del éxito; con la misma visión y deseo se puede aplicar esta visión positiva a los proyectos para lograr el éxito, pero acompañándolo de la realidad que lo rodea, tomando en cuenta la visión negativa para evitarla y tomar acciones al respecto.

## 1.20. Señales de la vida

"El pensamiento rige la vida del hombre. Si éste piensa en el fuego, es fuego,

si piensa en la guerra, la hará.

Todo depende del deseo del hombre de ser absolutamente lo que quiere ser."

Paracelso

En un libro de manejo de proyecto de ingeniería, al mencionar este tema no tiene relevancia o no son temas que se deben cubrir, por ser parte de tema de la psicología y sobre una teoría que en algunos autores y pensadores concuerda, inclusive entra en el mundo de esoterismo, la idea es aumentar el conocimiento científico con otras ramas del conocimiento, si es predecible y válido demostrable en el área científica. La ingeniería del software se alimenta de varias ingenierías y conocimientos aplicables al desarrollo eficiente de software, si aporta algo positivo es bienvenido. En parte, el área de sistemas basados en el conocimiento o sistemas expertos y en el estudio de la interacción humano ordenador, existen temas precisamente en el área de la psicología que ayuda en la labor del ingeniero informático. En nuestro caso en el libro es fomentar personas integrales, que la vida se refleja por acciones y comportamiento con esta área, inclusive su vida profesional, y en ambos sentidos, la visión de la vida reflejada en la vida profesional; respetando en cada área y sus límites. En este tema se realiza una analogía de la parte de la psicología de señales de la vida con la parte de la ingeniería del software, ambas ramas de forma paralela desde el punto de vista puede ser válido a futuro estudio y más profundo, solo tocaremos la capa superficial de estos temas y sus límites entre ellas.

El psicólogo Wayne Dyer menciona en su libro *"You'll see when you believe it* (Lo verás cuando lo creas)" [Ele01] donde existen momentos que coinciden, momentos mágicos, sucesos causales, que entrelazan personas o circunstancias y que conduce a lo que necesitamos en ese momento. Son mensajes que nos envía en la vida en nuestros pasos, son señales o avisos de la vida. Las señales de la vida solo son acontecimientos sincrónicos. Según el psicólogo Carl G. Jung, los acontecimientos sincrónicos o señales de la vida, son acontecimientos que pueden ser una intuición, una corazonada, un sentimiento irracional, y sucede en momentos cruciales de nuestra vida. Determinado por el inconsciente debido a que "el inconsciente va tejiendo los hilos por los que transcurrirán nuestras vidas exteriores". La mente subconsciente es la mediadora entre el pensamiento consciente e inconsciente, donde el pensamiento inconsciente esta un deseo o necesidad, o cualquier objetivo deseado, y el subconsciente siempre esta monitoreando con esta última algo que concuerde, donde se determina una señal. En estos acontecimientos sincrónicos intervienen tres factores: primero no hay relación causa-efecto; segundo, acompañado de una profunda experiencia emocional; y tercero, subjetivo y susceptible de una interpretación a veces totalmente personal.

Las señales de la vida se puede aplicar en diversos puntos de la ingeniería, conociendo las características de las señales, nos permiten en primer lugar tener alertas, las alertas del subconsciente que aunque lo detectamos debemos tomar en consideración, un indicativo que algo no es normal, tomar conciencia de la naturaleza e interpretarla en forma personal, pero si lo podemos llevar a una interpretación científica válida, es mejor. No tiene causa-efecto, rompe todo el conocimiento y método científico, no existe la predictibilidad ni exactitud, solo coinciden, y además lo ha vivido antes por tener la experiencia emocional, por lo tanto, se debe llevar a una interpretación científica.

En capítulos anteriores se describe en vivir el momento del aprendizaje, por un lado la experiencia y en la práctica; por el otro lado, el conocimiento adquirido por el aprendizaje teórico que nos lleva a nivel de entendimiento del mundo, o de algo que nos motiva a seguir en ese aprendizaje, de alguna forma este conocimiento "emotivo" por el mismo espíritu del aprendizaje, hasta con cierto nivel de impacto emocional en descubrir algo nuevo, lleva de los sentidos al conocimiento inconsciente, queda como marca intelectual que hasta en el consciente desaparece. Descubrir que el sentido común a veces funciona cuando se transforma en experiencia científica, repetible, predecible y objetiva, se transforma en una vivencia que no se olvida.

La experiencia y la teoría que impacta al individuo es conocimiento filtrado con el pensamiento científico, se busca lo predecible del aprendizaje, define que todo tiene causa y efecto; esto se aplica también en las señales de la vida, no es solo una alarma del subconsciente, con el inconsciente trabajando junto que detecta esta afirmación de ocurrencia en los acontecimientos sincrónicos, que es la mera coincidencia de lo esperado de una causa no detectada pero sucede su consecuencia, de aquí interviene la interpretación personal, donde concuerda o rechaza estas señales en utilizar el método científico. Adicionalmente la rigurosidad del aprendizaje, la disciplina, el constante y repetitivo uso del pensamiento científico, hace que el inconsciente y el consciente actúen de forma automática. Sucede en algunos casos que esta señal se repite y viene de varias fuentes con el mismo patrón de sincronización o de sucesos pero entre dos o más áreas del conocimiento humano, este mismo acontecimientos sincrónicos se repite en una experiencia espiritual en la religión y el mismo acontecimientos sincrónicos con la vida profesional, y el mensaje en el fondo es el mismo, por ejemplo: leyendo libros de ingeniería de software se plantean recomendaciones de la buenas prácticas en el desarrollo de aplicaciones, y al llegar la iglesia, el mensaje de ese domingo en la misa, ¡sorpresa!, es la misma recomendación, pero enfocado a la sociedad y al espíritu de cada uno; dos mensajes iguales pero en dos en contextos diferentes con el mismo objetivo de entregar correctamente con acciones bien establecidas, reflejándose en uno sobre el software y el otro a la sociedad, en este caso el software afectará a la sociedad de la misma como consecuencia de la recomendación; Jung lo catalogará como corazonada, que existe una correspondencia en el pensamiento o sentimiento en esos dos momentos, con el mundo interno de la persona con el mundo externo. Del mismo sucede con la buena o mala interpretación de los mensajes, el tener conocimiento profundo de un tema desde el punto científico; determina la buena o mala interpretación que otra persona transmite, el tocar temas conocidos pero de una forma diferente y en el peor de los casos mal interpretado por la otra persona, o el mensaje no llegó como debe ser; la interpretación de ese mensaje determina una crítica personal y puede llegar a varias conclusiones, estas conclusiones dependen también de las condiciones del momento del individuo en el momento de interpretarlo, por ejemplo, si está eufórico ya saben las conclusiones, si esta triste, las interpretaciones serán nefasta, etc. Hay diversidad de caso que estudia en el área de la psicología, el repetir el mismo mensaje en todos los lugares en diferentes contexto, permite a los psicólogos tener diversas o una única opinión en este sentido, y es el estudio de cada caso individual de su pasado como el presente, donde se puede interpretar de forma diferentes esas señales.

En resumen, en el área de las ingenierías es convertir estas señales de la vida en causa y efecto, buscar su origen, con causa que sea demostrable y predecible, sirve de alerta e indicadores de estudio e investigación para evitar las interpretaciones personales (en su origen), llevarlo al área científica o de la ciencia exacta usando los principios conocidos. Se necesita tener los sentidos y mente bien abierta o amplia, permitir sentir las cosas que nos rodea. Vivir intensamente permite ver más señales (de la vida) en este caso de los proyectos, que permite alertar en estado que puede ser riesgoso o síntoma de buena estabilidad del proyecto, la interpretación, la evaluación y toma de decisiones debe ser en momentos de equilibrio o tranquilidad mental. Las señales son excelentes en los casos de búsqueda de errores, fallas o búsqueda de soluciones, en caso extremo encontrar la innovación que termina en visualizar.

## 1.21. Integridad

"Para gozar de paz interior y experimentar amor,

es preciso que no haya discrepancias entre nuestros pensamientos, palabras y acciones."

Gerald G. Jampolsky

"Nuestra conducta es la única prueba de la sinceridad de nuestro corazón."

Thomas Wilson

Integridad definido por la Real Academia Española es la cualidad que no carece de ninguna de las partes [Rae01, página 1288]. En diversas universidades e instituciones educativas forman los futuros ingenieros del mundo, pero los educadores se comprometen de ir más allá, la educación imparte el conocimiento científico junto al código de ética y la misión de formar ciudadanos íntegros. En el ambiente empresarial e institucional se encuentra la palabra de "integridad" en la formación del mensaje de misión y visión donde todos sus empleados deben acatar. La integridad que define a un individuo está dispersa en diverso ámbito tanto profesional, personal y social. En lo personal se define como individuo de ser competente, educado y transparente moralmente; en lo social debe ser comprometido con la sociedad para mejorar y progresar en conjunto; en lo profesional se refleja en el cumplimiento y la acción correcta en su trabajo. En resumen, una persona que debe realizar acciones para mejorar su vida y de la sociedad. Se centra en el individuo en sí, y la relación del mismo con su prójimo. Estar bien consigo mismo y con los demás, incluye este tema en la religión y en algunas ciencias blandas.

Para la educación de una sociedad está centrada en las instituciones educativas, universidades y organizaciones del país que forma a ciudadanos útiles a la sociedad. El individuo es educado por una parte social en las instituciones educativas, la otra educación proviene del hogar, la educación del hogar que debe y es la base fundamental. Esta visión completa de la formación del individuo está definida ambas educación al mismo tiempo; en algunos países, al inicio de la escuela no se evalúa, solo realiza la adaptación con el comportamiento y educación social, formando solo a la persona social en su inicio de vida, las reglas generales de comportamiento social van primero y ante todo. Pero en otros países y culturas, estudian y evalúan al individuo como ser único, el objetivo es detectar desde muy temprana edad, si tiene cierta potencialidad o características que lo distingue de lo demás, de esta forma se direcciona una educación particular al individuo para maximizar este potencial para el futuro en la sociedad. Existen países que llevan en su educación integral de velar la individualidad y la educación a la sociedad simultáneamente. En todas se inician con una educación social y el otro en forma individual, en el proceso de la educación de cada país procede a complementar la formación de lo individual a lo social, otro es iniciando la educación en lo social y luego con la educación individual al final en su formación, en todos los casos el individuo debe madurar y tener conciencia de escoger su futura carrera y educación.

De la misma forma, cada país se adecua la educación a las necesidades actuales y futuras del país, siempre está presente el cambio del modelo educativo. La familia y el hogar ve la educación de otra forma, hace varios años atrás, el educar a los hijos tenían una visión diferente a como se educa hoy en día; los padres tienen todo el derecho de cómo educar a sus hijos de forma integral y elige el modelo de educación mejor para sus hijos; en la actualidad y en algunos países obligan a los padres a educar a sus hijos por medios de las leyes; cambian de derecho a obligación o ambos depende del caso de las diferentes naciones a educar los hijos, sucede también que la educación social era o es opcional (no es obligado a educar a los hijos en la escuela en cierto lugares del mundo) y algunos lugares son obligatorios hasta cierta edad, el rol de los padres son fundamentales en la educación de sus hijos, desde la preparación y enseñanza en el hogar hasta en la educación especializadas en las universidades, el individuo se prepara constantemente y por largo tiempo en su educación social junto a la educación del ambiente familiar.

No es fácil, el individuo debe en algún momento definir claramente su estado actual y el futuro que desea; pero con los cambios cómo se puede predecir en el futuro; hay muchos cambios en la sociedad, en la familia y en la educación, ¿Cómo se puede generar individuo con integridad?, ¿un ingeniero con integridad?, o ¿es el mismo cambio del progreso y mejoramiento que da como resultado tantos cambios? Estos cambios han generado corrientes en algunos países de su propio modelo de educación; una de las corrientes es que identifica la educación es generar persona - robot para la sociedad, sirve solo para la producción de bienes y servicios, critica dura a la educación donde se enseña a las personas que repitan siempre lo que hace, piensa y dice lo mismo como una máquina, y no permite un individuo pensante - crítico, creo que este es un extremo de la visión de cambio de educación de un país; por el otro lado está la visión la libertad total de pensamiento, que su extremo es el libertinaje. Las visiones extremos no debemos llegar, pero son visiones que en el fondo es producto final derivado por la mayoría de la sociedad y es lo que tenemos. La culpa por supuesto es la sociedad, y no es el individuo, en este caso por la elección de la mayoría de la sociedad; desde el punto de vista individual, la culpabilidad es de ambos, y hay casos que la culpa es del mismo individuo, donde el individuo es el inicio de los cambios sociales. La formación integral del individuo debe ser combinación de la familia conjuntamente con los institutos de educación y el mismo individuo, es decir, los tres participan (familia, sociedad e individuo). El ser íntegro depende de cada individuo, es una decisión propia, es una visión egoísta si lo vemos en un sentido, pero deja de serlo al tener como acción también el bien de la sociedad o en su futuras consecuencias hacia el bien de la sociedad, si no tiene este acompañamiento, se define realmente como egoísta, en este caso deja de ser íntegro. Aquí ya no depende del individuo que la sociedad le retribuya o no ese bien. Ya la misión del individuo íntegro está hecha. El tener las características de íntegro depende y nace de cada uno, que la sociedad o la familia lo apoye y lo facilite es otra cosa.

La ingeniería del software como las demás carreras debería ser vista por tener la competencia y la visión de mejorar la sociedad (empresa y usuario), pero acompañado del crecimiento en su propia vida con conciencia. Muchas personas famosas de la tecnología han hecho progresar y mejorar la vida del mundo con sus trabajos, y es su misión en la vida. La visión egoísta de cualquier carrera o profesión es de solo cubrir las necesidades básicas del individuo. Uno como profesional debemos ir más allá en cubrir las necesidades del mayor número de individuo de la sociedad, viendo el mejor futuro para la sociedad con nuestro trabajo, esta forma los productos y los trabajos entregados, son soluciones o productos que son candidatos a ser exitosos. El ejemplo del individuo, empresa que produce un producto a la sociedad, el individuo tiene un sueldo y se beneficia de la empresa, el individuo debe generar ganancia a la empresa, y la sociedad tiene un beneficio en usar los productos de la empresa. Si el producto no genera beneficio a la sociedad, la empresa tarde o temprano deja de vender el producto, si el producto no se vende la empresa debe de cerrar, si no cierra, el individuo es un gasto y es dado de baja (despedido), en los dos últimos casos el individuo se queda sin sueldos; es una visión simplista, esto sin considerar: la competencia de las otras empresas que venden productos similares; empresas que venden diversidad de productos, etc.; el efecto es igual si consideramos el caso de que todos los empleados tengan la figura de un individuo frente a la empresa (la idea de los sindicatos).

La visión de las empresas e instituciones deben ver al individuo como persona íntegra y no solo la parte de generador de bienes y servicios, el contratar persona íntegra permite gestionar los proyectos en forma diferentes a solo persona generador de bienes y servicios como robot, esta área de la gestión de empresas, gerencia de proyectos, modelos de desarrollos de productos y servicios en las empresas han evolucionado y otros han quedado anclado en el siglo pasado. Existen muchos modelos de gerencias y diversas escuelas en este sentido, como nuevas tendencias adaptado con la realidad de cada sociedad. La era de los robots que sustituyen a la mano de obra humana por su repetición en sus labores diarias, trabajo que no permite agregar adicionales, estos trabajos son los seleccionados para ser sustituido por robot y componentes con inteligencia artificial; por esta razón, las empresas e instituciones buscan al personal profesional con características definidas y valiosas en las ciencias blandas, que son difíciles de sustituir por la nueva tecnología del siglo XXI; y una de estas cualidades fundamentales es la integridad.

La integridad de una persona se refleja en todos los ámbitos en su forma de llevar, pensar, actuar o conducir en la vida; mas en la ingeniería donde la forma de pensar, actuar y hablar sale a flote en diversos lugares que no es el trabajo, lo que indica que tan disciplinado es en su carrera; en el mismo sentido, incluyen a las diferentes áreas de disciplinas que llevan en su vida. Los deportistas si son disciplinados se notan en la forma del cuerpo o en sus movimientos, que indica que deporte practican, por ejemplos, los atletas que levantan pesas tienen definidas su contextura física, de la misma forma los valores morales como los demás temas descritos en este libro, refleja como espejo lo que hay dentro de cada persona y sus disciplinas. Mientras más disciplinados es en esa área se reflejará de alguna forma. En la ingeniería del software surge el mismo principio, donde está más disciplinado en ciertas áreas, este se resaltará, pero deben tener en cuenta todo los preceptos que hemos hablados para llegar ser un ingeniero integral.

La Ingeniería del software es una de las carreras o profesión que debería ser lo más íntegro posible, debido a que puede cubrir las necesidades de los demás ámbitos del conocimiento o todas las áreas de la sociedad, el software esta en nuestro día a día y en todos los lados, los ingenieros de esta rama debe adaptarse a cualquier de las áreas que lo necesiten, y para estos debe tener una formación, competencia y valores morales bien alta para mejorar la sociedad. La especialización en cada campo ya dependerá de cada ingeniero.

## 1.22. Lo simple

*"Una síntesis vale por diez análisis."*

William James

La grandiosidad de lo simple, este tema es tratado por una gran cantidad de libros, como la práctica del Zen, manuales para ejecutivos de empresas, emprendimientos, etc. Lo simple o la simplicidad es un concepto que se debe manejar. Las empresas de consultorías como de tecnología, al dar respuestas o soluciones sencillas o simples a sus clientes, trae problema, la reacción que el cliente no espera una solución simple, por el costo que genera las consultorías, todo un estudio e investigación para dar de respuesta simple. A la larga, si el cliente conoce bien al personal que labora en la consultoría, pueda que el futuro exige en integrar en sus nuevos proyectos. Un ingeniero con alto nivel de profesionalismo y competente no le es fácil dar respuestas o soluciones simples, cualquiera puede dar respuesta simples a la primera, pero no es la idea.

El ingeniero con competencia debe investigar y estudiar el caso, que puede ser tan complejo y completo para encontrar la solución o respuesta, pero al hablar al cliente se debe simplificar, esta simplificación de lo complejo no es una labor fácil, se necesita más trabajo  para que el cliente lo entienda. Se desea que al realizar una labor, no se debe hablar en forma simplista en esta etapa o decir lo primero que le viene en mente, se inicia un proceso de investigación y desarrollo profundo de la solución, que trabajando a fondo se complica y se agranda en mil y un detalles, donde al inicio se ve simple, y al tener la solución completa, intentar de sintetizar los resultados en palabras sencillas y cortas es también mas laboriosa, al comparar la primera posible respuesta simple y la última, tú y el cliente lo notará.

Existen profesionales que le encanta de hablar a sus clientes en un lenguaje que no se entiende, solo con el lenguaje de su área, pero aún en su propia área hay profesionales que sus colegas también no lo entienden, otros profesionales, no posee la capacidad de transmitir la información que lo entienda la mayoría de las personas y lo hace sin querer. Un caso  de un estudiante que presentó su trabajo de grado a un grupo de analista de una empresa (candidatos a ser cliente), el tutor le indicó al estudiante, que todo el grupo son analistas y solo uno era el gerente del área que deseaba saber de su futuro trabajo para adquirirlo o no con la ayuda de los analistas, el estudiante asume que son analista de sistema en el área de tecnología porque su proyecto es de esa área, un sistema basado en el conocimiento (sistema experto) para toma de decisiones, al iniciar la presentación y demostración al grupo de los prototipos desarrollados, se dio cuenta de las caras de la audiencia y al no tener preguntas del auditorio, excepto una sola persona que tenía la cara de admiración o de asombro que hizo preguntas, sentía el ambiente muy tenso por la mayoría, en un descuido de la audiencia, el tutor le indicó al estudiante que esa reunión, la mayoría son analistas de créditos, desde ese momento, el estudiante cambió su lenguaje técnico de su presentación a un lenguaje para persona que no sabe nada de tecnología, el cambio de las caras de la audiencia fue radical,  comenzó las preguntas masivas y las dudas, el único que era del área de sistema es la persona que tenía la cara de asombro al principio, este fue el inicio de las próximas reuniones que terminó de adquirir la solución; otro caso, al instalar un aplicativo de manejo de tráfico de cliente en una oficina pública, se debería ajustar el sistema aplicativo con las llegadas de clientes que son atendidos por el número de personal presente en la oficina; llego un momento que colapso el sistema, donde generó que un cliente se acercará a participar a la reunión en ese momento con el equipo responsable del sistema, para hacer los ajuste del caso y para no volver a suceder, el cliente lo explicó maravillado el caso que vivió en términos de teorías estadísticas con conceptos de valor esperados, tiempo estimados, etc., después de más de diez minutos de escucharlo, el supervisor del equipo pidió al cliente disculpa y le dio la gracias por su recomendación, explicó que ajustará el sistema para que no vuelva a suceder de nuevo, al irse el cliente; en la reunión del equipo sucedió que ninguna persona entendió la queja y la recomendación del cliente, excepto uno, que tradujo a simples palabras, "dado la cantidad de clientes en ese momento debería tener X más empleados para atenderlo", la moraleja en estos casos, el que emisor no debe asumir que el receptor tenga el mismo conocimiento que expone, al menos que quiera parecer un genio que no sabe transmitir sus conocimientos.

La sencillez de transmitir la solución, permite diferenciar de lo simplón a lo grandioso de la simplicidad; hay productos y soluciones que encontrarán en el mundo, se observa en muchos lugares, por ejemplos los productos asiáticos (India, China, Japón, etc.) son fáciles de crear y no tienen muchas complicaciones, son simples, pero el solo hecho de pensar de cómo llegaron al producto final, no es tan fácil, se consume bastante trabajo y tiempo en desarrollarlo, los coches económicos fabricados en Asia, son los ejemplos clásicos, no necesita mucho material o recurso, técnicamente bien diseñada, en parte hay creatividad pura, funciona en lugares hostiles, la mayoría es de alto nivel de calidad, alto rendimiento, poco mantenimiento y consumo, pero lo principal característica es su simpleza, es decir, se dice que está bien pensado. Esto es debido a que está creado pensado a un mercado por volumen, bajo costo, bajos precios, para que cualquier persona lo pueda comprar, en un país con una alta densidad poblacional y con bajo nivel económico; permite mejorar la vida de mucha persona. Si analiza los carros de lujos, la filosofía es la misma, la simplicidad de cada pieza que unido a otras piezas, genera una majestuosa obra, una obra de lujo está compuesto por muchas cosas simples unidas entre sí.

La simplicidad o hacerlo más simple no es nuevo, desde la era de René Descarte en su libro "Discurso del método" [Des01, páginas 24 -25] se describe en el uso de lo simple, en su segunda parte del libro describe los cuatros preceptos donde se indican seguidamente:

1) No admitir nunca una verdad sin haber conocido con evidencia que así sea.
2) Dividir en cada una de las dificultades a examinar en tantas partes fuera posible y necesario para su mejor solución.
3) Conducir con orden de los pensamientos, iniciando con los más simples y más fáciles de conocer, para ascender poco a poco gradualmente, hasta llegar a lo más complejos.
4) Hacer todas las enumeraciones tan completas y revisiones tan amplias posibles, y de estar seguro que no se omitió nada.

En el primer precepto de Descarte indica que deben trabajar siempre con la verdad, que se puede demostrar o ser predecible, de esto hablamos en este libro de demostrar en forma de las ciencias naturales o exactas, uso de estos principios, y estar claro si nos basamos en ciencias sociales o humanas son sus consecuencias que a veces no son predecibles en algunos casos. En la ingeniería se basa todo en la ciencias exactas, en la Ingeniería del Software se basa también en la ciencias humanas en el área de gestión de proyecto, recordando que la parte técnica generalmente está en la ciencia exacta.

El segundo principio entra el proceso de limitar, separar y desglosar en partes que sea sencillo de manejar, de llevar de una o varias cosas sencillas y simples, esto puede incluir en separar y clasificar. Este labor no es fácil, ¿cómo separan las cosas?, o los criterios de separación de las cosas, de tal forma en poder manejar fácilmente, o hasta cuanto podemos separar, por ejemplo: podemos cortar una torta en tantos pedazos que queramos, pero de que tamaño y la cantidad. En algunos casos, no es posible de separar en parte, es el peor de los casos porque hay que trabajarla de ese tamaño. Al separarlo en lo más sencillo posible, se notará en cada individuo cuando es el momento de parar la división, cuando se sienta y hace más fácil y sencillo de manejar o de entender. En la ingeniería del software, la dificultad de Descarte se traslada en solución, objetivo general, problema, requerimientos, etc., dentro de un proyecto de desarrollo de software, se convierte en su mínima expresión en hacer las cosas simples para poder resolverlo fácilmente, por ejemplo: los objetivos generales se dividen en objetivos específicos, un requerimiento de usuario se divide en varias funcionalidades del aplicativo. Se notará que la división depende del pensamiento de cada individuo y capacidad de entender o resolver en una expresión mínima.

Tercero, resolver los problemas por separado, mejorar cada parte, construir cada parte en forma individual, etc. Se realiza una parte a la vez para mayor concentración. Se trata cada parte de forma ordenada iniciando con los casos más sencillos o simples hasta completar con lo complejo; y si es necesario  unir cada división de la misma forma ordenada, de lo sencillo a lo complejo y finalmente de tener todo de nuevo unido, el resultado es lo más complejo de lo esperado al final, con una visión general el resultado es un conjunto de pequeñas soluciones unidas. En la ingeniería del software en el proceso de producción de software es desarrollar los diferentes módulos, sub aplicación, capa de aplicaciones, rutinas, etc., que se unen en una sola solución; en la gestión de proyecto se encarga de cubrir cada requerimiento o necesidades del usuario, manejo en cada etapa del proyecto, manejo del equipo de desarrollo y todo el personal del proyecto, etc., con diferentes tareas individuales, que se unen y se enlazan con el proceso de producción del software.

El cuarto principio se realiza la validación, verificación y prueba de todas las tareas de los pasos anteriores, el  objetivo es que todo este correctamente realizada en su totalidad y asegurar su entrega. Se verifica que soluciona, cubre o cumple con los objetivos, necesidades o dificultades iniciales. En Ingeniería del software es validar si el aplicativo construido funciona,  cubre todas las necesidades y requerimientos del usuario, mejoras, etc.

En este punto que se puede agregar como último (opinión personal) o puede estar ya incluido en el cuarto precepto de Descarte, es de hacer un resumen o explicar en forma simple lo que se realizó en todos los pasos o preceptos. Las entregas y culminación de todas las tareas sean entregadas de forma simple. En este punto donde puedes comparar una solución simplona (que no realiza ningún precepto de Descarte) o una solución con grandiosidad de la simplicidad (realizar todos los preceptos de Descarte).

La aplicación de los preceptos de Descarte aplicado a la vida es una visión personal. En el primer  precepto de la verdad depende de cada persona; existe una verdad que es interpretada por cada individuo, se vuelve una verdad relativa. El segundo precepto puede variar en su división, depende del entendimiento y conceptualización de la verdad por el individuo, para mayor entendimiento cada división hecha lo llamaremos zona (sub objetivos o objetivos específicos, sub problemas, sub dificultad, etc.), esta división pertenece a la ciencia humana y no es exacta, por ejemplo, la vida se componen en: privada, pública, profesional, y religioso; recordar que cada uno de ustedes puede crear una división personalizada y propia, que a la larga se pueda manejar y entender por ustedes mismo; en el caso de la vida privada se divide el amor, familia, espiritual, amistad, etc.; en el caso del amor también se puede aplicar como indica Erich Fromm en su libro "Arte de amar" [Fro01, páginas 52 al 67] del amor se separa por objeto que se ama: fraternal, materno, erótico, a sí mismo y a Dios. Las divisiones pueden surgir por los pensadores o investigadores que han tratados anteriormente; pueden venir personalizado o creación propio, o combinación personalizado ayudado por otros. El segundo precepto de división de Descarte, enfocado a uno mismo, debe antes estar claro de conocerse a uno mismo para separar nuestra propia vida o etapas, se basa de nuestra verdad que en el primer precepto indica. En el tercero precepto trabajar y mejorar cada división, puede que suceda que se solape con otra división o mantenerse separado, las divisiones que se solapa significa en dos o más zonas de la vida que coinciden, ¿qué significa?, puede interpretarse como conducta o zona de la vida que rige varias áreas. La idea en este precepto es mejorar cada zona, depende de uno de tener una zona que incluya todas las otras zonas o mantenerla separadas, ya es decisión de cada persona. No hay una regla básica en la vida, y cada uno es un mundo.

En el caso de la vida profesional, volvemos al mismo caso de separar las ciencias exactas o naturales y las ciencias humanas o sociales, en el caso de la Ingeniería del Software se separan en las dos ciencias: la gestión, manejo de proyecto, empresas, mercados y supervisión de personal, etc. se divide en el manejo en la ciencia humana; el otro caso es la ciencia exacta o naturales, se basa en la tecnología, matemática, física, herramientas tecnológicas, etc. La última zona de división se conduce con predictibilidad y determinismo de la cosa, en este se usa sus propios principios del área, y con respecto al mejoramiento es más medible en esta zona, pero en el caso de la división de la ciencia humana no es tan predecible, no sabemos el futuro, es mas trabajoso el medir la mejora o de construirla, pero igual tiene también sus principios; el tercer precepto en la mejora, construcción debe estar claro en que ciencia está parado cada zona para trabajarla más fácil, trabajar zona por zona, en caso de la vida misma es mejorar continuamente o rehacer todo la zona. En el último precepto, es la evaluación de lo realizado en los preceptos anteriores tanto en cada zona de la división y síntesis de lo obtenido, en este caso podemos validar si progresamos, mejoramos en nuestra vida o la vida profesional.

Hay muchos ejemplos en el mundo usando la simplicidad, la historia de la construcción del canal de Panamá, los primeros constructores fallaron, por tener idea majestuosa, por ejemplo, uno de los primeros constructores diseñó el canal basado en túneles, construir túneles dentro de las montañas para unir los dos océanos. Varios diseños y planes se presentaron, uno de ellos tuvo la idea sencilla, seguir el nivel de terreno y ríos, buscar la parte más estrecha de tierra que une los dos océanos en Panamá; es más fácil desviar un río o unir ríos que hacer un túnel en las montañas (el mantenimiento más alto), iniciar desde un lado del océano para llegar al otro por tierra; pasando por terrenos inhabitados, se generó varios problemas, el paludismo reduce el número de trabajadores por la enfermedad, y llevar el personal de los pueblos a lugares en terrenos inhabitables, eran los dos problemas principales que se presentaron,  aparte del objetivo principal de construir el canal, los encargados del proyecto ataca cada problema por separado; el llevar un alto número de personal a sus lugares de trabajo era también costoso, se soluciona en construir nuevos pueblos y su infraestructura a medida que avanza  la construcción, en lugares no habitado por donde pasa y se construye el canal se desarrolla el nuevo pueblo, construyendo adicionalmente vías terrestres entre los nuevos y viejos pueblos que cruzan el país de un océano a otro. El otro problema es el  paludismo, para la solución se importan insecticidas para eliminar el mosquitos que produce el paludismo, así evita que los trabajadores del canal se enferme. Al terminar el canal, no solo se pudo construir esa obra majestuosa, también trajo beneficios adicionales a Panamá como en eliminar el paludismo, el desarrollo de los nuevos pueblos y ciudades, con una infraestructura de conexión de vías no solo marítimo, sino, unió de un océano a otro por tierra. Es un ejemplo de simplificar usando en dividir los problemas, para tratar tres problemas a atacar: ingeniería, saneamiento y organización [Can01].

El mensaje final, es hacerlo simple y fácil, no importa el tamaño y la dificultad, se divide en tamaños más pequeños que se haga fácil. Luego, transmítelo de forma sencilla. Vivir simplón o vivir con la grandiosidad  de lo simple, ya dependen de ti, lo que haga o no haga. Cambiar de vivir simplón a grandiosamente simple, se construye con trabajos fáciles, o hacerlo simple. Las mejores prácticas de los ingenieros del software, es generar software por medio de actividades y entregas, el éxito de la entrega se realiza por medio de trabajo fácil y simple con objetivo alcanzable. Es un viaje fácil de lo complicado a lo simple y luego de lo simple a lo complicado.

## 1.23. Tecnología

La tecnología es un "conjunto de conocimientos y de técnicas (perteneciente o relativo a las aplicaciones de la ciencia o arte) que permiten el aprovechamiento práctico del conocimiento científico;… Conjunto de los instrumentos y procedimientos industriales de un determinado sector o producto", según la Real

Academia Española [Rae01, página 2144]. La tecnología está compuesta por procesos humanos y conjunto de herramientas (sinónimo de instrumentos). Las herramientas pueden llegar a confundir con el mismo término de tecnología si no existe un procedimiento para su uso o aplicabilidad. Hay tecnologías que no tienen herramientas, es el puro conocimiento y técnicas que es donde proviene el origen de esta palabra en épocas remotas. Los artefactos y equipos provienen de la época de la revolución industrial junto a este conocimiento definen y se complementa después este concepto, finalmente se debe llevar a un uso práctico, basado en el conocimiento científico.

Las nuevas tecnologías se basan en los descubrimientos científicos de la época, los nuevos conocimientos del área o los nuevos usos prácticos. En el área de la ingeniería del software una de sus bases es la tecnología, es decir, tiene el conocimiento científico para ser aplicado en la realidad con (o sin) herramientas junto procesos o aplicación de técnicas. Cada tecnología debe ser usada para lo que fue creado, tener conocimiento y la aplicación para su uso, y en algunos casos herramientas para ayudar a ser aplicado; existe la predictibilidad del uso de la tecnología. El ejemplo que se da en el bricolaje actual, tenemos herramientas de carpintería, como un martillo, y un destornillador, estas herramientas ayudan en el trabajo del carpintero, el colocar un clavo o un tornillo varia en el uso y selección, cada uno tiene una función específica por su estructura, el cuerpo del clavo es liso, mientras que el tornillo tiene surco de forma que al girarlo permite penetrar a un cuerpo más blando que el tornillo y se mantiene fijo donde se coloque, ambos tiene la tarea de fijar cosas, pero si el objetivo es colocar un clavo y un tornillo en una pared, se puede usar uno o ambas herramientas de forma incorrecta, se puede usar el martillo para colocar el tornillo en la pared y el destornillador para fijar el clavo, ¿cómo se ingenia a resolver este problema?, se usa la empuñadura del destornillador para golpear al extremo del clavo y fijarla a la pared, y utilizar el martillo para colocar el tornillo, al realizar lo anterior, la persona no tiene la idea para que se usa el martillo y el destornillador, para fijar el clavo y el tornillo, pero logra el objetivo en colocar ambos en la pared, pero que pasa si usamos correctamente las herramientas para que fue creada, los dos trabajos finalizados tiene el mismo resultado pero uno es de mejor calidad o está mejor trabajado. Esto sucede en cualquier tecnología, se debe tener conocimiento de ella, para que se usa y como se usa, lo más importante es saber los resultados que se pueden obtener antes de usarlas (es predecible).

Por esta razón, en el área de la ingeniería del software en el uso de la tecnología, se respeta mucho la diversidad; cada tecnología sirve para algo y para eso fue creado. Aquí comienza la guerra o competencia de la tecnología en el área de la informática, desde lenguaje de programación, sistemas operativos (actualmente con los teléfonos inteligentes y los ordenadores que existen en el mercado actual), empresas y compañías que fabrican ordenadores, etc. Esta diversidad permite que los ingenieros actuales en la informática deban seleccionar las tecnologías que necesitan en cada proyecto, puede ser que trabaje en un proyecto con una tecnología pero en próximo proyecto trabaja con la tecnología de la competencia. El profesional no es fiel a una tecnología, el ingeniero de informática como el ingeniero de software debe conocer la tecnología antes de ser usado. La única forma de usar una tecnología desconocida es en función de aprendizaje de esta y tener un mayor conocimiento, antes de usarlo en un nuevo proyecto.

Cada tecnología tiene sus ventajas y desventajas, el profesional debe conocerla y dependiendo del proyecto, este debe saber escoger la tecnología adecuada para cada proyecto, debe tener el conocimiento del uso de las herramientas que proveen. Los lenguajes de programación del mismo nivel que permiten desarrollos rápidos de aplicaciones con respecto a su competidor tecnológico, pero son más costosas de adquirir como de mantener; otras tecnologías son económicas, pero para desarrollar aplicativo se tarda más que su competidor; también existen varios escenarios, donde se encuentran dos tecnologías diferentes que pueden realizar las mismas construcciones y tienen diferentes precios, como gerente de proyecto, debe evaluar cada proyecto por la condición no solo técnica, también económica; si se necesita rápidamente el aplicativo porque el mercado lo exige ahora y que a mediano o largo tiempo no se necesitará más la aplicación,  no hay nadie que lo tiene o no lo han desarrollado, se debe evaluar el costo de hacerlo contra el tiempo, la probabilidad de adquirir un lenguaje de alto desempeño para el desarrollo a corto tiempo para ver su resultado, el lenguaje debe ser costoso, pero  hay que evaluarla y es una posible opción; pero para otro proyecto que no importa cuando termine y los costos deben ser bajo, el contratar manos de obras baratas con una tecnología de bajo costo, la decisión de selección del lenguaje o tecnología será muy diferente al anterior escenario, sabiendo que el mantenimiento va ser también lento en su entrega en el futuro. Lo único que cumpla todos los escenarios anteriores es que exista una tecnología que permita desarrollo rápido, de bajo costo de adquisición y mantenimiento, que se pueda aplicar a los proyectos anteriores, pero por el momento no existe o son pocas las tecnologías con estas características, y si existe, el personal técnico a contratar que lo soporte o trabaje con estas tecnologías son escasas o costosa, caemos en el mismo dilema. Lamentablemente para muchos, las buenas prácticas y ética del ingeniero de software, se debe siempre encontrar una tecnología que tenga estas características: bajo costo, rápido en desarrollar para entregar el producto deseado, y de alta calidad. Pero estas actividades y el trabajo del ingeniero del área esta dentro de la responsabilidad en los procesos de desarrollo de aplicaciones. El concepto de bajo costo se presenta en el área administrativa, pero en algunos casos en adquirir una tecnología costosa puede generar bajo costo en el proyecto, se puede aplicar que lo barato a veces sale caro en todos los ámbitos, en este sentido se presenta la característica de bajo costo.

En resumen, los ingenieros de software deben conocer las tecnologías existentes, su uso, la aplicación, ventajas y desventajas, etc., saber seleccionar y aplicarlo en forma eficiente a los proyectos. Como se indica en un refrán de A. Maslow: "Todos los problemas nos parecerán un clavo, si la única herramienta que tenemos es un martillo". Mientras se use el conocimiento científico (redundancia por la definición) en las tecnologías, sabrá para que las utilices, no serás un fanático de una tecnología, serás fanático de las tecnologías.

## 1.24. Innovación

Hay varios significados de innovación, tiene como dos definiciones mínimas, donde es la acción o efecto de hacer cosas con cualidades nuevas o cambios producidos en algo; crear o modificar un producto y la introducción al mercado [Rae01, páginas 1281 y 1592]. En términos generales en todas las ciencias, la innovación puede venir del mismo pensamiento que se creó y verlos de otra forma, generando todo un proceso de conciencia crítica y método de pensamientos organizados, como resultado final, obtener otra visión del mismo. Pero el significado puro es crear cosas o pensamientos y visiones nuevos. Un ejemplo en los trabajos actuales comparando como se realizabas en años anteriores en dar soporte informáticos, hace 20 años atrás por medio vía telefónica, máquinas de escribir y el uso del fax, el envío de documentos por esta vía era engorroso, que en la actualidad con el uso del ordenador e inclusive con los teléfonos móviles inteligentes actuales sustituyen prácticamente los diferentes elementos de comunicación, todos los equipos de una oficina del siglo pasado en un solo equipo en la actualidad. En todas las ciencias se aplican y hay muchos más ejemplos de innovaciones, en la medicina, en la producción de bienes y servicios, los ordenadores, creaciones humanas que años pasados no se pensaban que iban a existir. No es fácil manejar este concepto, en el área tecnológico se habla de innovación tecnológica, la interpretación de lo nuevo o cambiar algo, es innovar, en algunos autores y pensadores discuten que si cambiar algo, no es innovar, o existe innovación en algo modificado con ciertas características o cualidades diferentes.

La innovación puede provenir de la creación misma de algo nuevo, o usar algo existente en un contexto o área diferente al que fue creado, generando éxito en su aplicabilidad y beneficio para todo. Un ejemplo: la creación de la Internet estaba enfocado en el área militar, y luego se traslada su uso en los negocios, mercadeo y a la vida social.

En la ingeniería del software abarca dos áreas en las innovaciones, en la gestión y en la tecnología. Y si queremos ser más tajantes, separar las innovaciones en la ciencia humana y ciencia naturales de la ingeniería del software, separando según lo hemos mencionados en los párrafos anteriores. Cada rama de la ciencia se innova constantemente y llega a ser imposible adquirir todos esos conocimientos y aprendizajes por una persona, donde puede generar la crisis o parálisis de aprendizaje, bloqueando el continuo aprendizaje y conocimiento en los individuos, no solo por la excesiva información y datos del mundo que se genera día a día, es donde no terminamos de comprender algo nuevo y aparece otra. En los últimos años el crecimiento de la información y la innovación han crecido de forma exponencial, en los mismos productos y servicios que algunos no terminan de madurar y evolucionan a otro producto y servicio. Si analizamos en las últimas innovaciones tienden a usar las ideas originales de los años anteriores, pero aplicado en otras áreas donde fueron creadas, y la otra forma de innovar es usar componentes más pequeños que las tecnologías actuales lo permitan, ya sea minimizado o potencializado, como teléfonos, reproductores de músicas y videos portátiles, redes inalámbrica, redes de comunicación en el mundo, etc., con dispositivos más pequeños y con mayor capacidad; de tal forma que se genera la discusión de la existencia de la quinta era del software por diferentes profesionales del área. La quinta era del software no está definida por nuevos logros. Las diferentes eras del software está bien marcado con las nuevas creaciones que marca su época, pero actualmente, no existe esa nueva creación que diferencie de las eras anteriores, lo actual, la quinta era no se detecta la diferencia con la cuarta era del software o algunas de las anteriores, no posee característica que se distinga o marque esta era. Existen autores de otras áreas de la informática que presenta otro panorama con respecto a las eras, hay una separación del software con el hardware en la descripción en las eras, existen cuatros generaciones de ordenadores con sus sistema de operaciones o sistemas operativos (software) según Andrew Tanenbaum [Tan01, páginas 7 al 18] en su libro de "Sistemas operativos modernos", en cada era o generación del software tiene algo que se diferencia una de las otras, tanto a nivel de las eras del hardware y software se presentan esos saltos de una era a otra con características bien definidas, en la actualidad se mantienen esas mismas características desde inicio de la cuarta era en el software; lo que se discute sobre la base de la nano tecnología a nivel de hardware, en este sentido, se inicia la quinta era para el hardware; esto produce que los sistemas de información están en crecimiento, el uso de la internet en el mundo, la reutilización de los componentes como los software, sean estos los conceptos y las características que permiten separar como una quinta era a nivel de software. Desde ambas visiones de estar o no en la quinta era del software, la existencia de lo retro es lo que coinciden, que significa en  usar con la tecnología actual,  la moda, pensamientos y conceptos de épocas anteriores.

## 1.25. Herramientas

En tema pasado realizamos una introducción de las herramientas, cuando la tecnología o ciertas tecnologías proveen instrumento para ayudar su aplicación, sin tener o no el conocimiento de cómo utilizarla. En las teorías y las prácticas permiten el conocimiento de uso de las herramientas, en la teoría se verifica en el concepto de ¿por qué se crearon esta herramienta? e indica también el buen uso de esta, en la parte práctica del uso de la herramienta, tenga o no conocimiento de esta, puede comenzar a utilizarla, el aprendizaje comprende en la combinación de la teoría y la práctica en su aplicación, que sería lo óptimo en la ingeniería, el solo proceso mental de pensar en una herramienta a nivel abstracto, no es lo mismo, en usarla físicamente. En el proceso de aprendizaje de las herramientas como igual para cualquier tipo de aprendizaje, debe iniciarse por el conocimiento del instrumento antes de usarlas, el objetivo del uso de la herramienta, cómo, dónde, por qué, cuando, resultado al aplicarla, mientras más conocimientos tengan de ellas es mejor, y después se puede manipular en forma física, es importante debido a que las herramientas mal usadas pueden generar daños, tanto al que lo opera como a sus alrededores. El nivel abstracto como la parte práctica debe existir una retroalimentación o formación de puentes que incrementan ambas partes, la agilidad manual en el uso de la herramienta como a nivel abstracto de sacar el provecho, más allá de lo que fue creado. La parte práctica permite también confirmar lo que está definido en la parte teórica. En el caso de la informática e ingeniería del software tiene mayor peso, el seguir paso de aprendizaje y uso de las herramientas  por las siguientes razones:

- Adquisición de herramientas innecesarias, realiza costo adicional a los proyectos. Al adquirir una herramienta sin saber para qué sirve, o al utilizarlo vemos que no tendrán un mejor desempeño en las labores adquiridas. Algunas empresas permiten dar demostraciones en el uso de sus herramientas en los ambientes de los futuros clientes. Los préstamos o alquiler de la herramienta para su evaluación, lo mínimo que se entrega al cliente es la información básica de la herramienta, esto en algunos casos también aplican a las tecnologías. Los proveedores de las herramientas no saben con totalidad y exactitud lo que desean los futuros clientes de la herramienta.
- Protección, permite el conocimiento en el buen uso de la herramienta, de tener precaución en no perjudicar a las personas y su alrededor cuando se usan. Lo otro, el deber de conocer el buen uso es para no dañar la herramienta misma, de lo cual puede incurrir costos adicionales.
- La seguridad, en el caso de uso de nuevas herramientas no deriven en desastre en su uso, se debe aislar en una zona controlada para cualquier percances, nadie o algo se pueda dañar.
- Tolerancia a errores, permite corregir sin costo alguno o bajo costo, de los daños causados, como zona de simulaciones en el uso de las herramientas. Mecanismo de colocar de nuevo o como en su inicio del proceso en las pruebas de la herramienta.
- Permite equivocarse para el proceso de aprendizaje, cuando se aprende algo nuevo, el errar en forma inconsciente o consciente puede suceder y es normal, los usos de laboratorios o canchas de entrenamientos se deben facilitar para el aprendizaje, permite cubrir,  proteger, con tolerancia a errores y seguridad descrita en los puntos anteriores. Trabajar en ambientes controlados que soporte y permitan  los escenarios conocidos y los que no. Evitar el uso de la herramienta en ambiente reales para su aprendizaje. Minimizar riesgos y pérdidas lo más posible.

Las consideraciones de las razones en el proceso de aprendizaje de las herramientas es importante, debido a que las empresas como los individuos tiendan a perder el miedo en el uso de las nuevas  herramientas y tecnologías, por otro lado, sirve para entrenar y ser más eficiente en sus usos, en el caso del desarrollo real del software, las continuas prácticas de las herramientas, desarrolla una disciplina constante en el mejoramiento de los productos desarrollados en ellas, hay casos que el uso de una herramienta permite hacer cosas tan perfecta y eficiente que con nuevas herramientas no lo puede sustituir; finalmente, permite hacer simulaciones de problemas en la vida real en ambiente controlado, por ejemplos, hay muchos casos donde el reproducir un problema real en un laboratorio para su resolución, uno de los grandes trabajos en resolver un problema es cómo se produce o encontrar la causa del problema, ha sucedido que el tiempo de reproducir y generar un problema es mayor a encontrar y dar con la solución.

En la ingeniería del software, las herramientas son en sus mayorías intangibles o no se pueden tocar, porque son aplicaciones o paquetes de aplicaciones que sirve crear y apoyar a desarrollar nuevos software. Estas aplicaciones están desarrolladas en lenguaje de programación que permiten al ordenador entenderlo y hacer lo que se quiere en los aplicativos. Los lenguajes de programación podemos agregarlo como herramientas de desarrollo de aplicativos, y cada lenguaje tiene un objetivo en su origen o creación, en algunos casos ingenieros seleccionan el lenguaje de programación por modismo (que actualmente la mayoría usan en sus programas o es la tecnología más usada), no por su origen, razón de creación o características para desarrollo de aplicaciones. La selección del lenguaje de programación viene influenciado por las demás empresas que lo utilizan, o el simple hecho que no se desea aprender otro nuevo lenguaje, y seleccionar lo que se sabe, estos es algunas de las razones de una mala selección de las herramientas que generalmente los ingenieros actuales cometen. Por ejemplo: PASCAL es un lenguaje de programación que se creó para enseñar y aprender programar de forma estructurada, fue concebida para los estudiantes para el aprendizaje de la programación; FORTRAN es un lenguaje de programación para cálculos que posee gran precisión en el manejo de los números decimales; COBOL es para aplicaciones comerciales y manejo de gran cantidad de datos. Hay más lenguajes de programación de tercera generación, que en la actualidad todavía existen aplicativos creados con estos lenguajes y se mantienen sus usos, sucede los mismo con los lenguajes ensambladores, lenguaje de programación que se acerca al lenguaje de máquina, son de la segunda generación, con su desarrollo debe indicar todos los pasos con mayor detalles que en los lenguajes de la tercera generación, seguido después con el lenguaje de máquina (lenguaje o instrucciones que entiende el computador directamente, solo son cadena de ceros y unos – código binarios). No es coincidencia que estos lenguajes de la primera hasta la tercera generación todavía existan como lenguaje de programación en la actualidad y es por varios motivos; pero uno de ellos se mantiene por la correcta selección de la herramienta en las aplicaciones actuales, por ejemplo, los lenguajes de programación recomendado para la comunicación entre ordenadores y aplicaciones actuales es el lenguaje C o el ensamblador. Los lenguajes de programación tienden a la larga, cumplir los objetivos similares, donde el COBOL actual puede manejar los decimales tan exacta como en FORTRAN, y que FORTRAN puede hacer comportarse de la misma forma de un programa desarrollado en COBOL, como usar PASCAL en el desarrollo de aplicaciones financieros, pero ¡cuidado!,  que hay características que se mantienen en estos lenguajes que se diferencian del otro desde sus origen que no pueden ser reemplazado.

En el área de gestión de proyecto en la ingeniería del software la única herramienta a usar es el uso correcto del conocimiento científico y de las diferentes ciencias. Saber seleccionar el conocimiento y técnica adecuado para uso práctico en los  objetivos,  generar estrategias y actividades bien definidas. El individuo en forma natural puede crear sus propias herramientas, desde la historia hasta la actualidad,  demuestra que el humano tiene la capacidad en crear sus propias herramientas, en esta área de administrar recursos tiene y puede desarrollar nuevas herramientas basado en lo conceptos antes mencionados.

 En resumen, es importante para una tecnología como para sus herramientas tener conocimiento antes de usarlos, seguidamente si se usa para el aprendizaje debe ser en un ambiente controlado,  perder el miedo, adquirir destreza y como mecanismo de resolución de problemas para el futuro en el trabajo. El otro punto, en el proceso de aprendizaje y entrenamiento debe tener un área de restitución inicial del ambiente para el uso de las herramientas y tecnologías. Saber seleccionar correctamente las herramientas para su aplicación específica.

## 1.26. Método

La definición del método es el modo de decir o hacer algo con un orden; hábito, costumbre o proceder de cada uno tiene y observa; en la filosofía es procedimiento que se sigue las ciencias para hallar la verdad y enseñarla;  la definición de metodología es un conjunto de métodos que se sigue en una investigación científica o una exposición doctrinal; ciencia del método [Rae01, página 1499]. Hay ejemplos que se aplican métodos sin saber, el seguir una receta de cocina se aplica un método para hacer la comida teniendo los ingredientes; o los científicos de ir pasos a pasos en una investigación para hallar la verdad de lo que ocurrió en un momento dado y demostrarlo en repetir el hecho. El método es un conjunto de actividades como declaratoria en orden que tiene un fin, en la ciencia natural o exacta se basa en este concepto del método, además se usa el mismo proceso para obtener nuevas verdades. La investigación científica se usa para encontrar la verdad, parte de algún momento de la no conformidad de algo y llegar a un estado o propiedad inmutable, un estado permanente, es decir,  la verdad; se inicia con un nivel  de incertidumbre, aplicando actividades ordenadas que permitan disminuir el nivel de incertidumbre, y encontrar el estado de conformidad inmutable o lograr encontrar la verdad,  demostrar en el futuro que dada el mismo estado y aplicando las mismas actividades ordenadas producen que el nivel de incertidumbre disminuya hasta encontrar de nuevo la verdad. El método tiene esta particular características que es predecible, sabemos que siempre al aplicar estas mismas actividades ordenadas en el mismo estado inicial cambia a algo conocido.

En párrafos anteriores mencionamos los preceptos de Descartes, donde al aplicar actividades ordenadas paso a paso, se inicia con algo complicado se pasa a cosas simples y fáciles. Existen en la literatura de diversos métodos conocidos en cada campo de investigación, obteniendo resultados exitosos. En el área de la ingeniería del software contiene gran cantidad de estudio de métodos para ser usado, no solo en el aprendizaje en las universidades de la carrera, en algunas empresas de desarrollo tecnológico, sucede que no tiene un método para desarrollar sus productos que son las aplicaciones informáticos o software, otras empresas no han encontrado un método para el desarrollo que sea aplicable a todos sus proyectos; de la misma forma, hay empresa que se rige por un solo método, se ha preguntado el por qué de esto, y es válido, si vemos empresas que tiene un solo método para el desarrollo de todos sus aplicaciones o la única aplicación que posee, la característica de los diferentes software en el fondo  son los mismos en su base. Las empresas que no poseen un método de desarrollo para todos sus aplicativos informáticos, se gestionan todos sus proyectos de formas independientes porque son diferentes y no tiene una base como las primeras empresas, estas empresas son generalmente consultores. No es lo mismo hacer una página web en  internet para el comercio, a tener un aplicativo que se encarga en el manejo de análisis y pronostico de  enfermedades en un hospital, o el desarrollo de software que controla un robot. Generalmente, las empresas de tecnologías que no usan métodos en el desarrollo de aplicaciones tienen a desaparecer, e igual forma las empresas en aplicar métodos inadecuados en todos los proyectos. Esto sucede en forma similar en la cocina, si tiene una mezcla para un pastel,  se debe seguir paso a paso en usar los ingredientes y esa misma mezcla para hornear un pastel, lo hace también en porciones pequeños (pasteles de menor tamaño) individuales, la diferencia es la presentación con la misma mezcla; pero si usa los mismos paso a paso que se utiliza para hacer una paella en vez del pastel, pero con diferentes ingredientes, ¿qué saldrá?

La selección correcta de un método para hacer algo, primero debe estar en su inicio o estado actual para identificar y describir detalladamente las condiciones, partir de verdades y continuar en ellas, saber cuál es el resultado y el estado final deseado, seguidamente, seleccionar el método más adecuado para la situación inicial o actual para que genere el resultado deseado. Cada método debe tener a priori información del estado inicial que se puede aplicar y junto con la información de los resultados deseados a futuro de ese método, adicional el paso a paso, aplicación de actividades ordenadas. Es similar a la selección de la herramienta en párrafos anteriores del ejemplo en el uso del martillo y del destornillador. La información de cada método puede venir con ventajas y desventajas en la aplicación de las actividades ordenadas. Parte del estudio de la metodología, es aplicar el método adecuado en situación similar conocido los casos de éxitos y fracasos anteriores. En la carrera de la ingeniería del software se detalla el estudio de los diferentes métodos que se pueden aplicar en los proyectos, se identifica los pasos a pasos, o actividades ordenadas de cada método. En los proyectos se identifica los síntomas de una buena selección de un método cuando el nivel de incertidumbre disminuye o desaparece, es la búsqueda de la verdad. La forma de seleccionar un mal método en el desarrollo de software, son los modismo o método que está de moda en la actualidad o de la última tecnología, otra gran falla de selección es el simple hecho del tipo de software que se va a desarrollar, el método escogido es por la clasificación del software a desarrollar, si se desarrolla un sistema expertos de una vez usamos prototipos, generalmente los sistemas basados en el conocimientos son complicados y uso de alta tecnología, por eso se usa prototipo generalmente, pero existe proyecto en particular que no es necesario aplicar prototipo, debido a las condiciones del proyecto se aplica cascada, por ejemplo. Lo que define el método seleccionado es el estado actual del proyecto en su totalidad y lo que se desea, la clasificación del software a desarrollar es básica, sí, pero no es todo. Más adelante del libro se describirá los diferentes métodos, su selección y su aplicabilidad.

El seleccionar un método tiene que conocer primero que existe esa diversidad de métodos, como se indica anteriormente, cada método tiene una realidad u estado actual inicial que al aplicar el paso a paso ordenado tenemos siempre un resultado predecible, pero cuando se da los casos que el estado inicial es nuevo y desconocido, o experimentamos con los métodos existentes en aplicar pasos diferentes, los resultados no son predecibles y son desconocidos. Se plantean al principio de la aplicación del método, el estudio del estado actual y debe haber el estado futuro, resultado u objetivo deseado, llevar del estado actual e ir paso a paso en forma ordenada al estado deseado, es por lo único que se conoce en usar este concepto, pero qué significa ser ordenado, depende de la situación se puede ver la diversidad de significado de esta palabra de "orden" [Rae01, páginas 1627 y 1628], indica de colocar cada cosa en su lugar, tanto físicamente como mentalmente, colocar en el estudio inicial en ubicar en la ciencia o entorno donde se encuentra el estado inicial y el deseado, comenzar con la verdad e inclusive las cosas falsas (resultado negado), permite que se puede usar o no, o tener cuidado con los falsos (recordad la asignatura de lógica simbólica y los teoremas en usar verdad y falsedad, que aquí se aplica).

Otro significado de orden es clasificar, es la consecuencia de la definición de colocar todo en su lugar, el hecho de colocar todas las cosas en grupos con características similares, permite tener una visión de grupo y no lo individualidad de las cosas, se simplifica o disminuye la complicación, o solo estudiar un solo individuo en vez a todo el grupo.

Sucesiones son otras formas de ordenar, si existe, es colocar la secuencia de elementos una detrás de otra, hay varios estudios exitosos en todas las ramas de la ciencia en solo observar y descubrir series, donde se conoce como patrones encontrados de sucesiones de cosas, manifestaciones o acciones. En las sucesiones se detecta también las relaciones entre los elementos; existen uniones en el universo que son descubiertas; tener en cuentas que las uniones son importantes en el estudio, detectado el inicio, la serie intermedia y el final, no importa en donde en la sucesión se inicia el estudio o la observación. Existen otras definiciones de orden, es la predictibilidad o que existe una estructura definida de las cosas. Lo grandioso es en descubrir, en detallar y estudiar los estados iniciales y el estado deseado en el futuro; con el proceso intelectual en la selección de un método aproximado definido por el estado inicial y el deseado los más parecidos ya conocido. Antes de ejecutar los pasos o actividades, se debe generar un orden de los pasos posibles aplicables al futuro recomendado por el método seleccionado, conocido comúnmente como un plan de acción, pero cada avance debe ser estudiado con el estado inicial, verificar los posibles resultados que generan esos avances, ante de accionar se debe ver los otros posibles escenarios, cada paso se puede sustituir o acompañar al ya estudiado, estas son las uniones entre elementos de las sucesiones.

Como se indica ir paso a paso, lo recomendable que los avances sean pequeños para evitar una excesiva área de estudio, complicados y de muchas combinaciones de resultados; esto permite también tener costos menores o con fallas pequeñas si ocurriesen, permite retroceder y corregir fácilmente, y los resultados de cada paso debe ir encaminado al estado futuro. En la planificación tienen la visión ante de accionar, y si se basa con el método científico, los pasos tendrá resultado predecible. Pero al estudiar no solo el método seleccionado, sino también los pasos que se aplican en cada uno de ellos, podemos llegar a un punto que las secuencias de acciones para lograr a lo deseado, conjunto de acciones que son similares a la que se aplican en otros métodos, y encontramos patrones en varios métodos; hay pasos que solo se aplican en un método, donde se identifican unívocamente ese patrón y no aparece en otro, cada actividad debe estar identificado con la entrada o estado inicial y dado su ejecución debe tener un resultado o estado final, similar al método pero en menor escala. Se puede llegar a construir nuevos métodos con solo el hecho de unir y ordenar varios pasos provenientes de varios métodos. De esta forma, las series de pasos se generan innumerables nuevos métodos en todas las áreas del conocimiento.

# 2. Ingeniería del software

**"Lo importante no es obsesionarse con la obtención de buenos resultados; concéntrese en seguir con disciplina los principios y conceptos adecuados, y verá cómo naturalmente aparecerán los resultados positivos."**
*James Citrin*

## 2.1. El software

En su inicio, el software estaba instalado en los grandes ordenadores del mundo y en lugares muy limitados. Solo se usaban en las universidades, en instalaciones del gobierno y en empresas grandes, existían pocas personas en el mundo que tenían acceso al software para usarlas, modificarlas o crearlas. Mientras los avances de la construcción y diseño de los ordenadores levantaron vuelo, construyendo ordenadores con procesamientos más rápidos y con mucha capacidad de almacenamiento de datos e información, reduciendo el tamaño físico y más económico; tuvo la consecuencia que actualmente existiese un ordenador en cada casa. Muchos equipos de uso diario tomaron esta misma tecnología, adaptando de forma más económica en su costo de producción, desarrollando equipos más inteligentes para el uso humano, como cafeteras, televisores, puertas de la casa, microondas, cocinas eléctricas, coches y no sé cuanto otras cosas que existen en la casa. En el presente, el software está en todas partes, en las grandes ciudades, como en coches de trabajos en los campos más apartados, en las herramientas de trabajo y transporte del humano, la comunicación, donde vaya y toca el humano va consigo el software. Al llevar un teléfono móvil en la mano, como los teléfonos móviles inteligentes, llevan consigo por lo menos un software. Estos equipos se pueden comparar con los primeros ordenadores, los teléfonos tienen mayor capacidad de almacenamiento y procesamiento que los primeros ordenadores, pero con costos mucho menor. Los ordenadores en los primeros tiempos ejecutaban un aplicativo a la vez, mientras que algunos teléfonos móviles pueden ejecutar varios aplicativos al mismo tiempo, sin decir el avance de la comunicación, permite conectarse entre los ordenadores que no existían en los primeros tiempos, y en la actualidad se refleja entre los dos o varios teléfonos inteligentes que se conectan al mismo tiempo con diferentes ordenadores.

Un software usa los recursos donde esté instalado, en los coches de la última generación son controlados por varios sistemas dentro un ordenador interno, controla como el consumo de combustible, el control eléctrico del coche, sistema de climatización y muchas otras cosas más, que de forma sencilla puede en algún momento detectar las fallas de los diferentes sistemas y notificar al conductor. Es la combinación entre un hardware (HW) y un software (SW) que permite que todo funcione, el HW contiene los recursos que controla el SW. El SW puede actuar en el dispositivo de comunicación para conectarte en la red, pero si no lo tiene instalado el dispositivo de la red, el SW solo no puede comunicarte. Si el HW tiene instalado el dispositivo de comunicación de la red, pero el software no está programado para usarlo, entonces tiene el dispositivo solo está de adorno, no te vas a comunicar en la red.

El software y el hardware en sus orígenes debían estar juntos en su creación, dependía uno del otro, dependiendo de las características del hardware, el software se creaba de una forma muy particular para este. Existían dependencias, en la actualidad, en algunos ordenadores como en algunos equipos de la casa se mantienen esta dependencia, mientras que en otros ordenadores y equipos, es independiente el desarrollo del software del hardware. En ambos casos se hace la similitud de que el software es el chofer de un coche de las primeras generaciones (hardware), la forma de conducir de un coche depende del chofer de ese momento, el chofer controla los diferentes recursos que tiene el coche, uno lo hará que el coche tenga menos mantenimientos y reparación; como el uso de otro chofer que puede dañar los recursos del coche; así sucede con el desarrollo de software, depende el software de su creador o de la empresa que lo desarrolla, dos o más software puede hacer lo mismo en un mismo hardware, pero tenga la seguridad que habrá diferencia entre los diferentes software. Ante y ahora el software depende de sus creadores y desarrolladores, depende del humano. Si el software lo visionamos como un producto terminado que es una pieza del producto final (HW + SW), podemos verificar la calidad del producto final. Existe una diversidad para desarrollar el mismo producto, porque este no es tangible y se puede moldear al gusto de su creador, los criterios como la selección de la herramienta para crearlo, toda esta área es más humana, el hardware por ser tangible también creada por el humano, pero es más difícil tener diversidad porque pertenece a la ciencia de la naturaleza, todos los hardware se basan en leyes naturales y físicas, proviene de la ciencia dura.

Existen varias definiciones de software:

- Conjunto de programas, instrucciones y reglas informáticas para ejecutar ciertas tareas en una computadora [Rae01, página 2083]. Un programa son conjunto unitario de instrucciones que permite a un ordenador realizar funciones diversas. [Rae01, página 1842]. Un programa o aplicativo son sinónimos a nivel informático, pero se hacen sinónimos con el software cuando este posee solo uno y solo un aplicativo, en el caso de la "Real Academia de la Lengua", se define como conjunto de programa o aplicaciones, en este caso, el conjunto solo tiene un solo miembro, esto permite hablar de que un software contiene varios programas o aplicaciones, en este caso, se estudia claramente en otras áreas de la informática que poseen estas características, como los sistemas distribuidos, por ejemplo, que un software contiene varias aplicaciones o programas en dos o más ordenadores trabajando conjuntamente para un solo objetivo. Un conjunto de reglas e instrucciones, que está contenido en un solo programa, que son los programas ejecutados en un ordenador, y cada programa realiza una sola tarea, como el programa de audio de tu ordenador por ejemplo.
- Según Roger Presmman [Pre01, páginas 3 y 4], la definición de software está compuesto por tres componentes: a) el programa, b) la estructura de datos que maneja el programa para la información, y c) información descriptiva en manuales de papel o electrónico para uso y operación del programa.

Estas definiciones complementan el concepto de software, ambos describen de forma diferente pero en el fondo son los mismos, por un lado, define un programa o varios programas que permiten con uno o varios ordenadores para realizar una tarea, dentro de cada programa tiene un conjunto de instrucciones que entiende el ordenador, el programa puede usar uno o varios recursos del ordenador, las aplicaciones controlan y usan estos recursos, uno de estos recursos son los datos guardados y organizados, el programa lo utiliza para producir información, de los cuales las reglas de cómo producir la información está plasmada en las instrucciones, los programas como los componentes poseen ayudas para el buen uso y entendimiento de estos, que son los manuales, los manuales puede estar presentado en papel y digital. Pero Ian Sommerville [Som01, página 5] agrega un componente adicional, que es la configuración de datos, para que los programas trabajen de forma correcta y se adapten a una diversidad de ambiente existente, es un componente que permite que los programas trabajen de una forma u otra, o que trabajen de forma similar en diferentes condiciones ambientales, dependiendo de los datos de configuración. Desde este momento podemos hablar de software, aplicativo o programa como si fuera sinónimo para no confundir al lector.

El software por su origen no es tangible, es un conjunto de pasos colocados de forma ordenada para el manejo de los recursos de un computador, con el fin de realizar una tarea. Cada paso son las instrucciones, comandos o sentencias que se colocan en los programas, a nivel de arquitectura de software cada tarea se define como un programa. El saber usar o controlar cada recurso del ordenador, permite que se centre en los pasos de uso de estos recursos en forma coordinada para lograr lo deseado, seleccionar los recursos existentes, hacer uso de los recursos en un momento dado y combinar este recurso con los otros para que trabajen en forma conjunta, permite a los desarrolladores de software tener ciertas características, habilidades o formación de coordinador, director, o gestor, por supuesto de los recursos del ordenador.

El programador es candidato para ser la persona que se convierta en un futuro gerente o coordinador en las empresas. La diferencia entre un creador de software a un presidente de empresas o gerente, es que los desarrolladores de software permite ver los resultados inmediatos de su coordinación y gestión, funciona o no funciona lo que realiza, por lo menos con las instrucciones usadas; mientras que un gerente conocerá sus acciones y sus decisiones con el resultado en un período más largo en el tiempo; otra gran diferencia entre ambos, es el manejo de los recursos, estos últimos controlan muchos más recursos, por lo menos, en el manejo de personal, las nuevas tecnologías, lo externo a la empresa donde labora, la finanza del proyecto, etc., es la parte donde interactúa con diversas ciencias (naturales y sociales), mientras que el desarrollador del software solo maneja la ciencia naturales y exactas; finalmente es la magnitud de lo que se coordinan, el creador de software se involucra en el área de la tecnología, donde realiza o incluye las instrucciones dentro de los programas, mientras que los otros coordinadores o gerentes es de mayor y diversas áreas de gestión.

Existen diferentes niveles de coordinador o gerentes de recursos en el entorno a un equipo de proyecto de software. Todos los integrantes tienen responsabilidades, roles y cargos diferentes, desde el programador de software hasta el presidente de la empresa, pasando por los cargos a los gerentes de proyectos, analista programadores, gestor de recursos tanto humano como técnico, etc., pero todos tiene algo en común, coordina recurso. Por esta razón, el resultado final que es el software y todo lo que involucra en su entorno, es el trabajo final o resultado de la gestión de todos sus integrantes en el desarrollo del producto.

Existen diferentes formas de clasificar el software, una forma de catalogar o diferenciar de un conjunto de software es por sus características, hay varios autores que podemos mencionar como:

- Ian Sommerville [Som01, página 5] define dos tipos de software:
    - los genéricos o empaquetados que sirve a cualquier cliente que desea adquirir en un mercado abierto, por ejemplos: manejadores de bases de datos y editor de texto;
    - personalizados o para un cliente en particular, donde se desarrolla para un cliente en particular, por ejemplo: los sistemas financieros de un banco, aplicativo interno de un televisor inteligente.

- Roger Presmman [Pre01, páginas 6-7] describe por dominios de aplicación donde se basa en el contenido y lo determinismo de los diferentes software o su comportamiento como:
    - Software de los sistemas operacionales: programas que son creados para servir a otros programas. Depende mucho del hardware del ordenador.
    - Software empotrado: programas que está en una memoria no volátil y de sólo lectura, utilizado para el control o funcionamiento de los productos y sistemas industriales, aplicado a productos de consumo masivo, como los primeros teléfonos móviles.
    - Software de línea de productos: El procesamiento de textos, las hojas de cálculo, los gráficos por computadora, multimedia, entrenamientos, gestión de bases de datos, aplicaciones financieras, de negocios y personales, y redes o accesos a bases de datos externas.
    - Software de inteligencia Artificial: hace uso de algoritmos no numéricos para resolver problemas complejos para los que no son adecuados el cálculo o el análisis directo (sistemas expertos / sistemas basados en el conocimiento, reconocimiento de patrones, prueba de teoremas, juegos y redes neurales artificiales).
    - Software de aplicación gerencial: aplicativos que ayuda a diversos niveles de las organizaciones en la toma de decisiones y las

1256ponecesidades en los negocios. Sus elementos incluyen: minas de datos, procesamiento de datos, aplicativo de análisis, administrativas o técnicas, aplicaciones de negocios o monitoreo en tiempo real.

- Software de Ingeniería y científica: está caracterizado por los algoritmos de manejo de números y procesos muy especializados en la diversidad del área científica. El diseño asistido por computadora, la simulación de sistemas y otras aplicaciones interactivas.
- Software basadas Web: Las "WebApps" engloban un espectro amplio de aplicaciones. Archivos de hipertexto ligados que se presentan información mediante texto y gráficos. Funciones de cómputos y contenidos independientes al usuario final, integradas a Bases de Datos Corporativos y aplicaciones de negocios.

Existen otros autores donde definen diferentes tipos de software en el área gerencial de las organizaciones, se basa en la pirámide de las estructuras organizaciones de las empresas como nivel operativo, administración y estratégico (alta gerencia), se define lo complejo de los software en ayudar en las tomas de decisiones, desde solo extracción de datos a realizar análisis para toma de decisión en un plan estratégico de largo plazo, como la estructuración o no de los resultados buscado. En los diferentes actores del mercado en el desarrollo de software con mayor captación de usuarios en el mundo, se puede también clasificar las aplicaciones usados en los teléfonos móviles inteligentes, que algunos sectores de la informática predice de la sustitución de los ordenadores por estos equipos, las clasificaciones según su uso, por ejemplos: diversión, producción, herramientas, ciencias, educación, etc.

## 2.2. El caos nos tocó la puerta

El software y el hardware como productos finales, las fallas o errores de hardware son más fáciles de detectar e inclusive de reparar, como una pantalla rota o un cable roto, predice que no verá la pantalla o no funcionará el equipo del cable roto. Pero un software es más difícil de saber si funciona mal o no, es el caso que empieza los equipos u ordenadores en hacer cosas que no es normal. No cumple su deseo o requerimiento como estos ejemplos: buscar una opción para ampliar las imágenes de la televisión de un video reproducible y no está a la vista; o no entra los mensajes de texto en el teléfono; o la cámara digital que se detiene solo y no guarda el video recién tomada; o el ordenador que no se conecta a la internet; se hace más lento el equipo mientras más lo uso, etc. Muchos software sin saber dejan de operar, donde los aparatos dejan de funcionar o funciona de forma no esperada, esto es debido por la mala programación, por el mal diseño de las opciones del menú, por la mala selección de la arquitectura del software, el mal diseño del software, acompañado del deterioro, desgaste o rotura del hardware. En el área de la ciencia naturales, las fallas de estos equipos se deben al degaste normal de los materiales y no deben haber otro tipo de falla, al menos, la falla es que se realizó una mala elección del tipo de material; pero si existen otros tipos de fallas, aunque el hardware físicamente este en buen estado, no funciona y es por el software. En pocas palabras existe algo humano en cada uno de estos problemas, errores humanos que se pueden evitar, pero no se hizo, o pareciera que lo hacen adrede, o no lo pensaron cuando se creó.

El desarrollo del software se basa en el nivel de conocimiento de la gerencia, tomas de decisiones, conocimiento técnico o de la tecnología, la aplicación de la buena práctica de cada uno de su integrante, la selección tanto de la gestión como de la tecnología adecuada para el proyecto, uso correcto de la herramienta y muchas actividades humanas que se realizan. Se debe agregar las diferentes visiones de cada integrante de los equipos de desarrollo del software con respecto a la gestión y a la tecnología, conlleva un trabajo de unificar criterio en cada ámbito de las actividades a aplicar en el desarrollo del software. Las diferentes visiones de las empresas que desarrollan software, diferentes criterios para un mismo tema. Diferentes software en el mercado para un mismo usuario, e inclusive como se maneja un mismo recurso, empresas en el ramo que trabajan de forma diferentes. En una empresa con el desarrollo de un software y se debe cambiar para cada cliente que lo compre, es decir, un mismo software se desarrolla y se entrega para cada cliente de forma diferente, con funcionalidades diferentes, adaptado de forma individual. También existe software que tiene sus funcionalidades definidas; que obliga a todos sus clientes o usuarios cambiar o adaptar sus procesos de negocios o producción a la funcionalidad del software.

Hay en el mundo una diversidad de software que obliga a la empresa a adaptarse a ella o software que se adapta a sus usuarios. Los ejemplos de cada caso: los aplicativos de los teléfonos inteligentes, posee en un sector diferentes modelos de teléfonos, con una gran cantidad de software que hace lo mismo; los aplicativos en la Internet de las empresas e instituciones públicas que son usados en las empresas y personas naturales, como el proceso de pago de impuesto (por ley y es mandatorio); aplicaciones propios de un sector económico, en el caso de la banca o financiera, el software entregado por una empresa a una institución bancaria, es diferente en su funcionalidad en otra institución financiera, siendo el mismo aplicativo. Esto sin nombrar la comunicación y la conexión entre software de las diferentes empresas con diferentes aplicativos, que obliga a convivir a nivel de las empresas de tecnologías informáticas.

Las empresas de tecnologías ven con gran temor la diversidad de usuarios en el mundo, al desarrollar un software para ser usado con una diversidad de usuarios, hablamos de diferentes gustos, culturas, personalidades, etc., totalmente diferente e inclusive antagónico. Sucede lo mismo en el desarrollo de productos y servicios en las empresas de consumo masivo, como los diversos modelos de coches de un fabricante, o empresa que nacen de un sector económico por los usuarios o los consumidores, Ford por ejemplo, su inicio fabricó coches económicos diseñados para las personas de pocos recursos, y Ferrari enfocado al que tiene un alto nivel de ingreso. Gestionar el software de la misma manera que se gestionan las empresas e industrias clásicas con éxito. La producción de la industria clásica con productos tangibles, funciona de la misma forma si se aplica la misma experiencia con el desarrollo de software, ¿qué tan cierto y factible es?

Según diversos informes y estudio de proyectos en el área de tecnología informática, las estadísticas de Standish Group no han variado mucho en los casos de éxitos y de fracasos con respecto el año 1996 hasta la fecha del 2015 [Has01], y en la actualidad no habrá mucha variación. No existe un esfuerzo en mejorar los casos de éxitos en el mundo, o no se ha encontrado la solución del problema que se refiere al desarrollo de software a nivel mundial. Desde el siglo pasado hasta nuestro siglo XXI estamos haciendo lo mismo y cometiendo los mismos errores que años anteriores (se indica en la figura 3). Si puede ser, somos humanos, el desarrollo de software depende todavía del esfuerzo mental y muscular de cada persona en la empresa. Otra óptica más optimista, desde la creación de la ingeniería del software por lo menos se han mantenido el mismo nivel de éxito y fracaso de los proyectos informáticos, no han sino peores los resultados, el porcentaje de fracaso se mantiene y no aumentaron en los últimos años.

De acuerdo el auge de los avances tecnológicos o las creaciones de nuevas tecnologías, esto debería generar un aumento del porcentaje de fracaso, pero no, aún siendo unos de los mayores razones de fracasos de los proyectos en el uso de las nuevas tecnologías. Revisar los casos de éxitos como de fracasos, con los mismos ojos que lo han visto desde el siglo XX, no ha ayudado o se han mantenido en la misma estadística. En esta área de proyectos informáticos se está haciendo lo mismo, no ha aumentado la estadística en los casos de éxitos y disminuir los casos de fracasos. Hay una relación de fuerzas o equilibrio en la economía de las empresas de tecnologías en el mercado, que para ser exitoso una empresa, sus competencias deben tener derrotas o fracasos, de esta forma mantiene esa proporción de desde el siglo pasado hasta ahora sin aumentar el número de empresas en el sector. El fracaso o éxito se llevan en dos áreas fundamentales: la tecnología de la información y de la economía en el entorno del software. Un producto es exitoso si es llevado al mercado y los compradores lo acepten, sino, es un fracaso, aún cuando tenga éxito en el desarrollo de software, ya sea en todo el ámbito de la economía, desde precio, estrategia de introducción, negociación en las licitaciones o al mercado masivo, hasta el mercadeo o la publicidad influye que el software fracase. Por experiencia la mayoría de los fracasos vienen dado por la contra partida de la tecnología de la información. Pero el caso de las estadísticas que se mantienen desde el siglo XX hasta ahora, se estudia netamente en el área de la tecnología informática, solo se consideran o determinan proyectos con la culminación exitosas o no, culminación pero con costo mayor a lo presupuestado, proyectos que han sido abandonados o cancelados, y proyectos que no cumple con los requisitos del usuario. La estadística que se presenta seguidamente solo involucra la parte tecnológica y no se menciona el entorno económico de los proyectos informáticos que es otro reto a cruzar al culminar el software.

En el año 1996 los resultados de Standish Group son:

- 31% son cancelados (parados)
- 52.7% costaron 189% más de lo presupuestado
- 16.2% culminaron a tiempo y dentro del costo

- Pero 83.8% de los proyectos no cumplen con los requerimientos.

Para el 2015 tenemos [Has01]:

- 19% Con fallas – "Failed" (cancelados, parados, o, entregado y nunca se utilizó)
- 52% desafiantes – "Challenged" (entrega tardía, sobre el presupuesto y/o con menos funciones requeridas)
- 29% exitoso – "Successful" (Entrega a tiempo, en el presupuesto, con funciones requeridas)

|            | 2011 | 2012 | 2013 | 2014 | 2015 |
|------------|------|------|------|------|------|
| Exitosos   | 29%  | 27%  | 31%  | 28%  | 29%  |
| Desafiantes| 49%  | 56%  | 50%  | 55%  | 52%  |
| Con fallas | 22%  | 17%  | 19%  | 17%  | 19%  |

Figura 3. Estadísticas 2015 de Standish Group

Los resultados de los proyectos exitosos con la característica que terminaron con las funciones requeridas o cumplimiento con los requisitos completos entre 2011 al 2015 que en 1996 no lo tiene, el mismo caso de los proyectos entregados y que nunca se utilizaron no se indican en dónde se colocan estos proyectos en el año 1996. En casi veinte años de estadísticas a crecido los éxitos de un 16% a 29%, pero del 2011 al 2015 se ha mantenido en los mismos porcentajes de éxito. El incremento del éxito desde 1996 hasta 2011 no se detalla si son por los cambios de los conceptos de los proyectos, o por modificación de los parámetros de evaluación; o si en verdad hay un avance en los procesos en el desarrollo de software; igualmente, un promedio del 30% de éxito vista de forma optimista es baja con los tiempos que han transcurrido.

El estudio incluye los factores de éxito en los proyectos donde se indican:

- Apoyo ejecutivo: los ejecutivos que proporcionan recursos financieros como emocionales o motivacionales.
- Madurez emocional: comportamiento de las personas que trabajan en los proyectos y la suma de las habilidades donde determinan el nivel madurez emocional.
- Participación del usuario: el usuario está involucrado en diferentes actividades del proyecto de forma activa.
- La optimización: gestión de mejorar la efectividad del negocio, en muchos proyectos pequeños y requisitos importantes.
- Personal calificado: personal con conocimiento y altamente competente en los proyectos, tanto a nivel de negocio como de tecnología.
- Uso de estándares: un grupo de persona consistente con prácticas integradas, servicios y productos para desarrollar, implementar y operar aplicaciones de software.
- Uso de competencia ágil: equipo expertos en el proceso ágil. Es nuevo con respecto a 1996; aparición de nuevos modelos de desarrollos.
- Alcances pequeños: ejecución modesta de pocas partes que son automatizadas y racionalizadas. Uso de las herramientas gestión de proyectos con moderación y con pocas funciones.

- Experiencia en gestión de proyectos: conocimientos, habilidades y técnicas para realizar actividades dentro de los proyectos.
- Requerimientos claros: objetivos de negocios y estrategia de la organización claras, comprensión de todas las partes interesadas y participantes del proyecto.

Entre los factores más comunes de fracaso de los proyectos de software, son [Cha01] (según IEEE):

- Objetivos proyecto poco realista o no articulados.
- Estimaciones inexactas de los recursos necesarios.
- Requisitos mal definidos del sistema.
- Mala notificación del estado del proyecto.
- Riesgos no gestionados.
- Mala comunicación entre clientes, desarrolladores y usuarios.
- Uso de tecnología inmadura.
- Incapacidad para manejar la complejidad del proyecto.
- Prácticas de desarrollo descuidadas.
- Mala gestión de proyectos.
- Política de las partes interesadas.
- Presiones comerciales.

Existen muchas más razones de fracasos y éxitos que no se han mencionados, la lista de fracaso puede inclusive incrementarse más que los éxitos, esto es debido a las estadísticas de todos estos años, los proyectos con éxitos contra las otras razones son menores. Tanto los factores de éxitos como los fracasos son acciones humanas, condiciones y toma de decisiones que fueron aplicadas por los miembros del proyecto, donde depende en la gestión de todos de sus miembros. Los éxitos y fracasos provienen del área de la ciencia humana aún que su origen del proyecto provenga de la ciencia natural, donde las razones o los factores humanos que se describen con anterioridad son las más comunes que se encuentran en los proyectos.

Con el software se coloca al humano en condiciones dependientes y vulnerable a los resultados y acciones que produce estas aplicaciones, directa e indirectamente estamos confiando y algunas veces dependan nuestras vidas, por medio de los equipos que usamos que son controlados por software. Por ejemplos, los aviones dependemos de los pilotos y copilotos, pero algún momento el piloto debe confiar en los aplicativos y software instalados en el avión, no dependemos solo de un piloto sino en un gran grupo de persona que diseñaron y desarrollaron el software. En algunos casos dependemos del éxito o fallas de otros que no dan opciones para escoger. Los resultados de un promedio cercano del 70% de proyectos de software con fallas, entregas tardías y falta de funcionalidad o está incompleto, etc., contra 30% de software con éxito, ¿cómo confiar en estos aplicativos?, ¿Cuántos de estos SW con fallas están en el mundo funcionando? Es cuestión de sobrevivencia, solo quedan los más aptos (los exitosos), que son pocos, ¿por qué no plantearse un mundo cuando las estadísticas este al contrario al presente, 70% de proyectos de software exitosos y 30% lo demás resultados?, ¿Qué exista un aumento progresivo o lineal de estos proyectos exitosos años tras años?, todo depende de las personas que están dentro y alrededor de los proyectos del software. El software es más humano que los usuarios, que este basado en las ciencias exactas y predecibles es otro tema, pero los desarrollos no lo son, tiene todas las características humana, es el resultado de las habilidades, conocimientos, disciplinas, compromisos, negociación y la creatividad (disculpe si me falta enumerar muchas más características humana) de todas las personas que están involucrado en el desarrollo del software. Aunque el software esté basado en ciencias exactas o duras, desde su inicio hasta la actualidad el software tiene una parte de arte, aun aplicando rígidos procesos de desarrollos y de alta tecnología. Hay una parte humana que está en el software que son desarrollados con buenas y malas intenciones. El software es el resultado predecible de la ciencia exacta donde refleja el resultado impredecible de las características humanas.

## 2.3. Concepto de la Ingeniería del software

Hay una diversidad y riqueza en la definición de la Ingeniería de software, se extrae varios autores para tener una idea de esta definición.

Según Ian Sommerville [Som01, páginas 6-7]: "es una disciplina que comprende todos los aspectos de la producción de software desde la etapa iniciales de la especificación del sistema, hasta el mantenimiento de éste después de que se utiliza."

El IEEE [lee01] define la ingeniería del software como: 1) La aplicación de un enfoque sistemático, disciplinado y cuantificable al desarrollo, operación y mantenimiento de software; es decir, la aplicación de la ingeniería al software. 2) El estudio de enfoques según el punto 1.

Roger S. Presmman [Pre01, páginas 11-12] define como una tecnología de varias capas ordenadas desde la base hasta la capa superior de: compromiso de calidad, procesos, métodos y herramientas; enfocado con un compromiso organizacional de la calidad para el desarrollo cada vez más eficaces de la Ingeniería de software. Es decir, en todas las actividades debe obedecer a la calidad para dar excelentes resultados. Por un extremo tenemos un compromiso hacia la calidad y por el otro lado el uso correcto de las herramientas, donde todas las actividades como los pasos de los métodos y procesos sean enfocados a la calidad.

**Enfoque de Calidad**. Gestión de Calidad Total, Seis Sigma, y enfoques de mejoras continúas del proceso.

**Proceso**. Marco de trabajo de entrega efectiva de la tecnología de la Ingeniería del SW. Base de control de la gestión de proyectos del SW y se aplican los métodos técnicos. Se generan los productos del trabajo (modelos, documentos, datos, reportes, etc.), se establecen los fundamentos, se asegura la calidad.

**Métodos**. Los "cómo" técnicos para construir el SW.

**Herramientas**. Soporte automatizado o semi-automatizado para el proceso y los métodos. Uso de la Tecnología.

Ingeniería del Software es una disciplina que aplica principios de la ingeniería para la producción, mantenimiento y la desincorporación del software, incluyendo los componentes, gestión y prácticas alrededor de la misma, donde el software funcione de forma eficiente con los aspectos deseados que cubran todos los requisitos. El gran reto se centra en la producción de nuevo software, donde involucra la justificación del desarrollo, gestionar y trabajar con elementos nuevos tanto de requerimientos y tecnología; el mantenimiento es fascinante donde la operatividad y el funcionamiento de las aplicaciones combinando en introducir nuevos cambios, soporte y sostenibilidad de la vida del software; cuando se desincorpora un aplicativo es de gran impacto para los usuarios o las empresas que lo usan, donde debe intervenir una buena gestión para hacer una migración a otro software que lo sustituye o buscar una vía de menos impacto con el simplemente hecho de dejar de utilizarlo. Estos conceptos comprenden disciplina con aplicación y apoyo de la ingeniería o cualquier área de la ciencia que lo involucra, con el uso de principios que sustenta la ingeniería, es decir, conocimiento, uso práctico y teórico, herramientas y métodos que aporten en la producción del software. La producción del software en todas sus etapas deben tener en sus actividades en bases en la ingeniería, o de alguna forma en aplicación de actividades y gestión que intente garantizar la mayor predictibilidad de los resultados. Esta misma base debe estar en los entornos del software y actividades humanas que se realizan en la gestión y en la práctica, que al final el resultado sea un software que este operativo, con consumo mínimo de recursos, en todos los ámbitos, económico – administrativos, como manejo de los recursos del ordenador o equipo donde funcione, de esta forma disminuye los tiempos de respuestas a los usuarios, aumentar la productividad de la máquina y del usuario.

El proceso de mantenimiento como soporte del uso del software permite llevar a estudiar a las mejoras continuas, no solo en el margen del compromiso de la calidad, sino, el simple hecho de que los software cambian con el tiempo, a medida que cambia su ambiente, cambios de tecnología, cambios de procesos en la empresas o instituciones, o cambios políticos de las empresas.

## 2.4. Ciclo de vida del software

La visión del ciclo de vida del software es un conjunto de etapas ordenadas que se deben cubrir en el desarrollo de un software hasta su desincorporación, cada etapa con una serie de acciones; las etapas básicas son: análisis, diseño e implementación. Existen otras clasificaciones de las etapas de ciclo de vida del software que se plantean como los autores Gordon B. Davis y Margrethe H. Olson [Dav01, páginas 594-596], lo ordena como: etapa de definición, etapa de desarrollo y etapa de instalación – operación, donde cada etapa se divide en acciones generales. La etapa de definición comprende la propuesta, factibilidad, análisis de requerimientos de información y diseño conceptual. La etapa de desarrollo comprende las fases de diseño físico del sistema, diseño físico de las bases de datos, desarrollo de la programación y desarrollo de los procedimientos. La etapa de instalación y operación comprende las fases de conversión, operación y mantenimiento, auditoría de los resultados.

Las etapas de análisis, diseño e implementación tiene una similitud con las fases de Davis & Olson en el párrafo anterior. La similitud de la fase de análisis comprende el levantamiento de información del software que son las necesidades de los usuarios (que llamamos requerimientos de los usuarios), las especificaciones de los requerimientos donde se detallan lo deseado de forma explícita, en esta etapa también se define las funcionalidades que se desean implementar en el software. En las etapas que siguen se define el ¿cómo se va hacer? La etapa de diseño se determina los requerimientos del software, el diseño conceptual y el diseño físico. La etapa de implementación se inicia la programación o codificación, seguida de la prueba unitaria, la prueba total del sistema, el uso del programa (entrada a producción o implantación del sistema) y el mantenimiento.

Introducimos muchas definiciones en los últimos párrafos que más adelante en el libro se detallarán y se aclararan estos conceptos. Pero se coloca en forma introductoria y general para determinar la definición del ciclo de vida del software. Al detallar, hay diferencias y similitudes entre las etapas y términos aplicados en las dos definiciones, el estudio se realiza por varios motivos.

El primer motivo, cada autor como creador de las etapas del ciclo de vida del software conlleva diferenciación en las sintaxis, como en agrupar las fases y las actividades en las diferentes etapas, usan sus propios términos y áreas de donde trabajan, sus conocimientos, sus habilidades, sus fortalezas que son respetables, existen diversas formas de ver los ciclos de vida del software, donde se define en modelos de desarrollos o en modelos de ciclos de vida del software. Al investigar a profundidad existirán muchas más definiciones del ciclo de vida del software, como tantos diferentes modelos.

El segundo motivo, la semántica de las etapas generales y en sus fases tienen acciones bases primordiales en todos los modelos de ciclos de vida del software estudiados como: buscar, verificar, ordenar y clasificar la información, construcción conceptual general de la solución, construcción conceptual detallado (tomando en cuenta las diferentes factibilidades, a nivel conceptual, pero siendo más realista, basado con los recursos que se tienen o pueden tener), construcción "físico" (como producto o solución), verificaciones, validaciones, despliegues o entrega de lo realizado, mantenerlo operativo y opcionalmente su retiro (en el sentido de disminuir el impacto de la desincorporación del software); es decir, hay actividades intelectuales y físicas que se deben aplicar como mínimo en todos los modelos de desarrollo del software. Estas actividades tanto intelectuales como físicas, en algunos modelos se afincan en algunas actividades o determinan como primordiales para el éxito del modelo; como otros modelos son muy rigurosos en su aplicación no importa del tipo de proyecto. Todas estas actividades tienen analogías entre ellas, respetando la parte de sintaxis de los términos de las fases, la semántica en el fondo representa la misma actividad o con similitud de un modelo con otro; a tal punto, que todos los modelos se pueden hacer analogía con los preceptos de Descartes dicho en capítulos anteriores.

Tercero, los diferentes ciclos de vida del software están estructuradas en secuencias ordenadas de las fases y sus repeticiones (si lo permite el modelo), y sus relaciones entre las fases como prioritarias.

Cuarto motivo, cada modelo de desarrollo que se menciona en el siguiente párrafo de "modelos de desarrollos convencionales", en algunos casos, los modelos identificados pueden tener diversidad de versiones, donde se amplía su rango de acción o se adiciona nuevas acciones, o existe una mejoría del modelo, por ejemplo: el modelo de desarrollo de cascada posee una diversidad de versiones, pero en el fondo a nivel de semántica representa el espíritu de las acciones.

Como ingeniero de software pragmático, seleccionar las actividades intelectuales como físicas presentes en las fases de los diferentes modelos, aplicar las fases con la mínima actividad que se posee en todos los proyectos del software, donde la mínima actividad es el factor común de las acciones que están presentes en todos los modelos de desarrollos estudiados o conocidos garantizan un nivel mínimo de calidad. La amplitud de aplicar otras actividades dependerá del estado de cada proyecto y propio del modelo de desarrollo del software escogido.

### 2.4.1. Modelos de desarrollos convencionales

Los desarrollos de software en los inicios en la construcción de los primeros computadores, la forma de aplicar las diferentes etapas del ciclo de vida del software han variado de un proyecto a otro, creando nuevos modelos que van a la necesidad y realidad de ese momento, en la actualidad tenemos un sin fin de modelos de desarrollos convencionales o llamados de pesos pesados como algunos autores los indican, Pressman definen varios como "modelos del procesos prescriptivos", "modelos de procesos especializados" , "modelos de procesos personal y equipos" [Pre01, páginas 33-50].

- Los modelos de procesos prescriptivos incluyen:
  - **Cascadas, lineal o clásico**.
    - Fases:
      - 1. Análisis de requerimientos;
      - 2. Diseño;
      - 3. Implementación;
      - 4. Verificación y
      - 5. Mantenimiento.

- El proceso es lineal de un sentido, cada fase se inicia cuando es culminada la fase anterior. No hay retorno a las fases culminadas.

- Características: permite determinar fechas en cada fase y culminación del proyecto. El uso de este modelo de desarrollo determina la seguridad y la confianza de las actividades. Se aplica a cualquier tamaño de proyectos. El usuario debe ser paciente en la entrega del software; si los requerimientos no son claros y completos en el inicio del proyecto, este modelo trae consecuencia negativa. Si se detectan fallas en las primeras o posteriores fases son incrementados las fechas de entregas de cada fase y la complejidad de la solución, se recomienda solucionar las fallas en la etapa de verificación ante la entrega al usuario.

- **Modelo incremental.**
  - Fases:
    - 1. Análisis;
    - 2. Diseño;
    - 3. Implementación;
    - 4. Prueba.
    - 5. Vuelve a repetir al paso 1, pero con nuevos requerimientos.

  - Es la iteración del modelo de cascada o clásica, pero con una nueva versión operativa por cada iteración, donde un grupo de requerimientos son tratados en cada iteración. En una de la iteración del modelo, al culminar una de las fases (por ejemplo: análisis), se inicia esta misma fase (el mismo rol de análisis) con los nuevos requerimientos, cada persona trabaja en paralelo tiene la responsabilidad de la fase en cada versión del SW, la culminación completa de una iteración del modelo, es una versión con un conjunto de requerimientos cubiertos funcionando y operativo, la siguiente iteración contiene las funcionalidades de las iteraciones anteriores más la actual.

- Características: Determinan fechas de entregas probables con cierta funcionalidad operativa en el software, es útil cuando no se tiene garantía de la fecha de entrega con la totalidad de los requerimientos o cumplimiento total, o fecha que no es posible cambiar para la entrega. Modelo ideal para las empresas con alto nivel de rotación de personal. Entrega de versiones incrementales del proyecto. No hay fecha de culminación total del proyecto. Si existen en alguna iteración algunas fallas, este afectará las próximas iteraciones y versiones. No se recomienda este modelo cuando es difícil separar los requerimientos por cada iteración o sus prioridades. Debe tener un alto nivel de control de versiones.

- **Prototipos.**
    - Fases:
        - 1. Análisis y refinamientos de requerimientos;
        - 2. Diseño rápido;
        - 3. Construcción rápido;
        - 4. Prueba y evaluación por el cliente, depende de los resultados se va al paso 1 ó al 5;
        - 5. Entrega de desarrollo total.

    - El proceso es un ciclo reiterativo de las fases hasta lograr su objetivo. Similar a la iteración del modelo de cascada con la diferencia que las fases no sigue un orden, Se permite en la etapa actual saltar a las anteriores. Recomendable para proyectos de corto plazo de tiempo y pocos requerimientos.

    - Características: El usuario esta activo en el proyecto. El resultado es rápida. Se usa este modelo cuando los requerimientos no están claros o completos. El usuario piensa que es el sistema final, tener claramente definido los procesos a los clientes. No se tiene definido una fecha de entrega formal o culminación total del proyecto. Los prototipos son partes del software que se construye de forma independiente, existe un gran trabajo en integrar muchos prototipos en el proyecto. Se recomienda en desechar los prototipos para iniciar el proyecto con la experiencia obtenida o iniciar con un código de programa limpio.

- **Espiral.**
  - Fases:
    - 1. Recolección de requerimientos y planificación;
    - 2. Análisis de riesgos, se determina si se continua a la siguiente fase (3) o se termina el sistema;
    - 3. Desarrollo y prueba;
    - 4. Evaluación del cliente, volver al paso 1.

  - Es similar al modelo de desarrollo lineal o clásica, pero con el ciclo del modelo de prototipos. Permite estudio de diversas alternativas de desarrollos con gestión de riesgos de forma controlada y sistemática.

  - Características: El modelo es ideal para proyectos grandes. Existen entregas parciales y hay un paralelismo del mantenimiento y el desarrollo normal en cada ciclo. Disminuye el riesgo en el proyecto. No se sabe la fecha de culminación del proyecto. Se necesita personal con alta experiencia en el manejo de riesgo, fundamental para el modelo. Una falla desde su inicio puede producir problema en los ciclos futuros si no se corrige a tiempo.

- Los modelos de procesos especializados:
  - **Basado en componentes.**
    - Fases:
      - 1. Buscar componente que cubre el requerimiento;
      - 2. Importar el componente al sistema;
      - 3. Si no existe el componente, se construye y se ingresa a la lista de disponible de componentes;

- 4. Se integra al sistema;
- 5. Repetir los pasos hasta cubrir todos los requerimientos.

- El modelo es similar al espiral con el concepto de reusabilidad (ver en capitulo en reusabilidad 4.8. en el diseño más adelante). Se centra en utilizar componentes conocidos en vez de desarrollar el componente para poder cubrir los requerimientos del software. Solo se desarrolla el componente cuando no existe.

- Características: promueve la reusabilidad, por esta razón es la disminución de tiempo desarrollo y parte de la prueba. Almacenaje, información de uso y ordenación de los componentes pueden ser inmadura. Si la organización de componentes es inmadura trae la secuencia largo tiempo para la búsqueda y aprendizaje del uso de los componentes. El modelo tiene las desventajas y ventajas propias de usar el concepto de reusabilidad.

- **Métodos formales.**
  - Fases:
    - 1. Definición de un lenguaje formal, se define la sintaxis y la semántica acorde a los requerimientos;
    - 2. Aplicación de análisis matemáticos al modelo de desarrollo;
    - 3. Aplicación de métodos formales matemáticos o estadísticos en el diseño, desarrollo y pruebas del software.

  - Se aplican modelos matemáticos formales al software, permiten especificar, desarrollar, probar y corregir con notación matemática en el desarrollo del software.

  - Características: Aumenta la calidad del Software con descubrimiento y corrección de errores que con otro modelo no se detectan. Aumento de la seguridad a nivel

126

de software. Mecanismo que permite resolver problemas que en otros enfoques son difícil de resolver. Se basa en principios, reglas y normas de una ciencia exacta. Reduce la falla de interpretación personal en el proyecto. Consume mucho tiempo. Personal con alta capacidad en el formalismo matemático y estadísticos es requerido. Alto nivel de complicación de comunicación con el cliente.

- **Software orientado en aspectos.**
  - Fases:
    - 1. Definición de características, funciones y contenidos de información localizadas;
    - 2. Análisis de la información localizada;
    - 3. Diseño y construcción;
    - 4. Integración a una arquitectura del sistema;
    - 5. Revisión de los efectos en la arquitectura.

  - No importa el modelo de desarrollo, se basa en la implementación de requerimientos localizados. Estos requerimientos son desarrollados e integrado al sistema. Genera un proceso y métodos de desarrollo para análisis, diseño y construcción de aspectos, los aspectos son independientes a los componentes pero tiene efecto en ellos.

  - Características: Mayor trazabilidad de los aspectos durante el desarrollo del sistema. Descomposición en aspectos como en componentes (funcionalidades) del sistema. Promueve la modularidad eficiente y la reusabilidad. Facilidad de mantenimiento y depuración. Elimina de diseminación de código o funcionalidades. Es un modelo que falta madurar. Replantea otro ciclo de desarrollo en aspectos culminado en el desarrollo en funciones.

- Modelos de procesos personal y equipos:

  o **Proceso personal de Software (PPS de Watts Humphrey [Hum01]).**
    - Fases:
      - 1. Planeación;
      - 2. Diseño; Revisión del diseño;
      - 3. Desarrollo;
      - 4. Medición de la eficacia.

    - Enfatiza la pronta detección de los errores como el entendimiento de introducción de falla en el sistema. Auto control y mejoras continuas del individuo.

    - Características: Uso de medición en el ciclo de vida del software. Planificación más exacta como resultado de las mediciones. Mejoras continuas y control en la disminución, la eliminación y la introducción de errores en el sistema enfocado al individuo. No es muy aceptado en el área de la ingeniería del software por la tendencia en el área de la naturaleza humana y de las organizaciones. Enfocado al desarrollador y a la supervisión. Se debe tener un desarrollador comprometido y disciplinado.

  o **Proceso equipo de software (PES de Watts Humphrey – SEI [Hum01]).**
    - Fases:
      - 1. Inicio del proyecto;
      - 2. Diseño;
      - 3. Implementación;
      - 4. Integración y pruebas;
      - 5. Mejoras del proceso.

    - Enfocado en construir equipos "autodirigidos", es la extensión del PPS. Definen una variedad de pasos, formatos, mediciones y estándares para el trabajo en equipo, para la implantación de procesos de medición, seguimientos, mejoras de la calidad, productividad y gestión del proyecto.

- Características: Enfocado en la calidad, productividad y medición dentro del proyecto. Administración de riesgo y estado del proyecto. Se basa como en el PPS, del compromiso, disciplina y responsabilidad de todos sus integrantes.

## 2.4.2. Modelos ágiles

Los modelos ágiles se presentan ciertos preceptos para su aplicación. Se debe identificar con principios, políticas y factores humanos, según Pressman [Pre01, páginas 56-68] para la aplicación de este conjunto de modelos. Desde el nacimiento de XP y sus mejoras hasta otros modelos que son muy usados en la actualidad. La lista incluye:

- XP.
- XP industrial.
- Cristal.
- Scrum.
- Desarrollo esbelto de software (DES).
- Métodos de desarrollo de sistemas dinámicos (MDSD).
- Desarrollo adaptativo de software (DAS).
- Desarrollo impulsado por las características (DIC).
- Modelado ágil (MA).
- Proceso unificado ágil (PUA).

Los diferentes modelos ágiles permiten entregas rápidas al cliente, exigido por el momento que se vive en el siglo XXI, que es determinante en algunos proyectos. El tiempo de vida promedio del software ha disminuido por el cambio tecnológico y por el nivel de competencia entre las empresas de tecnologías. Pocos software se han mantenido en un número largo de años, como la existencia de la acelerada avance de la tecnología, los tiempos se acortan para los desarrollos del software, los tiempos de desarrollos de aplicaciones son comidos por las empresas de las competencias, o son devorados por la misma tecnología y exigencia de la sociedad. Pensar que la mayoría de los modelos ágiles permiten entregas incrementales del software, da la sensación de poder realizar un desarrollo de software de largo plazo pero con entrega escalonada, en vez de esperar un mayor tiempo para el despliegue final, que son dos estrategias que las empresas de tecnología deben adoptar y arriesgarse. Pero no hay duda que los proyectos de corto plazo son fuertes candidatos para aplicar estos modelos, aumentando la lista de los modelos convencionales prescriptivos y procesos especializados. Las fases o actividades fundamentales en todas ellas prevalecen en: comunicación, planeación, diseño o modelado, construcción y despliegues. Estas fases son similares a los demás modelos de desarrollos, pero enfatizan principios que conducen ciertas características de los proyectos para su aplicación, algunos principios son: entregas continuas y prontas de los resultados al cliente; la simplicidad y los cambios son las constantes del proyecto; satisfacer al cliente; trabajar cohesionado con el cliente y otro personal que afecte el proyecto; método eficiente para la comunicación entre los miembros de los equipos, etc.

Pero una de las mayores bondades de usar estos modelos, es la importancia de la característica del humano en el proyecto, donde se centran los diferentes modelos en las capacidades (competencias), habilidades, talentos, compromisos, esfuerzos y el trabajo colectivo de los individuos. Hace que los procesos se adapten a las personas y no las personas se adapten a los procesos. Esto da como consecuencia que existen características humanas claves para estos modelos como:

- Competencia. Conocimiento, habilidades y talento específico del individuo para que conforme el equipo.
- Objetivo y meta común. Teniendo diversidad de actividades se debe centrarse en una meta.
- Trabajo en equipo. Colaboración entre sí de todos los miembros, esto implica excelente comunicación y aporte de valor al cliente.
- Autonomía. El equipo debe tener la libertad de las tomas de decisiones para controlar el futuro. Autoridad y autonomía en términos técnicos.
- Resolución de problemas. Las ambigüedades como los cambios son los problemas a resolver por el equipo, es la labor continua que se va enfrentar.
- Cohesivo. Debe ser fuerte las relaciones de los miembros del equipo basado en la confianza y respeto mutuo.
- Organización propia. Los planes y estructura del equipo es por la misma organización donde se produce. Aumentar la moral y motivación del equipo por la propia organización.

Los modelos ágiles permiten resultados a cortos plazos, con un costo de nivel de madurez en las características humanas que en los demás modelos como los procesos prescriptivos, especializados, de personal y de equipo exigen hasta cierto grado. Modelos que se basan en principios y factores humanos que tiene mayor peso en la ciencia blanda del lado de la balanza con la ciencia dura.

## 2.5. Modelos de mejoras de procesos

Existen otros tipos de modelos que vigilan, evalúan y mejoran los procesos de desarrollos. Podemos decir que son enfoques de mejoramiento de los procesos aplicados, no solo en los modelos desarrollo del software, sino también se aplica en los procesos de las empresas e industrias, por ejemplos: ISO 9001:2015 (ISO es la Organización Internacional de Normalización, en inglés: "International Organization for Standardization"), CMM, CMMI (Integración de modelos de madurez de capacidades o en inglés "Capability Maturity Model Integration"). Son enfoques e implantaciones de la calidad a largo plazo, con la promesa de garantizar que se cumpla con ciertos criterios básicos que son primordiales para el éxito del desarrollo de software. Podemos hablar la aplicación del CMMI en el Proceso Equipo de Software (PES) y en los modelos ágiles antes mencionados. Valida y evalúa la aplicación en las diferentes fases dentro de un proceso determinado, colocando controles en lugares definidos por el enfoque. Adicionalmente, debe haber un mejoramiento en los resultados por medio de cambios en las actividades en los procesos.

En cada modelo de mejoras de procesos existen diversidad de versiones y alcances, por ejemplo ISO9001:2000 es para el software; mientras que ISO9001:2015 se introducen modificaciones del modelo anterior pero se realiza en la estructura de alto nivel de las empresas. Pero estos distintos modelos como sus diferentes versiones o modificaciones, afecta directa e indirectamente en el desarrollo del software en una empresa. Los modelos de mejoras de procesos afectan a la empresa completamente, donde se definen principios y unas series de actividades en todas sus áreas, enfocado al mejoramiento particular de cada área y en general de la empresa en su conjunto. Todos los procesos de la empresa tecnología influyen o se crean enlaces y encadenamiento en el proceso de desarrollo de software, donde el modelo de desarrollo de software es afectado por las diferentes áreas de la empresa y es un modelo más que está integrada a los otros modelos generales de la empresa.

La gestión debe considerar que habrá cambios mientras el tiempo pasa, la visión que los cambios sean para mejorar el actual proceso definido, es una experiencia que será usada en el futuro, el aprendizaje actual y observación crítico del presente para realizar cambios en mejorar la situación y no de empeorar.

Los diversos procesos de desarrollo de software y modelos de mejoras de los procesos se identifican gestión o administración de actividades, acciones que se deben ejecutar, validar, verificar y evaluar por parte de los miembros del equipo de desarrollo de software. La gestión significa organizar y administrar algo, no incluye la calidad de la gestión, solo indica en administrar cosa, como lo indica la Real Academia Española [Rae01, página 1135] es llegar a una negociación, el resultado depende de las acciones, que puede lograr la negociación pero no indica que sea beneficioso o generará pérdida. En resumen, gestionar es administrar algo o llegar una negociación, sea para bien o para mal.

La mayoría de los profesionales tienden a trabajar duro para alcanzar un puesto en la gestión dentro de una organización; otros profesionales sean por su formación o su característica de la naturaleza humana encaja de forma fácil en la área de gestión; sea por motivo de superación o habilidad natural, existen también en la ingeniería del software, personas que no desean formar parte del área de administración y gestión, por diversos motivos, sea porque no le gusta tener los cargos y su responsabilidad; donde es normal por la diversidad de personalidad y pensamiento.

Pero todos esta diversidad de persona hay niveles de gestión, sea a nivel personal como laboral. Por ejemplo: todos los días se ocupan en administrar el tiempo en diferentes actividades de la vida, un tiempo personal como un tiempo laboral, se planifican para llegar a casa o la oficina, aun sea gestionado el tiempo por otro, inconscientemente se gestionan; igualmente se tiene que realizar tomas de decisiones, acciones, donde a veces dan buenos y malos resultados; y no se nota que se realizan este proceso, que es de alguna forma inconsciente pero se hacen. Cada vez que se toma una decisión y una acción se está gestionando.

Otra característica de la gestión, por ejemplo, dos personas que tengan conocimientos formales de gestión de una misma academia o universidad, este en un mismo cargo en similitudes empresas, del mismo número de empleados, en la misma área o sector de la economía, la misma condición económica, la misma capacidades económicas y técnicas, realizan la misma gestión, los mismos pasos, ¿qué resultado produce ambas gestión?, ¿son los mismos resultados?, no es fácil responder, las respuestas lógicas son los resultados serían parecidos pero no idénticos, habrán pocos casos que los resultados son totalmente diferentes u opuestos, pero sabemos que no habrá dos resultados idénticos, esto es debido a que existe el factor humano, sea de forma interna o externa a la gestión que cambian los resultados, no es tan predecible cuando interviene el humano. Si vamos a lo personal, si ocurre dos situaciones similares o estados iniciales similares, pero en dos periodos de tiempo diferentes, ¿la gestión en ambos momentos seria idéntica?, si se detalla no son iguales, por un lado, permite mejorar uno o más actividades que ya realizaste previamente, y si en el caso que se aplica las mismas actividades sin mejoras, la acción tomada y pensamiento es más elaborada o relajada, los resultados finales en la persona igual mejora, por un lado toma conciencia, madurez y experiencia.

En el caso que se desea tener otro resultado, debe hacer las cosas diferentes a la que conoce por experiencia, gestiona de forma diferentes para obtener otro resultado, mientras las nuevas acciones y fases que se hagan sean tan diferentes a la primera vez, los resultados van hacer diferentes. Pero en el caso de hacer las gestiones de dos formas distintas pero dan la misma consecuencia, o haciendo las mismas gestión dan estados diferentes, ¿qué sucede?, que la gestión no afecta en nada en el resultado o hay variedad de condiciones en la gestión que produce los resultados.

La gestión debe tener predictibilidad en los resultados, la forma de controlar las acciones y observar las consecuencias, el mecanismo de medición o cuantificar los cambios, las frecuencias de las observaciones y mediciones, estudiar la diferencia entre estado actual y los resultados o estados deseados, generan nuevas acciones, ya sea para de devolver al estado original, o nuevos cambios de estados. Estos casos son lo que cumple con la ley de causas-efectos, y se desea un resultado o un estado deseado; debe haber la predictibilidad en las acciones, que son basados en los principios de las ciencias exactas, donde proviene del estudio histórico o que ha ocurrido con anterioridad, donde son comprobadas y verificadas la predictibilidad. Hay acciones que no se saben los resultados futuros, estos son los riesgosos, no hay un resultado predictivo exacto, en esto se debe construir una diversidad de posibles resultados, y los mas importante, tener acciones que permitan volver a un estado original o conocido, como reversar el efecto de la acción con otra acción. Esta parte es lo maravilloso de la creación humana, el descubrimiento de nuevas cosas, por un lado, creamos nuevos estados, como resultado real que no es considerado o no estaba dentro de los posibles resultados. Lo crítico que es un estado no deseado o no considerado donde las acciones para reversarla no hacen efectos, este punto es la más crítica y menos aconsejable, esto son las malas experiencias y nos enseñan que estas acciones no se deben hacer.

Estamos asumiendo casos de acciones con predictibilidad, pero hay casos que entra en lo no predictible o no se sabe a ciencias ciertas el resultado de la acción, generalmente esta en el área de las ciencias humanas; donde toda acción no necesariamente genera la misma consecuencia o resultado, por esto no es una ciencia exacta, puede haber un aproximado o similitud de los resultados, pero no iguales, si se cumple dada la misma acción en cualquier momento en el mismo estado se debe dar el mismo resultado, podemos ponderarlo como principios, para ambas ciencias.

La gestión es generalmente predictiva con aproximaciones a los resultados, dado ciertas similitudes de condiciones iniciales y aplicación correcta de las acciones, debe en teoría obtener la similitud en el resultado. En la práctica, hacer lo mismo que otra persona realiza es difícil, no solo en acciones, por ejemplo, los principiantes de los cursos de yoga o de arte marciales, llevar el mismo movimiento del instructor, no es fácil, ahora intenta imitar la forma de pensar de otra persona. Es difícil en este ámbito del pensamiento, no muchas personas que pueden imitar o saber lo que piensa o la forma lógica de pensar de la otra persona; por ejemplo, como son los padres y especialista en el área de la crianza, pero siempre habrá diferentes visiones de la misma persona, esto ocurre con la madre y del padre con respecto a los hijos, aun así, hay diversidad de forma de crianza de los hijos, cada hijo son criados de manera diferentes por los mismos padres, y todos los padres crían a sus hijos de forma diferentes, la gestión de crianza de los padres y los resultados es de mediano y largo plazo. Pero todo humano intenta predecir los resultados o llegar al estado deseado, para esto hay que gestionar los recursos que poseen para lograr el objetivo; como usar los medios disponibles o recursos en la crianza de los hijos que se maneja de forma independiente, con un nivel de comportamiento hasta cierto punto predecible. La gestión de la educación de comportamiento de los hijos no es lo mismo en la gestión de comportamiento de un brazo mecánico, ya se sabe que es más predictivo, son más precisos lo que se basa en las ciencias exactas que las ciencias humanas.

En la ingeniería del software sucede lo mismo, existen diversidad de gestiones en el desarrollo del software, existe la gestión en procesos que están vinculados a las ciencias exactas que es más fácil de predecir, que la gestión donde hay vínculos con la ciencia humana. Por esta razón, el libro se encarga parte de la gestión en las personas, desde el programador hasta la alta gerencia que está involucrado en el desarrollo del software. La mayoría de las gestiones vienen dadas y estudiadas desde arriba hacia abajo, es decir, de la alta gerencia gestiona la empresa con resultados a largo plazo, donde se generan directrices hacia el siguiente nivel de gerencia media; la gerencia media gestiona a mediano plazo, segrega en el espacio y tiempo las medidas y resultados deseados por la alta gerencia; gerencia operativa gestiona a corto plazo, donde está la mayoría del personal de la empresa que debe cumplir directrices de las tres gerencias. A nivel del programador o desarrollador de software gestiona y detecta los resultados a corto plazo, menos tiempo que la gerencia operativa; la similitud de su gestión se maneja de la misma manera de las tres gerencias nombradas anteriormente. La visión es que toda persona sea o no ingeniero en software tenga ese conocimiento de gestión a lo largo de su vida, no solo del proyecto del software sino inclusive gestión de la vida misma en integración con la vida profesional. La gestión abarca en todas las dimensiones de la vida humana con procesos formales e informales.

Existen muchas categorías de gestión como clasificaciones. Los diferentes tipos de gestión se puede clasificar por los tipos de proyectos que se manejan (social, infraestructura, producción e industria, interno de la empresa, etc.), en el área del dominio, la complejidad, el capital aportado (pública, privada, mixta), por innovación o clásico, sector de la economía, orientación, la cantidad de usuario o cliente, la naturaleza del proyecto, etc.

## 2.6. Gestión grupal

Este nombre se escoge por la estructura de este libro, permite separar los conceptos de gestión personal a la gestión clásica que se mencionan en los textos en el área de la Ingeniería del Software, lo llamaremos gestión grupal. Se referencia a los modelos de procesos de desarrollos de software y la gestión que lo acompaña. La gestión es grupal definido por el estado inicial de la formación y organización de las personas que trabajaran juntos en el proceso de desarrollo. El paso a paso de la gestión del administrador de desarrollo de software, el grupo se convertirá en equipo o se mantiene como grupo de trabajo, dependiendo del éxito de sus labores como gestor de los recursos y personal del proyecto. Un grupo es dos o más personas que trabajan juntos organizativamente. Trabajo en equipo se define con dos o más personas que trabajan de forma coordinada y complementaria. En el área de recursos humanos, algunos autores agregan muchas más características pero en común existen dos características adicionales que incluyen en todo los integrantes del equipo, el estar motivados y comprometidos [Upv01], para definir y diferenciar en los equipos de trabajos del grupo de trabajo. En los procesos ágiles mencionado anteriormente, se enumeran las características humanas que fácilmente encajan en el concepto de un equipo de trabajo.

Hay una relación importante que todos los modelos de desarrollos y sus gestiones tienen dos o más personas trabajando, aún cuando el desarrollador trabaje solo, incluyendo el PPS (Proceso Personal del Software) , CMM de personal, hay una relación entre el profesional que desarrolla el software con un administrador de proyecto o el supervisor. Por supuesto incluye los modelos de desarrollos convencionales, especializados y ágiles entra en esta gestión.

La gestión grupal en el enfoque de la ingeniería del software donde es el punto de conversión del individuo hacia la profesión de la carrera tanto de la ingeniería de software como las habilidades del cargo de administrador del proyecto, donde volvemos a notar la visión de las organizaciones de cómo debe ser el individuo y sus conductas, esto por un lado, como ingeniero o como gestor del proyecto. Pero por el otro lado, no se sabe la parte del individuo que debe tener en sus habilidades, conductas, pensamientos y otras características del humano que no están dentro de las áreas mencionadas, que de alguna forma directa e indirecta afecta en la gestión en los procesos de desarrollo del software.

Algunas características humanas son estudiadas desde el punto de vista de las organizaciones, como compromiso al proyecto y al equipo, empatía en el proceso de comunicación, calidad del proyecto o productos a entregar, liderazgo, etc. Esta investigación inicia con lo que conoce en el área de los desarrollos de software y direccionando al estudio del individuo, se espera que en el camino se pueda descubrir otras razones del nivel de alto fracaso o poco éxito en el desarrollo del software, según indica en las estadísticas descrita en párrafos anteriores, o porque Luis Fernández en su artículo "El futuro de la Ingeniería del Software o ¿Cuándo será el software un producto de la ingeniería?" [Fen01]. Describe la labor de los profesionales del software como "apagafuegos", que revela una prácticas despreocupantes en la calidad de los productos entregados, como la aplicación de esta ingeniería apegado a la práctica y eficiencia de los conocimientos científicos, y espera en el futuro de ingeniero de software que cumpla con actividades y gestiones, donde todos los procesos de desarrollos tienen en sus espíritus descritas como actividades básicas.

Hay muchas causas que los ingenieros actuales están generando estas estadísticas desfavorables o no están preocupados por aumentar los casos de éxitos de los proyectos; pero como indica un profesional del área, esta estadística es bien aprovechado por los profesionales de alto rendimiento o de las "grandes ligas", mas trabajos a lo que son excelentes y talentosos en esta área. Pero ¿qué diferencia tiene estos profesionales a la mayoría?, o ¿cómo podemos llegar a esa excelencia la mayoría de los profesionales del área?, la filosofía es tener mayor número de profesionales con estos talentos y el efecto si no me equivoco es, tener mayor número de proyectos exitosos que de fracasos; experimentar desafíos juntos con la experiencia de los éxitos y fracasos. Una carrera que se basa en el conocimiento científico; pero se produce poco éxito y más proyectos con desafíos o fallas, pareciera "una paradoja de la ingeniería del software", o tan simple, que en la carrera de informática la cantidad de ingeniero del software es poco. En la opinión del autor de este libro, no es un problema de la ingeniería del software, es la falta de este en los proyectos de desarrollos, la ausencia o presencia de la ingeniería del software en los desarrollos de aplicativo depende más de los individuos que integra o se relaciona con esta actividad o profesión, no solo la presencia ingeniería de software como normativa, sino la aplicación correcta de ellas, similar a las leyes y normativas de una sociedad, mientras más se cumplen las leyes y normas de una sociedad se basará la mayor prosperidad, dependiendo de las leyes y normas puedan adaptarse y cambiarse a las sociedades actuales para el mejoramiento de esta.

Hay dos caminos en paralelo en la ingeniería de software, por un lado, basado en el conocimiento científico y por el otro camino las relaciones entre individuos, negociaciones y conocimiento social. Aprendemos de los fracasos y de los éxitos, pero siempre repetimos el mismo modelo de las relaciones humanas en el contexto de uso del conocimiento científico. Por lo menos existe un equilibrio de fuerzas entre los dos caminos que predomina y siempre predominará la ciencia humana o el comportamiento social dentro del proyecto.

Las conclusiones que podemos extraer de las estadísticas que años tras años nos indica en el desarrollo de software (figura 3 en párrafos anteriores), verificando si dentro de la estadística se cumple normas mínimas o aplicación en su gestión de la ingeniería de software. Si aplicaron ingeniería del software, ¿qué parte de ellas se cumplieron y dio un resultado negativo?, esto permite llevar un registro de lo que hacemos mal y corregirla. Como indicó Luis Fernández en su artículo [Fen01]: "es habitual que en la práctica diaria profesional no se incluya prácticamente ninguna de las recomendaciones más elementales de la ingeniería del software".

En todos los lugares del mundo existen este fenómeno de no aplicar la Ingeniería de Software, en mayor o menor cantidad de profesionales  de los diferentes países, situando el país en un nivel en el área de la tecnología; los grandes países que tecnológicamente son competitivos a nivel mundial, aplica la ingeniería de software o mínimo cuida la calidad de los productos que se entrega al mercado, y en esta área es vital la calidad. Las preguntas que se sugieren, ¿por qué sucede esto a los profesionales o el motivo de que no aplica ingeniería de software?, ¿las empresas de tecnologías permiten o flexibiliza este comportamiento?, no es fácil de responder. La otra cara de la moneda, ¿por qué siendo una  Ingeniería de software un área con conocimientos científicos recientes (comparando con otras áreas que nacieron con los ordenadores), algunos profesionales aplican este conocimiento con alto nivel de experiencia y años en el área, antes de aparecer la ingeniería del software?,  ingeniería de software es materia en los contenidos programáticos recientes de las universidades comparando con otras asignaturas de la carrera, no existía en la vieja escuela, ¿pero porque ahora hay más problemas que antes?, recordando a Pressman  [Pre01, página 18] en uno de sus mitos de tener un conjunto de manuales y "libros lleno de estándares y procedimientos para elaborar software. ¿No le dará a mi personal todo lo que se necesita saber?", pareciera que en la actualidad, la ingeniería de software son libros que están al lado del libro de estándares. Debe ser estos manuales y libros como recordatorio en todas las empresas de desarrollo de software, los procedimientos y estándares debería estar interno en cada individuo que lo integra.

El punto principal es cómo gestionar los procesos y estándares sean aplicados por cada individuo que integra el grupo de trabajo, desde los cargos más altos hasta los cargos que desarrollan el software. Iniciamos desde lo conocido que son los modelos de desarrollos hasta llegar el punto que toque la gestión personal que se describe en los últimos capítulos.

En todos los modelos de desarrollos se plantean información necesaria de implantación de la gestión, los roles y responsabilidades de cada integrante que son necesarios para el proyecto, inclusive algunos indica información del estado inicial que debe tener el proyecto antes de iniciar el desarrollo, seleccionar el modelo adecuado de desarrollo, indicando que el modelo se aplica a proyectos con ciertas características (por ejemplo, prescriptivos). Hay documentación que critican a estos modelos, todos ellos poseen ventajas y como desventajas en aplicar este o aquel modelo, es importante la crítica del personal experto y reconocido en estos modelos, como los nuevos profesionales en el área, pero definitivamente la crítica debe ser formado por cada uno, tener un nivel de criterio de balancear toda la información, tomando lo más realista y equilibrado posible. Una forma de equilibrarse las críticas es basándose en el conocimiento científico, y si no existe, buscar en el conocimiento en las ciencias humanas, si existen esos criterios en ambas ciencias es mejor seguirlas, buscar su equilibrio para todos estos criterios. Gestionar los criterios, donde se intentan tener la visión total del modelo y sus consecuencias.

El problema aparece cuando no hay bases (ciencias) ni científicas ni humanas que justifique el modelo, se debe tomar decisiones al respecto, en capítulo posterior a este punto en las "tomas de decisiones" (2.8), una de estas acciones se puede hacer de las muchas existentes, para que existan estas acciones se deben crearla y determinar sus consecuencias en la condición inicial del proyecto. Conocida las características de los diferentes modelos de desarrollos, como modelos de gestión para los diferentes proyectos, se sigue en la selección correcta del modelo de desarrollo para el proyecto en curso a desarrollar, si encontramos un modelo de gestión y modelo de desarrollo correcto al proyecto se selecciona y se realiza, la implantación de una gestión con el modelo de desarrollo escogido. Crear las actividades en cada fase definido en el modelo, ejecución con los integrantes del proyecto, culminación del proyecto y entrega.

Durante el proceso se debe detallar el desarrollo de las fases, es desarrollar las actividades con profundidad y más específicos en cada fase del modelo, colocando el cargo responsable según el rol que le corresponde y adecúe a cada actividad. Las actividades al detallarse con profundidad es cuando llegue a la simplicidad, donde cada actividad se divide en sub actividades. Se definen las fechas y el tiempo de duración lo más exacta posible, si no se sabe esta información, se debe esperar por el responsable a ser escogido que posea la competencia para este rol, para definir las fechas y periodos de entregas, incluyendo las actividades. Algunos administradores, delega la definición de los periodos y fechas a los responsables de cada fase y actividad, e inclusive dependiendo de los candidatos a escoger al rol, las actividades, fechas y los tiempos de entregas deben ser generados por el dueño de esa fase, es decir, el experto en esa actividad. Estas actividades deben estar acordes para dar resultados que se aproxime o encamine hacia el objetivo que se desea trazar. Estas fases sirven como guía al personal que administra el proyecto, y tener un control en lo que se está realizando, pondera la dimensión y los tiempos de entregas de las diferentes fases. El encargado o responsable de esta gestión es el

Gerente de proyecto, persona encargada de la planificación, dirección, control, estructuración, y motivador del proyecto, encargado de satisfacer al cliente, esta definición fue extraído de CMMI [Car01, página 23]. Las gestiones dentro un proyecto de desarrollo de software abarca una diversidad de área como [Car01, página 189]:

- Planificación de proyecto.
- Control y monitoreo de proyecto.
- Gestión de contrato de suministro.
- Gestión de Integración de proyecto.
- Gestión de riesgo.
- Equipo Integrado.
- Gestión Integrada de suministro.
- Gestión de procesos de dimensionamiento.

Todos estos pasos deben regir en tres ámbitos o áreas fundamentales de gestión del desarrollo de un software:

- Gestión del personal.
- Gestión del proyecto.
- Gestión de procesos.

## 2.6.1. Gestión del personal

Se encarga todo el proceso de la administración y gestión de los recursos humanos dentro del proyecto. En esta gestión es apoyado generalmente por área de capital humano o recursos humanos (RRHH) de la empresa o la institución. Las actividades principales son:

- Selección y retención del personal. En el área de recursos humanos o capital humano de las empresas definen los procesos de reclutamiento del personal, para el proyecto y las demás áreas de la empresa que contribuyan en el proceso de desarrollo del software. En el área de gestión de proyecto, define el personal deseado con un conocimiento y experiencia esperado, define el cargo acorde a las necesidades del proyecto, definición de las habilidades, actitudes, perfiles, competencias y experiencias necesarias para el proyecto y los próximos proyectos, en resumen, que posea el perfil deseado para el proyecto y en los planes futuros de la empresa. La gran mayoría de las empresas seleccionan al personal en dos ámbitos fundamentales, es sus aptitudes y actitudes personales (características personales propio del individuo); el otro ámbito es la experiencia y conocimiento técnico en el área de trabajo (área de la profesión). Los requerimientos personales exigidos (negociados) por el empleado o integrante del proyecto para la entrada y retención en la empresa, debe estar definido, en algunos países por las leyes normativas a protección del trabajador, permiten condiciones ideales de permanencia no solo en una empresa, sino en el país, para evitar fugas de personal altamente cualificadas. En las empresas aplican normativas y beneficios adicionales de la ley para la retención del personal, existe una competencia entre empresas de retención de personas altamente cualificada y productiva.

- Conformación de los equipos de trabajos para los proyectos. Definición de enlace o relación laboral entre el personal, definiendo la responsabilidad y autoridad de cada miembro dentro del proyecto. Mantener el ambiente de un equipo de trabajo y no un grupo de trabajo, es decir, un equipo integrado y cohesivo. Definir, identificar y establecer las competencias de cada miembro del equipo para su rol en el proyecto. Distribución equitativa, justo y por habilidades de los trabajos. Define el mecanismo formal de comunicación en el equipo (reuniones semanales, uso correcto de correos electrónicos en la empresa, etc.).

- Manejo de conflictos. En el proceso de observación al personal, para evitar o resolver conflictos entre el personal. Se presentan de dos categorías:
    o Interno al proyecto. La falta de organización, coordinación, estructura o información produce males entendidos o problemas entre los integrantes; entre la gerencia y el personal.
    o Externo al proyecto. Hechos, situación o acciones de personas o condiciones externas del proyecto o de la misma empresa, generan conflictos internos, se debe aplicar los correctivos y acciones necesarias. En el caso de factores externos a la empresa, las acciones a tomar e inclusive en las tomas de decisiones proviene de las diversas áreas de la empresa incluyendo la gerencia del proyecto.

- Liderazgo. El personal gerencial es generalmente el líder en los proyectos, pero el liderazgo se puede delegar en otros miembros del equipo de trabajo. Se diferencia o no del rol del administrador con lo del líder, en varios autores y escuelas de gerencias definen el administrador o gerente como líder, otro dice lo contrario. El gestor o administrador está definido como el encargado del proyecto en distribuir los recursos y control en la parte económico, falta definir la figura del líder o los líderes del equipo de trabajo, generalmente el líder sobresale por sus características, sus actuaciones dentro y fuera del proyecto, que inspira al equipo. El objetivo es mantener motivado y cohesivo el equipo por los líderes.

- Negociación. Los gestores del personal debe tener la capacidad de negociación con el personal interno del proyecto como externo al proyecto (vendedores, proveedores, recursos humanos, etc.) de la empresa u otra empresa. Para la gestión de recursos como manejo de conflicto del proyecto. Otra responsabilidad es la administración y gestión de contrato de suministro directamente o conjuntamente con otras áreas de la empresa (administración, suministro y servicios) de una forma integrada como frente a las empresas proveedoras de recursos.

## 2.6.2. La Gestión del proyecto

Está enmarcado a definir con claridad el ciclo de vida del software en particular al proyecto que se presenta actualmente, es planificar y dirigir las actividades del desarrollo del proyecto, iniciando con las fases descritas en el párrafo anterior de "Ciclo de vida del software" (capítulo 2.4) y el ordenamiento con sus enlaces de las fases adecuadas para cada proyecto en particular. El orden y enlaces de las fases se pueden hacer por tres vías, seleccionando adecuadamente el modelo de desarrollo de software que se adecúe al proyecto actual (modelos de desarrollos convencionales o ágiles), hacer mezcla de dos o varios modelos, o crear un modelo nuevo, recordando de que el modelo es el resultado de los refinamientos y abstracciones que soportan los requerimientos exigidos del proyecto. En cada modelo define en cada fase y su objetivo como resultado, es decir, cada fase tiene una o varias razones por existir, en cada fase define un conjunto de actividades que están separadas de otra fase, pero las fases están enlazadas como una cadena de producción, cada fase está definido por su objetivos y resultados, teniendo en cuenta las entradas (recursos, materias primas para el desarrollo del software) y salidas (productos o resultados de cada fase, medio acabado o acabado). La gestión tiene como principal objetivo de:

- Planificar. Con la descomposición del objetivo general en objetivos específicos (más pequeños o modular, simplificar los objetivos), se definen las acciones y las tareas en cada módulo o componentes del software, colocando duraciones de tiempos en cada tarea, fechas, responsables, etc. La secuencia y distribución de las labores o esfuerzos de forma equilibrada o justas entre los responsables de las tareas (descrito en gestión del personal). Se planifica también las integraciones de los diferentes componentes como las pruebas (cumplimiento de todas las diferentes etapas del ciclo de vida del software o del modelo de desarrollo de software).

- Administración de recursos. Obtención, distribución y control de los elementos o materiales que son aplicados y necesarios para cumplir las actividades y  tareas. Se determinan las fechas de inicios y finales de las actividades, con dos objetivos en mente, para la entrega de todos los recursos necesarios ante de la fecha del inicio de cada actividad; el segundo objetivo, tener control, supervisión y monitoreo de las actividades. Se debe mantener un inventario óptimo de recursos para los requerimientos del proyecto, se necesita reposición de recursos para las futuras actividades.

- Ejecución. Coordina con todo el personal del proyecto, la coordinación consiste en el inicio y final de las diferentes actividades a ejecutar, ejecutado y en ejecución del proyecto. Supervisa el cumplimiento de los planes del proyecto.

### 2.6.3. La gestión de procesos

La gestión de procesos son actividades que acompaña en forma paralela a la gestión de proyecto y la gestión del personal. La gestión de procesos permite tener un conjunto de actividades para lograr un objetivo específico, que en resumen cuenta, todos los objetivos se centran y convergen en la calidad del producto; durante el desarrollo de software existe una cantidad de objetivo que se debe cumplir para la calidad; algunos autores también lo llama gestión del producto, donde su principal labor es de velar y cuidar durante todo el proceso de desarrollo del producto final que es el software, estos diferentes tipos de gestiones se entrelaza, fusionan o se aplican en la gestión del proyecto y del personal, existen gestiones  como:

- Gestión de proceso de calidad. En el proceso de ubicar, determinar, corregir y disminuir las fallas y errores, este proceso se aplica en todas las actividades y fases del proyecto, se necesita la implementación e implantación de la gestión de la calidad, donde garantice: establecimiento y aseguramiento; control y monitoreo; y la misma gestión de la calidad. La gestión de la calidad por medio de planeación de acciones y actividades para la calidad de los productos a entregar, determinar recursos necesarios. Para esto es necesarios tener y definir diferentes mecanismos de medición con indicadores o variables que ponderen la eficiencia de la eliminación de fallas, calidad del producto y mejoramiento continuo del producto como de los diferentes procesos. Se implanta con recursos personal con autorización, responsabilidad y relaciones en la empresa o institución donde se desea implementar. Existen diferentes enfoques de gestión de calidad como Kaizen, Gestión de calidad total, Ingeniería Kansei, Seis Sigma, etc.

- Gestión de proceso de cambios y riesgos. En todas las planificaciones en el manejo de recursos humanos y materiales, ejecución de las actividades, y cronogramas de ejecución poseen posibilidad de aparición de hechos, resultados o acontecimiento no deseado o no planificado. La gestión es de identificar, analizar y responder a estos cambios durante todo el proyecto. Poder definir e identificar los cambios de riesgos posibles para minimizar o responder a ellas. Los cambios pueden surgir desde su fuente como cambio de requerimiento de los usuarios, hasta ocurrencia de hecho que están planificada o no. La forma de tratarla es de forma proactivos como reactivos. Los proactivos se determinan con antelación y evita la ocurrencia durante el tiempo del proyecto. Los reactivos son generalmente los no esperados o no planificados, aparecen y se tratan en el momento cuando ocurren. Existen en diversas empresas de producción, diferentes formas de actuar para los tratamientos reactivos, una empresa al detectar una falla, hace parar toda la producción hasta que se resuelva el problema, si se solventa el problema, se inician todas las actividades de nuevo; el otro caso de acción, es de esperar al final o culminación del producto para tomar una decisión y acciones de corrección. El detectar cambios o fallas, puede suceder, que si no se corrige a tiempo, este se puede agravar o agrandar las fallas o cambios, mantenerse o puede desaparecer. En todos los casos se deben identificar, evaluar, colocar prioridad o nivel de impacto, resolución y monitoreo.

Debe haber una evaluación y control de los riesgos. La gestión de cambios se aplica similar a la gestión de riesgos, los cambios vienen desde exterior del proyecto o interno de esta, pero son cambios que no se tratan como son debidos, se pueden convertir en riesgos o en ventajas, los cambios se deben medir como en impacto o en riesgo, identificar el objetivo de los cambios, definir estrategia, accionar de forma que el cambio no genere impacto o genere riesgo, más aun que genere beneficio o mejora al estado actual. El detectar, evaluar y accionar los cambios, se debe tener un proceso de aceptación del cambio y de las mejoras, finalmente, debe existir un proceso de monitoreo de los cambios.

- <u>Gestión de procesos de la organización</u>. Se definen las áreas de la empresa que dan apoyos a la gestión de proyecto, procesos y del personal. Se involucra en proveer los recursos tanto material y como capital humano, en el área de recursos humanos, servicios generales, administración y la misma presidencia con su directiva. La empresa debe estar estructurada con diferentes procesos, gestión e integración de las actividades para agilizar el proceso de desarrollo del software. Por ejemplos: bonos de productividad; modelo de comunicación entre áreas en la organización de forma fluida, eficiente y rápida; paquetes anuales de los empleados; integración de la gestión de la calidad en la organización en su totalidad, etc. En cada área debe tener los procesos propios de atención a las otras áreas como mejoras continuas en sus procesos dentro de la organización.

- <u>Control y monitoreo de proyecto</u>. Todas las gestiones poseen unas actividades mínimas de control y monitoreo, en el mismo proyecto como las demás áreas de la organización que apoyan el proyecto, estos deben ser tratado de forma individual por cada área y ser integral en la organización, para determinar las fallas del área, como las mejoras en todos sus procesos y gestiones. Esto afecta a toda en la organización.

- <u>Gestión de procesos de dimensionamiento</u> (dimensionar y medir los objetivos tanto en calidad y rendimientos de los procesos). Generalmente es la medición cuantitativa, si no se puede, se realiza evaluación cualitativamente, pero en todo proceso debe tener métricas o mediciones que permitan determinar el avance o no de los procesos como de los proyectos; el otro objetivo de las mediciones es verificar y validar la calidad del proceso que se aplican. Sin mediciones no se puede administrar y gestionar. Se presentan métricas en:

- o  <u>Procesos</u>. Para las mediciones de los procesos se utilizan características de su propia naturaleza, en algunos casos como de los procesos de servicios, atención a clientes o personal de la empresas, entrega de material o producto, etc. Se identifican indicadores o estados en el momento de la observación de subprocesos, es un instante dado que se toma una fotografía para ser comparado en otro momento en el futuro o en el pasado, por ejemplos: tiempo de atención o ejecución, número de ocurrencias del evento, cantidad material consumido en el proceso, cantidad de fallas ocurridos en un periodo, número de facturación de compras o ventas, montos totales gastados o ganado, metas y objetivos cumplidos, cantidad de producto rechazado o devuelto por el cliente, toneladas o Kg de productos despachados, etc. Cada proceso tiene en su línea de ejecución entrega de subproducto o componente que permita culminar el producto final u objetivo del proceso; como entrada y salida de algo en los subprocesos; que son los candidatos como indicadores para su medición u observación. Estos indicadores son por naturalezas señales o identificaciones de la productividad del sub proceso, y del proceso total. Con estos indicadores pueden reflejar las aplicaciones de los cambios, se reflejan el estado actual del proceso, permiten señales de alarmas o normalidad del proceso; si estas mediciones no posee cambio al aplicar las acciones, no se seleccionaron correctamente estos indicadores, o hay que analizar muy bien los resultados.

- o  <u>Producto</u>. Se define como el resultado de los procesos, que puede ser un documento, el software, algo derivado del proceso, etc. Se describe el producto durante su desarrollo y terminación. También se mide el resultado en base al material usado, estimación del costo del producto, etc., en el caso del software se mide con diferentes enfoques, como: tamaño del programa que genera en el momento; mediciones del progreso por la cantidad de línea de código de programación que es aplicable en un lenguaje de tercera generación; lista de funcionalidades o características que debe tener el software, identificando su estado en culminado, en ejecución o por realizar; las funcionalidades se pueden separar por nivel de complejidad, calcular una media promedio de tiempo de construcción a cada nivel de complejidad, y no por cantidad de línea de código de programación. Se puede medir también por el número de componente, objeto, sub módulos, procedimientos, funciones o módulos construido y por construir. La medición del tiempo es importante en todos los casos, se disponen de fechas de inicios y entregas, adicional a esto los costos de alquiler de equipos, alquiler de las instalaciones (oficinas), empleados e ingenieros por tiempo de ejecución, salario mensual, costo de electricidad, agua, etc., que se consideran costos y beneficios colaterales para el proyecto. Mediciones intrínsecas con la calidad de fallas reportadas de los componentes construido y entregado, mitigación y tiempo de corrección, y pruebas.

Una gestión de proceso que realiza la planificación y la ejecución con ciertas políticas, donde la utilización de los recursos adecuados y personas competentes para producir productos controlados; el proceso debe controlar, revisar, evaluar y monitorear dentro de los objetivos y parámetros establecidos. En cada planificación debe estar conformado por actividades, donde debe estar bien definido con el rol del ingeniero de software, sus responsabilidades, cargo y deberes. En el proceso de CMMI indica que el conjunto de actividad como la fase, el Ingeniero de software es el responsable de esas actividades. Otra área que plantea CMMI, indican que son los procesos de ingeniería y personal de soporte que son los responsables, pero nuestro caso, en este libro se mantiene estas dos opciones en la gestión de procesos, los responsables es el ingeniero y los gestores de los procesos.

## 2.7. Planificación

La planificación es importante y está presente en toda administración y gestión de los proyectos, se ha nombrado en diversas partes del libro, pero no se detalla el contenido mínimo de toda planificación, y su funcionalidad. Como su palabra lo indica es un plan escrito y detallado de todo el proyecto, en teoría es organizado o debe ser organizado y estructurado por unas secuencias de actividades, adicionalmente se debe agrupar las actividades para completar el sub objetivos u objetivos específicos, que en su totalidad permite cubrir el objetivo general, es el mapa de acciones a seguir para lograr el objetivo o culminación de la obra. En esta se constituyen en:

- Tiempo de duración. Se identifica la duración del plan total, donde se totaliza o suma el tiempo de cada tarea o acción a realizar. Se determina la fecha de inicio y final de cada paso o acción.

- Responsable(s). Encargado de ejecutar o la persona comprometida a entregar o realizar el paso o acción. Se define el responsable para planificar la carga y distribución justa de los trabajos en el proyecto.

- Alcances o resultados. El conjunto de tareas y acciones determinan finalmente un entregable o resultado.

- Acciones o pasos. Descripción detallada de la operación a ejecutar en forma clara y detallada.

La planificación depende de otros factores que debe ser documentado en ella si es posible o ser acompañada por los siguientes condiciones para su realización:

- Condiciones actuales. Descripción de la situación del proyecto en su inicio, existe una descripción del ambiente actual, define los recursos disponibles como los recursos que son necesarios adquirir. Definir la situación actual e inicial para el proyecto.

- Costos y recursos necesarios. Es el aporte necesario de forma económica o inversión para la totalidad del proyecto. Se define como recursos necesarios y el personal para su construcción, como materiales y herramientas (tecnológicas). La inversión total proviene de la estimación de la suma de los diferentes planes.

- Si es una planificación parcial o total dentro un proyecto mayor. Determinar la prioridad o la consecuencia de la ejecución del plan.

- Condiciones deseadas en el futuro y el actual. La afectación o la consecuencia que puede generar la culminación del plan y la operatividad del software.

- Información completa. Se define todos los planes o la planificación, con los datos o información, incluyendo toda la documentación, para que sea completa se debe tener las respuestas a las siguientes preguntas: ¿Qué?, ¿Quién?, ¿Dónde?, ¿Por qué?, ¿Cuándo? y el ¿Cómo?, definen como mínimo, el objetivo, responsable, el lugar, justificación, fecha y hora (duración), y la forma de accionar, respectivamente. Un punto importante es el beneficio económico de desarrollar el software.

- Secuencia. La continuidad o secuencia de acciones o pasos a seguir de forma ordenada, si una acción o paso es necesaria o mandatorio su culminación para otra acción posterior, se identifica las acciones o pasos que se pueden ejecutar o realizar de forma paralela, generalmente son acciones independientes. Si es de forma paralela la ejecución se necesita recursos adicionales, se puede colocar de forma secuencial inicialmente con los pre requisitos uno del otro. También es importante definir la prioridad de cada acción o tarea.

Hay diversos planes que acompaña en la gestión y administración del proyecto, como:

- Plan del proyecto. Refleja el modelo de proceso de desarrollo del software en su construcción.

- Plan de gestión de costo. Define los pasos y acciones a aplicar, relacionando en el plan del proyecto con un costo de ejecución, definir desviaciones en los costos planificados y ejecutados según el cronograma, como valor actual y futuro del proyecto.

- Plan de gestión de problemas. Detalla la identificación, evaluación, cuantificación, mitigación o respuesta, estados y responsables de la solución de los problemas previstos y encontrados en la ejecución del plan.

- Plan de gestión de cambio. Descripción en detalle en la evaluación, cuantificación, mitigación, estados, como impacto o ventajas de los cambios, fecha de aprobación y quienes autorizan los cambios. Se incluye plan de monitoreo después de mitigar los cambios.

- Plan de calidad. Definen actividades, controles y procesos, que garanticen y aseguren la calidad del producto.

- Plan de gestión de riesgo. Detalla la identificación, evaluación, cuantificación, mitigación o respuestas de los riesgos encontrado en el proyecto.

- Plan de gestión de procesos. Define los pasos y acciones para garantizar la correcta recolección, definición, diseño, codificación, pruebas de los requerimientos.

- Plan de despliegue. Define los pasos y acciones para la entrega del software, tanto en la implantación como las entregas de las diferentes versiones a los usuarios o al cliente. Planificación de servicios post entrega.

- Plan de gestión del personal. Definición de los roles, responsabilidades, funciones, autoridad, competencias y duración del recurso humano dentro del proyecto. Se define normas explícitas en la convivencia del personal en el área de trabajo si es necesario.

- Plan de mapa de ruta o camino ("Roadmap" en ingles). Se define el futuro del proyecto y del software a mediano y a largo plazo.

A continuación se describen varios procesos que se aplican en todo el proyecto, donde en cada uno de los conceptos se describirán y se intentan colocar acciones dentro de la gestión de los procesos, que incluye la calidad, la simplicidad, como otras características que se han nombrado anteriormente. Las diferentes gestiones no son estáticas, cambian por el mismo proceso de calidad, madurez y de la misma.

## 2.8. Tomas de decisiones

La toma de decisión se aplica en todo el ciclo de vida del software y sus procesos que los acompañan, inclusive se aplica mucho antes del inicio del ciclo, el proceso de tomar la decisión está en la selección del futuro cliente, o los criterios de búsqueda del cliente para ofrecer el software, o el nicho de mercado que va a estar dirigido el software. En el lado del profesional del área de ingeniería de software, la decisión de estudiar esta carrera, la selección de la universidad a estudiar y el grado que desea llegar también se está aplicando este concepto. En la vida de todo humano debe tomar decisiones en todo momento, decidir la hora que desayunará hoy, ¿qué desayunar?, el traje o vestido para ir al trabajo, hay decisiones grupales como hacer cambios en la política y económica de un país, de una región o un municipio; no hacer nada también es una decisión; leer o no este o aquel libro; ver una revista o la televisión en este rato libre. En la vida está en una constante tomas de decisiones, existen diversos libros y estudios que se encarga de este tema, desde cómo llevar la vida, hasta el uso de estos conceptos en la vida pública o en el trabajo, en las diferentes ciencias la forma de hacer toma de decisión varia de un área a otra. Pero ¿estamos conscientes para qué lo usamos y cómo lo usamos?, ¿hacemos correctamente en las tomas de decisiones?, la respuesta depende de ti y es muy variado.

En la ingeniería de software hay apartados de estudio para usar los procesos de tomas de decisiones, su principal rol es hacer representaciones estándares de la toma de decisiones que posee internamente el software descritos en libros o manuales, representa el lenguaje natural en símbolos o representaciones entendible para otro individuo con un lenguaje formal. Pero está claro no solo es una representación, también es la forma de llevar una actividad del plan, llevar un plan, o lo que conlleva en toda gestión. Un líder, un administrador, un gestor, un gerente, un presidente tiene un rol, de tantos roles importantes que son responsables, el de tomar de decisiones, esas decisiones que en teoría puede afectar no solo a la persona, sino al grupo al que pertenece. Las personas aunque sus roles son de ejecutar actividades o acciones dentro de grupo de persona, hay momento que igual deben tomar decisiones individuales, directa e indirectamente estas decisiones también puede afectar al grupo. Hay muchas acciones mentales para las tomas de decisiones, muchas fases o etapas para este proceso, las fases en los procesos de tomas de decisiones debe ser simple y sencillo que podamos recordar y aplicar cada vez que se plantea, según Davis y Olson [Dav01, páginas 172-178, 184-195], representa en forma sencilla las fases básicas de la toma de decisiones, y son:

- Investigación (Inteligencia).- Presentar todas las condiciones y exploración del ambiente.
- Diseño (Creatividad).- Invención, análisis de todas las acciones.
- Elección.- Selección de la alternativa o curso de acción

Tres fases que se indica de forma sencilla y simple, pero en el fondo dentro de cada fase no lo es. Cada fase es una labor titánica que se debe separar en diversas actividades. Cada fase se puede interactuar con las demás, donde se puede descartar y modificar las posibles acciones, de la fase de elección podemos regresar a las dos fases anteriores, cuantas veces sea necesario hasta que el individuo quede satisfecho o conforme con los resultados de cada fase.

**Investigación.** Esta fase comprende dos actividades: descubrimientos de problemas, y formulación de problemas. Donde:

1) <u>Descubrimientos de problemas</u>. La localización del problema, descubrimiento de alguna situación existente o un cierto estado no deseado. Estos pueden ser por el estudio de los siguientes modelos: a) Modelo histórico, experiencias anteriores; b) Modelos de planeación, el plan es una expectativa; c) Modelos de otras personas de la organización, experiencias de otras personas o departamentos; d) Modelos extra-organizacionales, experiencias de otras compañías o instituciones.

2) <u>Formulación de problemas</u>. El problema es clasificado de tal manera que el diseño y las actividades de selección obren sobre el problema en forma correcta. La formulación del problema debe ser clara, si es compleja, reducir la complejidad que sea manejable. La simplificación del problema se hace con: a) Determinar los límites; b) Examen de los cambios que pueden precipitar el problema; c) Descomposición del problema en problemas pequeños; d) Concentración de los elementos controlables.

**Diseño.** Generar alternativa para la selección. Es un acto creativo y la creatividad debe tener: a) Los límites y conocimientos del problema (dominio del conocimiento); b) Motivación de resolver los problemas. La creatividad se puede mejorar con: técnicas de escenarios, las analogías, tormentas de ideas, las listas de verificación, esquemas de proceso de decisión, etc.

**Elección.** Difiere de una cantidad de métodos para decidir entre las alternativas, la selección de ellas, depende del dominio del conocimiento que abarca como la gestión del método. Una de las razones de porque las universidades colocan las materias como estadísticas, investigación de operaciones, probabilidades, economía, ética, etc., en la carrera de ingeniería de software se identifica en cada campo del conocimiento con el uso de la metodología, en seleccionar la mejor elección entre las diferentes alternativas de acción.

## 2.8.1. Métodos para decidir entre alternativas

Hay numerosos métodos que permite ayudar en la selección o elección de las alternativas. Una vez que se conoce bien todas las alternativas, existe diferente modo de seleccionar la alternativa correcta con el uso de conocimiento general en el área donde se involucra estas tomas de decisiones. Algunas de las diferentes áreas son:

1) Técnica de optimización. Decisiones bajo certeza. Se utilizan: Sistemas de ecuaciones, Programación Lineal, Programación Entera, Programación Dinámica, Modelo de Teorías de Colas, Métodos de Inventario, Análisis de Presupuesto Capital, Análisis de Punto de Equilibrio.

2) Matrices de Pago en la teoría de decisión estadísticas. Todas las alternativas y resultados son conocidos y el objetivo es maximizar beneficio o utilidades. Esta son: Matriz de Pago y árbol de decisión.

3) Curva de utilidad e indiferencia. Se utiliza el término UTIL (unidad medida en función de la utilidad) en vez de valores monetarios.

4) Clasificación, ponderación o eliminación de aspecto. Involucran un número de factores o aspectos, en cada aspecto se le asigna una importancia.

5) Teoría de juego. Si uno pierde la otra gana.

6) Inferencias estadísticas clásicas. Enfoque contrario al bayesiano y son: a) Muestreo. Tomar muestra para determinar variancia, esperanza, etc.; b) Distribución de probabilidad. Aproximación por distribución a una función conocida (chi-cuadrado, Poisson, etc.). Este último permite en vez de tener una cantidad de datos discretos, en tener una función que se comporte con un margen de error con la misma funcionalidad y más sencilla en implementar en vez de los datos discretos.

Las decisiones difieren de varias maneras. Afecta la formulación de las alternativas y selección entre ellas. Existen 4 niveles de conocimientos de los resultados:

1) Nivel de conocimiento de los resultados. Se mide por: a) Certeza. conocimiento completo y exacto de cada alternativa; b) Riesgo. Probabilidad de ocurrencia de cada alternativa; c) Incertidumbre. se sabe la consecuencia pero no se sabe la probabilidad de las alternativas. Si se conoce los resultados y consecuencias, el trabajo es calcular la alternativa más óptima. Se utiliza el siguiente razonamiento para alcanzar la alternativa más óptima: utilización de "programación lineal"; Si es el mismo valor de resultado se busca la menos costosa; La toma de decisión de bajo riesgo y es casi del mismo valor de la certeza, se aplica optimización de valor esperado (valor esperado = probabilidad x resultado); Decisiones de baja incertidumbre y su probabilidad es desconocida el criterio de optimización no se aplica, suplir las probabilidades para tomar el menor riesgo.

2) Nivel de programabilidad. Se presentan las decisiones programadas Vs. las decisiones no programadas. Las programadas son la que se explican mediante reglas o procedimiento bajo certeza. Las decisiones no programadas no tienen reglas o procedimientos de decisión, se pasa a nivel más alto de decisión.

3) Criterios para las decisiones. Un modelo de decisión de como tomar una clase de decisión en un modelo normativo o prescriptivo. Un modelo de decisión que describe como se toman actualmente las decisiones son descriptivos. El modelo normativo es maximizar u optimizar ya sea la utilidad o valor esperado (cuantitativo). El modelo descriptivo se mide por la satisfacción.

4) Nivel de impacto. La selección a tomar tiene efecto cuantitativo (utilidad, ganancia, pérdida, costo, etc.) y/o cualitativo (Psicológico, satisfacción, etc.).

### 2.8.2. Documentación de toma de decisiones

Existen diferentes formas de representar los procesos de la toma de decisión en diferentes documentos, los más conocidos o estándar son:

1) Diagrama de Flujo
2) Árbol de Decisión
3) Tabla de decisión

4) Matricial

*2.8.2.1. Diagrama de flujo*

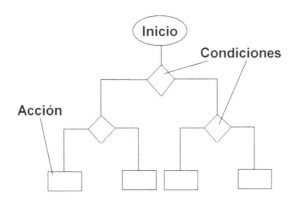

**Figura 4. Diagrama de Flujo**

Diagrama de flujo llamada también diagrama de actividades es la representación gráfica de un proceso, sistema o algoritmo estructurado. Permite describir paso a paso procesos o resolución de problemas, el paso secuencial se detalla con acciones y toma de decisiones (con condiciones). Es una descripción gráfica donde el óvalo indica el inicio o el final del diagrama; el rombo define pregunta o condicionales; el rectángulo representa una actividad o varias actividades; triángulos significan archivos tanto temporales o definitivos; línea o flecha que representa la conexión entre un paso a otro, en caso de la flecha indica el orden o dirección del siguiente paso, mientras las líneas van de dirección del símbolo de inicio (óvalo) hacia el final. Los símbolos descritos anteriormente son las básicas, existen más símbolos que detallan los elementos de forma unívoca. Los tipos de diagrama de flujo son muy variadas sean por el formato, su presentación, el propósito y la combinación de las tres anteriores; por ejemplo, un diagrama por presentación donde la secuencia son descritas por el orden del flujo como; vertical (ver la gráfica 4) de arriba hacia abajo; horizontal donde la secuencia de paso es de izquierda a derecha.

**Estructura**
**Codificación de Programación**
IF (Condiciones) THEN Acciones

155

Un objetivo del diagrama de flujo es convertirlo en un lenguaje de programación. La instrucción del condicional en el lenguaje de programación es "IF – THEN".

*2.8.2.2. Árbol de decisión*

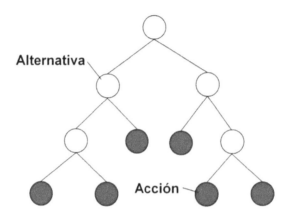

**Figura 5. Árbol de decisión**

**Estructura**
**Codificación de Programación**
IF (Alternativa) THEN Acción

El árbol de decisión es un diagrama que describe las diferentes decisiones relacionadas y sus posibles resultados. Existen diferentes tipos de árbol de decisión desde el más simple compuesta de nodos de alternativas y nodos de acción (ver figura 5) hasta diagrama construida con nodos de probabilidades, de decisión y terminales (ver figura 6), también existen otras variedades con la combinación y variantes de las dos anteriores. Los nodos están conectados por aristas o ramificaciones de alternativas. El árbol de decisión de la figura 5 representa los nodos de alternativas en la parte superior del árbol y las acciones en las hojas del árbol, las ramificaciones se asume implícitamente que tienen la misma probabilidad de selección, si hay dos aristas es un 50% de ser seleccionada, si hay tres aristas serán 33,33% cada una, al menos que el porcentaje se indique explícitamente; la ventaja principal de usar este tipo de árbol de decisión es como se estructura un software; donde las hojas o nodos de acciones (leer disco, usar archivo, usar teclado, etc.) son usados o no dentro del sistema dependiendo de los nodos de toma la decisión, donde los cambios mayores de los sistemas son de toma de decisiones. En cambio, en la figura 6 cada arista se indica la acción y la probabilidad de ocurrencia o selección, y las hojas se indican los valores esperados en cada alternativa; y la raíz se indica el valor con mayor probabilidad de ocurrencia; la utilización de este árbol de decisión es muy diferente al anterior dentro de un proyecto.

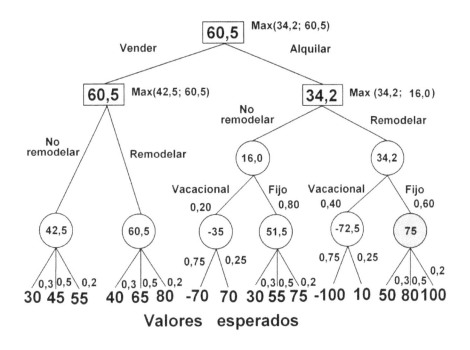

**Figura 6. Árbol de decisión con valor esperado**

*2.8.2.3. Tabla de decisión*

| Variables o Condiciones | Combinaciones de Condiciones |
|---|---|
| Acciones según las condiciones | Ejecución de las acciones |

**Figura 7. Tabla de decisión**

**Estructura**

La tabla de decisión está compuesta por dos tablas combinadas, donde en la parte superior es una tabla de la verdad, y en la parte inferior en la tabla de acciones. En la tabla de la verdad existe $2^n$ combinaciones de posibles condiciones, asumiendo que las condiciones dependan de "n" variables booleanas (donde sus valores son verdadero - "1" y falso – "0"), en el caso donde las variables poseen más de dos posibles valores la filosofía es la misma, buscar todas las posibles combinaciones existentes en la tabla, el objetivo de la tabla de la verdad es definir todos los posibles combinaciones existente para considerar todos los posibles casos en su naturaleza; en el ejemplo de la figura 8 están definidas tres variables A, B y C booleanas. En la tabla de acciones o la tabla inferior de la tabla de decisión esta descritas las acciones que se deben ejecutar dependiendo de las condiciones que ocurran, en la tabla de la verdad la acción se identifica para ser ejecutada cuando en las columnas se cumplan las condiciones, en el ejemplo de la figura 8 "H1" es una acción y se ejecuta cuando se den las siguientes condiciones: A=B=C=Falso; A=C=Falso y B es verdadero; A es verdadero y lo demás falso; A=B= es verdadero y C es falso.

| A | 0 | 0 | 0 | 0 | 1 | 1 | 1 | 1 |
|---|---|---|---|---|---|---|---|---|
| B | 0 | 0 | 1 | 1 | 0 | 0 | 1 | 1 |
| C | 0 | 1 | 0 | 1 | 0 | 1 | 0 | 1 |

| H1 | X | | X | | X | | X | |
|----|---|---|---|---|---|---|---|---|

**Figura 8. Ejemplo de tabla de decisión**

*2.8.2.4. Matricial*

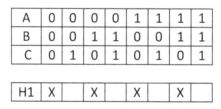

|  | Combinaciones de Condiciones |
|---|---|
| Variables o Condiciones | Ejecución de las acciones |

**Figura 9. Tabla Matricial**

158

La tabla matricial es similar a la tabla de decisión, la diferencia se presenta en la tabla de acción se define dentro de la tabla de la verdad, como se indica en la figura 10.

**Estructura**

|   | R1 | R2 | R3 | R4 | R5 | R6 | R7 | R8 |
|---|----|----|----|----|----|----|----|----|
| A | H1 | NA | H1 | NA | H1 | NA | H1 | NA |
| B | H1 | NA | H1 | NA | H1 | NA | H1 | NA |
| C | H1 | NA | H1 | NA | H1 | NA | H1 | NA |

NA = No aplica

**Figura 10. Ejemplo de Tabla Matricial**

La figura 10 de la tabla matricial es la representación del ejemplo de la tabla de decisión (figura 8), la acción está contenida dentro de la tabla de Rx. En el caso de toma de decisiones es uno de sus finalidades del uso de esta tabla, pero existen otros objetivos en el manejo de la tabla matricial. Cuando existen muchas combinaciones la tabla matricial es mejor elección también llamado diagrama cruzado o diagrama de trayecto que relaciona elementos de la primera fila con elementos de la primera columna. La aplicabilidad en otras áreas es fundamental para el caso de ver, por ejemplos, las relaciones entre procesos, áreas, productos, producción, etc.

### 2.8.3. Revisiones de los documentos

Al analizar las columnas de una tabla o validar las diferentes ramificaciones de los árboles se pueden detectar errores como:

-**Falta de integridad**: no se consideraron todas las condiciones involucradas en el problema.

-**Situaciones imposibles**: condiciones excluyentes se cumplen simultáneamente para una acción.

-**Contradicciones**: las reglas sugieren diferentes acciones pero satisfacen las mismas condiciones.

**-Redundancias**: juegos de alternativas idénticos requieren exactamente la misma acción.

### 2.8.4. Selección entre alternativas personalizadas

Todos los métodos descritos anteriormente para decidir entre las alternativas, es solo una parte de la diversidad existente, intentar englobar la mayoría de los métodos de toma de decisión estructurada o sistematizada y las más conocidas, no es tan sencillo. Pero seleccionar las alternativas "correctas" para la resolución del problema, son tan personalizadas, que son consecuencias de las mismas experiencias del individuo, uso de selección menos formales, e inclusive más trabajosa en seleccionar, o basándose con ensayo y error. Por supuesto, con mayor riesgo, alta probabilidad de fracaso dependiendo de la poca o mucha experiencia o madurez, es muy personal, se recomienda aplicarlo si no se encuentra un método estructurado o sistematizado conocido para el caso que se presente. La forma de gestionar es por el control de la entrada y resultado, como en una caja negra, no sabemos cómo funciona. Pero si se debe considerar el estado inicial que este dentro las combinaciones de condiciones y la acción seleccionada deben mejorar o dar un resultado esperado según el método o al modelo de selección entre alternativa escogido. La alternativa de seleccionada debe cumplir con las características esperadas como en la eficiencia, en la calidad de los productos o resultados.

## 2.9. La modularidad como un concepto

La modularidad debería ser descrito en el capítulo de diseño e implementación de este libro, pero se coloca en los conceptos generales en la ingeniería de software por una gran razón, es aplicable en todo lo contexto de la vida,  es una consecuencia de aplicar lo indicado en el capítulo de "Lo simple". Es un concepto que si lo ve desde varios puntos de vistas, por ejemplo, los diferentes sistemas del coche, como el motor, sistema de refrigeración del motor, sistema eléctrico, sistema de refrigeración del coche, etc., lo vemos como módulos que trabajan separados que se interconecta entre sí para que funcione el coche; muebles modulares de cocinas o de oficinas; diversos juegos de piezas se arman para que los niños, con pocos modelos de piezas, construyan una diversidad de cosas imaginables; las diferentes partes que compone una estación espacial; el ensamblaje de los coches por piezas como las puertas, el motor, carrocería, etc., se arman y trabaja en forma individual que luego es terminado en una sola pieza que es el coche; hay mucho más ejemplos que no podemos mencionar todo. El concepto se forma en el cerebro de la persona y en la práctica como trabajamos con este concepto, es donde se refleja las bondades. La forma de trabajar con este concepto reduce la complejidad y genera la simplicidad de cada cosa que hacemos, permite de alguna forma construir la calidad desde adentro hacia fuera como desde afuera hacia adentro. Existen dos ventajas en usar este concepto:

- Limitar en porciones pequeños el trabajo, el estudio o investigación, conocimiento, la labor y pensamiento controlado, es más manejable de forma simple y fácil.
- La calidad en porciones pequeñas se incrementa, dado el control y conocimiento detallado, puede mejorar la condición actual de la porción. Esta porción puede mejorar o aumentar su capacidad o funcionalidad. Está enfocado en porciones controlables.

Por ser limitado la porción, el resultado de éxito y fracaso también lo es, el impacto es menor en ambos sentidos. Se fundamenta en el conocimiento y control total del área limitada en la porción, por ejemplo, saber cómo trabaja la refrigeración del motor de un coche. Ya conocido, podemos seguir con las demás partes que nos faltan por desarrollar o conocer. Estas porciones los llamaremos módulos, pueden ser porciones de estructuras, bloques de piezas, porciones de espacios, cantidad de algo reunido, porción del programa del ordenador, etc. Si pensamos en este sentido, es un trabajo de hormiga en construir algo, los éxitos son pequeños (igual que los fracasos), el aprendizaje como el conocimiento es poco a poco, es preferible tener pocas cosas de calidad que sirven, que tener muchas y grandes cosas que no sirven. El conocimiento y el aprendizaje incluyen este razonamiento, tener poco conocimiento de todo, pero lo que conocemos es lo correcto, en vez de tener mucho conocimientos errados; lo ideal es tener conocimiento de todo y correcto, se ha descrito este punto en el capítulo de "Conocimientos generales y especializados". Pero la visión aquí que las porciones o módulos son bien conocidos para seguir con otro, el detalle es cuando podemos parar o en seguir con otro módulo; todo depende del objetivo que cubre o no con los módulos hasta ahora trabajado, ¿es suficiente los módulos que poseemos para llegar a la meta?, si es no, se debe continuar, si es sí, depende de ti continuar o parar ahora, o retomarlo cuando tenga más tiempo para profundizar en lo personal y no para el objetivo ya alcanzado.

Desear grandes resultados es agrandar un éxito pequeño, se aplica el éxito a escala mucho mayor o amplificarlo, el mismo ejemplo de las obras a escala o maqueta en la arquitectura e ingeniería civil o en la construcción; la otra forma de crecer es iniciar algo pequeño y colocar más detalles y características que van agregando más módulos de lo que generalmente en su inicio no se esperaba. Depende del contexto y conciencia, en una nueva aplicabilidad y funcionalidad que se encuentren. Puede suceder que el control y el descubrimiento de un módulo de una aplicación de software, sea este como módulo secundario o adjunto al objetivo principal; pero colocado y reformulado en otra aplicación, sea este el módulo principal en otro software, se convierte en el objetivo principal. Sucede lo mismo con los temas de investigación de la ciencia, pequeños descubrimientos, abre camino y construcción de una nueva ciencia.

La modularidad posee ciertas características de diseño que se evalúa lo efectivo o lo eficiente, todo uso de este concepto es en sí efectivo, tiene unos resultados bien conocidos, pero para que sea eficiente, entra en la ciencia de lo exacto y predecible. Las características de los módulos para evaluar lo eficiente son:

- Independencia funcional.
- Cohesión de sus componentes o recursos.
- Acoplamiento con otros módulos.

## 2.9.1. Independencia funcional

La independencia funcional está basada con la cohesión y el acoplamiento que se va a detallar en los siguientes capítulos. La independencia funcional es el concepto donde el módulo realiza una sola función, un trabajo; cumple un solo un objetivo específico. Mientras más independientes es mejor, cuando el módulo depende de uno o más módulo para cumplir su función, el módulo es efectivo; pero si este no depende de otros módulos es eficiente. Se puede colocar el módulo de un lugar a otro y cumple con su objetivo. Mientras dependa su labor de otros, al ser llevado a otro software se debe llevar consigo a los módulos que depende. Sucede lo mismo con los profesionales o personas que son independientemente funcionales, que cuenta o no con otras personas, en que cumpla su trabajo para la sociedad o para el equipo que pertenece, no depender de otras personas para hacer o cumplir su trabajo, obligaciones, derechos o deberes. Se refleja también el grado en la autonomía, autosuficiencia o autoabastecimiento dentro un límite o trabajo definido. En el área de desarrollo de software, se identifica que los módulos con esta característica con un nivel de independencia funcional son candidatos para ser llevados a otro aplicativo u otro lugar del aplicativo para ser usado, trabaja correctamente de la misma forma en cualquier parte.

## 2.9.2. Cohesión

La cohesión es el nivel de adhesión o unión de los elementos que conforma un módulo, es más cohesivo si todos los componentes del módulo le pertenecen y no hay otro módulo que lo use. Todos los recursos o elementos del módulo le pertenecen, tiene una cohesión alta; mientras si un elemento o más de un módulo es usado o pertenece también a otros módulos, es de cohesión baja. El uso de un recurso como un lápiz para toda la oficina, cada persona depende de la otra persona en el uso del lápiz, debe esperar para usarlo si una persona de la oficina lo está usando en ese momento; el lápiz es cohesión baja con respecto a cada persona que usa el lápiz; en cambio, si cada persona de la oficina, cada uno posee un lápiz para su uso, en este caso el lápiz es altamente cohesivo a la persona quien lo usa. En caso de desarrollo de software, un ejemplo es de un módulo que es el encargado de manejar y administrar el disco duro (hardware) en un ordenador, este módulo debe negociar con todos los aplicativos del ordenador para acceder al disco duro; en cambio de no tener este módulo, y que cada aplicativo accede directamente al disco duro, en este último caso, cada aplicativo tiene un nivel de cohesión baja con respecto al disco duro cuando lo accede; en el primer caso, el único módulo que controla el disco duro, el disco duro tiene una cohesión alta con este módulo. En la ingeniería del software lo ideal tener una cohesión alta en sus módulos. En desarrollo de aplicaciones orientadas a objetos y clases, la cohesión es baja por su naturaleza y por el concepto de la herencia, se recomienda de construir objetos con una cohesión alta.

## 2.9.3. Acoplamiento

El acoplamiento es el nivel de complejidad de conexión entre dos o más módulos, es la interconexión o comunicación entre dos módulos, mientras más sencillo y fácil sea la conexión, es mejor la conexión, cuando la interconexión tiene esta característica, se dice que es de acoplamiento bajo, mientras que un acoplamiento alto, es un tipo de interconexión difícil y engorrosa. La interconexión de dos elementos, mientras sea más sencilla y fácil es mejor, es como comunicarse dos personas, buscar palabras sencillas y fáciles de entender dentro un ambiente ideal de transmisión de información (sin ruido), si el objetivo es comunicarse correctamente. En los desarrollos de software, en crear módulos de fácil conexión y fácil desconexión al sistema permite que estos módulos sean manejables a cambios fáciles, de fácil mantenimiento y modificación; un ejemplo de este caso son las aplicaciones con acoplamientos bajos en la internet, dos equipos con características diferentes, con dos sistemas operativos diferentes se hablan entre ellos. En el caso de aplicaciones con enfoque orientado a objetos en el manejo de clases, por su naturaleza es de nivel alto de acoplamiento por el concepto de la herencia, se recomienda generar acoplamiento entre los objetos que sea simple.

### 2.9.4. Modularidad eficiente

Al usar el concepto de modularidad, como indicamos al principio de este tema, toda componente es efectivo cuando la modularidad tiene un nivel de acoplamiento bajo y una cohesión alta, las otras combinaciones con el acoplamiento alto (con cohesión alto o bajo) o la cohesión baja (con acoplamiento alto o bajo) es efectivo.

 Se puede aplicar la modularidad eficiente en diferentes lugares, se observar en las producciones de vehículos o fabricas en series de productos genéricos, como repuesto de coches que pueden ser usados en diferentes modelos y marcas, se puede mencionar como filtros de aire y de aceite, cada elemento tiene una sola función y se acopla en equipos estándares del mercado. En el desarrollo de software hay varios ejemplos, como usar un lenguaje de programación que obliga al programador a trabajar modularmente (por lo menos en modularidad efectivo en el uso de las herramientas de desarrollo), pero el aplicar la programación con la modularidad eficiente depende más del desarrollador. Un lenguaje de programación que en su esencia no cuida o no permite aplicar la modularidad, el programador debe aplicarla de igual manera, como ejemplo del uso de la modularidad eficiente es con el lenguaje de programación ensamblador, es un lenguaje lo más cercano al lenguaje de máquina, por su forma de trabajar con los compiladores o aplicaciones que no ayudan para la programación modular, el programador debe aplicar este concepto al lenguaje ensamblador; una idea sería colocar funciones o procedimientos (módulos) dividas por grupo de instrucciones y limitado por los números de la dirección de memoria continua (cohesión alta), entre un rango memoria define el módulo; para el acoplamiento, es el llamado como el paso de datos de entrada y salida para que la función  o procedimientos (módulos) lo utilice y maneje el retorno de la llamada (ver la siguiente figura).

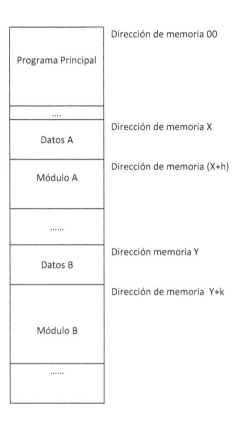

**Figura 11. Estructura de programación con ensamblador**

En el lenguaje ensamblador se coloca por cada dirección de memoria una instrucción, iniciando al principio por el programa principal, luego construir los módulos A y B para ser llamado en el programa principal; los datos de cada módulo tiene la información de entradas y salidas (resultados) que necesita cada módulo para procesar y entregar al programa principal, si es necesario la información donde fue llamado para ser retornado, por medio de la dirección de memoria donde ante fue llamado para la continuidad del algoritmo principal, los datos están definidos de la misma manera que los módulos, en un rango de memoria que es usado por cada módulo, cada memoria puede ser usado para un dato; cada módulo tiene una secuencia de línea continua de instrucción y donde se indica el lugar de extraer información o como guardar los resultados del módulo. En la figura 11 se indica un ejemplo, la cohesión del módulo A inicia en la dirección de memoria X, tiene "h" parámetros de entradas y salidas; el cuerpo del módulo A inicia en la dirección "X+h" para ser ejecutado, digamos que el tamaño del cuerpo del módulo A de instrucciones ensamblador sea "m", todas las direcciones de memoria del modulo A comprende desde "X" hasta "X+h+m", el acoplamiento es la llamada a ir a la dirección de memoria "X+h" previo a ingresar los datos de entradas que se necesita en el módulo para sus funciones, entre la dirección "X" y "X+h-1"; se utiliza para retomar los resultados de este módulo en las misma direcciones, hay que definir la dirección de entrada de datos como de salida. La independencia funcional de los dos módulos en un lenguaje ensamblador se puede, todo depende del programador aplicar este concepto. Casos de estudiantes universitarios que aplicaron este concepto en sus laboratorios de desarrollo de software con lenguaje ensamblador, le funcionó, con menor número de instrucciones que el original programa sin aplicar este concepto.

En otra realidad, los mecánicos de coche aplica la modularidad, para detectar una falla, verifica el sistema (módulo) donde ocurre la falla, si es refrigeración, motor, eléctrico, etc. Luego en saber qué sistema falla, descomponen este sistema para detectar el componente que no funciona correctamente; descomponer un problema en varios problemas pequeños, y resolver en forma individual cada problema pequeño, es más fácil y menos complejos que resolver el problema en su totalidad.

En todas las gestiones se deben aplicar el concepto de modularidad eficiente, en el manejo separado del área personal como el profesional, el espiritual, lo social, etc., pero teniendo un objetivo en común si se da el caso, gestionar en cada campo por separado genera una disminución de la complejidad en su área, como la sencillez de las acciones a aplicar, aplicando en cada área en su contexto de los principios y leyes que los envuelven. Combinando todo estos módulos o áreas que traten en la gestión, al final tenemos un proyecto completo y realizado para integrarse inclusive con la sociedad.

 En el desarrollo pleno de la vida del individuo en cada módulo, que en la pirámide de Maslow (capítulo 1.19) se refiere al camino del auto realización, en sí la pirámide de Maslow está compuesta por varios elementos que son cohesivos y acoplados por niveles (o capas). En la vida real existen áreas en común con las demás áreas, es válido en la ciencia humana que no existen módulos separados de forma altamente cohesiva con acoplamiento alto, o simplemente no se ve claramente, y que todos los demás dependen de estas, pero son diferentes y diversas formas de vida que se presentan en este mundo, por esta razón cada persona es un mundo. De cómo manejamos cada área, cómo cada módulo en la vida podemos llegar a la sabiduría en donde estamos involucrados en el desarrollo de este. Lo principal es ir a la sabiduría, y paso a paso se puede lograr conocer cada módulo por separado.

A continuación se estructura en capítulos según el ciclo de vida de un software, donde se colocarán los procesos que se involucran. Adicionalmente, se estudian las aplicaciones de los conceptos que hemos descritos con anterioridad en el libro. Recuerden que se usan los nombres de las fases del modelo de cascada o clásica por referencia al objetivo que se pretende tratar en cada fase que es similar a los demás modelos de desarrollos.

El estudio de cada fase se realiza de modo semántico o por su objetivo que es similar para todos los modelos de desarrollos, porque las sintaxis pueden variar entre los modelos.

# 3. Análisis

*"Si hay un secreto del buen éxito reside en la capacidad para apreciar el punto de vista del prójimo y ver las cosas desde ese punto de vista así como del propio."*
*Henry Ford*

La fase de análisis tiene como objetivo de predecir el futuro del proyecto, tanto en el contexto de la ciencia humana y de la ciencia exacta. Se crea y se clasifica en actividades para tener claro el camino a seguir en el proyecto, por un lado, describir el estado actual lo más realista posible y planificar, diseñar el camino que debemos recorrer en el futuro a un estado deseado. Es correcto si el diseño es la siguiente fase a este, ¿cómo se involucra esta fase de diseño dentro del análisis?, la diferencia en diseñar el camino a seguir y diseñar el estado deseado, son dos diseños diferentes, el diseñar el estado deseado es definir de lo que se debe hacer de lo se quiere. En cambio, el diseño del camino es definir, en grandes actividades o acciones lo que se debe realizar como mínimo para poder lograr llegar al objetivo. En esta fase recomienda por varios autores de la materia, preguntarse el ¿Qué? y no el ¿cómo?, el ¿Qué hay que hacer?, ¿Qué existe actualmente?, ¿Qué queremos?, hay muchos ¿qué?, etc. La pregunta del ¿cómo? se utiliza en la fase del diseño, ¿cómo lo vamos hacer?, ¿cómo lo queremos?, y muchas más preguntas que tienen en esta etapa donde se describe en el capítulo 4. Pero para esta fase de análisis, el único ¿cómo? que se puede preguntar es ¿Cómo trabaja, o funciona en el estado actual?, identificar condiciones actuales antes de iniciar el proyecto. Todos los modelos como métodos de desarrollos coinciden en la primera fase, el análisis, dependiendo de este estudio, se logran seleccionar acciones y estrategias que permita garantizar el éxito del proyecto.

La primera fase del ciclo de vida del software, incluye la etapa de investigación, estructuración, planificación, organización de recursos y personal, estudio de factibilidad, selección de estrategia, formalización de los contactos, etc., actividades que permitan tener una idea de lo que se desea a futuro y como poder realizarla. En este punto es válido no continuar con el proyecto, debido a que se sincera los recursos, personal y actividades para lograr los objetivos planteados, y si no es realizable, por otro lado, el costo de este proyecto en esta fase de análisis no acarrea tanto gasto que en otra fase del proyecto.

Para iniciar de alguna forma debemos tener o desarrollar el objetivo general del proyecto, el objetivo general debe estar bien claro, partiendo de cubrir una necesidad o cambiar el estado actual a uno deseado, en definir este objetivo se debe tener un periodo de receptividad total de la información, por ejemplo, Henry Ford escuchaba lo que deseaba todas las personas, las personas deseaban de poseer caballos más fuertes y rápidos para poder transportarse, Ford cambio la necesidad de las personas en vez de tener caballos en tener un medio de transporte rápido, que nunca se canse y que esté al alcance de todos, de aquí salió los coches económicos, en esa época tener coche era un lujo, era más económico (fácil) utilizar caballos.

El análisis se centra en determinar el sistema requerido lo más exacto y completo posible. Se realizan con actividades de forma paralela tanto en el análisis del software deseado, como el análisis del proyecto en general. Estas actividades se dividen en:

- Análisis del proyecto. Es el proceso que acompaña en el análisis de software.
    o Determinación del estado actual del proyecto.
    o Estructuración de procesos en todo el proyecto.
    o Selección del modelo de proceso de desarrollo adecuado al proyecto.
    o Adecuación del modelo de desarrollo para el proyecto.
    o Diseñar del plan macro.

- Análisis del software a desarrollar.
    o Determinar los requerimientos.
    o Estructuración de los requerimientos.
    o Generación de alternativas.

## 3.1. Análisis del proyecto

### 3.1.1. Iniciar el proyecto

Todo el personal debe de alguna forma estar en un estado de receptividad de información con todos sus sentidos, con una mente de no rechazar nada de información. Hay que prepararse previamente tanto física como mental, aunque sea un proyecto repetitivo o conocido, la realidad es otro cliente, gente nueva, nueva instalaciones que visitar. Un ejercicio mental es tener la mente el blanco como si no conociera nada de lo que vas a recibir de información. De diferentes puntos de vistas, todo el personal involucrado en el proyecto, va estar en una etapa de reconocimiento de cosas nuevas. Desde la parte individual del ingeniero de software, tener una mentalidad abierta con observación profunda de su alrededor, gestión personal de la realidad sensorial, seguido de la consciencia propia de gestión hacia el proceso de conciencia grupal, validando la información captada del mundo exterior por sus colegas de trabajo.

En los primeros contactos con el cliente, se realizan entrevistas y reuniones con objetivos precisos dictado por la estrategia de desarrollo. Solo debe conocer el objetivo de la reunión y prepararse, pero cuando se inicia debemos ir como si no tenemos nada en mente y ser lo más receptivo posible o ser un observador, en algún momento tendrá en la reunión analizar ese momento y usar lo que preparaste, pero si no sirve lo que llevas preparados, en el análisis de los detalles que obtuviste y aplicar los conocimientos (experiencias) que posee, puede dar una respuesta verdadera y estar seguro de cumplirse, si al analizar no hay respuesta o hacer compromiso que no es seguro de cumplir, es preferible pedir en otra oportunidad una reunión para dar la respuesta o compromiso en un lapso de tiempo considerado. Es preferible no hablar mucho o no comprometerse en los primeros contactos, en los primeros contactos son de exploración, si hay dudas, se pregunta, este tipo de reunión inicial hay muchas preguntas y respuestas de exploración.

En los clientes buscan gente en que confiar porque se sabe que van a depositar su capital a esa confianza. Un ejemplo, en una reunión de emergencia con el proveedor del software debido a que se realizó una prueba de múltiples conexiones con peticiones de carga estimada a nivel nacional de estaciones clientes hacia un servidor central, este a su vez, distribuye los requerimientos a otros servidores distribuidos a nivel nacional, la prueba indica que hasta cierta cantidad de peticiones concurrentes el software arroja error en las estaciones de los clientes, el proveedor se prepara para la reunión sin saber ¿por qué? la falla del software del servidor central, simulo la carga en la empresa y no se puede reproducir la falla; en la reunión fue convocado al proveedor con todo el personal del cliente responsable del proyecto en horario que trabaja las oficinas en todo el país, se realiza de nuevo la prueba, el proveedor verifica que el error es conocido y es arrojado por el software instalado en los servidores distribuidos que funcionan en todo el país, antes de ver la partes técnicas, se dio cuenta el proveedor que si se aplica esta prueba con las oficinas en horario de trabajo y con clientes en su interior, este adultera y modifica la información de la operatividad de todas las oficinas nacionales, y es una locura que se está realizando en ese momento la prueba, lo primero que se pregunta el proveedor, ¿cómo se hace para reversar las pruebas en las oficinas?, la respuesta del cliente fue que no es necesario reversarlo, se está usando un servidor de un laboratorio con la características de una oficina pequeña y sería una locura hacerlo a todas las oficinas directamente, el proveedor le cambió la cara de preocupación a relajación y dijo al cliente para su tranquilidad, obtuvieron una forma de prueba para medir la capacidad de los servidores de sus oficinas en los fines de semanas o días no laborables, el servidor central soporta la carga nacional, pero un servidor de la oficina no lo soporta.

El usar la receptividad permite captar todos los detalles del momento, como del mundo exterior, al interiorizar y priorizar, se puede llegar más lejos de la investigación y exploración, es como viajar a un país por primera vez, permite practicar la receptividad, es parte de proceso de adaptación al medio ambiente, internalizar (tener conciencia) de los hechos del mundo exterior y aprender cosas nuevas, aprender cambiar el pensamiento y la conducta en el nuevo ambiente (ser consciente en la adaptación). Puede generar empatía hacia otras personas y lo que lo rodea.

En la gestión personal está presente en esta fase y en todas las demás fases del ciclo de vida del software; somos como individuo en recibir la realidad en este contacto con el cliente y el equipo de trabajo, donde se planifica la parte mental y física, para el encuentro de lo nuevo y lo ya conocido; se realiza el proceso de conciencia, validando uno mismo lo recibido del mundo exterior y verificando en la gestión grupal como organización. Detectar tanto lo bueno como lo malo, lo incomodo o lo cómodo, lo afectivo se presenta y es importante porque puede ser una alarma o señales que debes detectar, finalmente lo cognitivo, ver la diferencia como similitudes de las experiencias, afectivo y conocimientos con la realidad percibida, razonamiento y proceso de manejar la existencia de las diferencias. Las señales como las alarmas permiten detectar posibles futuros problemas o incomodidades reiterativos que el grupo o equipo va a padecer.

### 3.1.2. Estudio del ambiente de trabajo

Antes de continuar en gestionar para un ambiente acorde para laborar, se debe verificar las leyes a nivel de trabajo, en todos los países están estipulados en ley ambiental de trabajo de las condiciones mínimas de los trabajadores, esto proviene de una ley mundial. Los otros puntos importante, es de vigilar los conflictos de cada individuo que puede surgir, se debe previamente considerar ante de crear y conformar el grupo del proyecto, se debe evitar los posibles problemas futuros y es trabajo del administrador o gerente del proyecto, por medio de negociaciones y establecimientos de reglas individuales como grupales, el trato debe ser equilibrado a nivel profesional y personal lo más posible.

En los grupos sociales existen reglas de conductas implícitas como explícitas esto incluye a nivel profesional dentro del área de una empresa. Hay empresas e instituciones que poseen un manual del empleado que se entrega a cada nueva persona cuando inicia su trabajo dentro de esta, este manual posee normas, códigos y reglamentos que combina las conductas deseadas de lo personal como profesional en el tiempo que pertenezca en su nómina. El respeto de la buena costumbre como las normas profesionales que dirigen el grupo de trabajo, ejemplo del Código de ética de los ingenieros de software es buen inicio si la empresa no lo tiene en forma explícita en sus normas. No índico que es obligatorio el manual del empleado en todas las empresas, hay empresas que no tiene este formalismo, son los informales que por su naturaleza son empresa con espíritus libres, pero al convivir en una sociedad o grupo en una empresa, se genera  igualmente normas implícitas que se forman con las negociaciones propias de cada individuo con el grupo. Los ejemplos lo vemos en los animales, se agrupa  muchos peces pirañas, se comporta diferente a una familia de elefantes, las pirañas se dan casos que son caníbales (se alimenta de su misma especie) cuando uno de sus miembros esta débil o herido, mientras que los elefantes tienden a proteger al miembro débil o herido; las empresas suceden lo mismo, por los comentarios reiterativos en la internet de los ex empleados, se puede determinar o inferir ciertas conductas sociales como patrones o normas de conductas dentro de una empresa.

En un grupo de persona que se relaciona por largo tiempo trae como consecuencia por ejemplos: tienden a generar normas de conductas del grupo; produce las famas en los colegios y en las universidades, etc.; las conductas grupales son los resultados de estas acciones, normas y reglamentos implícitas o explícitas, formales o informales de las empresas o instituciones; por el otro lado, las conductas individuales se entrelazan y se moldean dando como resultado la conducta grupal. Cada individuo es libre de escoger la empresa donde desea trabajar, como también rechazar las ofertas de trabajo, dentro de la empresa sucede lo mismo, puede o no decidir en trabajar con un grupo u otro, un proyecto u otro, en esto se generan las negociaciones cuando las condiciones no son las deseadas.  El objetivo final también debe existir  compromiso de cada integrante del grupo de trabajo. Las acciones como los resultados de cada individuo dentro el desarrollo define y refleja el nivel de compromiso, en el inicio del proyecto debe tener la certeza del compromiso, pero no es garantía que se mantengan durante todo el desarrollo del proyecto, es labor también del gerente del proyecto de mantener los compromisos de los integrantes del grupo o tomar acciones y decisiones en el curso.

Hay diversidad estilo de la gestión, esto depende de cada persona que es responsable del cargo. Inclusive se puede tener normas y reglamento en una empresa, dependiendo del gerente, las normas y reglamentos se cambien dentro del grupo de trabajo, para el bien y beneficio de toda la empresa incluyendo al grupo de trabajo. También existe caso contrario, donde el cambio produce pérdida y males dentro del grupo.

Gestionar y planificar las reuniones o contactos del personal de desarrollo con el cliente (con los usuarios), definir y establecer las bases para trabajar en forma individual tanto con el grupo de desarrollo y con el cliente, en pocas palabras, los encargados de gestionar los contactos entre ambos grupos. Antes de iniciar las reuniones se recomienda que cada parte deban tener bien definido su estructura organizativa y rol en el proyecto de cada integrante del grupo.

## 3.2. Determinar los requerimientos de los usuarios

En el análisis se realiza evaluaciones y exploraciones que comienzan a separar los hechos y verdades en cada ciencia (humana y exacta) si es posible, se convierte en requisito y requerimiento que presenta el cliente o el usuario. Determinar cada personal como también a cada integrante del cliente (usuarios, colega de la carrera, administrador, gestor, etc.). Cada integrante del cliente se identifica su rol en el proyecto y por los tipos de requerimientos funcionales y técnicos. Por el rol podemos determinar los requerimientos o estados deseados de cada persona involucrada en equipo del cliente, podemos detectar diversidad de requerimientos de varias personas con diferentes visiones pero en el fondo es el mismo requerimiento pero con vista de varias ópticas, son informaciones que son útiles para cubrir el mismo requerimiento con todas las visiones del cliente.

En el personal del cliente es importante también determinar que posea la capacidad tanto de conocimiento, experiencia en la operatividad, funcionalidad y responsabilidad dentro de la empresa, generalmente son los futuros usuarios del software, pero también hay personas que no son usuarios que posee mucha influencia dentro del proyecto, es importante identificar estas personas, e identificar la persona del equipo de desarrollo del proyecto que este al mismo nivel o conocimiento en el área como mínimo, para determinar los requerimientos con más detalles y exactitud. Existe de la misma forma en todo gestión personal tanto en los usuarios como en el equipo de desarrollo, capacidades conocidas que es evidente en todo individuo, pero existe un lado escondido, ya sea por desconocimiento, o no está clasificado para indicarlo; donde se generan filtros que se hacen que los requerimientos sean incompletos o errados, esta consideración es importante tenerlo en cuenta en búsqueda de los detalles y completitud del requerimiento. El mismo administrador o gerente del proyecto debe considerar estos filtros también, donde puede provenir de sus propios integrantes de desarrollo.

Se usan los sentidos de forma perceptivo, apoyado por el conocimiento y experiencia, si no se posee el conocimiento o experiencia, se realiza investigación en el área de cada requerimiento del usuario, se busca un aprendizaje en relación al área del dominio del conocimiento donde se basa el software. El estado actual donde se determina los negocios, las operaciones actuales, el procesamiento de información, si tiene un aplicativo que se está utilizando, buscar la funcionalidad actual, detectar deficiencias, fallas en los procesos o actividades, componentes actuales, todo lo referente al estado actual debe estar bien detallado. Detectar el estado deseado por el cliente lo más completo posible, implica detalles mínimos de todo lo que se desea.

Identificar y describir con detalles completos de los requerimientos de los usuarios es similar a recorrer un camino no conocido tanto para el usuario como para el ingeniero de software, donde se debe identificar puntos bien definidos por ambos:

- **Comunicación**. Hablar el mismo lenguaje, en el proceso de comunicación está compuesto por el medio de comunicación y los dos interlocutores, si hay ruido en el medio, no debería continuar hasta eliminar la interferencia, es diferente hacer una entrevista en plena calle céntrica con tráfico de coches y personas, que en un lugar apartado, silencioso y con tranquilidad. El lugar debe ser relajante para aclarar las ideas y pensamientos de ambos, por ejemplo, si ambos le gusta tomar café, sería aconsejable relajarse con tomar café e iniciar la conversación. Uso de un lenguaje apropiado en la conversación, para realizar este punto es importante, que la persona que realiza la entrevista o conversación, conozca la profesión, cargo o rol de la persona que posee el conocimiento de los requerimientos, es decir, del otro interlocutor se debe saber el área de conocimiento a donde se encuentran los requerimientos, jamás pretenda o asuma que el usuario o el cliente tenga el mismo conocimiento o lenguaje del ingeniero de software y todos sus terminologías, al menos que sea de la misma área, pero aún así, no asuma que conozca del área, es adaptar la conversación al área del dominio del usuario y respetar los filtros que se presentan en la persona, por ejemplo: si el usuario es un administrador o contador de empresa, se debe hablar de cuentas por pagar, el debe, el haber, etc., no de bit y byte, de redes y tampoco de ordenadores.

En la comunicación se determina el rol y el nivel de conocimiento del usuario, es decir, la profundidad en el área, y su función dentro de la empresa y organización, también el papel o rol que va representar en el proyecto y la influencia sobre el software. Nunca se debe explicar o hacer entender los conocimientos técnicos al usuario, y más aún a los usuarios que son de la misma área de la ingeniería de software, al menos que lo pida el usuario para aclarar sus dudas o establecer un contexto técnico. Se recomienda en ser acompañado por el experto en el área de conocimiento por parte del equipo de desarrollo del software, que sirva de traductor para definir el requerimiento al ingeniero de software, si el ingeniero no conoce el área del dominio del conocimiento, el papel del ingeniero en este caso es de aprender del usuario y del área en que está involucrado el desarrollo. Un punto crucial adicional, es que el ingeniero de software tenga el don de la conversación, es decir, dirigir o direccionar los temas y puntos a conversar, es también importante que el ingeniero puede recolectar la información al otro interlocutor o usuario si por causa personal (introvertido, nervioso, cultural, etc.) no sea comunicativo, la comunicación debe ser de forma amena y adecuada. Si se debe ser empático con el usuario e inclusive saber reconocer a las personas. El buen uso de los medios de comunicación disponible, también enfocado a la personalidad del usuario, es más agradable que el usuario responda un cuestionario escrito a que sea conversacional, otra persona prefiere una entrevista a que sea un cuestionario escrito, o realizar combinaciones de estos medios de comunicación. Tener claro para que sirve cada recurso y medio de comunicación disponible para recolectar los requerimientos. El objetivo principal es que tanto el usuario e ingeniero del software comprenda y entienda de forma clara los requerimientos recolectados, exista una retro alimentación de la información enviadas por ambos. Esto evita ambigüedad, errores y conflictos entre las partes.

- **Negociación**. En la comunicación existirá negociaciones puntuales cuando se recolectan los requerimientos. Al definir los requerimientos de los usuarios, llegará un punto de contradicción con otros usuarios, o que la tecnología no permite desarrollar el requerimiento deseado en su totalidad, limitación del requerimiento o entrega en su totalidad o por etapas, falta de tiempo o recurso del proyecto, etc. Son varios casos que entrarán en plan de negociación para definir los requerimientos de los usuarios, esto también depende de otras negociaciones del proyecto que obligan a la limitación con el usuario, pero al final tanto el ingeniero de software y el usuario debe tener claro los alcances de cada requerimiento. Por ejemplo: el usuario del sistema desea una funcionalidad en el software pero la empresa que va adquirir el software, en su alta gerencia desea evitar esa funcionalidad, aquí la negociación debería ser entre la alta gerencia y los usuarios de la empresa que adquiere el software, el personal que desarrolla el software no debe entrar en la negociación pero si como canalizador de la negociación.

- **Validación**. Tanto el usuario como el ingeniero de software, con sus respectivos equipos deben validar los resultados de los requerimientos de los usuarios obtenidos. En este punto se debe detectar inconsistencia, incongruencia, contradicciones, falta de información, omisiones, errores, conflictos entre requerimientos, y otras condiciones que afecte la calidad de la información obtenida. Se realiza la corrección de las fallas encontradas.

- **Consolidación y comunicación definitiva**. Los requerimientos de los usuarios definitivos se deben unificar entre ambas partes (equipo de desarrollo y el cliente), y establecer una comunicación a cada integrante del proyecto con los requerimientos de los usuarios, con mayor énfasis a los responsables de la próxima fase del análisis, que son los integrantes de realizar los requerimientos del software.

Los requerimientos de los usuarios deben estar al final claro, completo y bien detallado, con la validación de ambas partes que lo represente y que sea el resultado de la negociación.

En las validaciones se deben estructurar y organizar los requerimientos con sus especificaciones, esta organización se debe clasificar según por la ciencia a que pertenece (exacta o humana), generalmente, los requerimientos pertenecientes a la ciencia humana tiende a ser procesos o pasos que el software debe soportar o controlar en los usuarios; los requerimientos de la ciencia exacta pertenecen mas a la tecnología o asociados al desarrollo, soporte o implementación con las herramientas tecnológicas. Se aplica ahora el análisis de proyecto:

### 3.2.1. Determinación del estado actual del proyecto.

Se evalúa el estado actual del proyecto en varios puntos:

- o Proporción de números de requerimientos de usuarios completos o incompletos.
- o Lista de requerimientos no soportado en la ciencia exacta como humana. Desconocimiento en su desarrollo, implementación, o área del conocimiento.
- o Lista de requerimientos que puede ser soportado en la ciencia exacta como humana. Conocimiento en su desarrollo, implementación, o área del conocimiento.
- o Determinación de recursos (técnico como humano) disponible actualmente.
- o Determinación de recursos que se necesitarán en el futuro.
- o Compromiso de la empresa en adquirir los recursos necesarios.
- o Limitantes del proyecto.
- o Nivel de compromiso y motivación de todos los integrantes del proyecto (cliente y grupo de desarrollo).
- o Nivel de conocimiento y experiencia en el área de conocimiento a desarrollar el software.
- o Nivel de conocimiento y experiencia en la tecnología.
- o Nivel de ambiente de trabajo.
- o Nivel de complejidad del proyecto.
- o Nivel de control en todos los puntos anteriores.

Determinado los puntos anteriores, se tiene una idea del estado actual del proyecto, donde se analizará en las siguientes actividades y su importancia. El tener claro el estado actual puede definir el plan y la estrategia a seguir en todos los sentidos. La idea no es tener un estado actual sea bueno o malo, es saber donde se quiere ir con acciones que se realicen de aquí en adelante, para bien o para mejorar.

Estar consciente del estado actual identifica una medida o un retrato actual, que se debe guardar para compararlo en el futuro, y determina en las siguientes acciones de mejoras, también es utilizada para la medición inicial para verificar y validar el progreso.

A nivel individual de cada integrante posee evaluación de su estado actual personal y lo que se va a presentar con el proyecto. Es una evaluación interna de cada persona que se debe verificar cada punto:

- o Nivel de ansiedad.
- o Nivel de competencia personal.
- o Nivel de competencia profesional (conocimiento, experiencia, etc.).
- o Nivel de compromiso.
- o Nivel de control de su área o recursos en el proyecto.
- o Nivel de imagen profesional / personal dentro de la empresa y proyecto.
- o Nivel de motivaciones a los retos y resolución de problemas.
- o Nivel de colaboración al grupo.
- o Nivel de consciencia de la responsabilidad dentro del proyecto.
- o Determinación de esfuerzo en el proyecto.
- o Determinación de la retribución del esfuerzo.
- o Determinación de gestión personal y grupal en el proyecto.
- o Determinación de acciones para aprender nuevos conocimientos (auto aprendizaje, este punto está incluido en la gestión personal, es importante con relación y afectación al proyecto).

Generalmente existen otros parámetros de medición que se pueden agregar, es muy personalizada esta lista, hemos colocado estos puntos mínimos de evaluación personal que tienen puntos de coincidencias con los parámetros del proyecto, estos parámetros afectan el estado actual del proyecto, indica el nivel de trabajo o esfuerzo que se debe generar en las acciones, para mejorar tanto el estado actual individual y grupal del proyecto. Depende de cada persona, y generalmente las personas tienen esos puntos de evaluación interna en el comienzo del proyecto para desarrollar una gestión, la gestión personal consiste en mantener en niveles óptimos o mejorarlo durante todo el desarrollo del proyecto (o en toda su vida). Existe la zona de confort, es la condición que el individuo se siente en su gusto o comodidad, muy pocas personas intenta mejorar o aumentar su estado actual, generalmente son los líderes que intentan mejorar todos los puntos anteriores.

### 3.2.2. Estructuración de procesos en todo el proyecto.

En cada punto descrita en el estado actual, se debe diseñar acciones presentes y futuros para mejorar cada elemento de la lista de la evaluación, en el caso del conocimiento por ejemplo, se refuerza o se mejora por medio de cursos y charlas, incentivo de estudio en universidades o formación académica (por ejemplo de cursos de lengua extranjera financiada por la empresa, etc.), auto aprendizajes (cursos en el servidor de la empresa para sus empleados), curso en la internet gratis como paga, o incentivar a los empleados en cursos en el auto aprendizajes. La gestión en crear estos procesos de aprendizajes varía en cada persona, depende de la creatividad, motivación, experiencia, etc., es decir, la competencia de cada persona. La gestión estándar se enfoca en generar procesos en paralelo que acompaña al ciclo de vida del software, como las  propuestas en el CMMI [Car01], Sommerville [Som01] y Pressman [Pre01], que podemos  nombrar:

a.  Gestión de procesos.
b.  Ingeniería.
c.  Gestión de proyecto.
d.  Soporte.
e.  Procesos organizacionales.
f.  Procesos de calidad.
g.  Procesos en gestión de riesgo.
h.  Procesos de gestión de control.
i.  Procesos de gestión de requerimientos.
j.  Otros.

### 3.2.3. Selección del modelo de proceso de desarrollo adecuado al proyecto.

Existen diferentes estrategias para análisis, diseño e implementación del software. La selección de la estrategia apropiada depende de cada situación, depende de cada proyecto. En los capítulos anteriores se nombraron distintos modelos de procesos  del software (incremental, espiral, lineal, prototipo, etc.). También se explican los procesos de tomas de decisiones de forma general, el uso de la toma de decisiones y con el conocimiento de los diferentes modelos de procesos de desarrollo se combinan para crear una estrategia en el desarrollo del software en curso. El desarrollo debería abarcar los procesos adecuados dado el estado inicial del proyecto y para dar garantía en el software que sea un reflejo exacto y completo de los requerimientos de los usuarios.

El objetivo en esta actividad, es la selección de la estrategia de desarrollo de los requerimientos por medio del estudio de la incertidumbre del proyecto, basado en cuanto a la capacidad de los usuarios, de los desarrolladores para conocer y producir los requerimientos. En la ingeniería del software lleva implícita la tecnología y la calidad del proyecto, como los procesos y método aplicado en cada proyecto. Para apoyar con los procesos, se debe evaluar en forma individual cada proyecto, no hay dos proyectos iguales, porque los clientes, como la experiencia de los programadores y gestores aumentan con el tiempo, como indica Gordon B. Davis y Margrethe Olson [Dav01, páginas 586-590] se evalúa cada proyecto y dependiendo de su resultado en el nivel de incertidumbre, se selecciona el modelos de proceso de desarrollo adecuado al proyecto.

Se hace estudio de incertidumbre de cuatro tipos de característica de la aplicación a desarrollar:

a) <u>Tamaño del Proyecto</u>. Tiene dos características: Costo y duración. Estas características son "colineales", pero no necesariamente; es decir, que un proyecto de alto costo requiere un período de mayor tiempo. Proyecto de gran tamaño, incrementa la dificultad para asegurar que satisfagan los requerimientos en razón a número de personas implicadas en el establecimiento y modificación de los requerimientos, el volumen y la complejidad de las comunicaciones y de los cambios en el tiempo, tanto para el usuario como el personal desarrollador. Proyectos de gran tamaño son de alta incertidumbre.

b) <u>Grado de estructuración</u>. Una dimensión del modelo de Gorry y Scott-Morton es el grado de estructuración de las decisiones que se van a soportar por medio del sistema. Por lo tanto, la incertidumbre alrededor a la estructura del proceso de decisión u otros procesos que van a soportar, es un factor importante en la incertidumbre en base a la dificultad de los requerimientos iníciales y la modificación a esta en todo el proceso.

c) <u>Comprensión de las tareas de los usuarios</u>. Es el entendimiento de los usuarios de la tarea que se va a llevar a cabo en el sistema. La compresión de este esfuerzo por parte del usuario influye en la determinación de los requerimientos y en la incertidumbre del desarrollo, casi de la misma manera que el grado de estructuración. Si el grado de compresión es bajo, o no está de acuerdo con la tarea que esta propuesto en el sistema, el nivel de incertidumbre es alto.

d) <u>Pro eficiencia en las tareas del desarrollador.</u> Es una medida del entrenamiento específico y de la experiencia que aporta al proyecto el personal de desarrollo. No es una medida de habilidad o potencialidad sino más bien de una experiencia aplicable directamente. Indica el grado de certeza con el cual el desarrollador estará en capacidad de comprender los requerimientos precisos y completos, además de desarrollar una aplicación para llevarlos a cabo. Esto coinciden con otros autores de la motivación, compromiso y responsabilidad de cada integrante del proyecto.

Se emplea una sola estrategia de garantía para el desarrollo y diseño:

- Medir las contingencias y determinar el nivel de incertidumbre en el desarrollo.

- Seleccionar la estrategia de garantía de desarrollo apropiada para el nivel de incertidumbre observado.

Las cuatros estrategias básicas de garantía de desarrollo y las contingencias bajo las cuales son apropiadas.

- <u>Estrategia de garantía de la aceptación</u>. Tener un compromiso de la existencia de los requerimientos definidos y aceptados por los usuarios, los requerimientos están completos, correctos y consistentes. No existe procedimiento que los garantizan, pero los usuarios tendrán la responsabilidad de tener necesidades bien definidas.

- <u>Proceso de garantía lineal</u>. Intentar mantener los requerimientos hasta el proceso de terminación o desarrollo final con pocos o ninguna modificaciones, o tener un proceso de validación desde el requerimiento inicial hasta el final.

- Proceso de garantía repetitivo. Permite realizar pasos anteriores o etapas anteriores a la etapa actual, en caso de conseguir errores o fallas, tantas veces sea necesario, con el fin de tener resultados correctos.

- Proceso de garantía experimental. Permitir desarrollo experimental ya sea por simulación o prototipo, donde permita disminución del nivel de incertidumbre o anticipar defectos de la aplicación.

Cuando se propone una nueva aplicación, normalmente se lleva a cabo el estudio de factibilidad antes de que sea aprobada para su desarrollo. Cincos tipos de factibilidad son dirigidos en el estudio:

- Factibilidad técnica. ¿Se puede implementar la aplicación propuesta con la tecnología actual?

- Factibilidad económica. ¿Dará el sistema beneficios mayores a los costos?

- Factibilidad motivacional. La probabilidad de que la organización este suficientemente motivada.

- Factibilidad de planeamiento. La probabilidad de que la organización puede completar el proceso oportunamente, en el tiempo permitido para su desarrollo.

- Factibilidad operacional. ¿Trabajará cuando se instale?

La propuesta anterior de Davis & Olson, es el inicio para selección del modelo de proceso de desarrollo de la lista estándar descrita en los modelos de desarrollos convencionales (prescriptivas) y ágiles. En los modelos convencionales describen su aplicabilidad por el estado actual del proyecto, mientras que en los modelos ágiles no representan ninguna características propia del estado actual para ser seleccionado, pero interpretando el reporte "Standish Group 2015 Chaos Report" [Has01], indicará que en los casos de éxitos y fracasos, los proyectos ágiles son más adecuados para los proyectos de pequeñas magnitudes o definido por Davis & Olson, por tener el "tamaño de proyecto" pequeño, donde es de baja incertidumbre, sin poder determinar las demás características del estado inicial de los proyectos que el reporte de "Standish Group" que no se mencionan, no se desea entrar en la discusión en este libro de los modelos de procesos de desarrollos ágiles, sean catalogados como de modelos de desarrollos prescriptivas o convencionales. Existe otra coincidencia en las características humana del equipo de los proyectos ágiles que refleja la "pro eficiencia de los programadores" de Davis & Olson. La selección se puede derivar por dos vías para no entrar en discusión:

- Catalogar cada modelo de procesos de desarrollo con respecto al nivel de incertidumbre que puede solventar, los proyectos adecuados a estos modelos depende de su nivel de incertidumbre, se determina por el estado inicial de cada proyecto y en la escogencia de lo más cercano al modelo, por los niveles de incertidumbres arrojados en el análisis. En el caso de los modelos convencionales por ejemplos, están bien definidos en los extremos como el desarrollo prototipo por un lado y el otro extremo el desarrollo de cascada, lineal o clásico. Para aplicar el desarrollo de prototipo el proyecto debe tener un nivel alto de incertidumbre, mientras que el modelo clásico o lineal se aplica con estado actual del proyecto con nivel de incertidumbre baja. Hoy en día estos modelos convencionales son aplicables y en diversos proyectos y arrojando éxitos actualmente. Los niveles de incertidumbres medias son los rangos donde es difícil de seleccionar el modelo adecuado, debido a la gran cantidad de modelos de desarrollos que son permitidos a este nivel, algunos no poseen descripciones del estado inicial para el proyecto como los modelos prescriptivos. Los modelos ágiles tienden a aplicarse en nivel de incertidumbre alta por su proyección a futuro o alcance, similar a los modelos de desarrollo incremental y evolutivo. La otra estrategia es que los casos de proyectos de rango intermedio de nivel de incertidumbre se considere de alto nivel como cota superior, y se tratase en su inicio con prototipo en la fase de análisis hasta llegar un nivel de incertidumbre que se aplique el modelo de cascada o clásica.

- Cada modelo de proceso de desarrollo posee condiciones iniciales para su aplicación, por ejemplo, en el caso de los modelos ágiles, el compromiso de todo el personal es lo fundamental para el éxito de los proyectos. No solo indica condiciones iniciales, también definen en cada modelo características del proyecto adecuado para su aplicación, obviando el estudio del nivel de incertidumbre. Nos da la visión de la misma moneda pero de la otra cara, de catalogar y seleccionar el modelo adecuado de forma prescriptiva. Por ejemplo, en los modelos de desarrollos planteado en CMMI, es aplicable en los proyectos grandes, debido a lo completo y detallado de cada fase con sus actividades bien definidas, pero en proyectos de pequeña escala de desarrollo, este modelo de proceso es más laborioso en aplicar que en otro modelo de desarrollo para obtener un alcance pequeño.

Existen otros modelos de procesos de desarrollos que nace en cada empresa, no son conocidas en la lectura clásica referente al área de desarrollo de software, son modelos que se han y sigue usando por su aplicabilidad y su éxito, no selecciona el modelo de proceso de desarrollo para el proyecto, la empresa diseña el modelo de proceso de desarrollo propio para el software, pero las mismas funcionan y tienen éxitos en su entrega como son indicadas en las referencias bibliográficas, se describe a continuación:

- **Fabrica de software en serie**. Son empresas que su desarrollo se centra en modificaciones de una aplicación base ya definida en un sector económico específico, por ejemplo, en el sector financiero, o en el sector administrativo. Se aplica la personalización del software a la empresa que lo adquiere, iniciando con una aplicación base que posee un conjunto de funcionalidad predefinida, este a su vez, mientras más clientes tiene en su lista; la empresa posee una diversidad de versiones; para el nuevo cliente se elige la aplicación base o de la lista de cliente que se asemeja más al nuevo cliente, o combinan funcionalidades de varias versiones. Se manejan de dos procesos fundamentales separados en gestión de proyectos y gestión organizacional. Esto depende más de las estructuras de las empresas de tecnología de información, donde los procesos de gestión de proyectos se rigen por la ciencia exacta y predecible, que siempre son exitosas; pero en el caso de gestión organizacional como la venta y la parte de la economía no lo son; generalmente el fracaso del proyecto es por la parte de la venta o mercadeo del proyecto, en este caso por lo menos tiene un 50% de probabilidad de éxito ya ganada en la gestión del proyecto, típico de empresas de fábricas de software actuales.

- **Asesores de software**. Existen modelos de procesos de desarrollos que son desde la fase implementación, prueba y mantenimiento similar al modelo de cascada, pero las fases de análisis y diseño son definido como prototipo, con esta dos fases de forma repetitiva, hasta que este 100% seguro en esta dos primeras fases, se inicia las demás etapas, de la implementación hasta el final del ciclo de vida del software, tiene sentido debido a que el costo mayor en un proyecto está limitado en la implementación, prueba y mantenimiento, mientras que el análisis y diseño son fases de poco costo en los proyectos, este último modelo es aplicado en los proyectos de emprendedores en obtener capital para la culminación de los proyectos.

- **Gestión de proyecto segundo plano**. Las empresas con un nivel alto de esfuerzo de sus empleados, se centra más en los entornos del ciclo de vida del software, es decir, los procesos organizacionales, los procesos de la calidad, los procesos de monitoreo, los procesos de manejo de riesgos, etc., encamina la gestión del proyecto a acciones y decisiones definidos por los demás procesos, no importa el modelo de proceso de desarrollo escogido en su inicio, puede derivar a cambios a otro modelo de proceso de desarrollo mientras que el proyecto avanza. Este método de la empresa puede generar un alto costo en su producto final, por su acción reactiva al ambiente del proyecto y poseedor de una alta tecnología que lo soporte. No se recomienda por la presión hacia el gerente del proyecto por las demás gerencias de la empresa. Es recomendable si todas las gerencias trabajan en forma colaborativa y cohesiva.

### 3.2.4. Adecuación del modelo de desarrollo para este proyecto.

Cualquier modelo de desarrollo escogido o creado para este proyecto, en la fase de análisis, se afina durante todo el proceso del ciclo de vida del software, y más en esta fase cuando el proyecto se inicia con la lista de requerimientos del usuario, se presenta la lista a cada integrante del equipo con capacidad de profundizar y generar un plan de trabajo, sea de forma independiente y concertada por el grupo, las acciones a tomar en el futuro dependerá del nivel de incertidumbre de los requerimientos y los análisis aportados por cada componente del grupo.

Cada individuo en su análisis, aplicará su conocimiento en los modelos de desarrollos conocidos y practicado durante su carrera que no necesariamente es el modelo escogido para el proyecto, en este caso particular donde varía de un extremo a otro los modelos de un individuo a otro, dependiendo del nivel de incertidumbre de la parte del proyecto que es responsable. Es decir, si aplicamos una lista de requerimientos del usuario que se desconoce el desarrollo o el soporte en el futuro tanto tecnológicamente como funcional en el aplicativo, será difícil de cuantificar el tiempo de diseño y desarrollo de este, mientras de la lista de requerimientos conocidos, se puede planificar e indicar el tiempo de entrega, conociendo la factibilidad del desarrollo y del soporte tecnológico; en ambas listas, el modelo de desarrollo serán diferentes, por ejemplo, un grupo de persona desarrolla con el modelo prototipo para los requerimientos con alto nivel de incertidumbre, mientras el resto de desarrolladores se basa con el modelo de cascada, y ambos grupos de desarrolladores están en el mismo equipo y proyecto. La conversión de todos los modelos de desarrollo de cada integrante del proyecto, se adapta o se cambia a otro modelo de desarrollo dominante.

En resumen, pueden seleccionar un modelo de desarrollo que depende de la mayoría de los integrantes en realizar sus labores por su modelo de desarrollo individual o por su caso, y tener dos o más modelos de procesos de desarrollo en un mismo proyecto, pero el predominante del modelo de proceso de desarrollo es la mayoría del modelo de desarrollo individual.

Generalmente en los casos de diferentes modelos de procesos de desarrollos en un proyecto, el gerente de proyecto se administrará y planificará por medio de los resultados de cada individuo. Por ejemplo, en los años 90 e inicio del siglo XXI, el requerimiento de los usuarios que poseen ordenadores centrales ("MainFrame" en ingles), al conectar con equipos de la última tecnología con ordenadores personales y servidores, era crítico y desconocido, el definir una fecha de entrega de la conexión en la etapa de análisis era difícil de lograr, en contrapartida, el desarrollo de transacciones financieras que todo el personal técnico conocía y cuantifica la fecha de entrega; los primeros ingenieros en conexión al ordenador central debió utilizar modelos de procesos de desarrollo prototipo; mientras que los segundos es de cascada. En resumen, habrá más adecuaciones en modelos de procesos de desarrollo escogido si los requisitos de los usuarios son pobres (incompletos o incorrectos).

### 3.2.5. Diseño del plan macro.

Se indica la creación de un plan de trabajo, donde se refleja el modelo de proceso de desarrollo escogido para el proyecto. Es un plan que en su inicio del proyecto en la etapa de análisis, está definido por macros actividades sin fechas de inicio como de culminación, por ahora no hay responsables en cada actividad, esto es lo constituye un plan macro. Mientras que se asignan responsables a cada macro actividad, se profundiza y se detalla con gran cantidad de acciones por cada una de ellas, se derivan sub actividades con más detalles, con fecha de inicio y finalización, este rango de fechas al colocarlo, se debe tener un nivel alto de certeza y compromiso para culminar en ese tiempo y fechas, es síntoma de estudio detallado en cada actividad y pasos que se derivan a más sub actividades (recordar precepto de Descarte y lo simple), las actividades o acciones claras y fáciles, se determinan la duración de realizarlas, también se define una fecha inicio donde se concatena todas las duraciones de las acciones para definir fecha de inicio y final de cada actividad sencilla. Al detallar las actividades claras se pueden asignar en cada actividad según el perfil y la competencia a un miembro del equipo.

Al finalizar el plan macro se convierte en el plan del proyecto a realizar en el futuro. Un indicativo del avance y profundización del análisis es la diferencia que existe en el plan macro y el plan del proyecto. Por ejemplo, colocar un macro actividad del plan macro es realizar el análisis y diseño del proyecto, ¿Cómo se cuantifica la fecha de culminación del análisis?, ¿cuándo inicia y finaliza el diseño?, esto depende de los requerimientos de los usuarios obtenidos hasta ahora, el nivel de detalle y estructuración de esta, se puede o no definir las fechas y duraciones en el plan macro. Cuando el plan macro se convierte en la lista de acciones detalladas, claras y simples, con fechas y responsables, que se puede verificar y validar si cubre la gran actividad del plan macro que se plantea, se convierte en el plan del proyecto; el plan de proyecto a su vez está compuesto por diversos planes o es acompañado por planes diversos.

### 3.2.6. Análisis del software a desarrollar

El objetivo principal es de obtener la información del sistema requerido tan completa como sea posible. Se divide en tres grandes tareas que deben ser consideradas como paralelas e iterativas:

- Determinación de Requerimientos. Búsqueda de los hechos y realidades; recolectar información acerca del sistema actual y su reemplazo; determinar los procesos actuales y los sistemas que lo apoyan, estudio de la organización a la cual el nuevo sistema -sistema propuesto- apoyará, los requerimientos y expectativas de los usuarios acerca del nuevo sistema.

- Estructuración de Requerimientos. Representar en forma estándar por diagramas y descripciones para determinar fallas, elementos perdidos, componentes ilógicos, deficiencias, ineficiencias de la operación actual del negocio y de los sistemas de información. Descripción clara y detallada de las operaciones actuales del negocio y los nuevos servicios de procesamiento de la información; describir y estructurar los procesos actuales, definir las alternativas para el sistema propuesto.
- Generación de alternativas de estrategias. Para cada alternativa en el sistema propuesto, definir en detalles con la lista de acciones para cubrir las posibles alternativas propuestas. Se puede apoyarse con los árboles de decisión, tablas de decisión u otra representación y herramientas descritas en el capítulo de "Tomas de decisión".

Las estrategias descritas se pueden aplicar a nivel individual, es hacer la equivalencia de la determinación de consciencia actual, ordenar y clasificar la información obtenida y creación de alternativas de concreción de los resultados. Las estrategias individuales son procesos humanos donde debe estar consciente en todo momento y estar controlados por las estrategias de aceptación (individual y grupal), lineal o continuo, garantía de repetición y experimental. Lo que se puede lograr con el proceso humano es tener sueños o retos en esta fase, pero los sueños y retos tienen que tener soporte tecnológico al final con el uso de la estrategia de estos procesos, como fecha de entrega; si no se puede, estos sueños y retos son irrealizables con las estrategias utilizadas, cambie su visión de la realidad y vuelva a ver en su mundo interno (consciencia) o deja para otro momento estos sueños y retos. Por ejemplo, en una reunión familiar de fin de año, se hablaba de los nuevos proyectos e ideas, uno de los familiares comento un sueño al encargado de proyectos como ingeniero de software en una empresa, que si es factible usar los móviles inteligentes para pedir citas en las oficinas, momento que era el "boom" y crecimiento de uso de este dispositivo, en vez de que ir a las filas físicas de las oficinas para realizar sus operaciones, desde el móvil permitiese estar en la fila virtual, indicar el estado de las filas y que tiempo le toca para ser atendido, e ir a la oficina cuando le llegue su turno, lo que se ahorra de tiempo a cada familiar sería excelente, el ingeniero reflexionó que los recursos tecnológicos de la empresa sería factible en desarrollarlo, a los dos años después de esa reunión, se dio la oportunidad de un proyecto para descongestionar las oficinas, y poco después, el ingeniero estaba instalando su primer aplicativo usando los móviles inteligentes hacia las oficinas, solamente por un sueño de un familiar y analizar la factibilidad técnica en una reunión familiar hace dos años atrás.

### 3.2.7. Mecanismos de determinación de requerimientos

Existe diversidad de información desde métodos como modelos para realizar en esta fase, desde diversidad de métodos en la ingeniería de requerimiento que se aplica en la fase de análisis. En esta fase se apoya en el área del conocimiento de las teorías y prácticas de inter acción humano – ordenador (interfaz de usuario del sistema), donde incluye el estudio del comportamiento del humano frente al ordenador.  En el libro no se detallarán este estudio, pero se puede indicar acciones simples para obtener los requerimientos.

Los métodos de adquisición de requerimientos, permiten la determinación de los requerimientos, creación de acciones que se colocan en el plan del proyecto de forma detallada, las acciones generales que se pueden realizar son:

- o Entrevistas individuales.
- o Entrevistas grupales.
- o Simple observación de los usuarios y de la empresa.
- o Estudiar los documentos manuales de operaciones, negocios, sistema informático, reporte de requerimientos elaborados por los mismos usuarios, documentales electrónicos de la empresa, etc.
- o JAD ("joint aplication development").
- o Cuestionarios (abiertos o cerrados) electrónicos o físicos.
- o Reuniones formales o informales entre las partes, como de los diferentes grupos, en forma periódica o no. Reuniones remotas vía conferencia electrónica.
- o Uso de prototipos. Si la tecnología de desarrollo lo permite.
- o Uso de simuladores.

Estas acciones permiten obtener los requerimientos de los usuarios de forma explícita, se adicionan acciones para la justificación de los requerimientos, junto a la sustentación propia en el área del conocimiento que rodea al software, y otros requerimientos  que puedan soportar el desarrollo del  software. Se aplican diversas estrategias y acciones en los procesos paralelos a los modelos de desarrollo de software, donde se basa en la obtención de  los requerimientos en el área de la organización, dominio, tecnologías y los usuarios.

<u>Organización</u>. Se basa en el ambiente donde el sistema va ser instalado o del cliente (usuarios). De la investigación de la organización podemos mencionar:

- o Ambiente de soporte al usuario. Disponibilidad de entrenamiento, disponibilidad de colegiados / expertos, disponibilidad de manuales (en línea o físico).
- o Misión / Visión organizacional, actitudes organizacional hacia los TI (Tecnología de la Información), políticas organizacionales, diseño de trabajo, compromisos en sus tareas y roles.
- o Ambiente social. Presión de trabajo, trabajo individual o colectivo, áreas de oficinas (individuales o abiertas).
- o Características de las tareas. Fácil, complejas, variable, repetitiva, frecuente o infrecuente, tarea simples o múltiple tarea, crítico, individual o colectivo, etc.
- o Ambiente físico. Stress, confort, ventilación, espacio de trabajo, oficinas individuales, áreas abiertas, etc.
- o Relación con la empresa proveedora del desarrollo del software y la empresa donde se instalará el nuevo software.

Esta información determina la calidad de los requerimientos que se va obtener, como el nivel de dificultad en cada acción o tareas a futuro que se va realizar en el software. Definir las tareas necesarias para el despliegue, soporte y mantenimiento del nuevo sistema en el futuro dentro de la empresa.

<u>Dominio</u>. Se refiere al campo de la especialización de la empresa o área del conocimiento (p.e. Aplicaciones financieras, o procesos de control de sistemas, etc.) por el cual la aplicación debe ser desarrollado. Se debe tener un entendimiento completo de:

- o Conceptos especializados.
- o Actividades y tareas especializadas.

Tiene como finalidad de:

a) Entendimiento del dominio. La actividad de recolectar información del dominio se llama "Análisis de Dominio". Investigar, entrevistar, observar, conversar con expertos o especialistas en el área.

b) Representar el Dominio. Realizar las representaciones de los modelos del dominio en forma estándar en representaciones gráficas y entendibles para otros (DFD, DTE, etc., que se estudiará en los próximos capítulos).

Punto de consideración para el grupo de desarrolladores en todo el proyecto, es el conocimiento en el dominio donde la aplicación va a ser desarrollado, en la mayoría de los proyectos tienen mayor peso el conocimiento del dominio, en tener que escoger entre desarrolladores que conozca el dominio o desarrolladores que conozca la tecnología; por experiencia se mide con la curva de aprendizaje del dominio o de la tecnología, dependiendo el área del dominio o de la tecnología su nivel de profundidad y extensión, la escogencia tiende mayormente por la del dominio, al menos que sea este de poca extensión y profundidad; la tecnología cambia con el tiempo, pero en el área de dominio del conocimiento mientras más tiempo tenga de existencia, es más difícil de aprender o enseñar, por ejemplo: si debes escoger ingenieros de software que tiene años experiencias en el área financiera (banca) y no sabe desarrollar aplicaciones de páginas web; a desarrolladores de aplicaciones páginas web pero no sabe del área financiera, lo más sensato es escoger a los primeros, las aplicaciones web se puede enseñar a los desarrolladores a corto tiempo, pero las experiencias en años en el área financiera es más difícil de enseñar y aprender; existen empresas de TI que asesora y desarrolla solo para el sector bancario, es decir, empresas que se encarga en un solo sector de la economía; hay ingenieros que se graduaron y han trabajado en un solo sector de la economía en diferentes empresas por años con diferentes tecnologías y sus evoluciones.

Tecnologías. Investigar o conocer la plataforma tecnológica instalada en la empresa a desarrollar el software, por un lado, se debe identificar si existen cambios de la plataforma o actualizaciones que soporta la empresa, y si existe un cambio de tecnología, se debe identificar esta nueva tecnología. En otro contexto más particular, son los cambios a futuro de los sistemas actuales de la empresa, para no interferir o no re trabajar en el nuevo sistema por causa de estos cambios. También se debe determinar en el inicio del proyecto o definir la selección de la tecnología de cómo se va a desarrollar el nuevo aplicativo, para verificar la compatibilidad de la tecnología del cliente y principalmente que pueda cubrir todos los requerimientos de los usuarios. Los requerimientos del usuario va finalmente estar soportada por la tecnología, se debe tener la investigación de:

- Modelos de procesadores, ordenadores (hardware), dispositivos, etc. Identificar la capacidad de la plataforma tecnológica que sea capaz de soportar el nuevo aplicativo a desarrollar. Verificación de las nuevas cargas o consumos con el nuevo sistema. El estudio permite que no afecte otra área tecnológica de la empresa con el nuevo sistema, por ejemplo, uso excesivo de la red local que hace que los sistemas en general se degraden su tiempos de respuestas.

- Compatibilidad de tecnología, si la tecnología actual puede soportar al nuevo aplicativo. Convivencia con otros aplicativos instalados en la plataforma. Otro impacto es la conexión de diversos y diferentes sistemas en la empresa, se debe identificar que el nuevo sistema permite o no convivir con los sistemas actuales.

- Medición de consumo a futuro o adquisición de nuevos equipos y tecnologías, actualizaciones planificadas por la empresas que incluyan con el nuevo sistema a desarrollar. Inversión a futuro en nueva tecnología.

- Ingreso de nuevos usuarios que deben soportar la plataforma tecnológica. Estudio a futuro de un ingreso importante de número de usuarios con el uso del nuevo sistema. Este estudio se aplica generalmente en los súper computadores donde el crecimiento de usuario es natural y normal en una empresa.

- Generalmente las bases de datos se mantienen, se debe identificar con política de integración con nuevas datas y archivos por el nuevo sistema. La compatibilidad de las bases de datos es una de la consecuencia de la compatibilidad de tecnología.

La tecnología es un arma con doble filo, si sabe utilizarla es un instrumento importante para el éxito de los proyectos, pero si no lo sabe usar, será un castigo. Es una razón de fracaso para la mayoría de los proyectos, y más cuando son nuevas tecnologías. Recuerde que la tecnología se renueva o se transforma a otras nuevas tecnologías, y esta última no sustituye a la anterior, sino, la complementa, por ejemplo: parafraseando a Julio Cabero Almenara [Cab01] y actualizando su idea, la radio no sustituyó al periódico, la televisión no sustituyó a la radio, el ordenador no sustituye a la televisión, ¿los móviles inteligentes no sustituye al ordenador?, lo que se sabe que el ingeniero de software debe mantener actualizado con las nuevas tecnologías y con los nuevos modelos de procesos de desarrollos.

Usuarios. Se determina el perfil y naturaleza de los usuarios, así como los especialistas del dominio de la empresa. Se debe investigar o estudiar:

- o El Dominio. Conocimiento amplio del especialista. Conocimiento especifico para un sistema de ordenadores.
- o El usuario. Quienes son, enfocado en el usuario real (primario) y consideraciones del usuarios secundarios ("stakeholders").
- o Características de los usuarios. Edad, sexo, cultura, habilidades y discapacidades físicas, educación, experiencia en TI/ordenadores, motivación, actitudes, satisfacción, compromisos.

Definir estrategias acordes a los usuarios para mejor desempeño en sus actividades dentro del plan de proyecto. Es diferente desarrollar un software en una empresa con usuarios expertos en el área del dominio de conocimiento; una empresa con usuarios que desconocen el dominio, en este último caso la empresa que desarrolla el software puede tener un papel de asesores en el área de conocimiento y tecnológico. Sucede el mismo caso de los usuarios que no tengan conocimiento de la tecnología, se tiene la oportunidad de asesores tecnológicos.

## 3.3. Estructuración de los requerimientos.

El resultado de la tarea de determinación de requerimientos de los usuarios a medida que va progresando, se puede organizar de acuerdo a varias vistas esenciales de los sistemas de información: el actual y el propuesto. Permite determinar los cambios del sistema actual al nuevo deseado con las diferencias que se desean, también permite identificar las partes que no habrán cambios pero deben estar en el nuevo sistema. Las estructuraciones están separados en dos grandes familias: lenguaje estructurado y lenguaje unificado de modelado (UML-"Unified Modeling Language"). No se debe  confundir con el lenguaje de programación, que se usará más adelante en las próximas fases de diseño.  Estos son dos lenguajes naturales, limitados, estándares y conocidos (existen otros más especializados que no se menciona en este libro) que permiten representar las partes funcionales del sistema, las descripciones detalladas, los procesos, el comportamiento de los sistemas de forma no ambiguo, clara y entendible para todo. Para representar y estructurar lo requisitos tenemos:

| Lenguaje Estructurado | -Procesos<br>-Lógica y coordinación<br>-Datos | UML | -Diagrama de casos de uso<br>-Diagrama de clases<br>-Diagrama de actividad<br>-Diagrama de canal<br>-Diagrama de comunicación (Colaboración)<br>-Diagrama de despliegue<br>-Diagrama de estado<br>-Diagrama Implementación<br>-Diagrama de secuencia |
|---|---|---|---|

Los siguientes capítulos describiremos la representación de los requisitos de los usuarios que se presentan en los cuadros anteriores. Dependiendo del proyecto se usará lenguaje estructurado o UML, donde la escogencia permite describir completamente el conjunto de requerimiento, en algunos casos, los dos tipos de lenguajes se usan para estructurar y describir cada parte o todo del proyecto. La escogencia del lenguaje para describir los requerimientos proviene de la misma naturaleza de la tecnología definida en el análisis, se conoce la tecnología actual y la tecnología a usar para el desarrollo del nuevo software; pero a veces no se conoce la tecnología hasta que llegue a la fase de diseño que es su camino natural. Cuando se desarrolla el levantamiento de información usando los lenguajes propuestos iniciales, llegará un punto que debe existir la conversión, la integración o el acompañamiento a otro lenguaje en la representación de los nuevos requerimientos, del mismo modo, también se confirma en seguir usando el lenguaje inicial seleccionado para culminar esta fase.

### 3.3.1. Lenguaje estructurado

Procesos. Es el flujo y secuencia de movimiento de datos, su trasformación y operación dentro del sistema; las relaciones del flujo de datos y almacenamiento en localidades específicas.

*Modelo de procesos*

Es la representación gráfica de los flujos de los datos entre los componentes, los cuales indican como son introducidos los datos dentro del sistema y en cada componente, transformando, operando y almacenando. Se detalla la distribución de los datos entre el sistema y su ambiente, indica el enlace entre los diferentes componentes que integra el sistema.

Entregas y resultados:

Diagrama de flujo de datos (DFD) o su equivalencia. Es el diagrama más conocido para representar el flujo de los datos dentro del sistema. Se puede usar otro estándar de diagrama en sustitución a esta. Como resultado de este proceso es la entrega del sistema actual como el propuesto, identificando en forma detallada cada componente.

• DFD actual.

• DFD nuevo.

Lógica y coordinación. Es la representación en lengua formal de las tomas de decisiones por las cuales los datos son transformados, cambian de flujo dentro del sistema y las condiciones de lo que disparan la transformación de los datos. Las representaciones se pueden definir en:

• Inglés estructurado. Uso de la lengua inglesa en instrucciones simples para la transformación, decisión y repetición de las acciones, es también conocido como la solución paso a paso o para el uso en la programación estructurada.

• Tablas de decisión (ver el capítulo anterior de tomas de decisiones). Representan las condiciones que afectan al sistema y las alternativas de acciones.

• Diagramas de transición de estado. Representa los diversos componentes con su estado actual y sus posibles estados, su transición a otro estado o componente, y los eventos que producen las transiciones. Son excelente para representar sistemas autómatas.

• Árboles de decisión (ver el capítulo anterior de tomas de decisiones). Representan las distintas ramificaciones o rutas de condiciones y las acciones.

• Matriz (ver el capítulo anterior de tomas de decisiones de tabla matricial).

Modelo lógico

Los modelos de proceso representan el flujo de los datos dentro del sistema, por ejemplo el DFD, pero no permite detallar adecuadamente la toma de decisiones plasmadas en sus componentes, se utilizan uno o varios diagramas expuestos anteriormente para complementar la descripción detallada de los procesos.

Entregas y resultados:

- Inglés estructurado del proceso actual y el propuesto.

- Tabla de decisión actual y el propuesto.

- El árbol de decisión actual y el propuesto.

- Matriz actual y el propuesto.

- Diagrama de transición de estados actual y el propuesto, o

- Tabla de transición de estados actual y el propuesto.

<u>Datos.</u> La forma de cómo se organiza los datos dentro del sistema, es independiente de los procesos y la toma de decisiones del sistema. Define la estructura, consistencias e integridad de los datos dentro del sistema y representa los datos acerca del negocio.

Modelo conceptual de datos

Los modelos de procesos como los modelos lógicos de procesamiento muestran cómo, dónde y cuándo los datos son usados o cambiados en un sistema de información, pero no muestran la definición, estructura y relaciones dentro de los datos. En el fondo para la ingeniería de software es fundamental que permita la garantía de la completitud, uso eficiente de los recursos como espacio de almacenamiento, no a la redundancia de datos, en un sentido de economía y simplicidad en un modelo conceptual definido en las bases de datos (la redundancia se aplica en modelos de datos como mecanismo de disponibilidad de la información y tolerancia a fallas, en este sentido es válido la redundancia).

El propósito de un modelo de datos conceptual es mostrar tantas reglas acerca del significado e interrelación entre los datos, como sea posible. Distribución, control y administración de los datos de una forma sencilla, afecta en el futuro de los diseños y construcción de los demás componentes que comprende los procesos como la toma de decisión.

Razones para considerar la importancia de un modelo de datos:

- Las características de los modelos de datos son importantes a futuro en el diseño de bases de datos, programas, pantallas y reportes.

- Los datos más que los procesos son los aspectos más importantes definido por su estructura y relaciones entre los datos.

- Las características de los datos son conceptualmente permanente, la existencia de los datos actuales pueden ser usados con los nuevos sistemas a instalar.

Existen varios modelos conceptuales:

Basados en registros. Un registro es la relación uno o más datos, se representa de forma estructurada en:

- Jerárquico: los registros están relacionados con apuntadores y organizados como colecciones de árboles.
- Redes: datos en registros relacionados por apuntadores y organizados en gráficas arbitrarias.
- Relacional: datos en tablas relacionados por el contenido de ciertas columnas. Representada en diagrama entidad relación (DER).

Basados en objetos:

- Orientado a objetos: datos como instancias de objetos, incluyendo sus atributos (características del objeto) y métodos (funciones operacionales del objeto).
- Entidad-relación: datos organizados en conjuntos interrelacionados de objetos (entidades) con atributos asociados.

Entregas y Resultados:

Podrían haber diferentes diagramas (DER, redes, o jerárquico) producidos y analizados durante el modelo de datos conceptual, tanto del sistema actual como el propuesto, dependiendo del sistema actual, el modelo conceptual de datos cubre o no al sistema modelo conceptual de los datos futuro, estas diferencias son los diagramas expuestos a continuación:

- Un diagrama de la base de datos del sistema propuesto.

- Un diagrama de la base de datos del sistema que será reemplazado.

- Un diagrama de la base de datos completa desde la cual los datos de la nueva aplicación son extraídos.

- Un diagrama de la base de datos completa indica los datos de la aplicación que está siendo reemplazada.

- Otras entregas: Un conjunto completo de entradas acerca de los objetos de datos a ser almacenados en el diccionario o repositorio del proyecto.

Es importante considerar varios puntos como: la conversión total de una base de datos actual a uno propuesto (por tecnología, como cambio del manejador de base de datos); la permanencia de la base de datos actual (si existe) depende de otras aplicaciones que no son sustituidas o reemplazadas, estas aplicaciones convivirán con el nuevo sistema y/o las modificaciones al modelo conceptual actual; las modificaciones o creaciones de nuevas bases de datos pueden que afecten a otros sistemas en funcionamiento con el nuevo aplicativo. La consideración de toda empresa es que los datos son activos importantes, hacer cambios, modificaciones o eliminación de datos es de alto riesgo al instalar nuevos sistemas; por esta razón existe en cada empresa un área encargada en el mantenimiento, resguardo, seguridad y privacidad de los datos.

### 3.3.2. UML

Por sus siglas inglesas UML es el lenguaje unificado modelado ("Unified Modeling Language"), es un diagrama para representar y documentar un sistema. Es el complemento para los lenguajes orientados a objetos, equivalente a los Diagramas de Flujos de datos y Diagrama de Transición de Estado para la programación estructurada. Se puede describir en los diagramas diferentes características del sistema como:

Diagrama de clases. Es una visión estática de la estructura del sistema, permite modelar las clases, sus atributos, relaciones y asociaciones con otras clases. Describe con rectángulo detalles como nombre de la clase, atributos (se implementa con variables y sus posibles valores), operaciones o comportamientos de la clase (se implementa como métodos de la clase). En el diagrama también se presentan las relaciones entre las diferentes clases, definen las asociaciones entre ellas.

Diagrama de implementación. Se centra en la estructura de un sistema por la distribución física del software y hardware. Definiendo el software como una caja negra que está en un equipo o dispositivo definido en un entorno. Un software puede tener varios aplicativos trabajando en diferentes dispositivos en forma separada. Por ejemplo, un servidor web con un aplicativo que atiende a los aplicativos clientes instalados en los móviles inteligentes.

Diagrama de casos de uso. Define conceptualmente un actor (usuario final) que inter actúa con el sistema, se define los flujos de acciones o tareas que el actor debe escoger para cumplir sus labores. Permite tener una idea de las funcionalidades y tareas del sistema, estudiando tanto las reacciones humanas frente al sistema donde permite una mejor sinergia entre máquina – humano. Se centra en limitar y definir las tareas como el flujo de las tareas a realizar por un actor frente al sistema. Define claramente las funcionalidades del sistema (que internamente no sabe como lo hará). Puede haber más de un actor que el sistema soporte para realizar sus funciones, se definen conjuntos de funcionalidades dependiendo del actor, que en el futuro se definen niveles de perfiles o características de los diferentes actores dentro del sistema. La forma de representar este modelo es con los diagramas de casos de uso.

Diagrama de secuencia. Es una representación estática que indica las comunicaciones dinámicas entre objetos cuando son ejecutadas sus tareas, muestras en forma temporal los mensajes entre objetos de forma ordenada para indicar las interacciones en cada caso de usos o posibles alternativas. Se identifican por llamadas a métodos (operaciones de la clase) que pueden incluir sus parámetros, el tipo de parámetros de envío y retorno.

Diagrama de comunicación (colaboración). Es también llamada diagrama de colaboración (en la versión UML 1.X), es similar al diagrama de secuencia, pero se centra en la relación de orden temporal entre los objetos y clases. Se complementa este diagrama con la relación de orden por las clases y objetos con el diagrama de secuencia que describe los mensajes.

Diagrama de actividad. Representa en forma dinámica de un sistema de los flujos de control, similar los DFD pero permite representar actividades o acciones diferentes que se ejecuten de forma simultánea. Existe representación de la acción, canales, nodos de decisión y flujo de control; todas las acciones que terminan en una de esta, este no permite seguir hasta que las acciones por este flujo de control detecte que todas las acciones terminaron; los nodos de decisión similar al DFD; los canales son los carriles similar a la carreras de 100 metros planos de cada participante en el proceso.

Diagrama de estado. Representa el estado actual de los objetos y su comportamiento, similar a diagrama de transición de estado en el lenguaje estructurado, el objeto dependiendo del valor que adquiera en un momento dado se describe su comportamiento, acciones y cambio de estado.

Diagrama de canal. Es una variación del diagrama de actividad ya descrita anteriormente, donde existen diversos participantes y detalla para cada uno de ellos su diagrama de actividad, cada uno tiene un responsable de dichas acciones e interrelacionando con los otros participantes pero en su carril o canal.

Diagrama de despliegue. Es una especialización de los diagramas de implementación, con un nivel de complejidad mayor, algunos autores lo definen también diagrama de componentes. Se definen las particiones en localidades físicas del hardware que componen el software o los componentes del software, se relaciona mucho con las áreas del conocimiento de las arquitecturas del software y componentes del hardware.

## 3.4. Generación de alternativas

En cada determinación y estructuración de requerimiento descrita anteriormente se acompaña con una solución; para esto, se tiene que desarrollar finalmente alternativas viables para la solución o cumplimiento de cada requerimiento; se debe generar dos o más alternativas para solucionar; permite como medida de comparación y selección del más óptimo en cada caso, esto indica que puede haber miles de soluciones para un problema o un requerimiento, pero uno es la correcta, encontrar la correcta debe haber alternativas o diferentes para realizar comparaciones, pero esto tampoco garantiza que este generando las alternativas para la solución correcta. Las alternativas deben estar apegadas a principios, a leyes que si son leyes naturales sean predecibles en esta fase que inicia el proyecto, deben generar acciones y alternativas que a futuro se puedan medir y cuantificar. Cada modelo y representaciones descritas anteriormente intenta de forma clara definir los requerimientos con detallar su naturaleza y permite abrir camino a la selección de los tipos de diagramas y métodos, con el objetivo en determinar los requerimientos con más detalles y profundidad por los diagramas obtenidos, dan síntomas de generación y creación de alternativas organizadas y estructuradas, aplicando los conocimientos y experiencias adquiridas en cada paso que avanza. Cada paso que se realiza, se genera también más requerimientos adicionales no mencionados o no descritos por los usuarios (requisitos propios del área del dominio). Recordar que debe aplicar los diversos procesos que acompañan en el ciclo de vida de software. Habrá requerimientos adicionales que el dominio de conocimiento exige para poder cubrir los requerimientos del usuario.

### 3.4.1. Usos de Prototipos

Se ha nombrado prototipos en los modelos procesos de desarrollo y también serán usados en la fase de mantenimiento, que se describirá en capítulo más adelante del libro. Sommerville [Som01, páginas 171-174] describe el apoyo de las actividades en los procesos de ingeniería en los requerimientos, tanto en la obtención y validación de los requerimientos. Se derivan varias ventajas como:

1) Demostrar las funciones del sistema donde se identifica las discrepancias entre los desarrolladores y usuarios.

2) El desarrollador puede encontrar requerimientos inconsistentes y/o incompletos.

3) Dispone rápidamente de un sistema que funciona y demuestra la factibilidad y usabilidad de la aplicación.

4) Ayuda a escribir las especificaciones de producción de un sistema de calidad.

En el caso de la tecnología, la mayoría de los casos los prototipos son usados en el aprendizaje de la nueva tecnología; en todos los casos se centran en disminuir el nivel de incertidumbre de los proyectos. El uso de prototipo posee las ventajas indicadas anteriormente más las tecnológicas como las siguientes:

1) Demostrar las discrepancias y semejanzas entre la tecnología de la organización y la nueva tecnología.

2) Demuestra la completitud o no de la nueva tecnología con los requerimientos de la organización.

202

3) Demuestra una funcionalidad rápida de la nueva tecnología. Permite también evaluar el nivel de rapidez de desarrollo con la tecnología y compararlo con la actual.

4) Determinan las vías para el proceso de calidad de esta tecnología.

5) Permite a los desarrolladores aprender, experimentar y conocer de las nuevas tecnologías que se van enfrentar en el futuro en la fase de implementación. Es la investigación y aprendizaje individual, por el mismo motivo de curiosidad o pro actividad del ingeniero con generar el desarrollo de los prototipos, parte de la gestión individual que debe tener presente. Generalmente, las empresas maduras dedican este tiempo de aprendizajes o entrenamientos en los proyectos, donde se mide y estudia la curva de aprendizaje de la tecnología.

6) Un punto que es vital en todos los proyectos, es la factibilidad técnica, en diferentes partes del proyecto que no se sabe cómo se va implementar los diferentes requerimientos con la tecnología, se realiza el estudio técnico en poco tiempo, con los prototipos se desarrollan los casos de pruebas, que son vitales o es el corazón del nuevo sistema a desarrollar.

En la construcción de prototipo se diferencia por dos objetivos según Sommerville, [Som01, páginas 174-180]: Construcción de prototipos desechables y prototipos evolutivos.

1) Prototipos desechables.- el objetivo es validar y derivar los requerimientos del sistemas.
2) Prototipos evolutivos.- se entrega a usuarios finales en un sistema funcional.

El último tipo de prototipo está en contradicción de las recomendaciones de Pressman [Pre02, páginas 24-25], donde determina que todos los prototipos se deben desecharse para evitar llevar los errores al sistema final.

Esta discrepancia se debe llevar a un acuerdo en la práctica, donde se propone la misma definición de ambos prototipos, pero con ciertos limitantes en los prototipos evolutivos. Estos limitantes se apoyan en la misma práctica de Ingeniería del Software. Existen varios problemas de desarrollo de prototipos evolutivos como lo menciona Sommerville [Som01, página 177] en donde el desarrollo tiene un problema de administración, mantenimiento y contractuales.

El problema de administración que plantea Sommerville es que al crear prototipos evolutivos y desarrollar cambios en un sistema grande, se generan gran cantidad de documentación. Para el caso nos basamos en el punto M de equilibrio de modularidad propuesta por Pressman [Pre02, Páginas 233-235], donde la cantidad de módulos deben estar acorde al esfuerzo de interconexión de los módulos, por otro lado, el tener un prototipo con una gran cantidad de código no es lo aconsejable, en el mismo sentido de realizar la analogía de módulos con prototipos, en generar cantidad de prototipos y luego a ser integrado no va ser nada fácil. En conclusión, este trabajo propone que el prototipo evolutivo sea válido cuando tenga un tamaño esperado de código y funcionalidad limitada, que permita el fácil control y mantenimiento, se propone como un prototipo de un solo componente o un conjunto de esta. Al crecer este prototipo se debe generar otro prototipo con funcionalidad diferente (partición de funcionalidad) y como otro componente, crear un tercer componente que controle a las dos anteriores. En vista del sistema, el componente de mayor importancia es el de mayor jerarquía de los tres, si el número de componentes crece de forma que es imposible de mantener, este conjunto de componentes se convierte en un subsistema y no como componentes del sistema actual, respetando el nivel de acoplamiento bajo con alta cohesión (por esta razón se debe convertir el prototipo a un componente). Al ser un prototipo evolutivo y al ser utilizado en el sistema final, debe tener este un nivel de cohesión alta, para controlar los errores y no propagarlo al sistema completo. El otro punto, el desarrollo rápido usa herramienta conocida, por lo tanto, no aplica al uso de nuevas tecnologías, en este caso complicará más el proyecto, al menos, que se use el prototipo con el objetivo de conocer la nueva herramienta.

Los problemas de mantenimiento que plantea Sommerville que los cambios continuos tienden a corromper la estructura y que nadie, excepto los desarrolladores originales, pueden entenderla. La tecnología se vuelve obsoleta por el desarrollo rápido de prototipo. Se propone en este trabajo, que los prototipos no se realicen nuevos cambios, de alguna forma este cumple un requerimiento actual. Si el prototipo es modular y si el requerimiento cambia completamente, la mejor decisión es desecharlo y construir uno nuevo con la nueva tecnología, si solo cambian ciertas particularidades del requerimiento, el componente debe mantenerse y se debe desarrollar los nuevos componentes o prototipos con la nueva tecnología con la reutilización de los componentes de la tecnología anterior.

Los problemas contractuales, según Sommerville, basados en las especificaciones del sistema entre el desarrollador y el usuario, al no existir estas especificaciones bien definidas debilitan el funcionamiento del sistema y sobrepasan el presupuesto. Los desarrolladores no aceptan un contrato con precio fijo y no pueden controlar los cambios requeridos. La propuesta de este trabajo, se basa en los casos anteriores, es decir, no hacer cambios en lo que está hecho o que funcione, los nuevos requerimientos se desarrolla en un prototipo evolutivo o desechables, en el cual si el resultado es satisfactorio, el prototipo es candidato a un componente del sistema, considerando que este componente debe ser alta cohesión y bajo acoplamiento.

### 3.4.2. Detalles de las alternativas de soluciones

Las alternativas de soluciones se presentan al estudiar en detalle cada requerimiento donde se genera una o varias alternativas de solución; las soluciones al principio son meras ideas que se proponen como posibles mecanismos para cubrir el requerimiento; al detallar el mecanismo se presenta diversos escenarios donde la solución se debe plasmar en el software; con el uso de la tecnología; en plasmarlas en normas organizacionales, con procesos intelectuales que el usuario o el computador debe realizar, o combinación de usuarios y máquina. El estudio detallado de las alternativas puede derivar en más opciones o sub alternativas, plasmados en los diferentes diagramas en los lenguajes como estructurado o en el UML. Al profundizar en las alternativas de soluciones con el uso de prototipos sucede igual en descubrir nuevas alternativas y nuevos usos de la tecnología. El mismo detalle también lleva a respetar los diferentes modelos de negocios, del dominio de conocimiento y tecnológico que son incorporado, donde son mejorado y afinado en cada solución del requerimiento.

# 4. Diseño

*"Divides y Vencerás."*
**Sun Tzu**

*"Nada es particularmente difícil si los divides en pequeñas tareas."*
**Henry Ford**

La fase de diseño comprende tres grandes actividades: determinar los requerimientos del software, el diseño lógico y el diseño físico. El objetivo es integrar los requerimientos de los usuarios de la organización, de la ingeniería y del área del dominio; dando como resultado un modelo gráfico del software que represente con detalles la arquitectura del software, las interfaces, los componentes y la estructura de datos, que permita poder indicar como implementar el sistema en el futuro. Es la parte creativa de los ingenieros que utilizan los diferentes diagramas y modelos obtenidos en la fase de determinación, estructuración y generación de alternativas de los requerimientos en la fase de análisis para representarlo de una forma más clara, detallada y no ambigua, para la implementación de cada elemento definido en el diseño.

## 4.1. Determinar los requerimientos del software

Cada requerimiento proveniente del análisis donde es representado en uno o más componentes en el diseño, se clasifican los requerimientos según Pressman y Sommerville; construir las listas de requerimientos del software con las dos visiones diferentes que se complementan, los requerimientos provenientes del análisis son convertidos en el diseño como:

### Tipos de requerimientos

Finalmente de las representaciones, estructuración y generación de alternativas, permite clasificar los requerimientos o requisitos del sistema en:

Según **Roger Pressman** [Pre01, página 111]:

- Requisitos Normales: Usuarios- Explícitos
- Requisitos Esperados: Ingeniería- Implícitos

- Requisitos estimulantes: Van más allá de las expectativas del cliente.

Según **Ian Sommerville** [Som01, página 100]:

- Requerimientos funcionales: requerimientos de usuarios.
- Requerimientos no funcionales: Requerimientos del producto, Requerimiento de la Organización, requerimientos externos.
- Requerimientos del Dominio: Pertenece al área del conocimiento que se basa el sistema a desarrollar.

Fusionando ambos autores tenemos que los requerimientos del software son:

- Requerimientos funcionales (normales). Lista de requerimientos de los usuarios.
- Requerimientos no funcionales (esperados). Ingeniería, implícitos, requerimientos del producto, de la Organización y externos.
- Requerimientos del Dominio: Normas y leyes que tiene el área del conocimiento. Este tipo de requerimiento podría ser consecuencia de los no funcionales.
- Requisitos estimulantes: funcionalidades que van más allá de las expectativas del cliente. Generalmente son creadas por las empresas desarrolladoras del software.

En la lista de requerimientos de software con los diferentes diagramas del análisis, se generan una idea general de cómo será el software, sus restricciones, las tareas que se deben hacer, cómo funcionan y sus características generales.

## 4.2. Diseño lógico

La parte de creatividad del ingeniero se pone en marcha en esta etapa, acompañado de la habilidad mental de entendimiento de todos los requerimientos, con todos los sentidos de modo receptivos en ver diversas formas de solución o creación, y en todos los momentos con los sentidos perceptivos en encontrar patrones, conductas, modelos o características comunes en los requerimientos y en los modelos que hemos obtenido en las fases anteriores, en generar modelos de diseños que pueden ser soportado con todos los principios de las ciencias (humana y científica) bajo un dominio determinado con sus leyes, reglas y normas que se deben respetar. Como indica Presmman [Pre01, página 184] comenta que las metodologías de diseños carecen de profundidad, flexibilidad y naturaleza cuantitativa, y más se asocia a las disciplinas de ingeniería más clásicas; el diseño del software cambia constantemente a medida que los nuevos métodos aparecen y evolucionan, donde surgen nuevos y mejores análisis.

Esta fase se construye de forma heurística, sin un formalismo estándar. La fase de diseño (lógico y físico) puede llegar al punto de desaparecer dentro del ciclo de vida del software por parte del desarrollador; la mayoría de los desarrolladores de software saltan y entra en la fase de implementación desde el análisis, como mala praxis saltan de una fase a otro descartando la fase de diseño, por un lado, es válido si no requiere pensar las cosas antes de hacer, pero por naturaleza de igual se plantea de la forma implícita de diseñar descrita por Krutchen P., en su artículo "Software Design in a Postmodern Era" donde se indica en "Los límites del diseño de software" [Kru01]. Recordamos que esta fase es de diseñar y antes de generar el código de programa que va sostener los requerimientos exigidos. Si realizamos una analogía al individuo con el ciclo de vida de software, la implementación es la acción que todo desarrollador quiere y desea hacer, el análisis es la recepción del estímulo del mundo exterior en un individuo, se puede actuar directamente al estímulo, donde toda la experiencia, conocimiento innato y reflejos actúan como un resultado de un diseño inconsciente de acción que realizamos, es un diseño natural y puro de la acción ante el estímulo, es una acción reactiva frente a un estímulo. Pero si en este proceso, no solo se analiza, se está consciente del mundo exterior y del interno, con los conocimientos de principios y sus aplicaciones, se diseñan acciones con bases a estos principios, los resultados serán diferentes a las acciones inconscientes; como indica Krutchen, el diseño debe tener una acción donde es un paso necesario para que una disciplina integre las buenas prácticas, reflexione y produzca una crítica que lance nuevos avances, tener un periodo de maduración, como indica también en los grandes y complejos desarrollos, el diseño proviene de niveles anidadas de módulos hasta encontrar la arquitectura de software.

La visión de Krutchen del diseño desde un programador hasta la justificación de un arquitecto de software, es válido desde el punto de vista cuando un requerimiento sea el corazón de todo el sistema, o las razones de fracasos de los proyectos en los informes de Standish Group, pero generalmente en el diseño lógico, la visión se debe tomar desde un arquitecto de software e ir a los más detallados con la visión de los desarrolladores; ante todo deben ser diseñadores o arquitectos de software que ser programadores (aunque su formación es primero como programador). La visión general engloba como indica también Pressman

[Pre01, página 184], procesos de diseños que acompañen el resultado las acciones dentro de esta fase, que garantiza la calidad, refiriendo que es la última etapa con modelado en el ciclo de vida del software y permite la preparación de la construcción (generación y pruebas de código). Depende de esta preparación, el camino va ser muy tranquila o caótica. El diseño se ubica en el área técnica de la ingeniería de software y se aplica sin importar el modelo de proceso que se utilice. Esta afirmación de Pressman se interpreta en el uso de los principios basados en la ciencia exacta. Tanto Krutchen, Pressman y mi persona coincidimos con otro autor de otra área de conocimiento Stephen Covey [Cov01, páginas 85-95] en la diferencia del comportamiento reactivo y proactivo frente a los estímulos y elección de las repuestas, como los conceptos de principios. En base a los principios de la técnica de la ingeniería del software se debe diseñar el software, desde una visión general hasta detallar en componentes que tenga la organización y la estructura sostenible con la tecnología, donde la tecnología será seleccionada y detallada en el diseño físico, mientras tanto se debe enfocar un diseño encaminado a facilitar el trabajo en el futuro y de forma simple. Por esta razón tenemos que tener en cuenta en el diseño lógico que:

- El analista llega al entendimiento de qué tarea y cómo el sistema opera.
- El analista define cómo el sistema aparecerá ante los usuarios.
- Qué componentes (sub sistemas) debe tener el sistema.
- Se describe el "look and feel" de todas las entradas y salidas del sistema, las interfaces y los diálogos.
- Se complementa con el modelo de datos conceptual de la fase de análisis con nuevos requerimientos de datos al detallarse el sistema.

Pasos:

- Diseñar pantallas y reportes: los cuales describen cómo se mostrarán a los usuarios las entradas y salidas del sistema.
- Diseñar interfaces y diálogos, los cuales describen el patrón de interacción entre los usuarios del sistema y el software.
- Diseñar Bases de Datos lógicas, los cuales describen una estructura estándar para la base de datos de un sistema, que sea fácil de implementar en una variedad de tecnología de Base de datos.

Entregas:

- Especificaciones para entradas.

- Especificaciones para salidas.
- Especificaciones para interfaces.
- Especificaciones para diálogos.
- Especificaciones para Bases de datos del sistema.

Representación: Prototipos o versiones funcionales del sistema, se puede reutilizar los diagramas usados en el análisis pero con más detalles. Las especificaciones pueden ser funcionales como no funcionales.

Importante: el diseño debe soportar cambios en el futuro, donde no sean traumáticos, tener un diseño de fácil mantenimiento, operatividad, seguimiento, manejable y que pueda crecer en el futuro. Es importante que el diseño soporte la diversidad de visiones obtenidas en el análisis, y por supuesto el usuario debe estar en esta fase. Tener en cuenta la calidad hasta el producto final, que sea fácil verificar su calidad durante todas las fases. El diseño sea fácil y sencillo de desarrollar.

## 4.3. Diseño físico

Hasta el momento en los diferentes ciclos de vida del software se mencionan de forma abstracta las características del sistema que soporten los requerimientos que se desean, en el diseño lógico inclusive soporta procesos mentales que derivan en los diferentes diagramas; hasta el momento se ha trabajado con el intelecto y casi todo abarca la ciencia blanda en el uso correcto de pasos de la ingeniería del software y del ciclo de vida del software; pero no se menciona el sistema en el enfoque de la tecnología, solo se menciona la parte técnica en el análisis en la situación o estado actual de la empresa con la plataforma tecnológica actual y sus planes futuros en esta área, si han de mencionar la tecnología por la empresa o por el usuario, es el uso futuro de una tecnología nueva para la empresa en proceso de adquisición. En el diseño físico se debe especificar todas las características tecnológicas del nuevo sistema, derivado por la selección de la tecnología que pueda soportar el desarrollo o construcción de los componentes deseados en el futuro, adicional, el plan futuro de la empresa en la gestión de la tecnología y su enfoque de las nuevas tecnologías. Todo bajo el factor económico y proyecciones hacia el futuro de la tecnología. Concentra la fase de implementación, de seleccionar el lenguaje de programación, herramientas, sistemas de operaciones o sistemas operativos, hardware, dispositivos, redes, es decir, la infraestructura tecnológica que posee o desea tener en el futuro en la empresa conjuntamente con el nuevo sistema o software.

El diseño físico especifica la estructura para los datos y programas que harán que el sistema trabaje eficientemente de manera segura, con consideraciones de red, representando en la arquitectura de software. También define la convivencia de los sistemas actuales con el nuevo software a desarrollar. Todos estos puntos influyen en la selección de la tecnología o las tecnologías a usar en el proyecto, todos estos basados por la información, reporte, representaciones, diagramas, etc., proveniente del diseño lógico.

Los planes futuros u hojas de rutas ("roadmap" en ingles) de las tecnologías existentes influyen en la decisión de la selección de la tecnología en el proyecto. Las empresas por otro lado, para determinar y seleccionar la tecnología se basan por su costo y por el retorno de inversión. Existe tecnología que es libre de pago de licenciamiento o de uso sin costo de adquisición; otras tecnologías se debe pagar una cuota mensual o anual para ser usado. La adquisición de las tecnologías se estudia para el proyecto y los objetivos en la empresa, los estudios se basan en el tiempo de desarrollo y la curva de aprendizaje; evaluar la factibilidad de desarrollo rápido o el tiempo de desarrollo con la tecnología, mientras que otras tecnologías realizando el mismo proyecto que puede durar el doble o más el tiempo de desarrollo; generalmente las tecnologías bajo la figura de licenciamiento pago, tienden a tener un desarrollo más rápido; esto depende de la empresas y los gerentes en la selección de las tecnologías, en tener un costo de licenciamiento bajo, la calidad de soporte de post venta y a todos los niveles, desde programador hasta alta gerencia será diferente; el estudio también incluye a nivel de recursos humanos en los proyectos, se debe equilibrar y balancear los pro y contras de la adquisición de nuevas tecnologías; existen diversos modelos de evaluación y adquisición de nuevas tecnologías, que en este libro no incluye, pero es seguro que depende de la gerencia de la empresa la toma de decisión con visión a futuro y el entorno actual de la empresa, se gestiona en lo que se tiene más beneficio con las adquisiciones de las nuevas tecnologías. A nivel de proyecto, los gestores deben estimar el costo de la tecnología en base a tiempo de desarrollo, las tecnologías de costo de licenciamiento, el costo en recursos humanos, por el modelo de contratación en el proyecto con menor (temporal) o mayor tiempo de desarrollo (permanente), el costo de manos de obras y disponibilidad de los diferentes perfiles necesario en el uso de la tecnología; la selección de las tecnologías que hace el desarrollo más prolongado en el tiempo, y planificando el costo de mantenimiento y soporte en el futuro.

El otro punto de evaluación es el soporte en la tecnología, el costo de adquisición baja o alta, no garantiza que el soporte técnico y tiempo de respuesta lo sea también. La gestión y estudio económico del proyecto dependerá de la selección de la tecnología.

Toda tecnología posee sus características propias, tiene una arquitectura definida, herramientas de apoyo, metodologías, filosofía de aplicación, etc., y por detrás de la tecnología se apoya con los expertos y las empresas que la mantiene. Dependiendo del estado actual y el estado deseado del proyecto, similar en la estrategia de selección de modelos de procesos de desarrollos, en esta fase existe la toma de decisiones en definir la tecnología a usar, por sus características técnicas, organizacional (instituciones o empresas que apoya o da soporte a esta tecnología) y económicas. Desde punto de vista del proyecto en el ciclo de vida de software, el factor mandatorio es la técnica, en los procesos que acompañan al ciclo de vida de software determinan con todas las demás características de la tecnología que soporte y ayuden a estos procesos. El hecho de dos o más empresas respaldan y dan soportes a una misma tecnología, la decisión de elegir trabajar conjuntamente con una empresa u otra para desarrollar el software, se mide con las otras características cualitativas como cuantitativas de cada empresa, por ejemplo: es más fácil trabajar con el personal de la empresa X o el de Y, personal motivados y preparados, de fácil negociación, etc., existen muchos factores detrás de una tecnología.

Pasos en la etapa del diseño físico:

- Diseñar archivos físicos y base de datos: describe cómo los datos serán almacenados y accedidos en la memoria secundaria del ordenador; cómo garantizar la integridad y la calidad de los datos. Se selecciona el manejador de base de datos que tenga en el mercado que cubra las necesidades de los requerimientos no funcionales del proyecto.

- Diseñar estructuras del sistema y de los componentes (programas): describe los diferentes módulos de programas de acuerdo a los diagramas, representaciones y/o otra documentación. Selección de la herramienta de implementación o desarrollo, esto incluye el lenguaje de programación para el proyecto.

- Diseñar procesamientos distribuidos si es necesario: describe como el software dispondrá los datos y el procesamiento de esta para usuarios en las redes, definición de uso de sistemas distribuidos o centralizados.

- Todos los requerimientos y funcionalidades del sistema son especificados dentro de las restricciones de las herramientas de implementación.

- El diseño físico de archivos y bases de datos que provengan en el modelo lógico de datos.

- Repetir el proceso en ciclo hasta conseguir un nivel de detalle que con la selección de la tecnología escogida y sea soportada. Verificando que todo los detalles del diseño lógico este completado en el diseño físico. Teniendo una estructura "solida" basado en la tecnología. El repetir el proceso podemos referirnos al diseño lógico, debido a las adaptaciones impuesta por las limitaciones o beneficios de la tecnología seleccionada.

- Tener en cuenta la utilización de diversidad de tecnología que pueda convivir junto. Aún con tecnologías de características como comercialmente contrarias y rivales, puede diseñar un software con componentes diversos que permitan trabajar de forma conjunta para lograr el objetivo, aún con un costo elevado, en vez de usar una sola tecnología, se justifica con los beneficios que se pueden obtener a futuro.

En caso de nuevas tecnologías desconocidas, se recomienda las evaluaciones de estas en un proyecto aparte, como resultado es conocer las características de cada tecnología e integrarla a este proyecto, se determina la facilidad o dificultad técnicas en el desarrollo o construcción del aplicativo.

En cada diseño descrito anteriormente siguiendo el proceso normal del ciclo de vida del software, se estructura en el diseño lógico y luego el físico basado en el contexto de la ingeniería del software, existe otra clasificación del diseño pero descrito por Pressman [Pre01, páginas 184 -185] definen cuatros modelos de diseños o tipos de diseños:

> **Diseño de datos o clases:** transforma el modelo de dominio de la información, creado durante el análisis, en las estructuras de datos o modelos de clases necesarias para implementar el software.

> **Diseño de la arquitectura:** define la relación entre los principales elementos estructurales del programa.

> **Diseño de interfaz:** describe cómo se comunica el software consigo mismo, con los sistemas que operan con él y con los operadores que lo emplean.

**Diseño a nivel de componente:** transforma elementos estructurales de la arquitectura del programa en una descripción procedimental de los componentes de software.

Seguidamente se coloca en el cuadro la relación entre el análisis y el diseño propuesto por Pressman, en donde se identifica en el modelo de análisis, los dos lenguajes para el análisis descritos en capítulos anteriores (lenguaje estructurado y UML representado entre"[]") con los modelos de diseño.

| El modelo de análisis | El modelo de diseño |
|---|---|
| Especificación del proceso (EP) <br> Diagrama de transición de estado (FTE) <br> Especificación de control (EC) <br> [Modelo de flujo] <br> [Modelo basado en clases] <br> [Modelos basado en comportamiento] | Diseño procedimental <br> [Diseño a nivel de componentes] |
| Diagrama de flujo de datos (DFD) <br> [Modelo basado en escenario] <br> [Modelo de flujo] <br> [Modelo basado en comportamiento] | Diseño de interfaz |
| Diagrama de flujo de datos (DFD) <br> [Modelo basado en clases] | Diseño arquitectónico |
| Diccionario de datos <br> Diagrama de entidad relación (DER) <br> [Modelo basado en clases] | Diseño de datos <br> [o clases] |

**Figura 12. Cuadro de relación entre los modelos**

En la relación del cuadro indica  que los resultados del análisis entran como insumo a la fase de diseño, y cada modelo de diseño se apoya de uno o más modelo de análisis. El diseño lógico y físico combinan en sus estructuras internas con estos cuatros tipos de diseños propuesto por Pressman.

El diseño físico representa el justificativo técnico de lo que va a desarrollar, es decir, todos elementos estructural, arquitectónico, interfaz y datos debe ser implementado en la tecnología escogida o las tecnologías seleccionadas. En forma explícita, todo requerimiento definido en el proyecto debe estar basado sobre requerimiento tecnológico. Ver la siguiente figura.

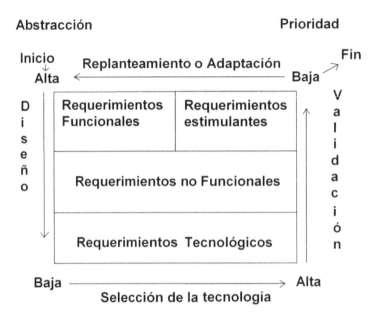

**Figura 13. Abstracciones de los requerimientos**

En esta fase o etapa del ciclo de vida del software en el diseño físico, todos los tipos requerimientos al detallarse, en el fondo debe haber una tecnología o varías tecnologías que soporte el diseño, como el lenguaje de programación, manejadores de bases de datos, modo de comunicación, redes, herramientas tecnológicas para desarrollo o construcción de cada elemento o componente del diseño, que se plantea en función a la lista de requerimientos del análisis, se genera una lista de componentes tecnológicos, para cada requerimiento debe haber uno o varios componentes definidos. En el diseño físico debemos seleccionar, investigar e indicar la tecnología para la construcción de cada elemento del diseño. La lista de componentes tecnológicos se utiliza para identificar adicionalmente, la tecnología que permita una construcción de forma adecuada, rápida, con calidad, simplicidad de los elementos deseados en el diseño, de esto se genera la lista de los requerimientos tecnológicos. En la gráfica 13 indica que todos los requerimientos de los usuarios como la organización, externo a la organización (leyes y normas por ejemplo), requerimientos estimulantes no esperados por el usuario, debe estar definido en el cumplimiento de las normas, reglas, leyes, etc., que se rige en el dominio, cumplir con los principios del dominio si existiese, adicionalmente, debe satisfacer y cumplir con las características de los requisitos de escalabilidad, reusabilidad, confiabilidad, disponibilidad, integridad, completitud, funcionalidad, desempeño, etc., que son los requerimientos no funcionales de la ingeniería de software, y finalmente estar soportado por una tecnología existente para que funcione realmente, la exigencia de los requisitos anteriores generan los requerimientos que la tecnología debe soportar. La gráfica 13 indica que de un requerimiento (estimulante, funcional o no funcional) planteado a nivel general (abstracción alta), se inicia a detallar y profundizar hasta llegar al mínimo detalle de cómo se construirá con la tecnología actual (abstracción baja o bajo nivel), desde lo general a lo particular.

De la lista de requerimientos tecnológicos, se selecciona la tecnología o las tecnologías necesarias para poder cubrir cada elemento del diseño, se coloca como elemento prioritario para revisar y validar que la tecnología escogida soporte el requerimiento o el componente a construir. Las tecnologías tienen limitantes o características que generen que el componente a construir, no tenga la funcionalidad completa o es limitada para el requerimiento deseado, se replantean los requerimientos u organizarlo, de tal forma que la tecnología seleccionada permita cubrir todos los requerimientos originales, volviendo de nuevo al nivel de abstracción alta o general y repetir el ciclo hasta que cumpla con los requisitos originales, adaptar los requerimientos o cambiar la tecnología, ya es la gestión del proyecto que debe responsabilizarse en esta toma de decisión. Ante de adaptar el requerimiento a la tecnología, es más fácil cambiar la forma o mecanismo de construir el componente, que cambiar el requerimiento; tenemos los prototipos para poder construirlo. La construcción de las soluciones se hacen tres veces: una vez en la mente, otra vez en el diseño detallado y cuando lo hace realmente; la construcción se facilita y se simplifica antes; en la mente y en el diseño.

Las gráficas y diagramas del diseño deben estar definidos como mínimos a los diagramas propuestos en la fase de análisis con todos los detalles; la terminación de los diagramas son cuando se ven reflejados en los componentes con detalles de la tecnología a utilizar, donde fue reorganizado en los diferentes modelos de diseños. Adicionalmente, puede haber diagramas que definan todos los componentes principales de los diferentes modelos de diseños como bosquejos generales, es decir, una representación sencilla para cualquier explicación fácil de lo que se va a hacer, y los demás diagramas con más detalles si desea profundizar. Recordar de lo simple, descomponer en su máxima expresión, mejorar cada componente y ordenarlo, pero de una forma sencilla y fácil de comprender. Si es fácil de explicar, es fácil de entender, y la justificación con diagramas identificando la tecnología en cada componente. Generalmente este bosquejo se define como la arquitectura del software. Es fundamental por varias razones:

- En el diseño arquitectónico:
  - o Define la distribución de los componentes, controles, datos y sus enlaces.
  - o Genera una organización donde permite verificar la completitud y funcionalidad del software.
  - o Permite modelar los requerimientos no funcionales de ingeniería como escalabilidad, tolerancia a fallas, desempeño, integridad, seguridad, modularidad, independencia funcional, etc., tomar las mejores decisiones estructurales y no de funcionalidad del software.
  - o Los requerimientos poseen influencias en la arquitectura, define la más adecuada para cubrirlos.
  - o Permite también rectificar la tecnología seleccionada, cada tecnología posee su propia arquitectura, si esta arquitectura permite desarrollar el software deseada o trabajar de una forma adecuada cuando se implemente. Por ejemplo: el sistema operativo seleccionado donde esté trabajando con el nuevo software, permite estar operativo y funcional con esta arquitectura de una forma óptima y adecuada.
  - o Las arquitecturas del software poseen ventajas como desventajas, hay software que está diseñado por su arquitectura para trabajar en tiempo real y otros como procesos en lotes; cada aplicativo posee su propia arquitectura, seleccionar o diseñar una mala arquitectura puede que el software muera antes de ser construido. Un mal diseño es peor que un programa mal construido.
  - o Representa en forma organizada, controlada y coordinada entre los diferentes componentes.

- En el diseño de de datos o clases:
  - o La escogencia del modelo de datos de representar los enlaces o relaciones entre los datos, registros y campos. Las bases de datos relacionales (los más usados), de redes o jerárquicos escogidos, se verifica la tecnología que lo soportan. Una mala

selección de un manejador de base de datos a un modelo que no le corresponde, produce un gran trabajo.
- Distribución de los datos dentro de la arquitectura, permite un uso eficiente de los recursos locales como globales. Es diferente tener un servidor central de datos que tener geográficamente en varias localidades servidores de datos; a nivel de hardware necesario en las diferentes localidades o en el centralizado que son recursos con características diferentes.
- La medida de seguridad y protección de los datos y resguardos es importante en todo software.
- Solo en la parte lógica en organizar o agrupar los campos (datos) puede influir en los demás componentes que lo accede. Una buena organización de los datos permite, ahorro de espacio de almacenamiento, y el uso de la memoria principal en los ordenadores. La normalización de bases de datos relacionales es importante, debido a que es la base para los diseños de los reportes y las pantallas en la interfaz de usuarios, y como la comunicación entre los componentes dentro del software.

- En el diseño de interfaz:
  - Visión detallada de las pantallas y reportes del sistema a construir, características visuales como otros sentidos en el manejo del sistema.
  - Uso de mecanismo de comunicación sencilla, simple y efectiva, para comunicarse entre los componentes de la arquitectura.
  - Comunicación sencilla, efectiva y simple entre el entorno del software. Facilidad en la conexión entre software ya instalado en la plataforma tecnológica de la empresa con el nuevo software a desarrollar.
  - Facilidad para el usuario final. Esto lo vemos en la interfaz de usuarios del sistema, mientras sea eficientes, la sinergia de usuario - ordenador se optimiza y es más productivo para todo.

- En el diseño de componente:

- Independencia funcional. Mide cada componente si depende de otro componente o recursos en lograr sus funciones.
- Cada componente debe tener sus funciones bien definidas y bien especificadas.
- Cada componente pueda ser extraído o agregado en la arquitectura sin generar tanto trabajo.
- Cada componente puede ser identificado de manera lógica dentro de la arquitectura.
- Permita un mantenimiento fácil de cada componente, como en la arquitectura del software.

## 4.4. Proceso de calidad

Los documentos, diagramas y modelos de diseños se miden y determinan la calidad del trabajo en cualquier etapa del proyecto. La calidad se mide cuantitativa como cualitativa. La medición cualitativa es la más difícil de describir y realizar; lo que se tiene hasta el momento en el desarrollo del software, es una cantidad de papeles, diagramas representaciones, etc., se hace la analogía a una obra de arte, separarse un poco de la obra y observar desde lejos, utilizando todos los sentidos, definen si es una obra de arte desde una visión completa como al nivel de detalle en el diseño, e imaginarse cada componente de diseño con su futura creación soportado con la tecnología. Tiene formas, detalles, líneas que se observan si están en un buen camino, recordar que toda esta fase de diseño esta bajo el área de la ciencia exacta o predecible, ver la obra desde el punto de vista de logro o meta final, imaginarse construido a gran escala a la que lo vemos ahora, analogía como un puente o edificio en maqueta, mapas, visionando su final en la construcción donde sería en realidad, se proyecta como será cuando culmine su desarrollo el software, esto es una visión futurística del trabajo, por el otro lado, el camino en el sentido contrario, de cómo llegar a este diseño, desde el diseño hace un recorrido en reversa hasta el origen de las ideas, creatividades de los diseñadores y finalmente a los requerimientos del usuario, y volver a iniciar el proceso de los requerimientos hasta el diseño actual, sirve de repasar, validar y verificar lo construido hasta ahora, si consigue detalles o fallas, se debe mejorar y refinar, es como repasar la materia antes de presentar un examen. De esta forma se tiene:

- Verificar si hay mas enfoques alternativas a la que existen. Casos no vistos.
- Verificar el orden y jerarquía de control de cada pieza o componente, se sostiene sola o depende de algo más.
- Componentes sueltos o sobrantes que entorpece a los demás componentes.
- El diseño permite hacer cambios con facilidad.
- El diseño resuelve las necesidades de los usuarios.
- El diseño puede ser soportado por la tecnología seleccionada.
- El diseño es simple, consistente, uniforme e integrable.
- Permite que los componentes como están estructurado y organizado, pueden ser construido de forma sencilla y simple.
- El diseño permite soportar condiciones, hechos y sucesos aberrantes; este debe permitir su recuperación.
- Permite un procesamiento y rendimiento óptimo. En caso tiempo de ejecución, por ejemplo de las páginas de internet tiene un tiempo promedio de respuestas del sistema, si se llega al límite permitido, las respuestas no se entregan y falla al usuario. Es decir, tener un tiempo de ejecución de cada componente permitido y no hemos hecho la primera línea de programación.
- El diseño permite la confiabilidad del software (tema que se verá más adelante).
- Permite la facilidad de mantenimiento y usabilidad.

Como se nota la mayoría de las acciones mencionadas permiten mediciones cualitativas, que definen la calidad de un diseño. Una medición mandatorio es que existan caminos desde el diseño hasta el análisis, y su retorno del análisis al diseño actual. Es una forma segura de medir la calidad del diseño. La medición de la selección correcta de la tecnología que justifica y que soporte este diseño. La justificación y soporte de la existencia de cada componente por los requerimientos de los usuarios, es importante la evaluación del diseño antes de ser implementado.

## 4.5. Conceptos en el diseño

Existen términos y conceptos que se han mencionados, en los siguientes párrafos describen estos conceptos en término de la ingeniería del software referente en la fase de diseño; hay conceptos que abarcan en algunos casos, en todo el proceso del ciclo de vida del software, pero en la fase de diseño se retoma con más fuerza, juega un papel vital en la mayoría de las actividades a ejecutarse en esta fase.

### 4.5.1. Abstracciones

La abstracción tiene su significado en la acción de realizar procesos u operaciones intelectuales en separar las cualidades o características de un objeto de forma aislada, por su esencia o base. En el ambiente de la ingeniería de software se enfoca en separar las cualidades de lo general a lo particular o del nivel superior al inferior; existen niveles de abstracciones de los cuales de una descripción generalizada, va otro nivel que se detalla con mayor profundidad y así sucesivamente, también es llamado capas de abstracciones; donde cada capa se preocupa lo esencial o en un nivel de generalización sin preocuparte en los detalles de los otros niveles. El caso de los requerimientos de los usuarios en sus inicios son muy generales, donde se investiga y se profundiza, se procesan para estructurar y organizar los requerimientos pasando a otro nivel de detalles dando como resultado los requerimientos del software, transformando luego en diseño con estructuras detalladas y definidas por las tecnologías, definido en el diseño lógico y físico, luego en la implementación se convierte en código de programación por medio de un lenguaje y así seguimos a nivel de abstracción inferior que se transforma en lenguaje de máquina, y finalmente en conjuntos de canales que transmite en voltajes o no (ceros y unos) en los componentes físicos del ordenador (hardware). Cada nivel es una abstracción, se define de lo general a lo detallado, desde los requerimientos de los usuarios hasta llegar a la operación dentro de un ordenador. En algunas circunstancias, podemos verlos desde el nivel inferior de detalle hacia lo general. Es una visión de capas horizontales, la capa superior esta la cualidad general y el inferior el detalle. La otra forma de ver las abstracciones por las características específicas o comunes, como abstracciones de objetos o estructuras, como procedimental, lógica y datos.

Cada nivel o capa de abstracción se obtiene con pasos de refinamientos. Es un proceso de extender o ampliar una afirmación, de la descripción o declaración anterior, indicando más detalles a lo dicho en el otro nivel inferior.

El desarrollo de software permite de ir a lo general a lo particular o al detalle, de lo difícil a lo fácil, jerarquizar la descomposición para buscar la calidad o la pureza, por medio del refinamiento, ya sea a nivel de procesos como en actividades, cualquier componente como actividad que podemos aplicar el refinamiento. La abstracción y el refinamiento son conceptos complementarios, el refinamiento es la acción de separar y jerarquizar para buscar más detalles con el fin de encontrar la calidad o la base fundamental del objeto o del componente. Determinan niveles de detalles que al final contienen dos objetivos principales, encontrar la base de sustento o construcción detallada en código de lenguaje de programación adecuada; y definir la pureza (funcionalidad particular) con piezas construidas con calidad (limpias) con la tecnología seleccionada. Desde los requerimientos usuarios hasta los código de programación  (implementación) pasando por el diseño. En todo el ciclo de vida de software se utilizan estos dos conceptos aunque bien marcada en la etapa de diseño y sus siguientes etapas del ciclo: implementación y mantenimiento. El refinamiento es que permite pasar por las diferentes etapas del ciclo de vida con objetivos bien claros en cada una de ellas, donde  la separación y profundización a los más pequeños detalles en cada etapa, definen en los componentes y productos que se entregan, definiendo y estudiando todos los componentes, tomando las mejores decisiones para la pureza o la calidad de entrega de cada componente.

La modularidad puede ser tratada como  un concepto aplicable y una filosofía de trabajo, en la ingeniería de software se define como atributo fundamental en todo software. En cada componente que se integra el software, llamado también módulos, objetos o clases, provienen en su origen de cada uno de los requerimientos de los usuarios, pasando por diversos procesos y concretando en piezas que sostienen el diseño definido. Existen módulos que provienen y fueron creado para el fácil uso y control de los módulos originales, también provienen de los diferentes procesos que intervienen en el ciclo de vida del software que ayudan en los requerimientos no funcionales, funcionales, dominio o de los requerimientos  estimulantes. Cada módulo tiene una función o responsabilidad específica dentro del software.

La simplicidad de control y límite que se puede ejercer en un área limitada, y el descomponer en partes más pequeñas (sub módulos), permite de forma sencilla ver las naturalezas, detalles y esencias de cada módulo para su mejoramiento individual o calidad del componente.

Los módulos pequeños son manejables para los cambios y mantenimientos particulares, hacer cambios pequeños en vez cambio general del sistema. La filosofía Kaizen es el proceso de mejoramiento continuo de la calidad basado en acciones simples y objetivas. La aplicabilidad de Kaizen en la programación de aplicaciones se inicia con el uso de módulos y mejoras continuas en ellas, y sobre módulos las acciones deben ser simples y sencillas.

Los módulos y los componentes existentes son utilizados en el nuevo diseño del software. En algunos países asiáticos aplican el uso de componentes existentes en el mercado para los nuevos modelos de coches, utilizan repuestos y piezas de otros modelos de coches e inclusive de la competencia. Las empresas pequeñas japonesas fabrican piezas de motor o de los coches de una marca, aplicable a diferentes modelos. En la ingeniería de software sucede lo mismo, hace el uso intensivo de los módulos ya creado en los diferentes proyectos.

Los módulos se deben crearse para mantenerse en su propia existencia, se restringe a ella misma, se protege a sí mismo y para proteger al resto del sistema, es el deber ser de los módulos. Un daño que se produce dentro del módulo, no permite que salga de ese módulo o a otros módulos como efecto cadena o dominó, no permitir la propagación del error. Los módulos que deben protegerse del ambiente externo, de otros módulos o su ambiente externo, para no permitir que falle en su labor. En cada módulo no solo debe hacer su labor que le es comendada por el sistema, debe tener características comunes de protegerse y proteger a los demás dentro de su ambiente.

Para cumplir lo indicado en los párrafos anteriores, debemos recordar en el concepto de modularidad eficiente. Alto cohesión y bajo acoplamiento.

### 4.5.4. Independencia funcional

En la etapa de diseño, no solo podemos hablar de independencia funcional de los módulos, como se describe en párrafos anteriores, permite que cada módulos tenga una interfaz sencilla para ser utilizado por otros módulos, como módulo independiente es fácil de mantener como probar, e identificar las fallas puntuales, la propagación de las fallas depende de la cohesión y el acoplamiento antes mencionados.

La independencia funcional debe ser aplicada no solo al módulo, sino también a grupo de módulos definido en sub sistemas. La organización de varios sub sistemas componen al aplicativo, y varios aplicativos componen al software, y cada software tiene también una independencia funcional con base a los demás software que se integra en una empresa. Un conjunto de software que es utilizado en una organización o empresa, puede ser conceptualizado la independencia funcional aplicada en los módulos a otros niveles como sub sistemas y software en un sistema mayor. En las empresas de fábrica de software en series, aplican en usar diferentes sub sistemas de software para crear uno nuevo, como usar varios software para crear una solución. Similar lo que hacen los fabricantes asiáticos de coches en utilizar piezas existentes para el modelo nuevo de coche. Microsoft en Visual Studio 6.0 utilizó el software de editor de texto "notepad" ("Blog de notas" de Windows) o "Wordpad" como editor de programación, tanto "Blog de notas" como "Wordpad" son software que se utilizan en forma independiente para editar texto en los sistemas operativos Windows, la herramienta de desarrollo MS Visual Studio permite utilizar uno de los software con independencia funcional propia; el usuario escoge uno de los dos procesadores de palabras según sus gusto para editar sus programas.

### 4.5.5. Gestión del conocimiento

La gestión del conocimiento es un concepto aplicado a las organizaciones que tiene vieja data, el objetivo es  trasladar el conocimiento del  lugar de donde se genera a donde se va a emplear. La gestión del conocimiento profesional en las empresas e instituciones actuales realiza diversas actividades; desde realizar libros y manuales, el uso de las imprentas, traducciones a diferentes idiomas de los libros en épocas pasadas, hasta uso de herramientas tecnológicas actuales para almacenar y distribuir el  conocimiento de cada individuo en la organización para ser compartido y usado por todos. No solo se basa en el medio de almacenamiento, involucra también el cómo es la distribución del conocimiento, que incluyen procesos que utilizan diferentes medios en las organizaciones en transmitir, capturar y distribución el conocimiento. En la gestión de los procesos involucran:

- Creación de nuevos conocimientos.
- Capturas y ordenamientos (organización) del conocimiento.

- Acceso al conocimiento.
- Distribución del conocimiento.
- Mecanismo de interpretación. Relacionar el problema actual con el conocimiento capturado.

Este proceso está dentro de las organizaciones y empresas para el "aprendizaje organizativo o corporativo", que facilita la toma de decisiones con la disponibilidad de dicho conocimiento.

La gestión de conocimiento es una práctica empresarial antiguo, por ejemplo, traer el experto o creador del software en el área crítica de negociación o técnicas en resolución de problemas, como los planes conceptuales en los nuevos negocios o soluciones (nuevas adaptaciones) para un nuevo cliente, tener cerca al profesional dueño del conocimiento para tomar decisiones o alternativas de soluciones más rápidas juntos a profesionales con conocimientos en el área. Construir y mantener manuales de reportes de fallas con sus soluciones, con esta práctica permite tener una herencia continua para los empleados de una empresa, dejar el conocimiento en una organización cuando abandone a esta, cuando le toca su jubilación o suba de cargo. Desde la idea de los sistemas basados en el conocimiento (sistemas expertos) hasta nuestra fecha con la minería de datos en busca de patrones, estadísticas o reglas significativas en una gran cantidad de datos almacenados, de forma automática o semiautomática para ayudar a otros en el proceso de la toma de decisiones críticas de las organizaciones o empresas.

Hay empresas que su activo principal es el factor humano y no sus activos tangibles (inmuebles, muebles, equipos, terrenos, etc.), el conocimiento como la experiencia de cada personal es el mayor valor de la empresa.

El punto de vista individual, el conocimiento y la aplicación del conocimiento de cada persona es parte de la valoración que se persigue en toda empresa, es decir, no solo tener el conocimiento, que es parte del activo, es qué hacer en la práctica con este conocimiento. El resultado es un producto o una acción del individuo, en algunos casos tiene peso en el conocimiento mismo, debido a las conclusiones o productos finales, que poseen en si la aplicación del conocimiento sobre algo concreto, incluyendo todo el proceso de la acción y mental para alcanzar en ese resultado, como la motivación, compromiso y la actitud de ese conocimiento aplicado. Estas acciones, comportamientos y compromisos humanos son también estudiados en las diversas ciencias del conocimiento, la administración y su aplicabilidad en los individuos. Este es el inicio del conocimiento individual y su experiencia del aprendizaje personal llevarlo al aprendizaje colectivo con el apoyo de las diversas herramientas tecnológicas y procesos existentes.

A nivel de ingeniería del software y en las empresas, este proceso tiene mayor responsabilidad en los líderes y de las altas autoridades de las empresas. El desarrollo de un software o un proceso, donde el grupo de desarrollo queda impregnada de los procesos de la empresa en mantener y actualizar el conocimiento, el gerente de proyecto como el equipo puedan renovar y acceder a los nuevos conocimientos adquiridos por la interacción entre los integrantes, esta interacciones son mas informales donde surge este conocimiento como su aplicación práctica, incluyendo el conocimiento de gestión, como procesos y de la tecnología. La mayoría de este aprendizaje y conocimiento se pierde con el avance de las nuevas tecnologías, que en la mayoría de los casos no es valioso de guardar debido a que existen "sustitución" a nivel tecnológico, por ejemplo de los sistemas de operaciones que se usaron en los años 80 y 90, ningún ordenador personal lo posee en las empresas actuales, pero si es importante en la esencia y fundamento de estos conocimientos, porque la mayoría de los ordenadores como dispositivos tienen comportamiento similares a los antepasados sistemas operativos (heredados), y de gestión de conocimientos en el manejo de los proyectos que nunca se vencen o tiene una fecha de caducidad. Una de esas razones donde las universidades como instituto profesionales, promueve el conocimiento y práctica de años anteriores, como en las materias de ingeniería de software como otras materias donde enfatizan las historias de las tecnologías, que actualmente se mantiene su esencia aunque en el presente tenga otro nombre de esta tecnología. Por esta razón, gestionar el conocimiento tanto en las organizaciones como en forma individual, se centra en el aprendizaje actual del conocimiento que pueda ser aplicada en el presente y futuro. Por ejemplo: los modelos de procesos de desarrollos de software no pasaran jamás de moda, se puede utilizar el modelo de cascada o lineal en la actualidad, pero utilizar el sistema operativo (tecnología) Windows NT o Windows XP, ¿es importante este conocimiento en el futuro?, quién sabe, pero una cosa se sabe las próximas generaciones de sistema operativos trabajan con la misma filosofía.

En la actualidad en el diseño, la gestión del conocimiento se basa en uso de la experiencia en la gestión del proyecto y sus procesos, como la experiencia y conocimiento en el manejo de tecnología conocida o nueva. Las acciones y el uso de este conocimiento se detallan en las acciones a seguir cuando es una tecnología conocida, y es muy diferente a las acciones de uso con las nuevas tecnologías. En los proyectos, el gestor de proyecto debe identificar el nivel de conocimiento, las habilidades, y las experiencias de cada personal de la empresa; la selección del equipo de trabajo de desarrollo, no solo es seleccionar al personal adecuado, sino colocarlo en el rol y responsabilidad en la estructura del equipo acorde a sus habilidades, conocimientos, y experiencias, tanto involucrarlo en el compromiso, como la motivación de cumplir el papel dentro del equipo, es decir, colocar a las personas adecuadas en lugares adecuados en el proyecto; es una forma directa e informal de la gestión del conocimiento por el dominio y responsabilidad de los altos cargos en el proyecto. La otra situación es seleccionar personal con compromisos de aprendizajes, con habilidades y con motivación, entre otras cualidades humanas, como tener una interacción correcta y adecuada con el proceso de gestión del conocimiento de la empresa; con uso adecuado de las herramientas automáticas o semiautomáticas que posee la empresa. Combinar el proceso de entrenamiento del nuevo personal con el aprendizaje de los conocimientos de la empresa. Todas estas acciones influyen muchos con los casos de los procesos de comunicación entre las diferentes áreas de la empresa, de los individuos dentro del proyecto y en la organización; la comunicación es parte importante del proceso total de la gestión del conocimiento. Todo esto es apalancado por la tecnología instalada o por instalar, la combinación de procesos humanos como uso de la tecnología para la gestión del conocimiento. A nivel individual, depende de cada individuo de conocerse a sí mismo y como es su gestión del conocimiento personal, es una decisión y motivación propia de cada individuo en aprender nuevos conocimientos y como gestionarlas; estos son características humanas que en la actualidad las empresas del siglo XXI buscan, debido a que el conocimiento de la tecnología y su uso se puede gestionar fácilmente teniendo una base fundamental en las personas, es decir, fácil adaptación a la tecnología es el inicio.

### 4.5.6. Control

En el diseño debe presentar los componentes con un orden y estructura, se debe identificar en detalle el nivel de control de cada componente, su alcance y efecto de mando, el control se refleja en la estructura y orden. Tener una idea o un bosquejo de cada componente, permite determinar el control en el diseño. De forma paralela, basados en la tecnología seleccionada en el diseño físico, permite con los principios, normas o leyes que rigen la tecnología; con la aplicación correcta de estas, asegura la predictibilidad de cada componente en el diseño. Adicionalmente si se suma la aplicación de la modularidad y el concepto de la simplicidad de los componentes, hace que el control de cada módulo o componente sea totalmente determinado en su alcance y límite, similar a los controles que se aplican en una organización empresarial o en las instituciones de las fuerzas militares; si se relaciona un componente del diseño del software con una persona de una institución; el flujo de los órdenes y la ejecución desde el alto mando de una persona puede controlar un ejército o una empresa, por medio de control de pocas personas de mayor jerarquía y este a su vez a otro conjunto de personas, así sucesivamente hasta los rangos inferiores. Caso similar en la organización del personal dentro un proyecto de desarrollo de software, tener una jerarquía de mando y orden, para determinar y definir el control del proyecto.

Las diferentes estructuras organizativas de los miembros de un equipo de desarrollo dependerán del éxito o no del proyecto. Algunas empresas cambian sus estructuras organizativas todos los inicios del año, dependiendo del objetivo que se persiga en ese año, generalmente estas empresas son de pocos miembros o integrantes, se aplica la estrategia de ese año o los años siguientes, define a cada empleado en una nueva estructura de mando con responsabilidades nuevas (cargos nuevos) o en cargo similar en la estructura anterior. La diversidad de organización estructural se deriva el control sobre los diferentes procesos que se va implementar en la empresa, coordinando  la estrategia para llegar a su objetivo. En una guerra sucede que los comandos (que son de pocas personas) hacen más daños al enemigo que una tropa o un ejército; sucede lo mismo con las empresas actuales, que depende de sus estrategias, se estructura de tal forma que permite llegar a sus objetivos. En las licitaciones tecnológicas se evidencia este tipo de eventos, en una empresa con una gran cantidad de personas en un equipo de desarrollo, mientras que la competencia son muy pocas personas que realizan la misma labor en una licitación, esto depende también de muchos factores, como la tecnología, el conocimiento, habilidades de cada equipo de desarrollo, como la estrategia a seguir para ganar la licitación, y otras condiciones que permite llevar una variedad de estructura que fomenta una diversidad y creatividad de control, que permite el cumplimientos de los diversos procesos que involucran en obtener los objetivos con éxito. En las empresas o instituciones con gran cantidad de personas, su organización y estructura no varía por un tiempo prolongado, los cambios deben ser de forma gradual que no impacte por completo a la organización, modelo de este tipo de organización han durado por generaciones y varios años o siglos.

Por esta razón el colocar el control en el diseño de un software (tiene una parte creativa), se presentan con una diversidad de estructura similar a las organizaciones humanas en las empresas, el control de cada componente del software se estructura como una empresa. Los clásicos como jerarquía de control con particiones horizontales como verticales; las horizontales se asemejan a las diferentes áreas de las empresas (administración, recursos humanos, contabilidad, ingeniería, venta y compras); la vertical que los cargos superiores son los rangos o niveles de tomas de decisiones, y los cargos inferiores son los trabajadores. Esta estructura de los componentes permite en el diseño de software tener flexibilidad por varias razones como: los componentes trabajadores que están en el nivel inferior, existen aunque no se usan (manejo de dispositivo, controladores de recursos del ordenador, etc.) en el sistema actual, los cambios son generalmente en la toma de decisiones, y cambiar los componentes de decisión son más fáciles que usar o cambiar que los componentes trabajadores; en el caso de los módulos trabajadores que funcionan correctamente, los cambios en los sistemas son tan simple decisión de usar o no usar estos módulos, pero al no usarlo se tiene disponible para un uso futuro; al tener dos o más alternativas en los niveles inferiores, tener mayor rango de acción para cubrir el objetivo o la funcionalidad asignada; la carga de monitoreo o supervisión es menor, si no tiene más de siete componentes en su nivel inferior, si posee más de siete, el componente de toma de decisión es de baja cohesión. La representación de la jerarquía de control a nivel de módulos se puede estructurar de diversas formas como se presentan en la gráfica 14.

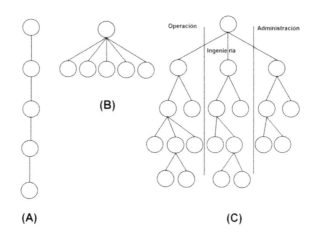

Figura 14. Estructura de control

El diseño de control se hace más sencillo y se recomienda es la estructura "C" de la figura 14, está diseñado de forma equilibrada, más altura y anchura, permite tener dos o más componentes para realizar el mismo objetivo de forma diferente, si falla uno tiene el otro para sustituir su trabajo; en caso de la estructura "A" tiene el inconveniente de que el componente trabajador no funciona, la estructura no va funcionar; el caso de la estructura "B", si se pasa de siete componentes trabajadores en el nivel inferior por un módulo de toma de decisiones, el componente de toma de decisiones es de acoplamiento alto y cohesión baja, es decir, el componente de control es complejo y con muchas cargas de decisión.

A parte de estas estructuras organizativas (módulos u organizaciones) presenta en la figura 14, existen muchas más estructuras en la jerarquía de control, dependiendo de las necesidades del proyecto, los responsables y gestores definen estructuras variadas provenientes del refinamiento de los requerimientos. Por ejemplo, una de la estructura organizativa en la tropa de la segunda guerra mundial era de esta forma:

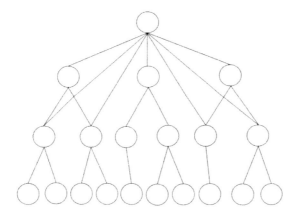

Figura 15. Jerarquía de control

Existe en la última figura 15, en los rangos de tercer nivel, se identifica con dos personas (componentes) que determinan la autoridad, mientras que el resto es una sola línea de mando. A nivel de diseño de software el control como modularidad eficiente no es recomendable esta estructura debido a que el acoplamiento en el tercer nivel es complicado, y en su interior la toma de decisiones no son tan sencillas, depende de dos módulos para su ejecución, el otro inconveniente es la sincronización de las ordenes del nivel superior y del inmediato superior, y otra desventaja esta en el nivel superior que intenta de controlar casi toda la estructura con ordenes directas produciendo una sobrecarga; la ventaja que el tercer nivel se encargue de sincronizar las autorizaciones de ejecución para los niveles inferiores a esta. Cada jerarquía posee ventajas como desventajas, lo que hay que construir el adecuado para el proyecto, igual que las tecnologías, todos tienen sus ventajas como desventajas, el objetivo es seleccionar el que cubra los más completos a los requerimientos propuestos y adecuado al diseño planteado. Más adelante se detallará un poco más en la arquitectura de software.

### 4.5.7. Dimensionar

El diseño debe tener una dimensión a escala pequeña o verificable, es decir, manejable conceptualmente por sus dimensiones. Las gráficas, como los diagramas (planos para los arquitectos como obras civiles) en el diseño permiten ver a escala pequeña del producto final, determinan que se pueden lograr cuando sus dimensiones reales lleguen al ser finalmente construido.

El diseño es la dimensión a escala del software, se tiene una imagen mental de los entregables y del desarrollo futuro. La dimensión a escala permite tener empatía con el personal que va a desarrollar cada componente y sus dificultades como sus facilidades en su construcción. También se genera empatía al futuro usuario de cómo se utilizará el software, la funcionalidad de cada componente, la reacción y comportamiento de cada uno de ellos al  ser activado, las conexiones entre los componentes y  el usuario. El diseño permite generar un mapa mental de los diferentes casos de usos; permite tener idea de los retos y dificultades que se presentarán, y con la pro actividad generar las posibles acciones en los diferentes escenarios. Por medio de los prototipos, pueden verificar a escala el procesamiento de cada componente; en un equipo pequeño o un ordenador con poca capacidad, validar el consumo de recursos, y dimensionar cuando esté construido;  la posible capacidad como requerimiento exigido a nivel de la tecnología (software y hardware) para el futuro en un ambiente real. Un ejemplo de verificar la capacidad de conexiones concurrentes permitidos en un ordenador con una página web de internet, llevar a que ocurra la falla y tener una noción de números de conexiones con la capacidad del ordenador o del equipo limitado, donde se calcula el requerimiento de hardware para el ambiente real con la cantidad de usuarios reales, es decir, estresar el software y ver su comportamiento; este paso también se aplica en la fase de prueba. Si la opción de replicar el módulo o el software en varios ordenadores, pensar que trabajan al mismo tiempo y el comportamiento que toma cuando sucede, ejecutándose en un momento dado en varios ordenadores, o recibiendo las demandas o pedidos en cada módulo o software, y existirán más casos que mentalmente se detallarán en el momento que se ejecute.

El diagrama o gráfica del diseño no solo puede representar el componente dentro del diseño, es representar su función en ejecución dentro de esta, como las relaciones o conexiones con los otros componentes y efectos dentro del sistema total; este mismo ejercicio mental, aplicarla cuando dos o más módulos trabajen al mismo tiempo y sus efectos en el software. No solo es hacer un diagrama, es hacer los casos de usos de cada módulo y sus combinaciones, ver condiciones donde pueden producir fallas, problemas o averías, de esta forma permiten revisar, verificar, modificar y corregir el diseño actual o los módulos en sus detalles. De estas diferentes formas pueden detectar las de debilidades y fortalezas del software con el diseño, y no se ha iniciado su construcción.

En la fase de diseño es la construcción mental del producto o solución que se desea, todavía el costo es menor o bajo en esta etapa del proyecto, solo se ha gastado tiempo y algunas neuronas, por esto los cambios, modificaciones, re planteamiento, re diseño, detección de problemas y fallas, soluciones, nuevas propuestas son todavía válidos; los cambios generados con el dimensionamientos como el ejercicio mental de la funcionalidad de los módulos, permiten cambios radicales si son necesarios, es decir, aplicar refinamiento al diseño, debido a que hay una gran cantidad de trabajo a realizar en la implementación (próxima fase del ciclo de vida del software, después del diseño), donde los cambios o las modificaciones serán trabajosos. En el dimensionamiento no solo se evalúa en el diseño actual, sino también, cambio de diseño a futuro cuando ya el software este desarrollado e implementado; ver en el futuro del diseño actual con los que se puedan producir y el costo de esos cambios, se está dimensionando el costo futuro posible con el diseño actual, el cambio de la tecnología que es mandatorio en el futuro, si es posible tomar en consideración en este punto, es una de la propiedad que se detallará en la reusabilidad del software, este tema se hablara en el futuro de este libro.

La visión de micro a macro, el diseño se plantea a escala menor en el plano, maqueta o diagrama, tiene la idea de lo grande que será construido; hay otros casos que sucede al contrario, de lo macro a lo micro, tener una idea o con su dimensión real de lo deseado, en este proceso se plasma en el diseño con igual lujo de detalle en maquetas como en diagramas y/o gráficas apara mejor control de los cambios.

El dimensionar en el diseño, es similar a leer una novela o un cuento, el lector se proyecta en los diferentes personajes, sienten la vivencia de estos en la realidad, haciendo analogía, los personajes en el diseño serían los diferentes módulos o componentes; para el programador de las aplicaciones es sentir lo que hace cada instrucción cuando lo escribe, en nivel de abstracción más general, el diseñador siente cada componente o módulo que se agrega o que lo revisa; el ingeniero de construcción, ve la dimensión de cada columna en el plano y el  peso que va a soportar el edificio en el futuro, cada elemento del plano es para el diseñador de software un componente.

### 4.5.8. Innovación

En la ingeniería de software como en el desarrollo de software, las innovaciones se caracterizan por tener un éxito económico o de su popularidad en el mercado, son los puntos de consideración en las evaluaciones tanto en la gestión de proyecto como la selección de la tecnología dentro de los proyectos; el hecho de estar de moda (lo último en la tecnología) o popular, no implica que sea adecuado para el proyecto en curso. Procesos como reingenierías en las empresas y en los proyectos de software, generaron pérdidas o cierres de empresas por su aplicación, cuando hizo explosión en las empresas de asesorías y consultorías, igual sucedió con el proceso de optimización fueron aplicados antes de que la reingeniería apareciera; pero igual hubo cierre y pérdida en las empresas cuando se aplicaron; no afirmo que la reingeniería como la optimización son malas para las empresas, son dos modelos antagónicos o son competencias, por lo contrario, hay empresas que perduran actualmente en el tiempo gracias a que aplicaron o uno u otro proceso. La diferencia que cada proceso de mejoramientos en su producción depende del estado actual de las empresas, que aplicando el adecuado proceso mejoran considerablemente; lamentablemente en todas las profesiones se desvirtúan la aplicación de esta, como la selección de los procesos por modismo y por esta es la razón se producen los resultados negativos; el simple hecho de estar a la moda con los procesos o nuevos procesos, no se puede aplicar a todo, hay que ver el contexto o situaciones que los procesos han de aplicarse. Sucede lo mismo con la tecnología, a nivel de tecnología el crecimiento de las páginas de internet o aplicaciones web, condujo al uso popular de los lenguajes de programación en las aplicaciones web y como en sus diseños de software, tanto fue su moda, que fueron aplicados a software que no tenía nada que ver con esta tecnología, ni en su lenguaje y ni en su diseño, por esta razón que estos proyectos fracasaron o sobreviven pero con un alto costo de mantenimiento. En todos estos casos se seleccionaron mal tanto los procesos de gestión y la tecnología, con una visión ciega por la moda. El proceso de selección de la tecnología se determina en la fase del diseño físico del proyecto.

La innovación viene o aparece internamente en cada proyecto, desde el ciclo normal del software en todas sus etapas; desde su inicio con la determinación de los requerimientos, se puede detectar los nuevos descubrimientos, también aparecen en cualquier etapa del ciclo, que se puede aprovechar en el proyecto y en los futuros proyectos. En la etapa de análisis como en el diseño, el hecho de demostrar y usar una hipótesis probada anteriormente con variantes, o la negación de la misma, pueden generar este tipo de descubrimiento, por supuesto se convierte en innovación cuando es aceptado por la mayoría. El proceso de gestión de proyectos como a nivel de usos de las herramientas tecnológicas que proveen, o el desarrollo de algo con resultado no esperado, por el mismo hecho de seguir el curso de la misma tecnología o leyes naturales, descubren nuevos principios y leyes; o en el simple hecho de observación y estar consciente de los hechos que ocurren durante todo el proceso en el ciclo de vida, cuando se accionan con los planes de proyectos, los diversos procesos y análisis de los resultados. La innovación aparece en esta etapa como la anterior por la creatividad, estructuración, organización de cada elemento en las distintas etapas, es innovación que proviene de la planificación, y las innovaciones inesperadas de los resultados de la acción en cada fase, con estas innovaciones hay que estar pendientes y deben haber canales de comunicación en el proyecto del mismo modo como se manejan al detectar fallas, cambios y riesgos en el proyecto.

Por el otro lado, se mide la innovación por los cambios positivos con el uso del software desarrollado y puesto en marcha dentro de las empresas. Toda innovación permite disminuir el tiempo de ejecución de las actividades como los procesos dentro de la empresa. La innovación no solo disminuye el tiempo de ejecución de las actividades, también cambian los procesos actuales de las empresas con el uso del software, no hablamos de cambiar procesos manuales a automático o semiautomático (esto es automatizar los procesos que es implícitos en las innovaciones tecnológicas), es cambiar el flujo actual de las actividades, cambio o eliminación de procesos o actividades actuales humanos o materiales primas usadas en el proceso, es decir, cualquier reducción de procesos, materiales o recursos, costos, etc., que mantengan o aumente la productividad con el uso eficiente de la tecnología. La innovación se produce también en la aplicación de los resultados o productos terminados (software) en diferentes áreas del conocimiento o en el contexto al que fue creado originalmente, y genere un beneficio y éxito en estos últimos.

## 4.6. Interfaz de usuarios

En la fase de diseño del proyecto es importante definir la interfaz, la interfaz es la comunicación de los componentes que están estructuradas y organizadas dentro del software, también es la comunicación con el exterior en enlazar a otros aplicativos existentes en la plataforma tecnológica del cliente y con el usuario que interactúa con el nuevo software. Las dos primeras es más controlables y estándar por la selección de la tecnología en el diseño, pero la última con la actuación del usuario, se combinan el uso de la tecnología con la relación y la comunicación máquina - humano en definir la interfaz de usuarios. En la actualidad existen áreas de la tecnología que intentan de simular o capturar emociones humanas en los centros investigaciones, desde robot con interfaz más humana, como dispositivos que capturan no solo la información estándar en el software, sino también las emociones y una diversidad de información del ambiente externo al software.

En el diseño lógico se define las interfaz del usuario (IU), Es el cómo el usuario trabaja efectivamente con el software, parte de los requerimientos de usuarios se describen en los sistema actuales, en ellas indican las interfaces que poseen o por lo menos, los datos que son introducidos y los resultados deseados en esa relación del hombre y máquina. Permite tener una idea o iniciar en el proceso de la acción y reacción del usuario frente al software. En el diseño lógico se define las entradas y las salidas. Este es un tema que se profundiza como asignatura (interacción humano – ordenador) separada a la ingeniería de software en algunas universidades, es de vital apoyo de tener este conocimiento porque justifica la parte de ingeniería de software como: en mantener y producir un producto de calidad desde el punto de vista del usuario como a nivel de las empresas; en minimizar los recursos y costo; en el uso efectivo de la tecnología a favor de la empresa en tener mayor productividad, y finalmente, a los usuarios le favorecen en mejorar sus labores diarios, que implica un mejor estilo de vida tanto profesional como personal dentro de la empresa.

Permite que la automatización sea una herramienta poderosa en las empresas, forma de sustentar los objetivos de la organización, reducción de costo en la operatividad del sistema, maximizar la efectividad de la capacidad cognitiva humana y sus capacidades. Utilización de la sinergia de humano – ordenador con la asignación adecuada de las tareas a cada uno y su ejecución. Se realiza por medio de diseño de las pantallas y sus funcionalidades, las relaciones o flujos entre las pantallas y sus contenidos. El diseño lógico se realiza por medio del razonamiento en función de la facilidad, funcionalidad y flujo de secuencias lógicas propias del proceso, donde provienen de los casos de usos definidos en la etapa de diseño. Identificando en cada paso las tareas asignadas, acciones y sus valores, identificando sus secuencias, y el flujo de navegación. Este razonamiento se representa en el diagrama de contenido, o su equivalencia con la UML. Es importante verificar conjuntamente con el usuario antes seguir con el diseño físico.

La interfaz de usuario se definen los mecanismos de comunicación, sea visual con gráfica o componentes que permite hacer la comunicación con el humano con los sonidos, el tacto, el olor, los movimientos, las señales celébrales y eléctricos, etc., lo que dispone el humano para captar el mundo exterior. En el diseño físico se seleccionan los dispositivos necesarios para realizar la comunicación, sea que lo provee en el mercado o en desarrollar un nuevo dispositivo, por ejemplos, el uso de sensores que existen en el mercado o como sensores de movimientos, luz, celébrales, dactilares o de sonidos que permitan la conexión con el software, o la creación de nuevos dispositivos en función a las necesidades del proyecto; es una realidad que los fabricantes de coches están en proceso de investigación o en prueba en el desarrollo de coches sin chofer.

Antes de continuar con el diseño físico, la interfaz de usuario (IU) es importante destacar el comportamiento humano frente a un ordenador, a raíz de este comportamiento, el diseño lógico debe reflejar y facilitar el entendimiento de la forma de comunicación entre el humano y el ordenador. El comportamiento es llamado el Ciclo de la acción Humana ("Human Action Cicle") descrito **por Debbie Stone [Sto01, páginas 187-190] en** donde los usuarios tienden estar orientado a la meta u objetivo cuando usan los ordenadores. Debbie define en su libro el Ciclo de la acción humana plateado por Norman, en 1988, donde define que es un modelo psicológico que describe los pasos de los usuarios cuando se relacionan con los ordenadores, el ciclo describe las acciones y las tareas que los usuarios realizan para alcanzar sus objetivos.

### 4.6.1. Ciclo de la acción Humana

Los detalles del Ciclo de la acción Humana:

* Formar un objetivo.
* Crean y ejecutan acciones para alcanzar ese objetivo.
* Percibe e interpreta los resultados de las acciones ejecutadas para ver si el objetivo será alcanzada anticipadamente.
* Reconoce si los objetivos no fueron alcanzados, reformula y repite el ciclo.

El Ciclo de la acción humana envuelve actividades físicas y cognitivas. Existen tres estados en el Ciclo:

* Formación de objetivos. Actividad Cognitiva. Habilidad para formar apropiado objetivo para uso efectivo del IU.

* Estado de ejecución. Actividad cognitiva y física. Traslado de los objetivos en tareas y planificación de secuencias de acciones (cognitivo), y ejecución de las secuencias de acciones (físicas).

* Estado de evaluación. Actividad cognitiva. Chequeo que ha sucedido y compara los resultados con el objetivo.

### 4.6.2. Usando el Ciclo de Acción Humana para influenciar el proceso de diseño

Se puede detectar en el "Ciclo de la acción Humana", la ayuda para diseñar un IU para que el usuario logre sus objetivos. Evaluación crítica de estos aspectos en un prototipo IU verificando si satisface los requerimientos de los escenarios de uso y respondiendo preguntas basado en este ciclo. Como:

* El diseñador tiene la habilidad de predecir dificultades que el usuario se enfrentará con el diseño.

* El diseñador tiene la habilidad de sugerir cambios en el ambiente de los usuarios y de la tecnología de sistemas.

- El diseñador tiene la habilidad necesaria de evaluar los niveles de habilidad de los usuarios cuando trabaje con los IU, o identificar la necesidad de entrenamientos.

Como la Interfaz del Usuario habilita al usuario para desarrollar un Modelo Mental Exacto ("Accurate Mental Model"), es un modelo que permite tener una idea del comportamiento del usuario frente a los sistemas.

El IU necesita considerar los siguientes puntos:

La existencia de Modelo del Usuario. Los usuarios tendrán expectativa del IU, no debería tener dificultades en su uso futuro. Familiarizarse con el nuevo sistema.

Modelo de diseño. El IU necesita comunicarse efectivamente las partes relevantes del modelo del diseño, en particular aspectos funcionales – como los usuarios necesitan operar el IU para lograr sus objetivos. Los usuarios al interactuar con el nuevo sistema aplican los viejos modelos mentales y esperan que el nuevo sistema trabaje de la misma forma. Por esto es importante tomar en consideración el conocimiento y experiencia cuando se diseña el nuevo IU. Si hay incertidumbre en el uso del nuevo sistema tiende a frustrarse y abandona el nuevo sistema por parte del usuario.

### 4.6.3. Consideraciones del Modelo de Usuario

En el diseño de la interfaz del sistema se toma en cuenta el modelo de usuario para la consideración y la compresión quienes interactuarán con el nuevo software, estas consideraciones son:

A tono con expectativa de los usuarios. Con la experiencia de los usuarios debe crear los nuevos IU entendible y fácil de aprender. No es posible a veces porque la tecnología o porque el sistema requerido es diferente, pero se debe siempre valorarlo.

Formar el modelo de usuario. Un usuario encuentra un sistema intimidante si incluyen un lote de funciones nuevas. Un camino a vencer esto es organizar el IU en funciones familiares que son fáciles de seleccionar. Esto significa que el usuario puede ganar confianza en usar estas funciones antes de moverse a funciones no familiares.

Flexibilidad. Los modelos de usuarios no son estáticos, crece con la interacción con el IU. El modelo cambia con el tiempo, el diseñador debe crear IU flexible, por ejemplo, de crear varias vías para llegar a la misma tarea susceptible para usuarios novatos y expertos.

Las declaraciones anteriores de Debbie Stone definen desde el análisis hasta el diseño el uso correcto de la interfaz de los usuarios con el objetivo de aumentar la productividad, este hecho se refleja en el diseño y flujo de las pantallas como otros mecanismos de interacción entre el hombre y el ordenador. Captar la acción tanto cognitivos como físicos, procesos naturales de los humanos para llegar sus objetivos para reflejar en los diseños de la interfaz; permite una forma natural de comportamiento para lograr los objetivos de forma sencilla y fácil; que deriva en procesos empresariales en la reducción de costo, desde punto de operatividad como reducción de actividades hasta gastos como el re entrenamientos o entrenamientos de los usuarios en el uso del software. Por ejemplo, el caso de la instalación y uso de un nuevo software en una empresa a nivel nacional como internacional, la cantidad de  problemas se multiplican, los problemas se presentan en el uso del software, en la fase de entrega del software al usuario y mantenimiento operativo. En la entrega formal del software debe contener actividades o procesos para minimizar los impactos al usuario, en esta se incluye el entrenamiento en el uso del software, el entrenamiento se puede gestionar de varias manera, esto depende de la infraestructura que posee la empresa. Una de la manera de enseñanza es por un grupo de persona que dan entrenamiento en cada lugar donde funcionarán el nuevo software; se instala el software por un periodo de tiempo, se genera gasto por el viaje donde incluye, hotel, comida, pasajes locales y vuelos o traslado al sitio de los entrenadores;  la otra forma de gestionar, es que los usuarios asistan a los centros de entrenamientos principal o regional, en este caso los costos del entrenamiento está involucrado los gastos de estadía (comida y hotel), pasajes, y viajes de los usuarios; otra posible gestión, es en forma remota el entrenamiento, los entrenadores a nivel central con combinaciones en instalaciones central, regional o local, pero para esto se necesita una infraestructura tecnológica en la empresa de alto nivel, todo esto sin contar el sueldo de los usuarios como de los entrenadores durante el periodo de entrenamiento; estos planes se definen desde el análisis y diseños sin iniciar todavía los códigos de programas. Si se plantea en reducir el tiempo y costo de entrenamiento,  la interfaz del software debe ser tan amigable que no necesita entrenamiento para ser utilizado, esto sucede actualmente en la mayoría de los aplicativos de los móviles inteligentes, el costo de entrenamiento casi desaparece, de igual forma con los re entrenamientos, debido a como está analizado, diseñado y construido la interfaz.

El ciclo de acción humana y sus consecuencias, como consideraciones del modelo de usuarios, al ser utilizado correctamente se tiene unos resultados que en la realidad no se perciben en nuestro entorno, al tener conciencia de estos conceptos, se puede percibir y verificar personalmente en nuestro mundo, por ejemplo: observando a los niños de cuatro a siete años al utilizar los aplicativos de los móviles inteligentes y tabletas por primera vez, los niños son los usuarios y probadores mas naturales de los aplicativos y su interfaz, donde se prueba la aplicabilidad de estos conceptos.

## 4.7. Confiabilidad

La confiabilidad es una característica o cualidad que posee el software, es también una medición del resultado final de los procesos, ciclos de vida del software y de los cúmulos de actividades aplicados. Esta cualidad está definida en el nivel de fe o esperanza de que vaya a funcionar como se desea. Es un requerimiento no funcional o esperado definido por Sommerville y Pressman. Se entrega y deposita algo a cambio por esta cualidad del software, inclusive a veces, la vida. Por ejemplo: los nuevos coches que no necesitan choferes para conducir, ¿te sentaría en el asiento de este coche?, es la sensación o sentimiento que padece al sentarse en un asiento de un coche que no exista un piloto. Aun teniendo mucha experiencia en esta área de investigación tecnológica, pareciera que debe pasar mucho tiempo en sentirnos confiados en usar estos coches, es el mismo sentimiento de estar consciente de salir en coche como piloto por las avenidas y calles, que nos suceda algo o no ocurra un accidente, debido a que no se sabe si esta cerca coches con conductores irresponsables, que sabemos que son pocos pero existen en las vías, es la probabilidad de estar o no en esos accidentes. La sensación de desconfianza de los coches sin piloto, es producido por dos motivos, por depender de otras personas en el caso de la seguridad; y la tecnología que es nueva, como algo nuevo, que no se tiene mucha confianza. Cualquiera de las dos razones tenemos la misma sensación u opinión del software, en parte, debemos estar tranquilo y no estar alarmado, la mayoría de nuestra vida esta entrelazada y siempre dependemos de alguien o algo, como el edificio o casa donde vivimos, dependemos de los cálculos de los ingenieros y las pericias de los constructores que lo hicieron cumpliendo los cálculos del ingeniero, dependemos del humano y su creación, o de la naturaleza y las leyes que lo rigen.

Pero en un software se puede medir la confiabilidad, no se ve fácil en el sentido que no es algo tangible que podemos verificar o medirla, sucede lo mismo con la calidad. Por esta razón, una medición que podemos colocar en un software es el grado de confianza que se puede tener. El grado de confianza proviene desde el inicio y durante todo el ciclo de vida de software. La calidad también se relaciona al grado de confianza, por un lado la calidad de todos los componentes que lo integra, la calidad del diseño creado, generan en forma positiva el grado de confianza. Se realizan varios procesos, una de ellas es el proceso de garantizar la calidad del software, donde no solo hablamos de su construcción y el material usado, es la creatividad de evitar fallas o errores en un producto que se va construir.

En el proyecto existen fallas humanas que son acciones o resultados de estas que generan las desconfianzas de los usuarios del software. Desde el levantamiento de los requerimientos de los usuarios hasta la entrega al usuario del software ocurren errores inconsciente o consciente; como la mala estructuración de los requerimientos de los usuarios y del software; un diseño (lógico y físico) deficiente; la mala implementación que es muy conocido por todos los programadores de aplicaciones; las pruebas mal hechas e incompleta para detectar fallas y errores; como una mal entrega del software o despliegue a los usuarios; el mal mantenimiento que puede colapsar un producto excelentemente construido y diseñado. En todas las etapas no se escapan las fallas humanas, que pueden traer consecuencias graves en el uso del software. Las fallas o errores que son detectados tempranos, como en el comienzo del proyecto o cercano del inicio de las etapas del ciclo de vida del software son económicos en resolverlos, pero si se descubren las fallas más tardes serán costosas, el costo incluye el daño causado y el costo en resolverlos, los errores o fallas de análisis y de diseño que son encontrados después de estas etapas, son también costosas. El software se vuelve crítico cuando esta operativo en la empresa y las fallas son detectadas, puede dañar o perder información reales de la empresa, que es bien alta la pérdida, por ejemplo, como accidentes aéreas por fallas en el software. Por este motivo, a nivel de software no debería existir la competencia entre la calidad y los costos de desarrollo, en la ingeniería de software deben cumplirse con calidad y con costos bajos. Pero si está claro que el costo aumenta cuando la falla se localiza posteriormente, si es más tarde en descubrirlo es más costoso en resolverlo [Hum01, página 231].

Otra forma de medir la calidad y la confiabilidad es por medio de las estadísticas; el software implementado se coloca en uso a los usuarios y se realizan anotaciones de las ocurrencias de fallas y tipos de fallas. Las fallas provienen de diversas fuentes, por un lado, lo conocido del software que deja de operar es por motivo de hardware o en el ambiente donde el software se ejecuta, son por las leyes naturales que ocurren la mayoría de los casos, por ejemplo, el desgaste de los componentes del hardware; pero las fallas que más se atribuyen al software son las no concordancias de los requerimientos, proveniente de un mal análisis, diseño o implementación de estas, detectado las fallas en la etapa de prueba o por el usuario. Las fallas encontradas pueden ser tanto de software como de hardware o combinaciones de ellas, pero en general, se toman ambas como uno solo, esto permite verificar de forma más detallada si es necesario, el origen de la falla de forma separada con el apoyo de los expertos de cada área. Describiremos algunos tipos de mediciones o métricas aplicadas:

- Efectividad de codificación. En el proceso de pruebas se verifica la cantidad de fallas encontradas por la cantidad de requerimiento. Efectividad de codificación = 0.20; por cada 100 requerimientos del software, se encontraron 20 fallas. Se aplica esta estimación a partir de la fase de implementación.
- Efectividad de corrección. En el proceso de pruebas del sistema, es la cantidad de incidencias que se reporta de una misma falla, efectividad de corrección = 0.1 (1/10), es una misma falla, desaparece a la decima vez que se corrige y se prueba, hubo 10 correcciones de la misma falla para eliminarla. En teoría esta efectividad es baja al comienzo en las distintas fases del ciclo de vida del software, pero debe a tender a uno (1/1 = 1.0, un error genera una corrección para la eliminación de esta) a medida que se cerca a la entrega o culminación del proyecto. Si se desea aplicar en forma general del estudio de varias fallas y los intentos de corrección, será número de fallas encontradas entre los intentos de corrección; efectividad de corrección = 0.5 (5/10) o del 50% cuando hay 5 fallas diferentes y se realizó 10 intentos de correcciones. Se aplica en cualquier parte del proyecto, incluyendo cuando el sistema está operativo con los usuarios en la fase de mantenimiento.
- Disponibilidad. Probabilidad de que un programa opera de acuerdo con los requisitos dentro de un intervalo de tiempo dado. Por ejemplo: la Disponibilidad=0.996; por cada 1000 unidades de tiempo el sistema está disponible 996 de las mismas. Se aplica generalmente a sistemas que corren continuamente y no se detienen, como las centrales telefónicas. Se

aplica esta estimación en las pruebas del sistema como el uso por el usuario.

- Probabilidad de falla en demanda. Probabilidad de que el sistema falla cuando se requiera el servicio. Por ejemplo: Probabilidad de falla en demanda = 0.005; 5 de cada 1000 servicios falla. Se aplica generalmente a sistemas de control de hardware – seguridad crítica. Se aplica esta estimación en las pruebas del sistema como el uso por parte del usuario.

- Rata de ocurrencia de falla. Medida de la frecuencia con la que ocurre una falla. Por ejemplo: Rata de ocurrencia de falla = 4/100; probablemente ocurran 4 fallas por cada 100 unidades de tiempo operacional. Se aplica generalmente a sistemas operativos, sistemas de procesamiento de transacciones. Se aplica esta estimación en las pruebas del sistema como el uso por parte del usuario.

- Tiempo promedio para falla. Medida del tiempo entre dos fallas del sistema. Por ejemplo: Tiempo promedio para falla = 700; 1 falla puede ser esperada cada 700 unidades de tiempo. Se aplica generalmente a sistemas con alto volumen de transacciones, procesamientos de texto o CAD. Se aplica esta estimación en las pruebas del sistema como el uso por parte del usuario.

- Sesgos estadísticos. Existen otras mediciones a nivel de estadísticas que permiten realizar estudio en casos de fallas de los sistemas tanto general como particular, se debe manejarse cuidadosamente conociendo el área de las probabilidades y estadísticas. Buscar el punto donde se equilibre los sesgos o la eliminación de esta. Por ejemplo, se debe considerar como estudio la cantidad de usuarios en relación con los sistemas instalados, con la proporción de cantidad de usuarios que utiliza un sistema en comparación a otros sistemas; el uso de sesgo, la parcialidad de uno u otro proveedor de sistema, en una población donde sucede fallas por virus en los diferentes sistemas operativos, uno de los virus afecta a la mayoría de un sistema operativo en un mes que tiene el mercado copado, en contra de otro que tiene 10 virus que tiene muy pocos sistemas operativos trabajando, ¿cuál tiene mayor impacto?, ¿el estudio se basa a nivel impacto o creación y afectación de virus?, creo que ambos estudios se debe investigar para evitar más fallas.

Registrar los hechos es importante, debido a que luego en los análisis se puede utilizar esta información en la medición de la calidad y la confiabilidad del trabajo realizado. Como indica **Watts Humphrey en sus procesos en su libro [Hum01], donde las anotaciones personales permite la medición del tiempo y proyectar en** el futuro, los datos permiten planificar, definir prioridades, como mejoras continuas poco a poco, y disminución de incidencias de fallas, detectar y eliminar fallas. Los registros permiten analizar el presente y proyectarse en el futuro.

**Las cuatros dimensiones de la confiabilidad:**

Según Sommerville [Som01, páginas 354-356] presenta las cuatros dimensiones de la seguridad, donde:

- Disponibilidad. Es la capacidad del sistema para entregar los servicios requeridos. El sistema debe estar activo.
- Fiabilidad. Es la capacidad del sistema de entregar los servicios como han sido especificados. Como espera el usuario.
- Seguridad. Es la capacidad del sistema para operar sin fallas catastróficas. El sistema no provoque daños a la gente o al entorno.
- Protección. Es la capacidad del sistema de protegerse a sí mismo de las intrusiones accidentales o premeditadas.

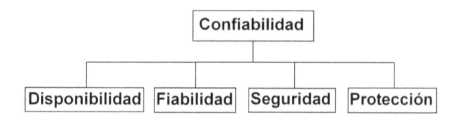

Figura 16. Dimensiones de la confiabilidad

Sommerville indica que es importante la fiabilidad y la disponibilidad de las cuatros dimensiones, porque si el sistema no es fiable, es difícil asegurar la seguridad o protección del sistema puesto que depende de las caídas de los sistemas.

**Los dos enfoques para desarrollo de SW Confiable:**

En el ciclo de vida de software, en el diseño como la implementación definen manera de generar aplicaciones que produzca la confiabilidad que exigirá el usuario. Para esto se separa dos enfoques en el desarrollo del software:

-**Prevención de fallas**. En la etapa de análisis, diseño e implementación para el sistema debe utilizar enfoques que permita la disminución del error humano y que ayudan a descubrir las fallas antes que este se utilice, por ejemplo: Técnicas de detección de fallas, pruebas y depuración sistemáticas. Este enfoque en particular es aplicable antes de entregar el producto al usuario o que salga a la venta en el mercado para ser utilizado. Se centra en las actividades y procesos para detectar y eliminar las fallas. En el ciclo de vida de software debe identificar las fallas en todas sus etapas, pero se concentra más en encontrar las fallas en el análisis, diseño, codificación y prueba, en este caso se hace de forma explícita en la etapa de prueba o ante de ser entregado el producto al usuario y posterior a su codificación.

-**Tolerancias a fallas**. Similar al enfoque anterior, se centra en las primeras etapas del ciclo de vida del software. El sistema debe diseñarse e implementarse de que las fallas o el comportamiento inesperado del sistema durante su ejecución se detecten y se gestiones las fallas, con el fin de mantenerse operativo y en servicio, por ejemplo: incluir mecanismo de auto verificación y uso de componentes redundantes para caso de caída de otros componentes. Este enfoque tiene la visión de que pueden ocurrir fallas en el futuro; donde el enfoque es reflejado en el diseño y en la implementación; el diseño permite verificar el continuo funcionamiento del sistema cuando la falla se presente en el futuro; la implementación del diseño se plasma en la construcción de los diferentes componentes con mecanismos de detección y manejo de fallas.

Los dos enfoques permiten una entrega de un software que cumpla y funcione como se desea, sin fallas, un producto con calidad; por otro lado, si en el futuro ocurre una falla cuando se ejecute, este pueda continuar operativo y entregar correctamente los resultados.

### 4.7.1. Prevención de fallas.

La prevención de fallas se realiza con acciones como:

- Procesos y métodos de disminución de fallas.
- Técnicas de verificación y validación (Pruebas).
- Uso correcto y apalancarse de las herramientas de la tecnología.
- Uso de principios predecibles.
- Abstracciones de las fallas.
- Uso de prototipos.
- Desarrollo libres de fallas.

El objetivo final es entregar un software que cumplan con todos los requerimientos, tanto funcionales, no funcionales, del dominio y estimulantes. No tener errores o fallas con la correcta especificación y operación que se está planteando.

#### 4.7.1.1. Procesos y métodos de disminución de fallas

Los procesos de calidad y métodos para detectar, eliminar y disminuir fallas, se basan en las revisiones constantes de los resultados y en la existencia de cambio: las modificaciones y en la creación de nuevos elementos. Al realizar cambios para la disminución de la falla puede crear otras nuevas. Esto sucede en todas las etapas del ciclo de vida de software, el hecho de hacer cumplir y ejecutar las acciones planificadas en los diferentes procesos y no solo en el proceso de calidad se pueden agregar fallas. En cada proceso que se determina en números de incidencias y descripción de errores, cada persona que integre el grupo de desarrollo puede ser propensa a ingresar nuevas fallas, el control de los errores y llevar un historial permite ver el crecimiento, descrecimiento o desaparición de estas, durante toda la etapa del desarrollo del software. Es importante la gestión de tener un mecanismo de responsabilidad y compromiso para todos los integrantes; tener consciencia que cada uno es portador de fallas al sistema, los errores disminuyen al tener mayor experiencia y cuidado en el trabajo que se realiza. Cada falla se debe colocar un nivel de prioridad o nivel crítico para sus soluciones, permite a veces de resolver un conjunto de problemas con menos prioridad al mismo tiempo; al resolver una falla crítica puede corregir automáticamente otras fallas. En caso crítico y delicado en el proyecto se limita el número de personas como la zona de la crisis. La gestión de los proyectos debe centralizarse en procesos y mecanismos en la toma de consciencia del personal, de evitar o disminuir las fallas y su crecimiento, existe el perfil de algunas personas que no están capacitados para resolver o enfrentar problemas, pero debe estar capacitados y consciente en no generar  falla. En todas las etapas del ciclo de vida se han mencionado diferentes procesos, el uso de estos procesos para el control del proyecto y entrega de un producto con calidad, permite refinar no solo a nivel de detalle de cada componente a construir, permite también en corregir, modificar o eliminar estas fallas para que no se presenten durante el proceso de construcción, antes y durante el diseño (fallas conceptuales y mala interpretación de la información de los usuarios en los requerimientos). Cada etapa del ciclo de vida del software debe haber un proceso de  detección y eliminación de errores (o fallas).

### 4.7.1.2. Técnicas de verificación y validación

El proceso de control de falla en la fase de análisis y diseño se determina conceptualmente por los requerimientos obtenidos, el formalismo de enlace desde el levantamiento de información hasta el diseño físico basado en la tecnología; se tienen diferentes técnicas de verificación y validación; una de ellas es la más simple, cada componente tecnológico debe estar justificado por los requerimientos; y la verificación que todos los requerimientos este cubierto por la tecnología seleccionada. Existe un enlace de varias personas en el equipo de desarrollo que se encarga de los diferentes niveles de abstracciones del diseño, como arquitecto de software, gerente de proyecto, especialista de redes, especialistas de la tecnología, etc. que evalúa, verifica y válida el diseño final.

En el caso de la implementación, existen diferentes formas de realizar las pruebas de un software cuando se está culminado la codificación; antes de entregar a los usuarios, se debe aplicar los procesos de pruebas que son tan variadas y diferentes, existen una variedad de modelos de procesos de pruebas, que van desde las pruebas particulares de cada desarrollador, pasando la prueba a otra persona encarga en el equipo y hasta grupo formales de probadores; dentro de grupo probadores existen  empresas dedicada y especializadas para realizar este tipo de labores; también debe existir un área en la empresa donde se instala el software (clientes / usuarios) como en la empresa que la desarrolla y provee el software para esta labor de prueba. Este tema se profundiza más adelante con el capítulo de prueba (capítulo 5.2).

### 4.7.1.3. Uso correcto y apalancarse de herramientas de la tecnología

Para evitar las fallas se debe apalancarse de las herramientas que poseen las tecnologías existentes. Las tecnologías actuales poseen principios, normas y usos de las herramientas que proveen. El usar incorrectamente estas herramientas o salirse de las normas establecidas en las tecnologías aplicadas al proyecto, puede que generen fallas escondidas para el futuro. En la tecnología existe herramienta que permite ayudar a la gestión como herramienta en la labor de diseño.

Las tecnologías poseen mecanismo de detección de fallas o errores de forma semiautomática o automática, es bueno de conocerla y usarla. Por ejemplo, la detección de incoherencia de diseño como de construcción de los componentes, en algunas herramientas permite detectarla en algunos compiladores. Las herramientas generalmente proveen depuradores de códigos.

### 4.7.1.4. Uso de principios predecibles

El uso de la tecnología permite el uso de un conjunto de reglas y normas, e inclusive principios que se rigen; el conocerlos y aplicarlos correctamente se evitan fallas. Los principios predecibles implican el uso de acciones predeterminadas y con consecuencias conocidas, se puede aplicar tanto a la gestión como en la construcción del software, todos estos principios basados en las ciencias exactas o humanas, esto incluyen todos los procesos y conocimientos tecnológicos aplicada en el ciclo de vida del software. Si los principios aplicados no son predecibles, se debe validar y verificar por repetición en la ley de causa y efecto. Si se basa en principios no predecibles, se debe hacer procesos de control, observación, seguimiento y verificación más constante.

### 4.7.1.5. Abstracciones de las fallas

Las fallas pueden estar escondidas desde nivel alto de abstracción, hasta el nivel más bajo de una línea de código de programación (o conjunto de ellas), por ejemplo, dentro de los requerimientos de usuarios existen errores. Al detectar la falla, lo principal es identificar el nivel de abstracción que se ubica, y revisar en su entorno inmediato, desde nivel alto hasta el más bajo donde se ubica la falla. Esto permite identificar el origen y no la consecuencia de la falla, puede ser que el código de programa donde se generó la falla, sea un código correcto, pero el origen de la falla está antes de ese código que falla, inclusive puede tener fallas de diseño que se refleja en esa línea de código, y la programación este correcto.

Un resultado de esta abstracción es de limitar la falla, la falla puede repercutir en una gran área del diseño (varios componentes o en un solo componente) e implementación. Ubicación efectiva del origen de la falla, por ejemplo: el problema de la depresión, la infelicidad y alcoholismo de las personas generalmente se culpa al medio ambiente, pero el origen proviene del mismo individuo, si no está consciente que el problema radica en lo interno de la persona y no del medio. Sucede lo mismo con las fallas del software, por ejemplo, en el manejo de comunicaciones entre ordenadores, se detenta un error que el servidor de comunicación se cae y reinicia cada vez que se realiza una operación hacia el otro ordenador, el problema surge siempre cuando la recepción de la respuesta de cada operación realizada, a nivel de código de programa se detecta que el problema se presenta en el ordenador cuando recibe la respuesta; al final de tanta investigación y estudio, el problema origen estaba en la desincronización del protocolo de comunicación entre los ordenadores y no del código de programa del receptor.

### 4.7.1.6. Uso de prototipos

El uso de prototipo se realiza generalmente en el análisis o es seleccionado como el modelo de proceso de desarrollo del software. Se usa también para la validación o generación de las posibles fallas, reproducir de forma limitada y controlada de los posibles problemas que se pueden producir en el futuro. El uso de prototipo permite la medición del alcance de la solución. Podemos aplicar como caso de uso y casos de las fallas en forma experimental; el objetivo principal es de reproducir las fallas con el mismo ambiente y condiciones con los prototipos, con el fin de corregirla o colocar mecanismo de tolerancia a la falla. Limitar en un conjunto de código de programa del posible escenario, generar prototipo para las pruebas y su solución. Otra aplicación del prototipo es en caso del desconocimiento de la tecnología, para tener experiencia y aprendizaje en las nuevas tecnologías, se verifica el conjunto de elementos o componentes para crear condiciones ideales en el desarrollo definitivo de los componentes o módulos. El prototipo permite desarrollos y pruebas de componentes críticos del diseño, para medir sus capacidades y elegir en toma de decisiones en la construcción final del componente, permite encontrar las posibles fallas que pueden suceder con los componentes a construir en el software.

### 4.7.1.7. Desarrollo libre de fallas

El desarrollo libre de fallas es implementar aplicaciones con la concordancia de los requerimientos. Los componentes del software deben realizar lo que se espera que haga. Hay recomendaciones conocidas por muchos en el área de programación o desarrollo del software como:

- Las especificaciones deben ser claras, completas y detalladas, por medio de comunicaciones formales, por ejemplo, documentación escrita (ver en los próximos capítulos 5.5 de la documentación).
- La empresa que desarrolla el software debe tener normas, reglamentos y cumplimiento para la calidad de los productos entregados a los clientes, tener proceso organizacional de calidad que vigile el proceso de desarrollo de software.
- Utilización de los principios definidos en la ingeniería del software en enfoques de desarrollo e implementación, por ejemplo, el uso de concepto de modularidad y el ocultamiento de información en la construcción de los componentes o módulos.
- Uso de tecnología y herramientas que detecta errores de programación, por ejemplo uso de compiladores y depuradores.
- Evitar el uso de las debilidades o desventajas definidas en las tecnologías, buscar mecanismo que no ocurra o suplir las debilidades con controles estrictos, utilizar al máximo las ventajas de la tecnología, por ejemplo: evitar al máximo el uso de estructuras de programación potencialmente susceptible a generar errores.

Ocultamiento de información. Proviene del concepto de la modularidad eficiente, con nivel de cohesión alta y acoplamiento bajo permite poca información para el uso de los componentes o del módulo. En los procesos de comunicación entre los integrantes del equipo de desarrollo debe contener este principio, para un buen resultado, el receptor debe tener la información necesaria para actuar. Con información excesiva o como poca información, puede generar problema en la gestión, y en la producción del software, por ejemplo: dar la información de todos los gastos detallados como ingresos, pérdidas o ganancias del proyecto a un desarrollador de software, para la construcción de los componentes de un sistema médico con conexión con una resonancia magnética, no creo que sea de gran utilidad esta información para el desarrollo del componente.

En los procesos que acompañan al desarrollo se tienen:

- **Gestión de requerimientos**. Como mantener registro organizada y accesible de forma sencilla, donde permite tener el control histórico de los cambios de requerimientos a lo largo del desarrollo software y su

251

mantenimiento. Uno de los objetivos detectar fallas en los requerimientos como contradicciones con otros requerimiento, falta de coherencia o claridad de los requerimientos y sus cambios.

- **Revisión de los modelos**. Análisis de los diferentes modelos que verifican y acompañan a las diferentes etapas del ciclo de vida del software. La revisión del producto construido con el modelo.

- **Inspección del diseño y del código**. Verificación de las fallas, eliminación, disminución y detección de las fallas. Control de las fallas revisando tanto a nivel de código como en el diseño.

- **Pruebas de los programas**. Mecanismo de detección de fallas o condiciones que pueden generar fallas en los programas.

## 4.7.2. Tolerancias a Fallas

Un software tolerante a fallas es un sistema que puede continuar operando después que suceda una falla. Tomado en consideración que una falla puede producir daños o accidentes fatales como pérdidas económicas. Este aspecto en el software se define en el diseño y en algunos casos proviene mayormente de los requerimientos no funcionales.

Existen cuatro (4) aspectos relacionados con la tolerancia a fallas como indica Sommerville [Som01, páginas 400 - 401]:

- Detección de la falla: el sistema debe detectar que una combinación particular de estados ha resultado o resultará en una falla del sistema.

- Evaluación del daño: se deben detectar las partes del sistema que han sido afectadas por la falla.

- Recuperación de la falla: el sistema debe recuperar su estado y llevarlo a un estado seguro conocido.

- Reparación de la falla: modificar el sistema de manera que la falla no ocurra de nuevo (¿para el sistema o no?).

La mayoría de los software cumplen con todos estos aspectos definidos anteriormente, con la ocurrencia de la falla los sistemas queda operativo en un estado seguro conocido y los integrantes del mantenimiento del software debe hacer la reparación para que no ocurra de nuevo en nuevas versiones del sistema.

El aspecto de los aplicativos maduros, es cuando suceda la falla, el software aplican los primeros tres aspectos anteriormente mencionado en condiciones normales y se encuentra en un estado seguro, pero existe un quinto aspecto, donde el software continúa con la operación de donde esta hasta que terminé el requerimiento del usuario o cumple con la función que el componente fue construido, luego de la recuperación de la falla. Este aspecto debe ser muy equilibrado, debido a la insistencia o la continuidad operativa se genere un ciclo infinito de operaciones con fallas, que al final es preferible quedarse en un estado seguro conocido y no esperar a una respuesta que no llegará jamás al usuario. Por ejemplos, los casos de los protocolos de comunicación entre los ordenadores, en las mayorías de los casos se realizan tres intentos y si falla se coloca en un estado seguro conocido y se notifica de la falla, si los tres intentos se elimina como mecanismo de resolver el problema, y volver a intentar hasta que se conecten los dos ordenadores; aún utilizando diferentes vías de soluciones, puede que el sistema queda en un ciclo infinito que el usuario quede sin repuesta, adicional a esto, se degastarán los recursos donde se consumen y sin resolver el problema, en este caso consumo de ancho de banda y datos, consumos de baterías en casos de los móviles, etc.

### 4.7.2.1. Dos enfoques de implementar tolerancias a fallas

Los enfoques de detectar, eliminar y disminuir las fallas están definidos en la prevención de la falla. Los enfoques que se presentan para diseñar y construir un software que permite tolerar fallas se derivan en tomar acciones presentes cuando ocurra en el futuro, para que el sistema continúe operando. Proviene de:

- Estilo de programación personal para tolerancia de fallas.
- Arquitecturas tolerantes a fallas.

**Estilo de programación personal para tolerancia de fallas**. Es indiscutible que los programas son muy personalizados al desarrollador, depende de cada individuo de resolver los problemas o conseguir el objetivo que se le indica, la solución del problema o el estilo de trabajar varia de un individuo a otro, podemos encontrar, soluciones sencillas y simples en un individuo como complicadas y enredadas en otro individuo para el mismo problema. Sucede en los casos de algoritmos estructurados que son muy mencionados, por ejemplo en los laboratorios con la práctica de la universidad que existen casos de varios tipos de algoritmos para la solución de un mismo problema, y durante la carrera ocurrirá lo mismo en diversa áreas y asignaturas. El caso de otras tecnologías (otros tipos de algoritmos como lenguaje de programación) no hay mucha diferencia al menos que la tecnología obligue a los programadores en realizarla de forma "estándar" los algoritmos. La diversidad es lo que ayuda en el enriquecimiento del conocimiento, respetar cada estilo y generar software con tolerancias a fallas, se debe tomar esta ventaja y no como puntos de desventajas. Se refleja en el próximo punto la utilización de diversos programas o algoritmos para resolver en mismo problema, pero el caso de cualquier estilo de programa, se debe considerar:

- **El estilo se mantiene**. Como desarrollador y como cualquier integrante con un rol del grupo en el proyecto, todos son creadores de fallas. Tener la consciencia de estos permite hacer acciones personales de corregir, evitar crear y aumentar las fallas; cada uno debe tener un estilo personal de resolver problema y de evitar generar fallas (se detalla los procesos mentales individuales en la gestión personal en el último capítulo). Cada uno debe tener un estilo de no generar fallas, auto control, consciencia interno y externo, pensar antes de actuar, etc.; se indica formalmente los mecanismos de mejoramiento de la calidad del trabajo en los reportes personales descritas en el PPS para encontrar, disminuir, eliminar y controlar las fallas.

- **Código redundante**. La recomendación es de minimizar código y el uso de la eficiencia, el código redundante para disminuir fallas es una contradicción, pues no lo es, cuando se coloca componentes o módulos adicionales para asegurar el cumplimiento de la funcionalidad, en este sentido, agregar código de programación redundante para verificar el estado del sistema antes y después del cambio de estado, validar que sea consistente la modificación, si en el caso no se logra el cometido, se devuelve a un estado inicial o llevar a un estado correcto conocido. Este enfoque donde el programador asume y es consciente que son generadores de fallas con los códigos de sus programas, y donde puede haber fallas escondidas, por esta razón se verifican las condiciones tanto de inicio y/o final de los cambios de estado, es aplicable en situaciones críticas en todos los componentes.

La consecuencia de los estilos de programación de los desarrolladores, como también el enfoque que se evidencia en los diseños del software, determina la representación estructural del sistema que permite soportar las posibles fallas. El diseño de software no solo es el resultado del análisis de los requerimientos, representa también la forma detallada de la arquitectura soportada con la tecnología seleccionada, debe evidenciar las posibles debilidades como las fortalezas de la estructura definida, en las debilidades se representan por la posibles fallas que puede ocurrir al construir dicho diseño, por esta razón se definen componentes o estrategias que permiten al software que se mantengan operativo cuando estas fallas se presenten, las arquitecturas tolerantes a fallas que seguidamente se presentan a continuación, los dos primeros están definidos por Sommerville [Som01, páginas 410 -412], permite una visión de la continuidad de la operatividad y entrega del servicio al usuario. Las arquitecturas son:

- Programación de n versiones.
- Bloques de Recuperación.
- Espejos.
- Componentes distribuidos.

Programación de n versiones: usando una especificación común, el software es implementado en un número de diferentes versiones y por diferentes equipos. Estas versiones son ejecutadas en paralelo. Sus salidas son comparadas siguiendo un sistema de votación y las salidas inconsistentes son devueltas. Al menos tres versiones del sistema deberían estar disponibles. Este enfoque es el más usado. El desarrollo de las versiones por diferentes programadores y físicamente ejecutados de forma paralela (ejecución de las diferentes versiones al mismo tiempo). Ver la figura 17.

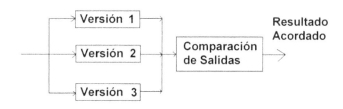

Figura 17. Programación de n versiones

Bloques de recuperación: cada componente del programa incluye una prueba para comprobar si el mismo se ejecutó exitosamente. También incluye un código alternativo que permite respaldar y repetir el cómputo, si la prueba detecta una falla. A diferencia del anterior, éste utiliza implementaciones diferentes de la misma especificación, son ejecutados en secuencias y no en paralelo. Se utilizan diferentes algoritmos para cada bloque de recuperación. Ver la figura 18.

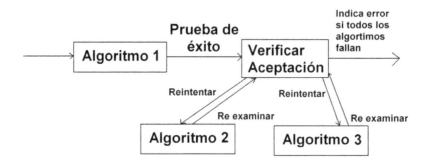

Figura 18. Bloque de recuperación

Espejos. Se utiliza generalmente en los sistemas centralizados o atómicos (un solo bloque), es una combinación de las dos anteriores con cambios sustanciales, no se refiere a algoritmos sino a componentes, las modificaciones son: se utiliza en la n-versiones en bloques de recuperación con el mismo componente para cualquier operación, y cuando existe una falla, se aplica el mecanismo de los bloques de recuperación, por ejemplos, los manejadores de bases de datos actúan como n-versiones cuando se realiza cualquier operación en una base de dato, se tiene como mínimo una réplica que posee la misma información, pero al fallar la base de dato principal, se tiene el segundo para continuar la operación; otro ejemplo son los sistemas centralizados que poseen una réplica del sistema por completo en otra área geográfica, al realizar operaciones en el sistema activo (uno de los sistemas), en la réplica se realiza la misma operación pero de modo silencioso (no responde el resultado de la operación), cuando falla el sistema activo y deja de operar, la réplica toma el lugar del activo y lo sustituye, permite mantener la operatividad del sistema (ver la figura 19). En la mayoría de estos casos son los mismos algoritmos que poseen los componentes replicados.

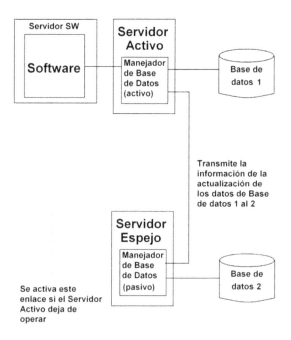

Figura 19. Ejemplo de espejos

Componentes distribuidos. Existen variedades de arquitecturas como diseños de software, que se comporta como los sistemas distribuidos pero constituido en diferentes componentes dentro de un software. Existen definiciones de arquitectura de software que los componentes que interactúan se comportan como un sistema distribuido. Estas arquitecturas y otras no distribuidas se describirán en el capítulo de arquitectura del software. Este diseño permite que el software cuando sucede una falla en uno de los componentes, uno o varios de los otros componentes los sustituyan y corrija la falla, para dar un resultado o cumplir sus objetivos para el usuario o al sistema completo. Ejemplo de software con componentes distribuidos (ver la siguiente figura 20), donde está compuesto de aplicaciones que se ejecuta en los clientes (ordenadores personales como móviles inteligentes), un servidor maestro con componentes de servicios que direccionan las peticiones a los servicios de los diferentes servidores libres que contienen información de archivos redundantes (el mismo archivo en diferentes lugares), cada servidor procesa la información y devuelve el resultado a los ordenadores personales, el servidor maestro "Master Server" su función es administrar la petición del cliente a un servidor libre y devuelve la respuesta, si falla un servidor o deja de funcionar, existe otro servidor que sustituye su labor.

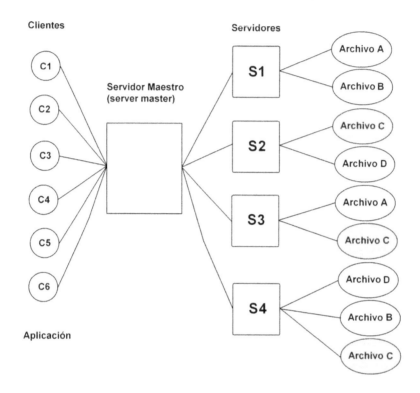

**Figura 20. Ejemplo de Sistemas Distribuidos**

*4.7.2.3. Gestión de las excepciones*

A nivel de uso de las herramientas en las tecnologías, son las más conocidas por los desarrolladores, son los tipos de fallas en los aplicativos que puede provenir cuando se construye el software. En forma organizativa del libro, este punto debe estar en la etapa de implementación y no de diseño. Es importante de tomar las consideraciones de las excepciones en esta fase, tanto en los procesos que acompaña al diseño, considerar las excepciones para la selección de la tecnología en el diseño físico; esto puede acarear futuras fallas por no tomarlas o no usarlas adecuadamente. Cuando ocurre una falla de algún tipo o un evento inesperado durante la ejecución de un programa, se denomina *excepción*. Las excepciones tienen origen en varios lugares como las fallas de hardware o de software, inclusive la selección del lenguaje de programación para los desarrolladores en la construcción de cada uno de los componentes. Por ejemplo, los desarrollos de los 80 y 90 con el uso de ciertos lenguajes, la mayoría de las excepciones y fallas reportados por los usuarios, era debido al mal manejo de la memoria del hardware cuando se ejecutaba los aplicativos. No era el problema del lenguaje de programación usado, era el mal uso que realizaba los desarrolladores de los recursos disponibles.

Algunos ejemplos de excepciones ocurren cuando:

- Asignación a una variable fuera de su rango.
- Saturación de un espacio de almacenamiento para valores asignados dinámicamente.
- Se intenta acceder a un recurso del ordenador que no existe.
- Fallas de comunicación entre las tareas.
- Error de operaciones aritméticas, por ejemplo, la división con cero.
- Acceso a áreas de memoria no permitida.
- Recursos bloqueado por otro aplicativo al accederlo.

Las excepciones que están detalladas anteriormente pueden ocurrir en el futuro, se coloca redundancia de código para evitar las condiciones que pueden generar las fallas. En la actualidad los lenguajes de programación permiten manejar las excepciones que ocurren al momento de la corrida, pero el control de las excepciones son manejadas por estas, no son controladas por el desarrollador, esto representa dos disyuntivas: el control de las excepciones por la tecnología, que a veces no es la más adecuada; o el tener el control total de las excepciones por parte del desarrollador que permite la gestión sea menos adecuada que la manejada por la tecnología o tratarla de mejor forma. La vista positiva de esto, la tecnología al manejar de forma adecuada, elimina gran parte del control de los desarrolladores en manejar las excepciones, ahorrando parte de la redundancia de código, y la tecnología estandariza el manejo de las excepciones. Se puede aplicar en todos los casos con los lenguajes de programación de años anteriores como las actuales, los programadores permitan detectar y manejar las excepciones por medio de las instrucciones normales de programación (sentencia del "IF") en verificar las condiciones necesarias para realizar ciertas acciones (instrucciones) críticas.

**NOTA:** Cuando una excepción ocurre en una secuencia de procedimientos anidados no es fácil transmitirlo de un procedimiento a otro o controlarlo.

Las condiciones que podrían ser causa de una excepción, son evaluadas y verificadas antes de que la excepción ocurra y el procesamiento es parado, antes que el efecto de una instrucción causa una excepción. En una estructura de secuencia anidada esta prueba debe ser repetida varias veces.

En los manejadores de bases de datos, ofrecen instrucciones a nivel de lenguaje de programación para manejar las excepciones como "Commit" (cometer o ejecutar) y "Rollback" (revertir) en manejar gran cantidad de datos y mantener la consistencia de estas, dando a los programadores mucha flexibilidad y menos trabajo en el manejo de las transacciones con las base de datos y manejo de fallas.

La mayoría de los lenguajes actuales detecta en tiempo de compilación errores que provocan corrupción en el estado o caídas del sistema. Por ejemplo, índices (valor máximo, mínimo) en el manejo de los arreglos.

Algunas técnicas que pueden ser usadas para la detección de fallas, la evaluación de daños, corrección y continuar hacia delante, son técnicas que son tratados con cuidado y los más conocidos son:

- Repetición de los procesos en un número de intentos fijos. Generalmente es la más sencilla y se debe aplicar cuando estas dos condiciones especiales se cumplen conjuntamente: después de la excepción no exista daño, y vuelva a su estado inicial ante de la excepción; dado estas condiciones, actualmente no es favorable ni el momento de la ejecución del programa, se da un tiempo de espera para intentarlo de nuevo, o se ejecuta más tarde en un lapso de tiempo considerado para que se vuelva a su estado inicial, este debe tener un número pequeño de intentos (generalmente 3 intentos), al finalizar los números de intentos se debe notificar que hubo una falla y no se pudo cumplir con la función deseada, esto evita un ciclo infinito, porque puede ocurrir que nunca se dará la condición ideal para la ejecución y culminación exitosa. En caso de éxito, en cualquier número intentos cumple con su función y continúa.

- El uso de "checksum" en intercambio de datos y dígitos de chequeo en datos numéricos. Es una técnica usada con anterioridad en los dispositivos de cintas magnéticas para almacenar gran cantidad de datos y actualmente es usado en los protocolos de comunicación en la transmisión de datos en las redes. En los dispositivos de cintas magnéticas puede suceder pérdidas de información por el tipo de material que está construido, donde puede ocurrir una dilatación ocasionando pérdida de datos, se coloca de forma de matriz los datos y su negación (cero es uno y uno es cero), la cinta se puede almacenar la información por pista, y otra pista paralela los datos negados, en un rango equidistante se coloca la cantidad de bits de uno (por ejemplo, 100110 hay tres uno - 1) tanto el negado como la data real, al haber pérdida de bits se revisa la cantidad de bits en uno y los bits perdidos se repone ayudado por el negado, ya sea por dato real o su negado puede ocurrir la pérdida; en el caso de protocolo de comunicación, los datos enviados desde el origen al destino se coloca la cantidad de bits con ceros o uno dentro del área del "checksum" del paquete de envío, si el receptor verifica el "checksum" con la data recibida, decide en tomarlo en cuenta, o pedir al origen que re envíe el mismo paquete de datos porque hay inconsistencia en la data.

- El uso de enlaces redundantes en estructuras de datos que contienen apuntadores. Tener más de un apuntador en el inicio de la estructura, si el apuntador que se está operando se pierde, se crea otro apuntador con el inicio de la estructura y se inicia de nuevo la operación. Por ejemplo en el caso de usar estructura de datos tipo lista.

- El uso de contadores de tiempo en sistemas concurrentes. Son muy usados en los protocolos de comunicación con confirmación de paquetes recibidos, al enviar un paquete de un ordenador a otro, el ordenador origen anota un cronómetro de tiempo, y espera la respuesta de confirmación de recepción del paquete por el destino, si no hay repuesta del destino en un tiempo definido, indica al ordenador que envió el paquete que se perdió y re envía o re transmite de nuevo ese mismo paquete, hasta que encuentre la confirmación de la recepción de este.

Existen más técnicas de ir hacia delante cuando existe una excepción, pero ¡cuidado!, estas mismas técnicas pueden generar fallas, generalmente es por mala aplicación o uso de esta, por ejemplos, duplicidad de operaciones o registros cuando aplicamos cualquier técnica mencionado anteriormente.

Para los casos de las técnicas de mantener o devolverse a un estado inicial consistente luego de una excepción es más sencilla y son las más usadas. El diseñador como los programadores del software debe estar claro cuál de las técnicas que se debe usar de una forma equilibrada en cada caso, o tener una buena selección de la gestión a usar.

## 4.8. Reusabilidad

El concepto de reusabilidad o reutilización es aplicable en diferentes áreas en la ingeniería de software, se detalla en el inicio del libro con los conceptos de las ciencias y su aplicación de los métodos científicos; como en la repetición de los pasos de los preceptos de Descarte en los diferentes métodos, sea personal como grupal; la gestión de los procesos de los modelos de desarrollos del software, identificando y prescribiendo en los diferentes proyectos que tenga la misma o la similitud de condiciones iniciales, para la selección y aplicación de la más adecuada al proyecto presente; la estrategia de selección del modelo de desarrollo en el análisis; si llevamos un nivel de abstracción más generalizada de la reusabilidad, el proceso aplicado en cada proyecto se repite; esta repetición de los proyectos anteriores que fueron exitosos en su selección y aplicación de los modelos; igualmente en los fracasos en dejar de repetir el mismo proceso anterior, sino, usando otro modelo de desarrollo por la mala selección previa. Reusamos los que pensamos uno y otra vez en los desarrollos de software, hasta conseguir el éxito del proyecto, como experiencia y refinamiento de la selección de los modelos; como los pasos a seguir en el nivel de abstracción de los procesos que acompañan el ciclo de vida del software. Por esta razón varios pensadores y expertos indican que el éxito es el resultado de muchos fracasos. El ciclo de vida de software es también una repetición que define el camino general de desarrollo de un software; no se ha creado algo nuevo que cambie el concepto de este ciclo; reutilizamos estos conceptos y este pensamiento de desarrollo del software; pero como todo humano, la manera de accionar dentro de cada etapa del ciclo varia de un individuo a otro, de un grupo a otro, de una empresa desarrolladora de software también varia, con éxitos y fracasos; muchos fracasos, y poco éxitos, pero como la estadística indica que son más los fracasos que los éxitos; pero funcionan a los exitosos que realizaron una buena selección y tomaron buenas decisiones en el camino que se trazaba.

En la estrategia aplicada en proyectos anteriores se reutiliza, donde el análisis se definen los requerimientos de los usuarios y el dominio del conocimiento, donde de un proyecto a otro no existirán muchas diferencias (económico, administrativo, financiero, etc.), al menos que se refiera a las nuevas tecnologías que en los últimos años se han disparado exponencialmente con la diversidad de productos y soluciones. Con la revolución industrial, el proceso de crecimiento en el conocimiento a incrementado de tal forma que es difícil de adaptarse con tanta información, pero en groso modo se refleja en el dominio del conocimiento, la cantidad de información es mucha, pero la manera de procesar pareciera que quedara en el tiempo y no avanza, los procesos están y se deben adaptarse para controlar la cantidad de información. Se re usa la misma estrategia como los procesos en todo el ciclo de vida del software, las estrategias se adaptan a las condiciones actuales, pero siempre se repiten algunas acciones que se aplicaron de forma exitosas en el  pasado. Se reutiliza el modelo aplicado en los nuevos proyectos con la nueva tecnología.

El diseño de software se aplica el reúso con los estándares de arquitecturas del software, que tiene la estructura para satisfacer las necesidades actuales. Con las condiciones actuales y deseadas se reutiliza y se selecciona el diseño que produjo éxito en experiencia pasada. Este mismo proceso de abstracción permite construir los componentes para el diseño; sean de una forma más sencilla cuando aplicamos la reutilización proveniente del diseño anterior; genera como consecuencia inmediata, que los componentes creados en los casos de éxitos anteriores, sean usados de nuevo en el proyecto actual; aún con las nuevas tecnologías seleccionadas, en vez de construirlo de nuevo, lo que se aplica es utilizar lo ya hecho. Este modelo de desarrollo es muy conocido llamado modelos de desarrollos basado en componentes, en esto hay que tener cuidado en aplicarse, el nivel de abstracción es de lo general a lo particular, donde el proceso de refinamiento, permite en descubrir dentro de las fases de análisis,  diseños y como las otras etapa del ciclo de vida donde se detecta la reutilización "natural" nacida de los requerimientos del usuario y refinamiento durante el ciclo de vida del software; seleccionando los elementos que está hecho y creando lo nuevo cuando no exista,  el cuidado que se debe tener, en que se fuerzan u obliguen que todos los proyectos utilicen lo mismo diseño y modelo único conocido, distorsionando el diseño y los requerimientos inclusive de los usuarios, se interpreta mal los requerimientos de los usuarios o se negocia para llevarlo a un solo modelo conocido. Caso típico del médico a que solo receta una aspirina de cabeza para todos los pacientes que  llegue a su consulta, como dijo Abraham Maslow, "Cuando tu única herramienta es un martillo, todo te parece clavo", que para toda la solución es un clavo.

En el caso de la implementación o construcción del software, hay reutilización de los componentes creados anteriormente, pero si trabajamos en la misma tecnología y en la misma versión; pero si la tecnología se actualiza, o hay que usar otra tecnología, se complica, solo podemos aplicar reusabilidad de análisis y diseño con naturalidad; en la parte de implementación es lo que vamos a tratar más adelante. Dentro del tema de reutilización en el diseño, es importante tomar consideraciones de implementación para el diseño físico. En esta etapa se selecciona la tecnología y la herramienta con que se cuenta para la construcción del software. La etapa de diseño concluye con la selección correcta de la tecnología, aún seleccionando la tecnología, se debe verificar las etapas anteriores si la selección sea la correcta. Para el futuro, la correcta selección de la tecnología, permitirá una vida larga para el software en la etapa de mantenimiento.

La reusabilidad se aplica en cuatro niveles de abstracciones, todas son referentes a la construcción de los componentes en el diseño. Se define por nivel más bajo a general:

- Reutilización de función. Los principios para desarrollar funciones y procedimientos que se utilicen en más de una vez en el aplicativo, por medio de independencia funcional, información escondida o encapsulada, simplicidad y modularidad eficiente.

- Reutilización de conjuntos de funciones u objetos. Generalmente proviene de una colección de funciones, procedimientos, u objetos que poseen funcionalidades muy particulares, por ejemplo manejo de archivos en el lenguaje C con "io.h" que posee una lista de funciones para ser utilizados en la gestión de archivos a la memoria (disco, memoria principal, etc.).

- Reutilización de sub sistema. En un sistema completo, está compuesto por grandes grupos de funciones, organizadas y estructuradas de tal forma que poseen una funcionalidad independiente dentro del sistema. Por ejemplo, toda la interfaz de usuario para introducir datos al sistema y presentar sus resultados, es el subsistema de interfaz al usuario; otro sub sistema es de procesamiento y cálculo de los datos, todo el sub sistema de procesamiento y cálculo se puede reutilizar en otro aplicativo. En el caso actual se tiene diferente sub sistema de presentación de los datos para los diferentes dispositivos (teléfonos inteligentes, computadores móviles, mini PC, kiosco electrónico, etc.) y todos están conectados al mismo sub sistema de control de la información para su distribución (la misma información).

- <u>Reutilización del sistema completo</u>. Es usar el sistema por completo, se tiene dos ámbitos diferentes marcado por la tecnología:

  - En la misma tecnología, permite operar dentro o convivir con otro sistema. Cuando se usa en la misma tecnología, un sistema completo puede estar dentro de otro sistema, es similar al sub sistema, pero el sistema puede operar de forma independiente con o sin los otros sistemas, el sistema superior parte tiene control sobre esta, por ejemplo: los editores de textos en Windows dentro de Visual Studio Versión 6.0. Los sistemas que conviven con otro, pero ambos trabajan de forma independiente, pero en algún momento trabaja en conjunto para lograr el objetivo adicional para diferentes usuarios, por ejemplo: los sistemas de producción de las empresas trabajan de forma independiente a otros sistemas, pero puede interactuar con otros sistemas como del área de mercadeo (que también trabaja en forma independiente) para identificar realizar promociones de sus productos para el sistema de ventas.

  - En diferentes tecnologías, debido a la diversidad de hardware y plataformas tecnológicas, existen incompatibilidad entre ellas, cada uno posee sus propios principios, normas y arquitecturas (como hardware y software), pensar de reutilizar un software que funcione en una tecnología, y luego este pueda ser migrado a otra tecnología y ser reutilizado, este concepto lo describiremos más adelante como portabilidad del software. Caso típico actual de las aplicaciones que funcionan en diferentes móviles con sistemas operativos diferentes. El otro caso, es la utilización del sistema en su tecnología de origen y que convive con otras tecnologías, este caso es idéntico con la convivencia en la misma tecnología combinando adicional con otras tecnologías, por ejemplo, Linux trabaja en los sistemas operativos Windows o viceversa.

### 4.8.1. Apoyo de la tecnología en promover la reusabilidad

Existen herramientas de desarrollos que permiten aplicar la reusabilidad, el uso de la herencia de clase en los lenguajes de programación orientado a objeto, donde las herramientas de desarrollo ofrecen el uso de clases; la herencia permite crear nuevas clases, por medio de la asociación o agregación en las relaciones de estas, definen con las clases bases; las nuevas clases permiten cubrir los requerimientos solicitados, no es necesario volver a construirlos, sino reutilizarlas en el nuevo proyecto o la nueva implementación. En los lenguajes estructurados de la tercera generación (3G) tradicionales también poseen o se disponen de forma de librerías o bibliotecas (conjunto de funciones o procedimientos encapsulados con sus algoritmos escondidos para el programador) para ser usadas, desde manejo de recursos del hardware en las aplicaciones como conexiones entre aplicaciones o procesos; diversidad de librerías con funcionalidades muy especializadas. Esta misma filosofía de proveer librerías se mantienen en los lenguajes de programación actuales. Con esta práctica permite ahorrar tiempo en el desarrollo de software y como estandarizar los manejos de los recursos que utilizan el software; la librería tiene un nivel de abstracción de uso, generalmente no se detalla cómo funciona internamente, pero funciona, el programador solo debe usarlo sin saber el detalle más bajo del manejo de los recursos, el programador solo debe saber que existen estas librerías y cómo se usan.

No solo se tiene la reutilización de desarrollo, los manejadores de bases de datos y los manejadores de archivos; permite separar el aplicativo con los datos, los manejadores de bases de datos permiten una organización, en algunos casos la consistencia y almacenamiento de la información, desde el punto de vista de visión de futuro es importante tener esta separación de los datos con los aplicativos; el valor actual de poseer la información o los datos de una empresa es alta, por ejemplo: toda la información de los clientes de un banco tiene un alto valor para otros bancos, y las fusiones entre bancos se miden no tanto por la tecnología que posee, es la información que posee, "sus ahorristas" y clientes, que serán los posibles clientes futuros que se pueden captar. Sucede lo mismo, en una organización al cambiar un aplicativo por otro, es probable que los datos del sistema actual se mantienen para el nuevo aplicativo a desarrollar, sea que exista una migración a otra base de datos o reusar la que se tiene. Por esta razón, existen en muchos manejadores de bases de datos como manejadores de archivos y mecanismo de transferencia de datos de un manejador a otro. En el caso que no existe mecanismo para la migración de datos, se asegura que el manejador sea compatible al nuevo aplicativo para la migración. Existe una reutilización de los datos en un solo punto para diversos aplicativos de la empresa, permite tener una sola información para todos los aplicativos que lo usen.

En la reutilización de sub sistemas, se basan en diferentes modelos como modelo de vista y controlador (MVC), o como modelo por capas (una de las más conocidas es el modelo de 3 capas, con tres componentes bien separados que son: interfaz, lógica o negocios, y datos), en estos modelos permiten reutilizar lo existente y agregar nuevos componentes o sub sistemas (nueva capa u otra instancia de una capa), por ejemplo, en la construcción de una página web utilizando el modelo de tres capas, se desarrolla en forma separada cada sub sistema y se integra en la construcción de la página web por conexiones sencillas, pero los sub sistemas están en computadores separados, al crear una nueva interfaz como la conexión vía móvil inteligente, se reutiliza los sub sistemas de lógica y data, conviviendo con la página web ante desarrollado.

En la construcción del software tenemos el apoyo de los generadores de aplicaciones que apoyándose en la reutilización del dominio del conocimiento. A nivel abstracto se define la característica del aplicativo y con el generador se produce el programa con el código del lenguaje de programación. Existen diferentes generadores como:

- Por medio de una estructura definida o con aplicaciones con interfaz gráficas de usuarios, con el generador produzca una gran cantidad de código de programa en un lenguaje de programación, por ejemplo, el uso de un lenguaje de programación de cuarta generación produce aplicaciones en RPG o COBOL, o con la estructura de un archivo XML que genere un programa en C# de Microsoft.

- Analizadores sintácticos. Se ingresa las reglas sintácticas y se genera un lenguaje de analizador sintáctico (Sommerville [Som01, página 310]).

- *Generadores de código en herramientas CASE:* la entrada a estos generadores es un diseño de software y la salida es una implementación del programa del sistema (Sommerville [Som01, página 310]).

267

### 4.8.2. Ventajas de desarrollo con reusabilidad

El desarrollo con reusabilidad se tiene un resultado inicial y  es la disminución de los costos de los proyectos. El uso de componentes como elementos construidos y probados con anterioridad; sin la reusabilidad genera el tiempo y el esfuerzo en analizar, en diseñar, en construir y en realizar las pruebas; adicional existen otras ventajas como:

- Reducción del tiempo de construcción del software. Utilizar elementos o componentes usados, la productividad aumenta, la asignación de recursos para crear el componente no es necesario.

- Confiabilidad aumenta. El hecho de utilizar componentes creados con anterioridad para el mismo propósito, permite el aumento de la confianza debido a que estos componentes están funcionando correctamente en otros aplicativos. Se realizó previamente el proceso de refinamiento y mejoras de calidad hasta cierto nivel, se tiene funcionando con comportamiento conocido y demostrado en otro lugar. A diferencia de tener que crear un nuevo componente, aumenta el nivel de incertidumbre con los conceptos de manejos de las fallas.

- Reduce el riesgo. Al usar componentes que se conocen sus funcionalidades y limitaciones, permite evitar riesgo en usarlo, con respecto a las creaciones de nuevos componentes. Los riesgos se generan tanto en el costo, en la magnitud y fecha de entrega. El usar el componente probado en el nuevo aplicativo, elimina el riesgo de tiempo de construcción como prueba e ingreso de fallas al sistema.

- Las funcionalidades de las aplicaciones se mantienen en sus nuevas versiones. En reutilizar los componentes con una lista de funcionalidades del aplicativo, en las nuevas versiones del aplicativo se reutilizan los componentes para mantener las características anteriores, la mayoría de los sistemas operativos aplican esta práctica, para la misma familia o una gama de nuevos sistemas operativos, por ejemplos, los sistemas operativos de los móviles inteligentes como iOS y Android provienen de un mismo sistema operativo POSIX (UNIX, MINIX).

- El ciclo de vida del software se alarga en el tiempo. La sobrevivencia de un software durante el tiempo, con el uso del software en una familia (continuidad) de sistemas operativos, en nuevas generaciones y versiones de los sistemas operativos. Adicionalmente, por medio de la portabilidad permite migrar a otros nuevos sistemas operativos de la actual tecnología.

### 4.8.3. Desventajas de desarrollo con reusabilidad

No todo es ventajas en el uso de la reusabilidad, existen también desventajas en el uso de este concepto y su aplicación como:

- Mucho tiempo para la curva de aprendizaje. Existe caso cuando hay que investigar, conocer, y colocar en uso de forma correcta el componente reusable, puede tardar más que analizar, construir y probar.

- La visión en el futuro de la tecnología. En el caso de la selección de las tecnologías en el diseño físico, permite la sobrevivencia o no del software. Es apostar a una o varias tecnologías en el futuro. Por ejemplo: como el lenguaje de programación, herramientas, el sistema operativo y los entornos de la tecnología, puede que no permita continuar operando el software cuando aparezca una nueva versión del sistema operativo o las actualizaciones del entorno de la tecnología (ver portabilidad).

- Distribución de los componentes. La organización, gestión, clasificación, acceso, almacenamiento y el mantenimiento de todos los componentes del software no son maduras. El simple hecho de hacer cambio en un componente (ya sea por mejoras de ejecución o eliminación de falla) que se usa en varios aplicativos; la información, pruebas y gestión de distribuir los cambios, la afectación a todos los aplicativos actuales en ejecución que utiliza el componente puede impactar, no es fácil la gestión y será más difícil si son inmaduras.

- Nuevas tecnologías. La aparición de nuevos hardware con gran poder de procesamiento y de bajo costo, creación de nuevos lenguajes de programación, solo para mencionar dos, hacen que se mantengan un freno a la reusabilidad y el uso muy definido (concreto con niveles de

269

abstracción en su aplicación) de este concepto (uso del mismo lenguaje de programación como una arquitectura de hardware en estos casos).

### 4.8.4. Portabilidad

En la reusabilidad se aplica la portabilidad en el momento que el sistema completo es ejecutado en otra tecnología (Hardware y sistemas operativos diferentes). Para esto se aplica varias técnicas como:

* Aplicar máquinas virtuales, es la ejecución del sistema en su ambiente natural donde fue creado, pero al trasladarla a otra tecnología, se construye el sistema operativo residente que opere en la otra tecnología que utiliza distinto hardware o sistema operativo. Por ejemplo: en el sistema operativo Windows corre Linux como otro software más, viceversa.

* Usar un lenguaje de programación que sea soportado en una variedad de sistema operativo y hardware. Existe un compilador para cada sistema operativo y hardware.

* Uso de traductores de un lenguaje de programación a otro.

Según ISO 25010 define la portabilidad como la "Capacidad del producto o componente de ser transferido de forma efectiva y eficiente de un entorno hardware, software, operacional o de utilización a otro. Esta característica se subdivide a su vez en las siguientes sub características:

* **Adaptabilidad.** Capacidad del producto que le permite ser adaptado de forma efectiva y eficiente a diferentes entornos determinados de hardware, software, operacionales o de uso. Cantidad de cambio al software para que funcione correctamente.

* **Capacidad para ser instalado.** Facilidad con la que el producto se puede instalar y/o desinstalar de forma exitosa en un determinado entorno.

* **Capacidad para ser reemplazado.** Capacidad del producto para ser utilizado en lugar de otro producto software determinado con el mismo propósito y en el mismo entorno".[Iso01]

270

La portabilidad se mide por el esfuerzo de instalar, de adaptar y su propósito en el ambiente donde es instalado, y si es posible en sustitución por otro software. Es fácil indicar las tres características, pero en el fondo con lleva que el software debe comportarse de la misma forma donde fue creado originalmente, pero en un ambiente diferente. Para ser instalado se necesita que los fuentes de programas y los componentes externos que es usado por este (librerías, y componentes propios de la tecnología donde se construyó el software) este establecido en el nuevo ambiente, adicional si es necesario, un paso adicional en el proceso de empaquetado para la instalación. La adaptabilidad del software donde implica el trabajo requerido en hacer los cambios necesarios para que funcione en el nuevo ambiente. El sistema es portable cuando la instalación como la adaptación sea transparente y no existe mucho trabajo es considerado portable, en caso contrario, si existe mucho trabajo no se considera portable.

El nuevo ambiente está definido por el hardware, las librerías, el sistema operativo y el entorno de la tecnología que en la construcción del software se utilizó en el ambiente original. El sistema operativo depende que el software interactúe o no directamente con el hardware, donde el manejo de la memoria como los procesadores y el manejo de los diferentes recursos disponibles en el hardware, generen complicaciones en el manejo directo por el software sin la intervención del sistema operativo. Por otro lado, la riqueza o no  de las librerías que proveen en el nuevo ambiente, de igual manera como los componentes necesarios de la tecnología usada para la creación del software, y finalmente las llamadas al sistema operativo por parte del software.

Los problemas que se presentan en la portabilidad se pueden clasificar por el entorno donde interactúa el software:

Hardware. Existe una variedad de ordenadores como dispositivos (móviles inteligentes por ejemplo) que el software debe tomar en consideración, cada fabricante como modelo de hardware trabaja de una forma diferente, por su arquitectura interna de la disponibilidad de los diferentes recursos (dispositivos de entrada y salida) como los procesadores (unidad control de procesamiento o CPU)  y memoria, donde todos los sistemas operativos deben tener en consideración en su gestión, el mismo trabajo que debe realizar el software a ser portable, considerar tanto en el ambiente origen o natural como el nuevo. Generalmente es difícil resolver estas diferencias por el software, como recomendación se debe evitar hacer llamada a los recursos del hardware de forma directa, al menos que el hardware tenga un uso estándar o genérico de sus recursos, como uso de abstracciones genéricas.

Sistema operativo. El software realiza llamada al sistema operativo en su ambiente de origen, al realizarla en el ambiente destino, sea definido de forma genérica, es muy difícil encontrar este estándar en las llamadas en todos los sistemas operativos. Existen sistemas operativos que le facilitan a los aplicativos que se ejecutan en ellas, pero no todos estos están disponibles. Evite el llamado a instrucciones de sistema operativos de forma directa o que exista mecanismo para resolver este problema con alias en los comandos o creación de sinónimos, por ejemplo, realizar llamadas a archivos ejecutables y editables de instrucciones del sistema operativo.

Entorno de la tecnología. Es más la selección de la tecnología escogida para el desarrollo (en la fase de diseño físico) del aplicativo que sea o no soportado en diversos sistemas operativos. La selección de entornos de la tecnología que sea soportado en los diferentes sistemas operativos u otras tecnologías.

Librerías. La librería proviene mayormente del uso de los dispositivos o recursos disponibles en el hardware, como los entornos de las tecnologías que facilitan el desarrollo del software, tienen librerías que hacen que el software se ejecute en los diferentes sistemas operativos. Estas librerías no están disponibles en todos los ambientes. Los fabricantes de los dispositivos y de los entornos de las tecnologías proveen las librerías para ser usados en diferentes sistemas operativos. El problema que se presenta por los fabricantes en los ordenadores, donde tienen manejos diferentes en el uso de librerías, no existe un manejo estándar de un dispositivo o de tecnología en particular en los diferentes computadores, existen casos que si, por ejemplo: la tecnología "TWAIN" (significa "**T**echnology **W**ithout **A**n **I**nteresting **N**ame", tecnología sin un nombre interesante es la traducción), es un estándar para usar los dispositivos en la captura de imágenes ("escáner") y cámaras digitales, es un estándar que son soportados en diferentes sistemas operativos y los software que los utilizan, hacen llamadas estándares a funciones o procedimientos para su uso, es un convenio de varios fabricantes de los dispositivos de captura y manejo de imágenes digitales.

Los problemas de los entornos de tecnologías como las librerías son difíciles de resolver, pero en los casos del hardware como el sistema operativo se puede solucionar colocando una interfaz entre ellos y el software, por supuesto debe haber en cada ambiente una interfaz diferente para traducir su equivalencia por un lado y las llamadas estándar del software. La capa esta sobre el hardware y el sistema operativo gestiona el requerimiento del software, generando un nivel adicional de abstracción que puede estandarizar a todos los futuros aplicativos a desarrollar. Permite un nivel de seguridad adicional, si es necesario. Lo importante es vigilar el rendimiento y procesamiento de las aplicaciones que se conecta al interfaz, al agregar capas adicionales entre el aplicativo y el recurso a utilizar los tiempos de respuestas se degradan.

Los diversos hardware no operan de las mismas formas, en algunos poseen manejos diferentes en su representación de los bytes, por ejemplos, los manejos del byte alto y bajo (menor significado y mayor significado, también llamado orden) en los ordenadores de grandes dimensiones (Mainframe) como los ordenadores personales, trabajan de formas diferentes en su representación de la numeración de los bits menos y más significativos, entre los mismos ordenadores personales suceden estos mismos problemas, esto depende generalmente del procesador. Cuando un software se apoya y usa los recursos del hardware de forma directa, cuando cambia de hardware, estas funcionalidades no lo realizan correctamente o dejan de existir. Por ejemplo: en estos se reflejan en los casos de protocolos de comunicación y la interpretación de los datos entre un ordenador personal y el "MainFame" que cambia de posición de los datos por estos intercambios del orden de bytes, cuando los dos software se comunican.

Los sistemas operativos no poseen las mismas llamadas o funciones que otros sistemas operativos, son los casos de las aplicaciones que hacen uso de las funciones o llamadas a estas, debido a que sus arquitecturas son totalmente diferentes; cada sistema operativo posee su propia política de manejar los recursos que poseen y los procesos (aplicaciones ejecutándose). Por ejemplos: existen sistemas operativos que ejecutan un aplicativo a la vez, finalizado este puede ejecutar el siguiente de la cola, esta forma de controlar los programas funciona en algunos dispositivos actualmente existentes en el mercado; hay otros sistemas operativos que ejecutan varios aplicativos al mismo tiempo; y hay algunos que hacen la simulación de ejecutar varios programas al mismo tiempo, pero trabaja una a la vez, donde solo ejecuta una sección de cada programa en un periodo de tiempo específico. Estos varían con el manejo de la memoria principal como en la política de la gestión de los procesos, existen muchos más detalles que faltan por descubrir, como por ejemplo, la gestión de los ficheros y carpetas en los diferentes sistemas operativos, se manejan de forma diferentes. Esto genera una diversidad de funcionalidades que se ejecutan por llamadas al sistema operativo por medio de los aplicativos, que en otros sistemas operativos no lo permiten o no existen.

La portabilidad se hace imposible si el software utiliza directamente llamadas a los sistemas operativos como uso directo de instrucciones al hardware, si la proporción de código generado en el aplicativo en el uso de estas llamadas es alta, con lleva a rehacer todo el código fuente. Estos tipos de aplicativos nacen y mueren con los sistemas operativos o al hardware, no hay forma fácil de llevarlo a otros sistemas operativos o hardware diferentes. Se recomienda usar abstracciones genéricas o estándares que no dependan de uso particular del hardware y sistema operativo donde se ejecutan. La solución es tratar en un nivel general donde se coloque una capa que traduzca el software con las capas del sistema operativo y del hardware; esto se traduce en el gran desarrollo de traductores y compiladores para cada sistema operativo y hardware; o de la instalación del sistema operativo original conviviendo con la nueva tecnología, pero igual queda el problema en este último caso de las instrucciones directa al hardware.

### 4.8.5. Uso de estándar

La portabilidad se basa en el uso de estándar, permite con estándares en los desarrollos de los aplicativos de poder cambiar de forma sencilla de una plataforma tecnológica a otro o simplemente convivir con otras plataformas tecnológicas. La mayoría se centra en los entornos de las tecnologías como se indican en los siguientes párrafos.

Uso de herramientas tecnológicas estándar. Seleccionar herramientas que respeten las normas, reglas, formas y usos a lo largo del tiempo, sin importar la tecnología usada en el momento, que mantenga su filosofía y no cómo lo hace en la actualidad que se mantiene en un período corto. Existe una familia de lenguaje de programación, desde su creación hasta la actualidad han mantenido sus estándares, se han respetados durante tantos años que se usan en las plataformas tecnológicas actuales. Los compiladores actuales mantienen las mismas funcionalidades para sus aplicativos como los generados en los primeros sistemas operativos donde fueron creados. Por ejemplo: lenguaje de programación C ha pasado de generación en generación de un sistema operativo a otro, que los primeros programas con este lenguaje todavía son usados en la actualidad. Para el mantenimiento de estándares se realiza la conservación de lo que se tiene y agregar nuevas funcionalidades necesarias en la actualidad; evitar modificar o eliminar funcionalidades, donde impacta en las aplicaciones desarrolladas.

Arquitectura estándar. Es similar al lenguaje de programación estándar, pero enfocado a nivel de abstracción de la arquitectura del software, enfocado a un nivel alto, apoyado por la arquitectura de la tecnología que lo sostiene en la actualidad. Respeta las conexiones como los componentes que se enlazan, los componentes mantienen sus funcionalidades aún que internamente sean diferentes su tecnología como en su construcción. Ejemplos de estos son los diferentes protocolos de comunicación entre aplicativos que se mantienen desde varios años y están en uso en la actualidad; y donde es difícil de ser sustituido.

Sistemas operativos estándares. Es una consecuencia de las dos anteriores, el desarrollo de aplicaciones en un sistema operativo, puede derivar versiones diferentes de aplicaciones dependiendo de las nuevas versiones del sistema operativo donde se ejecuta. Hay una diversidad de versiones del mismo sistema operativo que parecen ser que cada nueva versión es un sistema operativo diferente, este caso se debe construir diferentes versiones del mismo aplicativo, en caso contrario, donde no importa la versión del sistema operativo, el aplicativo se mantiene intacto y sin cambios con la misma funcionalidad.

Protocolo de comunicación estándar. Es consecuencia de uso de la arquitectura estándar. Los conectores o la forma de comunicarse entre los componentes o entre los diferentes sistemas, se puede realizar cuando se mantiene el uso de un protocolo de comunicación estándar, por ejemplo: el uso de protocolo de comunicación SNA de IBM entre los ordenadores centrales ("mainframe") con los ordenadores personales, el uso del protocolo SNA se usó por muchos años, hoy en día no es soportado por IBM, es discontinuado o con un uso limitado; otro ejemplo, actualmente lo que sucede también con el uso de los protocolos http y HTTPS, esto permite la reusabilidad del sistema completo en su ambiente original y evita el trabajo en la portabilidad a otro ambiente. Hay que estudiar y medir los dos casos antes de tomar una decisión. Una de las características de los aplicativos que han sobrevivido en el tiempo, es que se puede conectarse tanto a los viejos y nuevas aplicaciones con sus tecnologías.

Uso estándar de los recursos de los ordenadores. Parte de los problemas de los sistemas operativos no estándar, los recursos no es usado de forma estándar o su gestión no permite construir diferentes mecanismos que puedan gestionar o acceder a los recursos, por ejemplo, el uso popular de manejo de los dispositivos de almacenamiento de información con memoria flash ("pendrive") por USB, se puede utilizar en diferentes ordenadores como diferentes sistemas operativos de forma externa, no todos los sistemas operativos permiten usar a nivel interno estos tipos de recursos. La gestión de ficheros y carpetas que se encargan los sistemas operativos, es otro punto de uso estándar para considerar en el manejo de recursos. En sistemas operativos y aplicaciones que son cerrados y manejan sus propias tecnologías, generan diferentes mecanismos para poder acceder al uso de sus recursos por medio de niveles de abstracción en donde un lado está una comunicación externa de forma estándar del mercado y la interna que es propio de la tecnología, estos estándares se detallan en sistemas distribuidos; tener una diversidad de aplicativos, sistemas operativos y hardware pero se comporta como uno solo de forma coordinada.

Diversidad, simpleza y flexibilidad. El cambio de un sistema operativo a otro, resulta a veces trabajosos en la portabilidad de un aplicativo, igual resulta sencillo pasar en otros sistemas operativos del mismo aplicativo, depende del sistema operativo receptor que debe tener una diversidad, simplicidad y flexibilidad de recibir el  nuevo software, y es más trabajoso pasar de un sistema operativo con estas características  a otro. El sistema operativo que reciba el aplicativo de forma sencilla y fácil, debe poseer una gran cantidad de librerías que soporte a los demás sistemas operativos o tecnologías; una instrucción de acceso a un recurso en el sistema operativo receptor, se genera una diversidad de librerías que poseen diferentes llamadas dependiendo de los diferentes sistemas operativos pero realizando la misma funcionalidad, usan las librerías como mecanismo de traductor de otro sistema operativo o tecnología.

## 4.9. Arquitectura del software

En el ciclo de vida del software en la etapa de diseño se define por medio de diagrama, el diagrama que es la representación de los componentes a construir de una forma ordenada, estructurada, soportada por la tecnología seleccionada en el diseño físico. La arquitectura del software es el resultado de varios ciclos de refinamiento de los requerimientos de los usuarios, donde del área del dominio que se basará para la construcción del software, se aplica la creatividad del humano centrado en los requerimientos estimulantes, adaptación a la tecnología seleccionada para la construcción de los diferentes diagramas y esquemas estándares que fueron obtenidos durante todo el ciclo de vida del software hasta el momento en la fase de diseño. Significa que cada componente está definido su construcción con su diseño por su funcionalidad, definiendo sus conexiones internas y externas, como los elementos internos que han de usar.

Tener una visión a futuro de lo que será el software, como va estar construido, la localización de cada componente en uno o varios ordenadores (incluyendo sus características de hardware con sus capacidades de procesamientos, modelos, etc.), dispositivos físicos, canales de comunicación, hasta la disposición geográfica del sistema (si es necesario), permite representar su construcción y su estado inicial en el momento de su comienzo operacional en el futuro. Permite definir las posibles fallas arquitectónicas, como sus soluciones y refinamientos en un estado físico ideal de operación si se generan fallas en su operación. Con la arquitectura de software, define también la capacidad de procesamiento y de respuesta frente a los requerimientos exigidos, se estiman como por ejemplo, la cantidad de solicitudes o requerimientos que puede soportar al mismo tiempo, tiempo de respuesta de cada componente, y su comportamiento según por el diseño. No solo se analiza y se mide con las características propias del software, también permite analizar y medir la gestión del proyecto, el tiempo de entrega del proyecto, costo, calidad del software, e inclusive comparaciones con otras arquitecturas de software, en este punto está bien claro, que hay varios panoramas del proyecto, gestión, administrativo, financiero, calidad del producto y otros puntos que en el análisis no estaba claro o eran menos exactos.

La medición de la calidad se obtiene con el nivel de detalle de información obtenida en esta representación. Todo esto se tiene, sin generar una línea de código de programación del proyecto (a lo mas de los prototipos indicados en capítulos anteriores para definición del proyecto). Todo es posible por una selección de la tecnología para el proyecto, la selección no es el mero hecho de escoger uno al azar, es con la información detallada provista de la tecnología, permite utilizarla para su selección, por ejemplo, los ordenadores a seleccionar, se debe a su capacidad de procesamiento, almacenamiento, capacidad de memoria, etc., donde definen con la información del número de usuarios y los requerimientos solicitados en un momento determinado en el tiempo, también ubicando los medios de transmisión y su velocidad como dispositivos de enrutadores ("Router"), los cables a usar por la velocidad. Se genera un plan de capacidad del sistema, crecimiento de usuarios para el sistema en el futuro, implica incremento de procesamiento y recursos. Se verifica con la arquitectura del software y sus diferentes componentes su capacidad de soportar todas las demandas solicitadas en el proyecto. La arquitectura del software tiene también sus niveles de abstracción, aplica también a los demás diagramas definidos hasta el momento, al haber menos detalles, menos precisos es el proyecto para las siguientes etapas de implementación, pruebas y mantenimiento; mientras más detalles o información es más precisa será el futuro, todo depende de la información obtenida o que ofrece con la tecnología seleccionada.

El estudio de la arquitectura de software proviene de una necesidad, que es cubierto por el punto de vista de la visión del diseño y la construcción del software, donde se detalla los esquemas de las interacciones entre los componentes del software, el comportamiento y papel que representa dentro del sistema. Por otro lado, la visión de un software completo sumergido en un mundo más grande que pueda interrelacionar con otro software o un conjunto de ellas, llevando a abstracciones muchos más generales que podemos ver; como la apertura mundial de la comunicación por medio de la internet, relación con otros medios tecnológicos; el software se convierte en este sentido como un componente que funciona en este mundo globalizado y entrelazado por medio de la red informática. Entender la complejidad del antes y el después, no es igual a la complejidad de la actualidad en el uso del software. La arquitectura del software se convierte en ambos sentidos, de proveer diversidad de componentes de un software esparcido en un ordenador o en sistema global de la red mundial; y como un software monolítico frente a una arquitectura mayor con una diversidad de software que se comunican. Medir la carga de peticiones, el punto de vista de la cantidad de usuarios de un crecimiento exponencial, o con un número muy reducido en el uso de los ordenadores en su inicio de la era del software a la era actual, los números de usuarios que utilizan un software puede ser astronómico y a nivel mundial, las arquitecturas de software toman relevancias por sus naturalezas y características en soportar estas demandas.

### 4.9.1. Componentes de una arquitectura de software

La representación de las arquitecturas del software para ser utilizados por todas las personas, debe tener un estándar para representarlas y detallarlas; se define un lenguaje estándar para la describir cada arquitectura de software, donde cada arquitectura de software tiene diferente forma de expresar, definir y detallar sus componentes y sus conexiones, por esta razón cada arquitectura se definen por sus propios términos. Todas las arquitecturas de software están definidas por elementos o componentes, y sus interacciones entre ellas, donde se generan sus términos, de los cuales se describen:

- Los componentes al final del refinamiento del diseño, se constituyen en elementos físicos como ordenadores, dispositivos, bases de datos en los componentes de almacenamiento, etc., indicando los componentes de software asociado y distribuidos en los elementos físicos, de una forma organizada y estructurada. Al nivel de abstracción superior se define en términos propios de sus creadores.

- Las interacciones son las conexiones, las formas de comunicarse o enlazarse todos los componentes, como llamadas explícitas del componente (funciones o procedimientos), protocolos de comunicaciones existentes, identificación de los envíos y recepciones de datos e información (operaciones) entre los componentes, y una diversidad de mecanismos de conexión entre los componentes definidos por las arquitecturas.

La arquitectura de software debe reflejar el soporte o la solución de todos los requerimientos exigidos (dominio, usuario, esperado y estimulante), de los cuales deben representar los requerimientos esperados que a nivel de ingeniería de software se exigen con:

- Simplicidad y fácil de construir.
- Integrable. Modularidad, cohesión, acoplamiento.
- Fácil de entender.
- Niveles de abstracciones, de lo general al detalle de cada componente.
- Cubrir todos los requerimientos (completitud).
- Tolerancias a fallas (proviene de la confiabilidad).
- Portable y reusable.
- Confiabilidad (disponibilidad, fiabilidad, seguridad, protección).
- Modificable o fácil de cambiar.
- Medible (desempeño, procesamiento, tiempo de respuesta, costo, tiempo de desarrollo, etc.).
- Uso de estándares y principios predecibles.

Las arquitecturas del software pueden provenir de diferentes vías:

Derivación natural de los requerimientos. Por los refinamientos progresivos en obtener un resultado definido en la arquitectura de software actual, que puede coincidir o no con algún estilo arquitectónico (ver más adelante). Puede resultar por coincidencia de uno o combinaciones de varios estilos arquitectónicos conocidos.

Adaptación del diseño por la tecnología seleccionada. Es importante que aunque se conozca muy bien la tecnología y su arquitectura que opera, el diseño deba prevalecer por el refinamiento progresivo del proyecto y adaptarlo a la tecnología que más se asemeje. No utilizar la arquitectura que provee la tecnología seleccionada para realizar el diseño del software, en este caso se está realizando una mala selección de la tecnología o un mal diseño. Es el mismo caso del martillo y el clavo de Maslow pero en la arquitectura del software.

Selección de un estilo arquitectónico. Existen proyectos que al conocer un estilo arquitectónico o se crea uno nuevo, se generan todos los requerimientos del proyecto sobre la base de esta arquitectura. Lo principal que prevalece en esta definición, es utilizar las ventajas de la arquitectura del software en generar un nuevo proyecto, nuevos usuarios o nueva necesidad en el mercado. Estos casos son muy conocidos por el auge del internet. Existe una retroalimentación en el refinamiento de los requerimientos iniciales, detección e identificación de la arquitectura que lo soporte, de las características de la arquitectura se generen nuevos requerimientos que se agregan a los requerimientos iniciales.

Lo que se deriva de la importancia en la arquitectura del software, es el resultado del refinamiento progresivo de los requerimientos del usuario, no hay que cambiar estos requerimientos por el hecho de seleccionar y adaptar una arquitectura. La arquitectura del software debe adaptarse a los requerimientos y no al revés. En la gestión de proyectos la idea es no cambiar el objetivo, se debe cambiar la forma y el cómo llegar al objetivo, cambiar las tareas si no se puede alcanzar el objetivo, pero no cambiar el objetivo, en estos casos no debemos cambiar los requerimientos. No quiero decir que los requerimientos no se puedan cambiar, pero estos cambios se debe gestionar con los procesos de negociación y control de cambios del proyecto, en la gestión y organización de los cambios de requerimientos y riesgos, no por el mero hecho que la tecnología y la arquitectura no lo soporte.

### 4.9.2. Estilos arquitectónicos

Los estilos arquitectónicos son arquitecturas de software con niveles altos de abstracción, que fueron los resultados de una diversidad de proyectos donde se desarrollaron, implementaron y luego fueron estudiado e investigado cada uno en su profundidad, obteniendo una diversidad de características y propiedades que permiten definir las nuevas arquitecturas de software con base a la calidad, funcionalidad, ventajas, desventajas, experiencias obtenidas y otros puntos que mencionaremos más adelante. También se define como los esquemas repetitivos en los diversos proyectos que se producen con un patrón en el proyecto actual, de esto deriva un conjunto de patrones de arquitecturas más conocidas, el uso de estas coincidencias definen gran parte de lo predictivo del proyecto por medio de los componentes y sus conexiones dentro de esta arquitectura refinada.

La funcionalidad definida por estos patrones de arquitecturas que visualizan su futuro tanto en su cambio a nuevas arquitecturas (si es necesaria) en el tiempo o definiendo un mapa de ruta a futuro del software, por lo menos, en la culminación y entrega del proyecto. De este mapa de ruta se puede definir los próximos años o décadas que se puede proyectar el software. Hasta el punto que teniendo los mismos requerimientos bases del proyecto, se genere una diversidad de software que cumple con los mismos requerimientos, pero con diversidad de arquitecturas, no solo para cumplir una exigencia de una necesidad comercial, permite adaptarse a una variedad de arquitectura tecnológicas que están operando en la actualidad en todas las empresas, cumpliendo los requerimientos tecnológicos de quien adquiera el software.

Varias empresas proveedoras de software especializadas o dedicadas en un área del dominio o sector económico específicos, contienen en su catálogo versiones de software que internamente son inclusive excluyente a nivel de arquitectura de software; pero la funcionalidad base es la misma, esto deriva la selección de la arquitectura del software se debe a la infraestructura tecnológica que poseen o desean tener las empresas que lo adquieran; de alguna forma influye la arquitectura del software donde se deriva del refinamiento de los requerimientos de la empresa (la forma de trabajar, tipo de negocio, etc.) y de los usuarios. La plataforma tecnológica instalada o que se desea adoptar en la empresa, en parte define los requerimientos de las empresas dentro de la definición del software y por supuesto su arquitectura. Se puede encontrar empresas e instituciones donde sus plataformas tecnológicas tienen un solo esquema o un estilo arquitectónico, mientras en las grandes empresas, se pueden encontrar una diversidad de plataforma tecnológica  y de diferentes estilos arquitectónico de forma sectorizado o limitado en su aplicación; generalmente es un estilo arquitectónico por área de negocio o procesos (producción, desarrollo, investigación, etc.) en la empresa. Se da entender que siempre lo que es primordial es cubrir las necesidades de la empresa con el uso de la tecnología, no la tecnología defina el negocio de la empresa.

Se puede definir que la mayoría de las nuevas arquitecturas, están estructuradas por combinación de dos o más estilos arquitectónicos "clásicas", o una extensión de estos (casos de uso muy particular que se diferencia al original). Los estilos arquitectónicos descritos a continuación los definimos las arquitecturas "clásicas" proveniente de Shaw y Garlan de 1994 [Gar01], donde definen una variedad como se indica a continuación.

**Tuberías y filtros** (pipe and Filters)

Cada componente tiene un conjunto de entradas y un conjunto de salidas. Los filtros son los componentes, y las tuberías son los conectores. Un filtro interpreta la ráfaga (stream o cadena de caracteres) de datos en sus entradas y produce ráfaga de datos en sus salidas. Los filtros son independientes uno de otros. Las tuberías se encargan de transmitir las ráfagas de las salidas de un filtro hacia las entradas de otro.

Un ejemplo de este estilo arquitectónico son las aplicaciones escritas en el Shell de Unix (Bach, 1986). Otros ejemplos se observan en el área de procesamiento de señales, programación paralela y sistemas distribuidos.

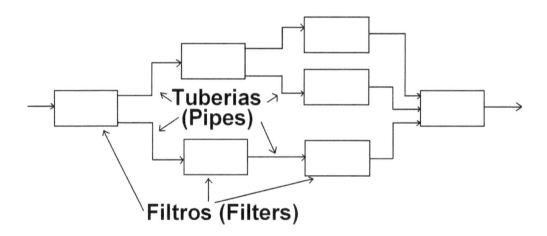

Figura 21. Tuberías y filtros

### Organización por tipo de datos y orientado a objeto

Esta arquitectura representa los datos y sus operaciones primitivas construidos en Tipos de Datos Abstractos (TDA) u objetos. Los componentes son instancias de tipos de datos abstractos (u objetos). Los objetos son ejemplos de un tipo de componente llamado manejador porque es el responsable de preservar la integridad de un recurso. Los objetos interactúan a través de invocaciones a funciones y procedimientos, preserva la integridad de esta representación y la implementación de las funciones y procedimientos está oculta para el objeto cliente, lo cual permite hacer las modificaciones fácilmente. Para hacer uso de un servicio se hace necesario conocer la identidad del objeto; al hacer un cambio en una de ellas, es necesario modificar todos los objetos que lo invocan. Existen muchas variantes que permiten objetos que ejecuten tareas concurrentes y otros permiten tener múltiples interfaces.

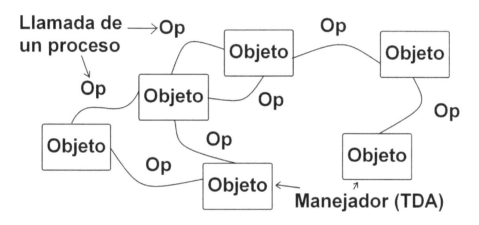

Figura 22. TDA y Orientado a objeto

### Basados en eventos, invocación implícita

En el estilo anterior, la interfaz de los componentes (objetos) cuentan con una colección de procedimientos y funciones, la integración entre ellas se logra a través de la invocación explícita de éstas. En esta arquitectura, se considera una técnica de integración conocida como invocación implícita. Los componentes son módulos cuyas interfaces proveen una colección de procedimientos y un conjunto de eventos. Los procedimientos se llaman de la manera usual pero el componente también puede activar algunos de sus procedimientos con los eventos del sistema. Esto hará que estos procedimientos sean invocados cuando los eventos ocurren en tiempo de ejecución.

Los generadores de eventos no saben cuales componentes se afectarán por el evento. Ejemplos de este estilo son los sistemas de gestión de bases de datos cuando aseguran la consistencia de los datos, las aplicaciones con interfaces de usuarios al separar la representación de los datos de las aplicaciones que las gerencias.

### Sistemas en capas

Están organizados jerárquicamente; cada capa le presta servicios a la capa superior y es cliente de la capa inferior. Los componentes implementan una máquina virtual en alguna capa de la jerarquía. Los conectores están definidos en los protocolos que determinan cómo las capas interactúan.

Los ejemplos más conocidos de este estilo arquitectural son los protocolos de comunicación.

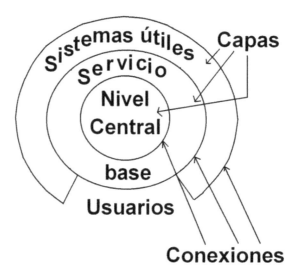

Figura 23. Sistemas por capas

284

Un intérprete incluye el pseudo programa interpretado y la máquina de interpretación misma. Los intérpretes son a menudo usados para construir maquinas virtuales que enlazan la máquina del ordenador esperada por la semántica y la máquina del ordenador disponible en el hardware.

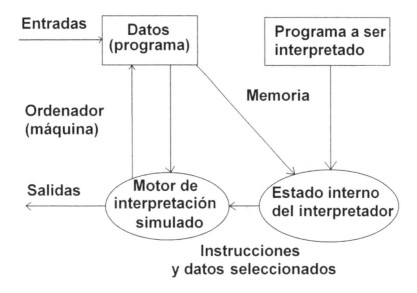

Figura 24. Interpretes

## Repositorios

Consta de dos (2) tipos de componentes: una estructura central de datos que refleja el estado actual y una colección independiente de componentes que operan sobre el almacén central. Las interacciones entre los componentes pueden variar significativamente. El tipo de control seleccionado puede llevar a dos categorías:

Si el tipo de transacción es una entrada que dispara la selección del proceso a ejecutarse, se está hablando de las tradicionales bases de datos.

Si el estado actual de la estructura central de datos es el principal activador de los procesos a ejecutarse, se habla de un estilo de repositorio tipo pizarrón (blackboard). Son muy utilizados para aplicaciones que requieren interpretaciones complejas de procesamiento de señales, tales como reconocimiento del habla y de patrones.

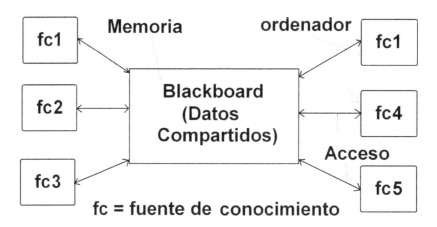

Figura 25. Repositorios

Como lo indica Shaw y Garlan [Gar01], cada estilo arquitectónico posee tanto ventajas como desventajas, están muy bien detallados y descritos en su trabajo, también presentan diferentes casos de estudios, como otras familias de arquitecturas y arquitecturas heterogéneas. Los autores señalan que las ventajas como las desventajas de los estilos arquitectónicos son para identificar las características relevantes que pueden ser usado en las arquitecturas de software resultante en los diseños en el ciclo de vida del software, es decir, la fortaleza de la arquitectura es fundamental, pero tomando en consideración las posibles desventajas para evitar fallas futuras, agregando mecanismo adicionales para que no ocurra (tolerancia a fallas). Esta comparación de las arquitecturas de software "clásicas" con las arquitecturas de software permite ver en contexto de ambas arquitecturas y una verificación del que lo que hasta ahora se ha recorrido, se hace una comparación si va por un buen camino o no, es otro indicativo para verificar la calidad de la arquitectura obtenida, y por medio de búsqueda de patrones como géneros arquitectónicos, búsqueda de arquitecturas alternativas y taxonomías definido por Pressman [Pre01, páginas 208-216]. Con las otras familias y arquitecturas heterogéneas, representan las relaciones de una diversidad de arquitecturas de software que de alguna forma son extensiones o caso particular de las "clásicas" o combinaciones de ellas, en donde se estudian las fortalezas y debilidades de cada uno en los diferentes casos de estudios. Estos son ejemplos para el análisis y estudios de las arquitecturas de software obtenido durante el ciclo de vida del software, como la diversidad de arquitectura de software encontrado en las empresas que depende más de las forma natural de sus procesos, que se refleja en la selección de la tecnología como de la arquitectura de software resultante de este refinamiento.

## 4.10. Gestión en el diseño

Cada miembro del equipo tiene diferente responsabilidad en el proyecto, por supuesto, cada cargo tiene un nivel de abstracción definida en el proyecto en la parte del diseño, se verifica que todos los niveles de abstracción del diseño estén cubiertos por el equipo, por ejemplo, se indican las abstracciones y las responsabilidades de cada cargo:

Programador. Tiene la información para la construcción de cada componente, módulo u objeto a desarrollar. Definido por el gestor del proyecto, define en el lenguaje de programación o la herramienta de desarrollo, el programador diseña de una forma mental el algoritmo o definición de los objetos (atributos, nombres de los objetos y métodos) de forma general. Repasa mentalmente de todos los posibles riesgos, falta de herramienta o falta de información para poder realizar la construcción. Aplica en cada requerimiento del componente (proveniente del requerimiento de software y del diseño) si se puede cumplir o no. Se debe registrar lo necesario o recursos faltantes para el cumplimiento de las asignaciones definidas en el proyecto. Registrar los requerimientos o elementos que se pueden cumplir con los recursos actuales o de lo que está cubierto en el estado actual con la tecnología seleccionada. Se detalla con refinamiento al detalle en la próxima etapa del ciclo de vida del software, la implementación.

Diseñador de software. Tener los requerimientos de los usuarios y convertir en requerimientos del software, por refinamiento y consideraciones de las tecnologías actuales, selecciona la tecnología que soporta el diseño. Se adapta todos los componentes a la tecnología detallando las funcionalidades de cada elemento de la arquitectura del software como los demás diagramas y esquemas. Se definen en términos de la plataforma tecnológica verificando y validando los principios, normas y estándar de la tecnología seleccionada. Se tiene una idea del diseño con las fortalezas y las debilidades, se cuida de las debilidades o desventajas en comparación con los diseños construidos, desarrollados e implementados con anterioridad; se compara con las arquitecturas "clásicas".

Gestor o gerente del proyecto. Con la definición del diseño se acerca más a la realidad del trabajo a realizar en el futuro, revisa y valida todos los aspectos del proyecto tanto técnico, administrativos (costo, beneficios, etc.), gestión de control de proyecto, gestión de calidad, gestión de los recursos y otros. Definiendo los límites permitidos para el desarrollo del proyecto o definiendo su campo de acción dentro de la empresa, en el equipo y en la tecnología. Definen planes, lineamientos y acciones más concretos en las fases de implementación.

Otros. Las otras áreas de la empresa se preparan para contribuir, en comprometerse y planifica la gestión con respecto al futuro del proyecto. Estas áreas están desde el principio del proyecto dando soporte, tiene bien delineado las próximas acciones y responsabilidades en el proyecto. Por ejemplo: el área de contabilidad, operaciones, administración, recursos humanos, mercadeo y ventas, altas gerencias (hasta el presidente o el gerente general de la empresa).

La aplicación de los principios de las tecnologías en esta fase es fundamental, la selección de la tecnología en el diseño físico, define el uso de las herramientas como la filosofía de trabajo en la construcción de los componentes, la definición en el diseño de las funcionalidades en forma concreta en el futuro por componentes computacionales. Es la transición de las ideas o de las abstracciones generales a la construcción de los componentes y del software en sí.

Las etapas anteriores en el ciclo de vida del software son productos del pensamiento, ideas, conceptos, visiones, definiciones y bosquejos que se refinan, está a un paso para construir en la próxima etapa de la implementación, este es el momento de aplicar no solo la parte mental, ahora se debe aplicar adicionalmente la parte física en la próxima etapa, es importante recordarlo debido a que el próximo paso a seguir, el costo va aumentar no solo en el recurso mental sino físico, los recursos necesarios en la próxima etapa es de mayor exigencia, la mental y la física, y no de la mismas personas que hasta ahora trabajaron, se agregan recursos adicionales para la construcción de todo lo que se ha diseñado, por esta razón es importante de tener en cada resultado de la fase, la visión de futuro lo que se construya como se definió en esta fase. Es más predecible mientras más realista sea. Será el paso de dimensionar en la realidad lo diseñado hasta el momento. La labor de cada individuo se acoge al uso correcto de las herramientas para la construcción, manteniendo su modelo de gestión personal definido por los principios de la tecnología, y a nivel interpersonal, grupal y organizacional con la relación de trabajo en el proyecto; este último no debería interferir en la tecnología debido a que está definido y es predecible. Mientras esté bien definido los límites entre los principios de la tecnología y todo referente a la ciencia humana (gestión personal, interpersonal, etc.); la ciencia humana involucra el respeto del profesionalismo en cada individuo, al ser integral en lo profesional, lo personal debe ir con el mismo respeto y principios humanos (sociales) como se respetan los tecnológicos. El respeto en la ciencia blanda se reflejará en el resultado en el uso de la tecnología.

Todas las gestiones se basan en las tomas de decisiones y acciones, depende de la selección será o no predecible los resultados definidos en el diseño. La parte técnica del proyecto no depende de la motivación, experiencia, conocimiento, la pasión, etc., de las personas, depende más de los principios, reglas y normas de la tecnología para el éxito; funciona o no funciona, esto depende del uso y aplicación correcta o no de la tecnología. El uso y aplicación correcta o no, si depende de motivación, experiencia, conocimiento, la pasión, etc., de las personas que lo maneja y gestiona. La tecnología por ser mas predecible, la gestión debe inclinarse a sus principios, centrarse en aplicar correctamente o el buen uso de esta. La tecnología es el juez que dará la conclusión del éxito o fracaso del proyecto y toda su gestión. Es más predecible el uso correcto de la tecnología en los proyectos exitosos, que la negociación de venta y mercadeo del software.

## 4.11. Consideraciones de diseño

En la selección de las tecnologías en la etapa del diseño físico y ante de codificar los componentes, se considera una diversidad de tecnología en donde se determina la herramienta de desarrollo, los manejadores de las bases de datos, lenguaje de programación, etc. Otras consideraciones son las tendencias tecnológicas, como la selección en los sistemas centralizados y en los sistemas distribuidos. En el diseño resultante denota una clara disposición de estas dos visiones, sea por seleccionar una de ellas o combinaciones de las dos. Para la vista del usuario del sistema no es importante la escogencia de una de ellas o la combinación de estas. Pero los costos y el trabajo técnico difieren, por ejemplo, un usuario se conecta a una página en internet desde su ordenador personal o en un móvil inteligente, ¿se define como un sistema centralizado o sistema distribuido?, en verdad para el usuario no está claro, solo se sabe que hay un ordenador en el otro lado de la internet que responde a sus peticiones, inclusive no saben que hay un ordenador del otro lado de la internet, cree que su ordenador o móvil inteligente es que le responde y hace todo en su equipo local. Para los diseñadores del sistema de la página web se plantearon en un sistema centralizado, un súper ordenador que responde a los requisitos a todos los usuarios; pero otro diseñador podría definir una granja o grupo de servidores de menos capacidad de los súper ordenador, pero todos están en el mismo lugar geográfico y distribuidos por los equipos o dispositivos (enrutadores) de las redes, donde cada servidor responde a un número limitado de peticiones de los usuarios, así podrán responder  a todos los usuarios simulando como si fuera un súper ordenador; otra opción, en que cada país se coloque un mini ordenador (capacidad limitada entre los sistemas centrales y los servidores).

Se definen dos tipos de sistemas: centralizados y distribuidos. Todas estas combinaciones dependerán de la selección de los diseñadores de la plataforma tecnológica y las condiciones de la empresa en soportarla. La selección depende de los resultados del diseño lógico y que se use de forma más adecuada en el diseño físico. La selección de una de estas opciones, acarrean consecuencias posteriores en su uso y mantenimiento, es la otra cara de la moneda. La tendencia del diseño y las consecuencias de su uso define la selección, se debe estudiar por separado cada sistema propuesto. No es deseo del autor del libro que un sistema es mejor que el otro, ambos al final son necesarios, se deben  considerar todos en los diseños, lo que hay que cuidarse es la mala aplicación o no definir acciones y consideraciones en el futuro por la selección, para evitar fallas o que no soporten la tolerancia de fallas, esto afecta al final con la calidad del software.

Hay otras consideraciones finales para el diseño, el uso del concepto de cliente y servidor,  de redes locales y redes globales, permite tener una idea del futuro que se puede encontrar en el proyecto, como medida de prevención o fortaleza en los refinamientos que se aplican en cada paso de la etapa del ciclo de vida del software y en nuestro caso de diseño.


## 4.12. Sistemas centralizados


Desde la invención de los ordenadores, los sistemas centralizados han existidos, los ordenadores desde su origen se concentran en un punto geográfico, desde su procesamiento y resultado se localiza en un solo lugar. A escasos metros alejados del ordenador, en la sala continua donde se localiza este, se disponen de los dispositivos de entrada y salida. El usuario y los operadores eran pocas personas para cuidar su operatividad y su funcionamiento, son personas que tenían acceso autorizado y limitado, se encargan de ejecutar una tarea a la vez, y atendiendo a las solicitudes de un usuario a la vez.

Con el avance de la tecnología, los dispositivos como terminales, impresoras, etc., se han alejado del ordenador, no solo llega a la sala continua, ahora llega al edificio contiguo, y aumentando su distancia hacia otras ciudades, como operar en otros países. El uso de las redes telefónicas y la creación del módem (dispositivo que convierte señales digitales del ordenador a señales análogas que usan los teléfonos y viceversa), permitieron el uso de los ordenadores desde puntos lejanos al ordenador, con la conexión de los usuarios por medio de sus terminales y dispositivos remotos. Con el crecimiento de la población las redes telefónicas y su tecnología, crecen con ellas, la creación de los satélites como conexión en lugares remotos que no permite el cableado físico de los teléfonos. Crece la cantidad de usuarios que utilizan un solo ordenador, ahora los sistemas centrales deben soportar muchas conexiones de todos los usuarios, las tareas son ejecutadas en forma concurrente o simultanea. En paralelo, los ordenadores personales aparecen con los módem instalados que permite la conexión no solo con estos ordenadores grandes, sino también la conexión con otros ordenadores personales, la aparición de las redes locales y globales, hizo que el crecimiento de los sistemas distribuidos (ver el capítulo más adelante) aumentaran. Pero aún así, los sistemas centralizados se han mantenido con el tiempo, los conocemos como ordenadores centrales ("MainFrame"), que es el resultado físico y soportado por la tecnología de un diseño de los sistemas centralizados, su existencia es vital como el uso de los sistemas distribuidos. Uno dirán que son los dinosaurios de ordenadores que en algún momento se extinguirán, pero no, existen y existirán en el futuro. El nacimiento de los sistemas distribuidos es debido por algunas necesidades que también nacieron como los sistemas centralizados, ambas necesidades son distintas e inclusive se afirman que son excluyentes, ambos cubren necesidades distintas. En la actualidad, existen investigaciones como grandes inversiones para diseñar y construir ordenadores del futuro con mayor procesamiento que soporte los sistemas centralizados.

La definición de los sistemas centralizados proviene de la misma arquitectura física (hardware) de los ordenadores, y los conceptos de los sistemas operativos. Un ordenador está compuesto por la memoria principal, la unidad central de procesamiento (CPU) y los dispositivos, para que uno o varios aplicativos se ejecuten, la ejecución de un aplicativo se necesita todo lo dicho anteriormente, definido en un hardware. Hasta el momento no hay diferencia con un ordenador personal con los sistemas centralizados, la lógica es la misma para ambas. La diferencia es el software y el ambiente involucrado para su ejecución, todos los componentes que se ejecuta por un software se concentra en un solo ordenador, un solo equipo, el software como su ambiente tiene el control de todos los dispositivos (terminales y periféricos), tiene todo el procesamiento y los cálculos en este punto central. El hardware como el sistema operativo debe soportar la concurrencia, diversidad de conexiones, asignaciones de prioridades de tareas, etc., y lo más importante de todo es realizar las tareas con una velocidad de cómputo alta, se habla actualmente de la velocidad de cómputo es por números de transacciones por segundos, en vez de instrucciones por segundos en los ordenadores personales, la diferencia entre una transacción y una instrucción, la transacción es la ejecución completa de una tarea (una consulta de un dato, modificar uno o varios registros o datos, eliminar una información de un cliente, o ingresar toda la información de una persona al sistema), una tarea puede tener miles de instrucciones, a diferencia de una instrucción, por lo general, es una línea de código de programación. El resultado en un sistema centralizado, es que debe realizar y responder a todos los usuarios conectados en ese momento en un solo punto central.

Esta funcionalidad permite ventajas como:

- Se tiene un punto de control total. El control de seguridad y protección de la información está concentrado en un solo punto físico. Permite el control también de los cambios más estrictos.

- Facilidad de mantenimiento. Son recomendables para aplicaciones con muchos cambios de requerimientos. El despliegue de los cambios se realiza en un solo punto. Las fallas se produce en un solo lugar, igual que su arreglo, el soporte y mantenimiento de la operatividad del sistema. Generalmente, los proveedores de la tecnología tienen sus sedes cerca o en la misma ciudad donde existan gran cantidad de estos sistemas.

- Tomas de decisiones centralizadas. Esta arquitectura es fundamental cuando las empresas tienen una dirección centralizada, es decir, que los procesos del negocio o producción depende de un ente central que define todo por igual. Por ejemplo la definición de las transacciones de las cuentas de ahorros, las cuentas (datos del saldo) debe estar en un solo lugar para todas las transacciones simultáneas realizadas en cualquier parte del país.

Desventajas:

- Uso de paquetes de datos pequeños de transmisión desde y hacia el sistema central. Por la cantidad de conexión simultanea que puede procesar la unidad central, la información enviada desde los terminales deben ser cortas para el consumo de la red sea baja. Obliga el uso de terminales inteligentes para tener interfaz de usuario llamativo.

- La velocidad de la respuesta depende de la conexión de la red a la central.

- Para la tolerancia de falla debe tener un mecanismo de respaldo o copia del sistema centralizada, si el software deja de funcionar, el sistema a nivel general deja de funcionar; con el respaldo se activa cuando detecta que el sistema deja de funcionar. Por ejemplo de los desastres naturales pueden dejar funcionar los sistemas centrales.

- Estudio de crecimiento muy severo. Si la empresa crece de forma exponencial con la cantidad de número de usuarios y/o aumento de solicitud de peticiones, el ordenador tiene una máxima capacidad para soportar estas cantidades, puede colapsar cuando sobre pasa su capacidad, antes que suceda el colapso debe haber un estudio proyectado en el futuro para la renovación de los componentes adicionales al hardware o adquisición de nuevos equipos con mayor capacidad, tener un rango de holgura para el futuro. Existe un monitoreo constante de uso de los recursos.

- Uso óptimo de los recursos. Los sistemas centralizados están definidos en compartir el recurso en varios aplicativos, la programación debe ser cuidadoso y ser los más precisos, los aplicativos deben trabajar como en equipo con los otros aplicativos.

- Parada obligatoria. El mantenimiento es en un solo punto, en caso de sustituir piezas o renovar dispositivos o ampliación de sus recursos, por el crecimiento de la operatividad o fallas; deben detener el equipo para su sustitución, existen componentes o dispositivos que se puede extraer o sustituir sin apagar el equipo, llamado también cambio en caliente, son tecnología muy costosas. La forma de no detener la operatividad, es la activación o uso de un sistema similar que es de respaldo o espejo que se habilita y sustituya al actual mientras dure la parada.

## 4.13. Sistemas distribuidos

Un sistema distribuido es una colección de componentes separadas físicamente, conectadas entre sí y que trabaja coordinadamente, en donde el usuario lo perciba como un solo sistema. Los componentes pueden definirse como unidades básicas propios del software instalado en un ordenador o en varios ordenadores, también se puede definir que un componente como un software que opera en un ordenador que trabaja conjuntamente con otros para cumplir una tarea. El objetivo principal de este sistema es de ofrecer disponibilidad y/o tolerancia a fallas en los conceptos de confiabilidad. Otro concepto de los sistemas distribuidos, es el uso y operatividad de un software que opere en dos o más lugares geográficamente separada.

Ventajas:

- Aumenta la confiabilidad al sistema. Esta arquitectura tiene redundancia, al fallar uno de los componentes, las demás siguen funcionando con la sustitución de esta, es un mecanismo aplicado en tolerancia de falla. Un sistema geográficamente separado uno del otro, cuando falla o deja de operar uno de ellos, no interrumpe a los demás.

- Crecimiento de la empresa es soportable. Se realiza tantas copias del sistema en diferentes nuevos lugares geográficos sin necesidad de interrumpir la disponibilidad del sistema.

- Tomas de decisiones locales. La lógica de negocio y las tomas de decisiones en cada lugar es independiente uno del otro. No depende de un ente central.
- Distribución de datos. No está centralizada los datos de la empresa. Si la lógica de negocio se facilita en tener datos locales para las tomas de decisiones son factibles, si no, irse a un sistema centralizado.

- Uso de ancho de banda local. Permite tener interfaz muy amigable o vistosa. Apoyo de la red local donde se consume el mayor ancho de la banda. Uso intensivo de interfaz gráfica de usuario.

- Velocidad de respuesta rápida. Si los datos están en la red local, el tiempo de respuestas es más rápida. No depende de otros recursos externos al local.

Desventajas:

- Soporte local de la tecnología. Cada lugar geográfico debe tener su personal que soporte tecnológicamente esta arquitectura.

- Una mala distribución de los datos. El uso incorrecto de los datos y su mala distribución, puede generar un efecto peor que un sistema centralizado, puede afectar el uso en exceso de la red amplia.

- Mayor costo y complejidad del SW.

- Costo en llevar los cambios del SW o despliegue a cada lugar. En el caso de mucho mantenimiento de los aplicativos, actualizaciones y cambios constantes de los requisitos, genera un alto costo de despliegue, en tiempo y logística.

- Integridad de los datos es más difícil de controlar.

- Uso de otra área de la tecnología, SW de seguridad, protección y de redes.

- Consumo alto de ancho de banda. Si no se toma la previsión y el diseño de utilizar comunicación entre redes locales en la transmisión de la información.

- A veces la disponibilidad y tolerancia de falla no se aplican en forma conjunta, algunos sistemas distribuidos se inclinan más a la disponibilidad y disminuye la tolerancia a falla, o viceversa. Se debe sacrificar parte de uno para lograr el otro.

En las ventajas y desventajas de la arquitectura de los sistemas centrales y distribuidos mencionados son excluyentes.

## 4.14. Consideraciones en la selección de los sistemas distribuidos o centralizados

Se describen las ventajas y desventajas de ambos sistemas, pero ¿qué define el uso de uno de los sistemas?, la respuesta es obvia, depende de la naturaleza del desarrollo del software, en los requerimientos de los usuarios hasta el diseño lógico y definiendo en el diseño físico. La selección se hace por los resultados de los diferentes refinamientos, puede llegar un punto donde algunos proyectos se puede desarrollar con estas dos visiones diferentes; depende de la visión de la empresa que adquiera esta tecnología; esta visión entra también en los requerimientos del proyecto, la empresa define su futuro en esta selección, pero lo mandatorio es el resultado de refinamiento natural en cada paso en todo el ciclo de vida del software que da una selección natural en uno o ambos sistemas. Las abstracciones de lo general a lo particular, se definen el lenguaje de programación en el diseño físico, esto ocurre también cuando este sistema aparecerá en el diseño lógico y refinando en el diseño físico es donde aparecen estos sistemas.

Las diferentes consideraciones depende de la inversión, costo, etc., del estado actual y su deseo de cambio a un estado deseado a nivel de tecnología de la empresa, para seleccionar un sistema distribuido, todo depende de:

- **Uso en localidad remota y dispersa.** La localización física de los sistemas y la información de manera separada en la geografía, la infraestructura, el personal y otros elementos que estarán dispersos. El entrenamiento, el soporte de los sistemas y usuarios, mantenimientos locales, actualizaciones del sistema, replicas de fallas probables son algunos puntos de consideración al implementar de estos sistemas, y que la empresa va a comprometerse en ejecutar e invertir a futuro. Por ejemplo, la gestión de fallas y mantenimientos, como entrenamiento del personal, tener la capacidad local de realizarlo, autogestión hasta cierto punto. En la gestión deriva en manejo dos situaciones: manejo descentralizado de cada sistema en su localidad; o un lugar central que canaliza todos los cambios y mantenimientos de los sistemas; luego su posterior despliegue en toda la geografía. Existen ejemplos de ambos casos, el primero se gestiona generalmente el mantenimiento a nivel por cada país, cada país tiene un responsable del mantenimiento de sus sistemas, este a su vez tiene punto regional de mantenimiento y soporte; el segundo, puede ser el caso anterior que cada país tenga un punto central de control, mantenimiento y despliegue del software a ese país, es un punto que soporte y dirige a nivel mundial.

- **Los datos distribuidos.** La separación de los datos usados geográficamente, permite independencia y control propio de los datos localmente. La justificación de tener separados los datos por localidades, agilizas los procesos locales y otras ventajas. No existen todos los datos en un solo punto central. Por ejemplos: control y autorización de los usuarios de los sistemas informáticos de forma local y no dependa de un punto central; el manejo de las tarjetas de créditos conocidos internacionalmente, posee bases de datos en cada país, el control y uso de la tarjeta se realiza donde fue emitido, las aprobaciones de las transacciones internacionales y nacionales de la tarjeta se realizan en cada país que pertenece la tarjeta, debido a que la información, datos y estatus del tarjetahabiente se localiza en el país se solicitó la tarjeta.

- **Los procesos naturales del negocio.** La mayoría de los procesos de la empresa permite trabajar y tomar decisiones por localidad. Independencia de procesos de un local a otro, bajo unas reglas claras y un mejor resultado. Existen casos que por circunstancias externas a la empresa, la forma de realizar los procesos locales son factibles; los requerimientos del software son lo que rigen en cada localidad. Por ejemplo: definir el porcentaje de ganancia en la venta de los productos por la diversidad de costo debido a su localidad de producción u origen, como la diferencia del costo por transporte o flete desde el punto de producción hasta la entrega; otro ejemplo, que las leyes de un país hacen que los software tengan diferentes requerimientos para los usuarios.

- **Ventajas y desventajas tecnológicas.** Estudio de costo y beneficio detallado de usar esta tecnología, uso de redes locales, inversión de ordenadores personales que es más rápido de sustituir en el corto tiempo por descontinuación de los sistemas operativos como a nivel de los procesadores en el hardware, diversidad de configuraciones de sistemas dependiendo de la localidad. Existe una diversidad de ventajas como desventajas que están en detalles y en profundidad en esta área del conocimiento de la informática que no se estudiará en este libro, son temas de la materia o la asignatura de especialización de Sistemas Distribuidos.

Estas consideraciones se toman igualmente con los sistemas centralizados en la visión de un punto central. Lo importante es considerar el soporte de los datos en forma distribuidos o centralizados, y el proceso natural del negocio en la empresa que permite la tendencia de seleccionar el modelo adecuado, las demás consideraciones son los compromisos de inversión y costos a considerar por la empresa y la consecuencia de la selección. Por esta razón, existen empresas que combinan estos dos diseños, se aplica en cada proceso de negocio de la empresa con un adecuado sistema a implementar, y desde punto vista general la empresa combinan ambos sistemas y conviven de forma eficiente.

## 4.15. Consideraciones de las bases de datos distribuidas

Las bases de datos distribuidas son temas extensos y detallados que se estudian en los sistemas distribuidos; este libro considera solo la parte elemental y general del tema; para el caso de continuar las consideraciones del uso de sistemas distribuidos. Se puede considerar que las bases de datos distribuidas poseen la misma estructura lógica definida para una base de datos, pero no su contenido, por ejemplo, en el diagrama de entidad y relación (DER) descrita en los requerimientos del software en el diseño, posee una estructura lógica, se presentará una copia en varios lugares geográficamente separadas con la misma estructura en los sistemas distribuidos, pero el contenido de cada campo y registro es diferente en cada localidad. Los datos están almacenados de forma dispersa en varios ordenadores y conectada entre sí por una red. Hay otro tipo de distribución de datos que es más complejos pero no entraremos en sus detalles, se aplican en algunos tipos de los sistemas distribuidos, no solo los datos o el contenido están dispersos, también la estructura lógica de la base de datos, cortando la estructura lógica en varios ordenadores, y cada ordenador tiene una porción lógica, pero no nos compliquemos. Existen datos dispersos en varias localidades geográficas, por ejemplo: si existe una base de datos distribuidos en una ciudad, solo contiene los datos de esa ciudad (clientes, noticias, etc.) local, pero si desea tener información de una persona de otra ciudad, el sistema debe conectarse al ordenador de la ciudad que posee los datos que se desea. El tener una base de datos distribuidos tenemos ventajas y desventajas que se describe más adelante.

Ventajas:

- Reducción de tiempo de respuesta. Uso de recursos locales permite la alta velocidad de respuesta.

- Facilidad de crecimiento. El crecer las bases de datos como las aplicaciones por medio de apertura de más localidades, permite crecimiento de usuarios y datos sin interrumpir a los sistemas que están operativos.

- Control local. Mejora la integridad y control local de los datos.

- Reducción de tráfico. El uso de redes y servidores locales permite reducción de costo de ancho de banda. Con los recursos locales no generan gastos adicionales, solo cuando se realizan conexiones entre dos ordenadores en dos lugares distantes.

- Incrementa la confiabilidad. Debido a la redundancia de los datos dispersos en diversas localidades, permite si al fallar uno de las bases de datos, solo afecte a esa localidad y no a su totalidad del sistema.

Desventajas:

- Aumento del consumo de ancho de banda. Si los datos están mal distribuidas puede generar mayor consumo de ancho de banda y procesamiento, por consecuencia se incrementa el tiempo de respuesta.

- Complejidad mayor. En crear aplicaciones y datos distribuidas son más difícil, la sincronización, control de la concurrencia, el paralelismo, la dispersión de los recursos como las fallas, búsqueda de datos en otros lugares, etc.

- Control e integridad de los datos. Es más difícil de controlar en múltiples lugares con datos dispersos. La calidad de los datos depende de cada localidad. Los mecanismos de recuperación o de respaldo son más complejos. La consistencia de los datos es más difícil controlar.

Esta lista de ventajas y desventajas se consideran para tomar medidas y acciones necesarias en el diseño para evitar que la arquitectura falle.

## 4.16. Cliente y servidor

Cliente y servidor es una arquitectura que define dos componentes (computadores, aplicaciones, software, etc.) conectados en una red, que distribuye el trabajo entre ambos. El componente que solicita un requerimiento se llama cliente, y el componente que despacha o realiza el requerimiento es el servidor. Generalmente el cliente realiza la interacción entre el usuario y el software, hay casos que no interactúan con el usuario. El servidor es el encargado de realizar trabajo y gestionar recursos compartidos con otros clientes, es el dueño del recurso y lleva el control de esta. El cliente puede estar en un dispositivo móvil, un ordenador, o simplemente un hardware que realiza la interacción con el usuario. Dependiendo de los recursos disponibles en el cliente, puede ser usado y ayudar al servidor en el objetivo de dar el resultado al usuario. Hay casos que los clientes se convierten en servidores, como servidores se convierten en clientes en momentos dados de responder a los requerimientos.

Al principio el concepto de cliente y servidor se aplicaba al componente software, pero en la actualidad con la tecnología actual y el avance de la electrónica, el hardware puede comportarse como un software en esta arquitectura, dispositivos sin aplicaciones que con los circuitos impresos puede trabajar como aplicaciones inteligentes; similares al software empotrados. Para resumir y no entrar más al detalle, cliente y servidor son componentes informáticos.

La interfaz de usuario ("front-end") es el equipo cliente y componente del software encargado de realizar la interacción con el usuario.

El extremo final ("Back-end") es el (los) servidor(es) donde puede contener los datos como el procesamiento o que comparte el recurso a los demás clientes.

Interfaz de programa de aplicación (API – "Application Program Interface") es el software que permite la conexión entre el "front-end" y el "back-end".

Ventajas de esta arquitectura son:

- Utilización de ordenadores personales y de mediano procesamiento como servidores, se escogen estos ordenadores por los bajos costos de hardware.

- Permite múltiples tecnologías en convivencia, permite una diversidad de tecnología que se integre para cumplir un solo objetivo.

- Uso extensivo de los ordenadores con alto niveles de procesamientos, reducción de tráfico de datos en la red amplia, y como también reducción en el tiempo de respuesta para el usuario.

- Promueve utilización de sistema abiertos con estándares de comunicación o de bajo acoplamiento.

- Sinergia entre los clientes y servidores aumenta la productividad.

- Uso de interfaz gráfica en las interacciones con el usuario.

Las desventajas de esta arquitectura:

- Mala distribución de las tareas o los procesamientos se vuelven complejo y difícil de controlar, uso excesivo de la red con aumento de tráfico de datos y aumento de tiempo de respuesta.

- El aumento de costo por la complejidad del software.

- Mayor control en la sincronización de los componentes.

- Aumento de mecanismo de seguridad y privacidad de los usuarios.

- Uso incorrecto de las redes informáticos produce alto costo como degradación de los sistemas.

La aplicación de esta arquitectura se combina con las otras arquitecturas como por ejemplos, arquitecturas por capas (ver el capítulo 4.9.2. estilos arquitectónicos), cada capa se implementa con un ordenador por separado, donde en un momento dado un ordenador es un servidor de las capas exteriores, pero se convierte en cliente para la capa interior, solo es el servidor puro es la capa central.

Otra forma de comprender este concepto es definir todas las capas con la separación y ubicación entre uno o más ordenadores, en el cliente y en el servidor, al inicio está claro que la capa que interactúa con el usuario estará en el cliente, la demás capas depende de la distribución que se haga, afectará o no entre la conexión entre el cliente y el servidor. La afectación favorable es la reducción de datos en el tráfico de la red. Esta distribución debe ser ordenada y estructurada. Por ejemplos: el caso de los sistemas centralizados en el uso de las redes son altas, la forma más eficiente para la red es usar poca información entre el cliente (terminal) y el servidor (sistema central), la presentación al usuario en el terminal debe ser sencilla; otro ejemplo son las páginas del internet, el uso de imágenes que tengan poco tamaño, para evitar el congestionamiento de la red y la lentitud de la carga de la pantalla en los clientes; y el ejemplo final, la utilización de un cliente que procese los datos recibido por el servidor y lo transforme en imágenes gráficas para el usuario. La idea es de tener las capas con mayor tráfico de datos (entre los componentes internos) en un solo ordenador y de poco tráfico en varios ordenadores.

La reducción de tráfico en la red es importante, también la distribución del procesamiento de los datos o requerimientos equilibrados entre el cliente y el servidor, por ejemplo, los análisis y los cálculos en los ordenadores consumen mucho procesamiento, se comparta la carga entre el cliente y el servidor, parte de los cálculos lo realiza el cliente y otra parte el servidor, el uso de la red también consume procesamiento y es más lento que los cálculos en memoria, hacer un equilibrio del costo de red y el procesamiento interno en función al tiempo de respuesta. El trabajo de la interfaz de presentación al usuario y los datos distribuidos entre ambos; genera una diversidad de combinaciones para los diseñadores y los arquitectos de software que deben definir; hay que considerar la distribución de los componentes, como las capas con este concepto de cliente y servidor. La diversidad es mayor al combinar todas las capas entre los ordenadores en el cliente y el servidor, la visión mezclar estas dos visiones en la distribución en ordenadores y las capas no son limitados, dado "n" capas distribuidos entre el cliente y servidor, obtenemos $2^n$ combinaciones, como: a) el usar el cliente y el servidor para una de la capa, el resto de las capas se encarga el servidor; b) todas las capas menos una se encarga el servidor y está sola capa se encarga el cliente; c) un subconjunto de capa se encarga el servidor y el otro subconjunto restante de capa se encarga el cliente, donde cada capa se ejecuta en uno de los ordenadores; d) todas las capas son procesados conjuntamente entre el servidor y el cliente, comparte cada capa por los equipos; y otras combinaciones más. Adicional a las $2^n$ combinaciones de compartir el procesamiento de las diferentes capas, la distribución de diversas capas en uno o varios ordenadores; existe también otra visión, donde el servidor sea uno o varios ordenadores, diversos ordenadores o que un grupo de ordenadores sea un servidor para el diseñador del software, la diversidad y extensión de este concepto se expande a la creatividad. Para las arquitecturas de tuberías y filtros, repositorios, datos abstractos, basados en eventos, e intérpretes son aplicables a este concepto.

Para el correcto uso de las redes para la reducción de tráfico de datos, se debe conocer en forma general estos conceptos de redes informáticos que a continuación se estudian. Usar el concepto de cliente y servidor en las dos redes WAN y LAN tiene diferentes consecuencias, dependiendo en donde se coloca el cliente o el servidor en cada red, el tráfico de dato será diferente, como las consecuencias técnicas y económicas.

## 4.17. Consideraciones de redes informáticos

La red es un conjunto de recursos que permiten conexiones entre los componentes de un sistema completo o entre diferente software. Podemos destacar los recursos que poseen en el software que se conectan entre sí por sus componentes, se destacan en la arquitectura de software, usando los diferentes conceptos de interconexión entre los elementos, donde se utilizan llamadas a funciones ya sea de librerías, sistema operativo, uso del entorno de la tecnología, o del mismo recurso del ordenador. Las llamadas de estas funciones son realizadas desde el software sin tener en considerar que el recurso se ubica en el mismo ordenador o está en otro software que se está ejecutando en otro ordenador. Existe un recurso o varios recursos físicos que se utilizan en este proceso de conexión entre los componentes, desde el uso de memoria principal (registros dentro de algunas unidades centrales de procesamientos - CPU) del ordenador para que dos componentes del software intercambien información en el mismo ordenador, hasta el uso de recursos externos del ordenador que permite la conexión física entre ellos, desde cable, tarjeta de red, módem, concentrador ("hub" en ingles), conmutador ("switch" en ingles), enrutadores ("router" en ingles), etc., todo con  solo llamado de un conjunto de instrucción desde el software. El uso de la red desde un software es hasta cierta forma escondida para el programador y no sabrá el consumo de recursos que acarrea estas simples llamadas de instrucciones de conexión a la red. Puede generar alto o bajo costo, por el consumo de recursos que se utilizan en el software.  En el diseño es vital de representar este consumo y costo, la forma de representarlo es con el esquema de redes.   Existen dos redes conocidas que se utilizan para soportar los sistemas centralizados como a los sistemas distribuidos y son: LAN ("Local Area Network", o red de área local) y WAN ("Wide Area Network", o red de área amplia, conocida también como internet). La LAN es para conexiones entre ordenadores o dispositivos en lugares determinados y limitados, por ejemplo: un cuarto, una oficina, un edificio o una universidad. La WAN es para conectar dos o más LAN y la más grande es la Internet; existe un tercero que no se usa actualmente, porque la limitación entre las dos anteriores de redes lo absorben, y es MAN ("Metropolitan Area Network", o red de área metropolitana) que abarca en un área de una ciudad  con conexión de alta velocidad. Existe actualmente, con el uso de los móviles inteligentes el uso de WLAN ("Wireless Local Area Network") que es el uso de conexiones inalámbricas (sin cables); existen otras categorías de redes que no se mencionan en este libro, pero la diversidad de redes se pueden clasificar en dos redes principales: la LAN y la WAN; por ejemplo, en el caso de la WLAN entra en la familia de LAN. En el libro lo considera por el hecho del consumo y las características de estas dos principales redes que se estudian para el caso del diseño.

Antes de continuar, se indica las funciones básicas de los diferentes componentes que pueden contener en una red, existen una cantidad mayor de componente con mayor capacidad y diversidad de funciones, que inclusive combinan funcionalidades, por el avance tecnológico que tiene la electrónica, permite en un espacio más reducido combinar funcionalidades, por ejemplo: en el mercado se puede encontrar el modem, el conmutador y el enrutador por separado, con el avance electrónico, se puede encontrar un equipo de tamaño reducido con las tres funcionalidades de modem,  enrutador y el conmutador inalámbrico. Para verificar las características de cada red a estudiar, se debe entender sus elementos básicos. Los recursos básicos que poseen en una red que son variados y dependen del objetivo de la red, los elementos básicos son seleccionados y conectados entre ellas. Existe una variedad de configuraciones de redes y topologías que son tratados de forma similar al desarrollo de un software, se realiza análisis, diseño e implementación para una red, el objetivo no es detallar todas las configuraciones, el objetivo es tener una idea general o clásica de los componentes básicos de una red.

Cables. Existe una diversidad de cables que permiten transmitir los datos de un punto a otro, es decir de extremo a extremo del cable,  los cables son generalmente transmisor de señales eléctricas, tienen capacidades de longitudes máximas (por ejemplo, 100 metros) y velocidad de transmisión (por ejemplos: 10 Mbps o 10.000.000 bits por un segundo, 10 Gbps, Gigabit por segundo ó 10.000.000.000 de bits por un segundo) según el tipo (UTP "Unshielded Twisted

Pair" o par trenzado sin blindaje, STP "Shielded Twisted Pair" o par trenzado blindado, fibra óptica, coaxial, etc.), material de construcción (cobre, fibra de vidrio, plástico, etc.) y configuración. Cada tipo de cable tiene descrita sus características, por ejemplo: cable tipo UTP categoría 5 es conocido como Ethernet 100BaseT/10BaseT que se usa normalmente en los hogares y en las instalaciones en las empresas, transmite hasta 100 Mbps y un máximo de 100 metros, puede llegar a 1 Gbps pero reduciendo la distancias a 55 metros; la categoría del cable menor a 5 se limita a transmitir por su velocidad solo a datos y otro a voz, las imágenes no lo garantiza; todas las categorías permiten y garantizan transmisión solo de datos. Actualmente se define los cables UTP con categoría 8, con una velocidad de transmisión alta. Los datos, voz e imágenes se transmiten de la misma forma en señales eléctricas, la diferencia que las imágenes tiene mayor cantidad de datos a transmitir, seguido por la voz y finalmente el mismo dato; es diferente enviar una foto, un mensaje de voz y un texto. La cantidad de datos y su velocidad es lo que se diferencia cuando se procesa los datos en los diferentes aplicativos.

Concentradores ("Hub"). En la actualidad casi no se usa este equipo, es un dispositivo central que concentra el cableado, se conecta cada cable por una ranura del concentrador y el otro extremo al ordenador o dispositivo a conectar a la red, cada concentrador tiene un número de ranura para las conexiones de los cables, y la velocidad en cada ranura se divide por la velocidad definido por el concentrador y por el número de ranura, si hablamos, por ejemplo, de un concentrador que tiene la velocidad de 100Mbps y tiene 5 ranuras, cada ranura tiene la velocidad de transmisión de 20Mbps, la señal recibida en una de las ranuras se retransmite a las otras. El uso posible de este equipo es de equilibrio de carga o velocidad de transmisión con equipos o redes de diferentes velocidades o configuraciones.

Conmutador ("switch"). La funcionalidad y características es similar al Concentrador ("Hub"), pero la velocidad de transmisión de cada ranura es la misma indicada en el dispositivo sin importar la cantidad de ranura. Por ejemplo, un conmutador de 100Mbps, cada ranura va a esa velocidad. Este dispositivo puede sustituir al concentrador ("Hub").

Enrutadores ("router"). La funcionalidad y características es similar al conmutador ("switch") la diferencia que se programa o se configura cada ranura del dispositivo, la ranura se le indica a donde se envía la información recibida. El mecanismo interno difiere del conmutador en que analiza la información de los datos transmitidos o una capa superior de abstracción estándar de protocolo de comunicación (capas OSI "Open Systems Interconnection" para el protocolo de comunicación), permite distribuir selectivamente en envío y recepción del paquete de datos por las diferentes ranuras, a diferencia del conmutador que envía y recibe a todas las ranuras del dispositivo.

Proveedor de servicio WAN (o Internet). Son empresas especializadas en el dar la conectividad entre diferentes LAN. Generalmente son las empresas que tienen las infraestructuras para la conexión entre diferentes áreas geográficas y provee el trabajo de transmitir los paquetes de datos de un lugar a otro. Al principio de los proveedores de este servicios eran las mismas empresas telefónicas, con líneas telefónicas dedicadas para esta labor, con el uso de los módem de intercambiar señales telefónicas analógicas a señales digitales, con el tiempo las empresas telefónicas migran a la tecnología digital o conviven con estas dos tecnologías. Esta empresa comercializa el servicio donde recibe su ingreso por el consumo y el uso de la infraestructura, alquila su red, el ingreso se mide por la cantidad de datos transmitidos y la velocidad de transmisión de los datos. Mientras más consumo (recepción y envío de datos) se tiene un costo mayor para las empresas que contratan estos servicios.

### 4.17.1. LAN (Local Area Network) o red local

Para tener una idea de cómo está construida una red de área local, se describe con los elementos básicos como el uso de concentradores ("hub") o conmutadores ("switch"), cables, dispositivos y ordenadores. Se realiza la configuración de la red local con un número necesario de conmutadores o concentradores, con la suma de los números de ranuras definidos en los conmutadores equiparando por el número de ordenadores y equipos a conectar, y las conexiones entre los conmutadores; cada conmutador y sus equipos conectado físicamente está en una red, al conectarse todos los conmutadores se amplía la red. Las velocidades de transmisión dependen de los concentradores o conmutadores principalmente, la categoría de los cables a usar si son UTP, de la velocidad de procesamiento de los ordenadores y dispositivos (impresoras, etc.) a conectarse en esta red. El uso de software y otras herramientas tecnológicas como uno o varios software de controlador de dominio (software que se encarga de la organización, de la identificación, de la seguridad, etc., de los ordenadores), como el conjunto de software a usarse. Todo posee un costo que la empresa o institución debe gastar y mantener, en el caso del consumo de la electricidad de los diferentes componentes de la red de área local. La red está ubicada, determinada y limitada a un área geográfica. El uso de enrutadores en una empresa se justifica cuando se desea aislar los grupos de ordenadores en diferentes redes LAN dentro la empresa, se puede realizar este mismo trabajo con los conmutadores y concentradores sin conexión entre ellas.

El objetivo principal de una red LAN es compartir recursos entre diferentes ordenadores, como impresoras, datos, etc., por ejemplo, si no existiese la red, cada ordenador debería tener una impresora, si el caso que existiese una sola impresora en la oficina, el tiempo de traslado de la información para su impresión es largo. El costo de recursos y tiempo es mayor con el uso de dispositivo de almacenamiento de datos móvil como las memorias USB; acompañado de un proceso manual para la cola de impresión. Con la red local se comparte el recurso y cualquier ordenador puede acceder a una impresora que permite reducir el tiempo y costo de proceso de imprimir en la oficina. El mismo caso de compartir los datos en la oficina, sin la red debe haber un proceso de actualización, modificación y control bien estricto para tener la información de los datos íntegro y consistente, con el uso de la red LAN permite compartir recursos. Esto trae como consecuencia del uso de la red LAN:

- Permite transmitir excesivos datos en la red, esto depende de la configuración o lo que pueda soportar la red.

- Control bien estricto y descentralizado de los datos por parte del dueño de la red.

- Reduce costo, por compartir recursos de una forma eficiente.

- Costo de inversión y mantenimiento de la red es controlado.

- La inversión mayor se hace una sola vez, y el costo es constante por el mantenimiento y el consumo de la electricidad.

### 4.17.2. WAN ("Wide Area Network") o red de área amplia

La red de área amplia es un conjunto de ordenadores, y diferentes recursos que permite conexión entre dos o más lugares remotos geográficamente, uso de enrutadores es obligatorio, ya sea por la misma empresa o por el proveedor de servicio WAN. Se gestiona en términos de negociación y limitación entre los proveedores de servicios WAN y la empresa, como la velocidad, ancho de banda y cantidad máxima de datos a transmitir. Existe un costo adicional del servicio de conexión hacia la empresa proveedora del servicio WAN, si desea tener un sistema centralizado o distribuido, ambos sistemas se debe conectar hacia otro ordenador fuera de su área geográfica. Los proveedores de servicio WAN posee como una LAN pero de mayor escala que se conecta con otros proveedores de servicio WAN en el mundo. La empresa que contrata este servicio, se coloca un solo canal de conexión hacia el exterior por cada punto geográfico, en cada punto geográfico que se desea conectar a otro punto tiene este único canal, al menos que contrate dos o más proveedores de este servicio para caso de tolerancia a fallas, si existe una caída del servicio de un proveedor, se usa el otro proveedor de servicio. En general, es un solo canal en cada punto que recibe y envía la información por LAN, el correcto uso de este canal permite equilibrar los costos como el mantenimiento. Los puntos a considerar en esta red WAN son:

- Limitar el uso de la red con el uso eficiente de este canal o de los recursos compartidos.

- Las limitaciones como la velocidad y la cantidad de datos se genera entre el contratante como el proveedor del servicio, es un recurso finito y limitado.

- Existe una limitación de máxima velocidad como transmisión por la tecnología que posee el proveedor del servicio o de ese punto geográfico.

- Debe existir una eficiente distribución de los datos o información de los sistemas. Hay casos que la escogencia de los sistemas centrales es más eficiente que los sistemas distribuidos como a la inversa, esto depende del buen diseño del software en el flujo de los datos.

- Por ser limitado el recurso, el manejo de este recurso debe ser tanto breve en el tiempo como en ser corto la cantidad de información transmitida por cada ordenador.

Todo se centra en la cantidad de información y velocidad que se envía como se recibe entre ambos ordenadores, entre el destinatario y la fuente. En las empresas ve claro en uso de estos recursos en comparación de un conjunto de software instalado en las plataformas, donde el uso excesivo por un software de este recursos en contra de otro software que consume menos en la red, pero su comunicación son más intensas, genera una falta de confiabilidad al software que consume todo el recurso en la comunicación, los software que no sobreviven o son evitados su usos por los usuarios para no colapsar la operatividad de los demás software. Si se desea tener una idea de la cantidad de información a transmitir por estos recursos se debe tener claro varias ideas como:

- Un fichero tiene un tamaño en bits o en bytes fijo. Es la cantidad de bytes que se envía por ese canal más algo adicionales de datos, que se agregan datos propios de los protocolo de comunicación. Un fichero contiene información de texto, sonido, imagen o video.

- Un fichero que reproduce sonido (música, voz, etc.) en el promedio es mayor que los textos.

- Un fichero de video en promedio es mayor a los ficheros de sonido.

- Un fichero de video y sonido en promedio es mayor a los ficheros de solo video.

Lo que se hace entender que el uso de los recursos de la WAN es mayor a los videos y sonidos, luego le sigue los videos o imágenes, le sigue los sonidos, finalmente el menos que consume son los textos. Por ejemplo: es diferente transmitir un archivo de sonido de una lectura de un texto, a enviar un fichero de texto que luego al ser recibido por el ordenador destino, utilice un software de dictado o lectura para los archivos de textos para reproducir el sonido, el consumo y procesamiento de ambos ordenadores puede que sea lo mismo por las dos vías o formas de escuchar un texto, pero en el uso del recurso en la WAN si existe la diferencia, el primer caso consume más tiempo y cantidad en la transmisión de datos que el segundo; otro caso más sencillo, se envía los datos para la construcción de una imagen gráfica de ventas en el ordenador destino, en vez de enviar la imagen de la gráfica; en la internet se tiene el ejemplo de la memoria cache, donde la información se transmite, lo recibe y almacena el ordenador, cada vez que se quiera acceder a la misma información se despliega la memoria cache del computador evitando una transmisión de datos en la red. Se diferencia también en tomar la decisión para la tolerancia a falla, es menos probable que falle cuando se envía menos datos, que una gran cantidad de datos, se castiga a la disponibilidad inmediata de respuesta, se debe procesar la data y generar la imagen o el sonido en todos los ejemplos anteriores. Ahora si se aplica de forma simultánea muchas conexiones en el único canal de entrada y salida a la WAN, el comportamiento de la LAN se degrada no importa si lo que se transmite es solo texto, debido a que los datos entran y sale por un solo punto a la WAN.

Punto crucial de uso de la WAN es la seguridad y protección, por un lado los datos de transmisión debe estar protegido para su acceso, por el otro lado, con seguridad interna dentro de las empresas, al abrir un canal al exterior, de la misma forma que puedes transmitir y recibir información, el mundo exterior puede ingresar a su información y sus sistemas, si no se previene en la seguridad de datos.

Actualmente, existen dispositivos que en el futuro serán muchos más rápidos, de mayor capacidad de procesar en las redes WAN, pero el ahora se debe limitar y evitar el mal uso en estas redes. La ingeniería del software define que es importante de mantener la calidad y el uso eficiente de los recursos en los desarrollos del software. Tarde o temprano pasará la factura el uso ineficiente de este recurso.

## 4.18. Consideraciones de finales de diseño físico

Al final de la etapa de diseño se representa en diagramas con detalles tecnológicos, donde combina diversas terminologías de modelos y marcas de los equipos y herramientas, empresas tecnológicas, inclusive tendencia del mercado informático. Síntoma del refinamiento y trabajo de aterrizaje de la arquitectura del software en un modelo arquitectónico, del tipo de redes, enfocado en sistemas centralizado o distribuido; con la visión que el software perdure por un largo tiempo y sobreviva en el futuro con impregnar los mecanismos de prevención y tolerancia a fallas, la aplicación de la reusabilidad; y los usuarios tengan la confiabilidad en utilizarla. De aquí en adelante se válida una idea, el trabajo y esfuerzo mental, plasmado en cómo se debe hacer el software, es la implementación.

# 5. Implementación

*"En la solución de cada problema existe un grano de descubrimiento"*
*George Polya*

*"No maldigas la oscuridad, encienda una vela."*
*Proverbio chino*

La implementación es la etapa donde se hace realidad el diseño, a través de la tecnología y sus herramientas seleccionadas. El software se construye, se verifica, se valida y se da la conformidad del requerimiento, se entrega a los usuarios para ser utilizado, y llevar acciones de mejoras del software mientras esté operando. La implementación contiene varias sub etapas bien definidas según en el ciclo de vida del software como:

- Codificación.
- Prueba del software.
- Puesta a producción.
- Mantenimiento.

Hay que acotar que estas sub etapas provienen del ciclo de vida del software, que pueden diferir en sus sintaxis en los diferentes modelos de procesos de desarrollos como la secuencia estricta de esta, pero en su contenido es similar en casi todos los modelos. En estas sub etapas se concretan en la ciencia dura reflejado en la tecnología, conociendo con mayor exactitud los resultados por la predictibilidad, objetividad y repetitividad, y se conjuga con la ciencia blanda en las ideas abstractas preconcebidas en el análisis y el diseño de lo acertado de los resultados de estas fases; se mide la expectativa y lo que realmente se crea, mientras más cercanos estén, los resultados de éxito se asoma. Una condición principal de gestión en esta etapa es la correcta y adecuada selección del personal para cada labor, como se indica en el deporte, tener estrellas jugando en el campo no garantiza ganar el juego, lo difícil es que jueguen en equipo.

## 5.1. Codificación

La codificación también llamada implementación, suele confundir con esta etapa del ciclo de vida de software, para evitar confusión seguimos llamando la sub etapa de codificación, debido a que el mayor trabajo tanto físico como mental es en crear las líneas de códigos con los lenguajes de programación (en la realidad es la selección de las instrucciones del manual de programación o del lenguaje programación más adecuada y su correcto uso para llegar a la tarea deseada), su resultado es el código de programación del software con la funcionalidad definido y los detalles proveniente del diseño, sean objetos, funciones, rutinas o módulos, lo acordado en los componentes y conexiones descritos en la arquitectura del software. Entra en acción en esta etapa: el desarrollador del software o el programador, el ingeniero de base de datos y otras personas técnicas; personas que se encargan de transformar el diseño en código de programación. Por esta razón se debe tener presente los siguientes puntos para una mejor calidad de los resultados en la codificación.

Buena comunicación y claridad de los objetivos. Al estar descrito las funcionalidades de forma detallada y entendible en cada componente, para luego ser desarrollado o construido, evitará males mayores en el futuro. Al no estar claro y detallado, se puede interpretar de diversas formas y el trabajo de codificación será de mayor esfuerzo; debido a que las etapas anteriores (análisis y diseño), los cambios eran muy fácil de realizar; mientras en esta sub etapa, tener una cantidad de líneas de códigos y hacer cambios en ellas, no será fácil, debido a que la normas, reglas y principios que rigen el lenguaje de programación o la herramienta son estrictas; el ubicar los códigos de programación correctas para realizar los cambios, el hacer el cambio se puede introducir fallas. Respetando las demás funcionalidades o códigos de programación que no se modifican, todo lo anterior tiene niveles de dificultad, debido a que cada componente o rutina puede estar regido por una secuencia de pasos ordenados que lleva a un resultado establecido; en varias ocasiones el éxito de la compra de un software depende de una línea de código bien ubicada, es el impacto que puede tener una línea de código de programa. Antes de codificar el personal debe tener la claridad y la completitud de lo que se desea. Debe haber una comunicación de los requerimientos claros para el correcto desarrollo del componente, al ser mal transmitido, es igual efecto del problema de no estar claro en lo que se desea. Debe haber una validación y confirmación de la información entregada como recibida por ambas partes. Hay dos debilidades que podemos encontrar en este paso antes de codificar, el origen y calidad de la información a entregar; el entendimiento debe ser tanto el que envía y el que recibe la información. Debe haber las diferentes gestiones (personales, grupales y organizacionales) que validen y verifiquen la información transmitida, es decir, depende de todos en tener consciencia de la correcta información y sus posibles acciones a corregir en cada fase de la entrega y recepción de la información. En cada actividad descrita al tener un no cumplimiento, se puede introducir fallas al sistema.

Uso de principios. Luego de la verificación de la transmisión y recepción de información de lo que se desea, depende de cada persona en resolver o alcanzar el objetivo, en este caso, el encargado de construir el componente, gestiona a nivel personal como lograr el objetivo en pasar la información en un lenguaje de programación o uso de la herramienta en que sea operativo en los ordenadores. Entra la diversidad de solución de un problema, al colocar dos o más personas en resolver un problema, muy poco coincide en sus acciones o pensamientos en resolver el mismo problema. Un punto inicial de coincidencia es el uso de reglas, normas o principios que provee la tecnología, si el caso para llegar el objetivo o resolver el problema por las dos personas, se asemejará la solución pero también tendrá su diferencia. Hay o no hay esta coincidencia por el uso de la tecnología, viene un segundo proceso a realizar de forma más creativa de cada individuo en resolver o alcanzar el objetivo con los principios básicos definidos en la ingeniería del software, debería tener otro nivel de coincidencia en la resolución de los problemas o de llegar al objetivo. Este último punto debe generar obligatoriamente coincidencia por el hecho que las ingenierías (todas) basadas en las ciencias predecibles, experimentales y objetivas permiten un común pensamiento de accionar con los principios, reglas o normas naturales. Puede haber muchas formas de resolver el problema, pero en toda se ve el patrón de coincidencia, pero si no hay coincidencia es poco probable que no resuelva el problema. Por esta razón, para resolver un problema puede haber soluciones complicadas como simples, la coincidencia es el factor común de las acciones aplicadas en todas ellas, estas acciones son por lo menos, el factor primordial de la solución del problema. En resumen, esto conlleva en este caso a una diversidad de algoritmos para realizar un objetivo, lo llamaremos estilos de programación individual. No es bueno, ni es malo, la diversidad, la creatividad de solucionar los problemas, o los diferentes caminos de llegar a un objetivo, permite la riqueza que posee el humano, lo importante y el reto es de encontrar la mejor solución. Uno de los principios básicos en la codificación de programa es mientras menos líneas de programación se tienen para llegar al objetivo, la probabilidad de falla es menor en base a la proporción del número de línea, si cada línea de programa es candidato para una falla; un módulo o algoritmo sin líneas de código de programa nunca falla.

Uso de pocos recursos. Debe haber un equilibrio en utilizar todos los recursos disponibles y necesarios para el proyecto. La disponibilidad de la tecnología en el mundo puede que sea innumerable como incansable, ya sea por desconocimiento, por temor a usarlo, o simplemente que el costo no es aceptable para la empresa. Todo se deriva del presupuesto de los proyectos como la gestión de la empresa. El trabajar con los recursos escasos o limitados que proveen en el proyecto no es motivo de peso para no continuar y de no proyectarse a esos recursos necesarios. El uso de la tecnología se concentra en dispositivos como en ordenadores, herramientas de desarrollo, etc. El uso de ordenadores antiguos permiten de medir el consumo y tiempo de procesamiento de lo que se va a construir, se debe cumplir varias condiciones, que la portabilidad sea factible y tener mecanismo o instrumento de medición, tener una variedad de modelos de ordenadores antiguos y actuales, permiten validar si el software soporta en una diversidad de ambiente y de convivencia; también en el sentido de sincronización y la comunicación entre dos velocidades de procesamientos diferentes que poseen los equipos y donde el software trabaje efectivamente, entre otras pruebas. Los equipos con bajo nivel de procesamiento son seleccionado para utilizar la capacidad de respuesta del software, es decir, la velocidad de procesamiento del software depende de la velocidad del procesador del ordenador en algunos casos y el otro depende de la construcción del software; si este posee un solo núcleo en la unidad central de procesador, es mejor, se mide cuando se comportará en el peor de los casos, y registrar esta información para el futuro. Con los registros se estiman en caso real de la capacidad y características mínimas deseadas, permite tener la característica de los ordenadores al ser instaladas con el software en el futuro, tendrá mayor capacidad de respuesta y procesamiento; en caso contrario, tenemos experiencias en ordenadores antiguos, es la aplicación del dimensionamiento del equipo deseado por la demanda definida para la puesta de producción (despliegue). Se debe conocer antes de utilizar el software por los usuarios tener la información de la demanda o exigencia de ordenadores y dispositivos. Como el caso de los ordenadores, se debe aplicar con respecto a otros dispositivos o componentes que se desea usar o aplicar como la infraestructura (redes, ambientes tecnológicos, etc.).

Algoritmo simple. Crear algoritmo simple no es fácil. El algoritmo permite resolver paso a paso problemas o llegar un objetivo por secuencias de acciones. Llegar a un objetivo con pasos simples, se denota no la simplicidad de pensamiento o uso mental para la resolución, es al contrario, es la máxima expresión del pensamiento y creatividad del humano (los preceptos de Descartes descritas en capítulos anteriores en el tema de lo simple). Se logra por los conceptos de modularidad eficiente y la simplicidad, permiten estudiar más a fondo en la construcción de algoritmos eficientes, para esto se necesitan los conceptos básicos de programación estructuradas con uso y entendimiento de los lenguajes de programación. El usar un algoritmo sencillo implica usar menos líneas de códigos de programación, o usar mecanismo que de alguna forma reduzca el tiempo de respuesta de la solución. El problema se puede plantear y resolver por otra vía, el hecho de construir procesadores con dispositivos con una alta velocidad y de mayor capacidad almacenamiento para que el tiempo de respuesta se acorte, da como consecuencia de no importar el uso de algoritmo simple; es resolver el problema por la consecuencia y no por sus causas. Por un lado, mantiene latente el factor de falla a futuro en el sistema, que algún momento saldrá a flote. Aún usando súper ordenadores, de igual forma la falla se producirá tarde o temprano; se han observado caso de procesamiento de transacciones en los "mainframe" con un largo tiempo y sobre uso del procesador en exceso, con el monitoreo de la ejecución de una transacción que consume gran parte del procesador del "mainframe" en un horario de poca carga y la transacción no fue terminada de forma exitosa. Para reducir el tiempo de respuestas por medio del código tenemos tres formas:

- Uso de complejidad y orden del algoritmo aceptable.
- Uso de diagramas de tomas de decisiones.
- Otros mecanismos que proveen las herramientas y la tecnología.

Más adelante se detallarán de cómo el uso de estos conceptos permiten reducir el tiempo de respuesta con los algoritmos simples.

### 5.1.1. Complejidad y orden del algoritmo

El estilo de programación permite diversidad de algoritmo, pero se debe acompañar el estilo de programación con la eficiencia; la eficiencia debe ser obligatoria en todo algoritmo, el refinamiento en el algoritmo debe tomarse en cuenta en la disminución de la complejidad y el orden del algoritmo. La complejidad de un algoritmo viene dada por un estimado de números de líneas de instrucciones, sentencias o acciones elementales, esto sin considerar el volumen de datos que se utiliza. La cantidad o volumen de datos es importante en cuantificar el tiempo que pueda procesar todo los datos, pero la complejidad tiene una afectación en este resultado. La complejidad se mide y se calcula independientemente del volumen de los datos, por esta razón, con la complejidad permite ubicar el orden de magnitud para un volumen de datos o en el

315

comportamiento del algoritmo que depende de la entrada de datos. Para esto se debe calcular la magnitud en el peor de los casos que puede ocurrir el algoritmo.

Para determinar el peor de los casos se debe seguir las reglas basado en lo que posee todo lenguaje de programación, las instrucciones, las sentencias o las acciones, donde se agrupan por tipos de sentencias existentes, que son instrucciones: normales o simples, condicionales y ciclos. Desde el lenguaje ensamblador hasta lenguajes de la cuarta generación poseen esta familia o grupo de instrucciones bien identificadas. Los pasos a seguir son: buscar el peor caso del algoritmo, luego se determina la complejidad y finalmente se determina el orden del algoritmo.

Reglas para determinar el peor caso de un algoritmo

Las reglas son de forma secuencial en donde los dos primeros pasos y dependiendo del caso de instrucción o grupo de instrucciones donde se clasifica, se dirige a una de las tres últimas reglas, luego se repite en su inicio hasta completar el conteo de todas las líneas del algoritmo. Con estas secuencias de reglas se determina el peor caso de los algoritmos. En el ejemplo se tiene dos algoritmos (X y Zeta), donde "X" es el programa principal que llama a "Zeta".

- Iniciar desde los más internos del algoritmo hacia el externo. Olvidarse de la sintaxis y ubicar las porciones de código más interno del algoritmo, se marca con sombra en el próximo ejemplo.

```
int X (int a, b)
{
    int u;
    While (a < b)
    {
        a= a+1;
        b=b-1;
        u=Zeta(a);
    }
    Return (u);
}

int Zeta(int a)
{
    If (a > 0) then
    {
        a=a+1;
        a=a/100;
        Return (a);
    }
    Else
```

```
If (a  >  -20) then
    {
            a=a+1;
            a=a/100;
            a=a*a;
            a=a/100;
            Return(a);
    }
    Else
            Return(a);
}
```

- Clasificar las instrucciones del lenguaje en: simples, condicionales o ciclos. Identificar cada instrucción en el algoritmo.

- El número de instrucciones simples de un algoritmo es la suma de instrucciones continuas del algoritmo que no sean condicionales ni ciclos. Existen anidaciones que depende del resultado para poder saber el peor de los casos, se debe buscar primero el peor de los casos en el final de la cadena (es el algoritmo que no tiene más anidaciones).

```
int X (int a, b)
{
    int u;
    While (a < b)
    {
            a= a+1;
            b=b-1;                    ¿?
            u=Zeta(a);                ¿?
    }
    Return (u);
}


int Zeta(int a)
{
    If (a > 0) then
    {
            a=a+1;
            a=a/100;                  3
            Return (a);
    }
    Else
        If (a  >  -20) then
```

```
            {
                a=a+1;
                a=a/100;
                a=a*a;              5
                a=a/100;
                Return(a);
            }
        Else
                Return(a);          1
    }
```

- El número de instrucciones de una condicional en el peor de los casos, es el peor caso de todas sus posibles opciones. El peor de los casos es la selección del mayor número de instrucciones de sus diferentes opciones. Este número se suma por la cantidad de operaciones realizadas para evaluar la condicional.

```
int Zeta(int a)
{
    If (a > 0) then                 1
    {
        a=a+1;
        a=a/100;            3    3
        Return (a);
    }
    Else                                        7
        If (a > -20) then           1
        {
            a=a+1;
            a=a/100;
            a=a*a;          5    6
            a=a/100;
            Return(a);
        }
        Else
            Return(a);      1
}
```

Existe en el "else .. if (a<0)" un condicional más interno donde contiene 5 instrucciones y 1 para el caso de la operación condicional (solo en este caso existe dos opciones donde está el "then" y la otra "else"), se escoge el peor caso que es el 5 y se descarta el 1, para evaluar el condicional del "if" tiene una operación "(a < -20)" y se suma al 5, dando el resultado de números de instrucciones es 6.

El condicional principal ahora tiene dos casos de 6 y 3 números de instrucciones, el peor caso es el 6 de la sección del "else", y se suma 1 por la operación de evaluación del condicional ("if (a > 0)"). Finalmente la función "Zeta" tiene un número de instrucción de 7.

- El número de instrucciones de un ciclo es la cantidad de instrucciones de cada iteración sumado el número de operaciones realizadas para evaluar la condicional.

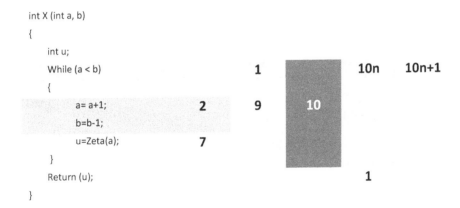

```
int X (int a, b)
{
    int u;
    While (a < b)          1          10n      10n+1
    {
        a= a+1;        2      9      10
        b=b-1;
        u=Zeta(a);     7
    }
    Return (u);                              1
}
```

La complejidad de la función "Zeta" se traslada a la función "X" y se suma dos (2) a las instrucciones simples anteriores a la llamada de "Zeta" que su número de instrucción es 7, dando un total de 9 como número de instrucciones simples dentro del ciclo, se suma una operación por la validación del condicional del ciclo que es 10 y se multiplica por "n" por ciclo, no importa el número de iteraciones que aplica la condicional.

Finalmente, la función "X" tiene número de instrucciones de (10n+1), es la última función a evaluar por el segundo paso de ir de lo mas interno al externo y esta función depende de "Zeta". Por esta razón se resuelve primero lo interno que es la función "Zeta" si se desea saber el algoritmo "X".

## Orden del algoritmo

Definido el número de instrucciones de un algoritmo en el peor de los casos, el resultado se define como una función f(n), g(n), etc., en el caso del ejemplo f(n) = 10n+1, donde "n" representa el volumen de datos. Para definir el orden de una función como O(f(n)), que representa el comportamiento de estas funciones conocidas en el campo de la matemática. Gráficamente se representa el orden como la función de número de instrucciones aplicada a un volumen de datos. El orden define la rapidez o lentitud de los algoritmos definidos. Cada algoritmo tiene un comportamiento y se puede representar por su función obtenida gráficamente en los ejes cartesianos. Las comparaciones de los diferentes algoritmos se realizan con los comportamientos de sus funciones cuando existen crecimientos de la cantidad de los datos que se perciben en el orden de los algoritmos.

$$O(1) \quad O(\log_2 n) \quad O(n) \quad O(n^2) \quad O(n^3) \quad O(2^n) \quad O(3^n) \quad O(3n!)$$

**Rápido** $\longrightarrow$ **Lento**

Figura 26. Algunos órdenes de algoritmo

Si desea escoger entre dos algoritmos (A y B) que realizan el mismo objetivo, el algoritmo A tiene el orden de $O(n^2)$ y el algoritmo B es de orden $O(3n!)$, seguramente la escogencia es el algoritmo A. Para procesar la misma cantidad de datos entre los dos algoritmos, el número de instrucciones requeridas crecen más lentamente cuando crece la cantidad de datos.

Un algoritmo es eficiente cuando el orden es de polinomio y es ineficiente con el orden exponencial. Para construir algoritmos óptimos es encontrar el menor orden posible, cuyo orden sea lineal o acotado por un polinomio de grado pequeño donde las constantes involucradas sean pequeñas.

Los pasos de refinamientos y mejoramiento de calidad del algoritmo se refleja en la disminución del orden y la complejidad; si baja el orden del algoritmo inicial con el actual, está por un buen camino, cada refinamiento debe medirse por el orden de los algoritmos, los programadores experimentados toma en consideración al finalizar, y tiene una idea de la complejidad del algoritmo, si el algoritmo detecta que no es óptimo, utiliza el mismo algoritmo para refinar al siguiente, y llega un punto de parada de optimización cuando se logra un orden y complejidad aceptable, cambiando la estructura del algoritmo pero no su objetivo.

El uso de esta medición, permite mejorar y evitar problemas en el futuro, por ejemplo: esperar un tiempo de respuesta largo para los cálculos de intereses en un software bancario, entender la posición de un usuario bancario del sistema donde al introducir los datos para los cálculos de los planes de jubilación y esperar dos minutos por las respuestas frente a un futuro cliente no es agradable; y también en colocarse en la posición del cliente, lo que este pensaría es, ¿qué imagen tiene una empresa en utilizar un sistema tan lento?, en los años 80 y 90, los bancos latinoamericanos gastaban miles de dólares en tecnología para disminuir el tiempo de las transacciones bancarias a nivel de los ordenadores (mainframe) y en cualquier parte de los procesos, para reducir unos pocos segundos en cada transacción, la reducción de tiempo de espera por la respuesta del sistema, que puede generar un aumento de la productividad de la empresa en su conjunto, esto es debido por la cantidad de usuarios que los utilizan que hace un efecto multiplicador, imaginarse dos mil usuarios en un sistema, y ahorrar a cada usuario un segundo, la empresa se ahorra dos mil segundos por transacción, que se refleja un aumento en el nivel de productividad a largo plazo.

El procesamiento largo es otro ejemplo, un proceso en un ordenador que tarde seis (6) horas para ejecutarse debido a la cantidad de datos, el proceso se realiza en horario fuera de trabajo, finalizado el proceso se puede iniciar el nuevo día de la jornada, mientras no se culmine, se tiene que esperar para iniciar la jornada, es equivalente a que los otros procesos de la empresa giren y dependan la ejecución de este proceso, en caso de contingencia se planifica en re procesar si hay fallas, y el personal se dediquen a otras actividades; en este caso se realiza una reingeniería al proceso de seis (6) horas, donde se redujo a 5 minutos la ejecución del mismo proceso con los mismos ordenadores, la falla que se detecta era de un algoritmo ineficiente (orden exponencial y de complejidad alta), ahora la empresa tiene un nivel de maniobrabilidad con todos los procesos y de los objetivos generales, no preocuparse de la ejecución por un proceso que duraba seis horas.

En las licitaciones de diferentes empresas, se determinan los usos eficientes de los algoritmos como tiempo de procesamiento de transacciones por usuarios y nivel de productividad de cada empleado, el uso de sistema en una empresa puede generar colapso como disgusto a sus clientes y empleados, otro ejemplo, en un supermercado donde el sistema informático se vuelva lento, esto genera una larga fila para el pago de los clientes, ¿qué sentiría como cliente, usuario y empresario?, y como profesional del área, ni lo pienso. Muchos de estos problemas y otros que no se mencionan, se arreglan o se evitan con solo reducir el orden y complejidad de uno o varios algoritmos.

El desarrollo de los algoritmos tienen sus objetivos claros en el proyecto actual, pero su situación futura es incierta, todos los algoritmos son candidatos a ser la columna principal de otro sistema o como también desaparezcan por medio de los cambios. El caso que el algoritmo desarrollado tenga peso total del sistema o se genera como componente crítico en el futuro, y que no es un algoritmo óptimo, las predicciones no son alentadoras; como los casos de que son componentes antiguos, que trabajan en óptimas condiciones y que no hay sustitución, si lo cambia, el sistema puede colapsar.

## 5.1.2. Uso de diagramas de tomas de decisiones

En las reglas de buscar el peor caso de un algoritmo (en el capítulo anterior) permite optimizar los algoritmos, hay otra consideración para el refinamiento de los algoritmos y es estudiar las condicionales (son usadas en las instrucciones condicionales y de ciclos) donde se deben calcular el número de operaciones para su evaluación, es decir, si tengo una condición definida como "A and B and C", ¿Cuántas operaciones hay?, el solo hecho de evaluar cada variable A, B y C en su condición de verdadero o falso son tres evaluaciones en sí, sumado a la operación de "A and B" y su resultado (=RES) a C (RES and C), da un total de cinco (5) operaciones con álgebra booleana. Para el caso de las instrucciones en los lenguajes de programación con condicionales, se debe tener consideración que la expresión a evaluar sea los más sencillos y que la cantidad de operaciones sean pequeñas, en esto repercute en los coeficientes de las ecuaciones resultantes de la complejidad de los algoritmos. La sencillez en este sentido se debe utilizar las álgebras booleanas, sus teorías y su aplicación, como por ejemplo, ver estas dos instrucciones con condicionales, donde se tienen los mismos efectos o resultados:

Caso 1:

If (A and B and C) or (A and B and not(C)) or (A and not(B) and C) or(A and not(B) and not(C)) then X=X+1;

Caso 2:

If (A) then X=X+1;

Como se demuestra que ambos casos da el mismo resultado aplicando álgebra booleana con variables A, B y C, que sus posibles valores son verdadero o falso, cuando se aplica álgebra booleana en (A and B and C) or (A and B and not(C)) es (A and B and (C or not(C))) y como (C or not(C)) es verdad ó 1, da como resultado (A and B and (C or not(C))) -> (A and B), aplicando estas propiedades y teoremas, tenemos que:

(A and B and C) or (A and B and not(C)) or (A and not(B) and C) or(A and not(B) and not(C)) ->

(A and B) or (A and not(B)) -> (implica) ->(A)

La diferencia al ejecutar ambos casos anteriores del condicional en una instrucción de bifurcación dentro de un lenguaje de programación, es el número de operaciones que realiza para evaluar de una expresión booleana, en el caso 2 se realiza una operación, pero el caso 1 muchas, y a nivel de algoritmo, ambas tiene el mismo resultado, el consumo de procesamiento y recursos es mayor en el caso 1, el tiempo de respuesta para dar el resultado, es difícil de cuantificar en mili segundos, con la velocidad de los procesadores actuales de los ordenadores, pero en agregar consumo de procesamiento en muchos algoritmos de la aplicación con estos tipos de casos, tarde o temprano se notará.

Existe la aplicación de uso del álgebra booleana en los algoritmos con los diagramas de la tabla de decisión descrito en los capítulos anteriores. En los dos algoritmos siguientes:

Caso 3:

**PROCEDURE VER_QUE_DECIDO ()**

    IF (A AND B AND C) THEN

        CALL VER_QUE_HAGO();

    ELSE IF (NOT(A) AND B AND C) THEN

```
                CALL VER_QUE_HAGO();

ELSE IF (NOT(A) AND B AND D) THEN

                CALL VER_QUE_HAGO();

ELSE IF (NOT(A) AND B AND NOT(D)) THEN

                CALL VER_QUE_HAGO();

ELSE IF (NOT(A) AND B AND NOT(C)) THEN

                CALL VER_QUE_HAGO()

ELSE IF (NOT(A) AND B AND NOT(C) AND NOT(D)) THEN

                CALL VER_QUE_HAGO();

ELSE IF (NOT(A) AND B AND C AND D) THEN

                CALL VER_QUE_HAGO();

ELSE IF (A AND B AND NOT(C) AND D) THEN

                CALL VER_QUE_HAGO();

ELSE IF (A AND B AND NOT(C) AND NOT(D)) THEN

                CALL VER_QUE_HAGO();

ELSE IF (A AND B AND NOT(D)) THEN

                CALL VER_QUE_HAGO();

ELSE IF (B AND NOT(C) AND D) THEN

                CALL VER_QUE_HAGO();

ELSE IF (B AND C AND NOT(D)) THEN

                CALL VER_QUE_HAGO();

ELSE IF (A AND B AND NOT(C) AND D) THEN

                CALL VER_QUE_HAGO();

ELSE IF (A AND B) THEN

                CALL VER_QUE_HAGO();
```

```
        END IF;

END PROCEDURE
```

Caso 4:

```
PROCEDURE VER_QUE_DECIDO ()
        IF (B) THEN
                CALL VER_QUE_HAGO();
        END IF
END PROCEDURE
```

En el caso 3 se crea la tabla de decisión, indicado en la siguiente figura:

| A | 0 | 0 | 0 | 0 | 0 | 0 | 0 | 0 | 1 | 1 | 1 | 1 | 1 | 1 | 1 | 1 |
|---|---|---|---|---|---|---|---|---|---|---|---|---|---|---|---|---|
| B | 0 | 0 | 0 | 0 | 1 | 1 | 1 | 1 | 0 | 0 | 0 | 0 | 1 | 1 | 1 | 1 |
| C | 0 | 0 | 1 | 1 | 0 | 0 | 1 | 1 | 0 | 0 | 1 | 1 | 0 | 0 | 1 | 1 |
| D | 0 | 1 | 0 | 1 | 0 | 1 | 0 | 1 | 0 | 1 | 0 | 1 | 0 | 1 | 0 | 1 |
|   |   |   |   |   |   |   |   |   |   |   |   |   |   |   |   |   |
| VER_QUE_HAGO() |   |   |   |   | X | X | X | X |   |   |   |   | X | X | X | X |

**Figura 27. Tabla de decisión del algoritmo**

La tabla de decisión está construido por las variables booleanas A, B, C, y D, todos llaman el mismo procedimiento, recordando construir la tabla superior con todas las condiciones posibles existente y son 16 = $2^4$ casos, 4 variables con posibles valores y la tabla de acción con llamada al procedimiento "VER_QUE_HAGO()", y finalmente se llena con "X" con el algoritmo del caso 3, por todas las condicionales en las instrucciones del "IF", recordando que (A and B and C) = (A and B and C and D) or (A and B and C and not(D)). Por reducción del resultado de la tabla de decisión tenemos las condiciones para llamar el procedimiento es:

(not(A) and B  and not(C) and not(D)) or (not(A) and B  and not(C) and D) or (not(A) and B  and C and not(D)) or (not(A) and B  and C and D) or (A and B  and not(C) and not(D)) or (A and B  and not(C) and D) or (A and B  and C and not(D)) or (A and B  and C and D)

Reduciendo con álgebra booleana, el resultado es: (B). Los casos 3 y 4 son equivalentes en su funcionalidad.

325

Generalmente los casos de 1 y 3, son normales cuando el programador transcribe el requerimiento de los usuarios al lenguaje de programación, sin realizar una optimización. El efecto secundario sucede en la ejecución y las operaciones en el ordenador deben realizar todas las operaciones, a diferencia que el procesamiento es menor en los casos 2 y 4. Para la proyección en el futuro, personas que deban hacer cambios a todos estos códigos (los cuatros casos), ¿cuáles son los casos de fácil mantenimiento o cambios?, los de menos códigos y de sencillez se harán más fácil de modificar y de mantener. No afectará el grado del orden de los algoritmos, pero ayuda con la claridad, sencillez de las cosas. Los esquemas de toma de decisiones no solo aplican en el diseño del software, se aplica también en la codificación, como se explicó en ese capítulo. Otro punto importante es el entendimiento del algoritmo por otras personas.

Este tipo de simplicidad de construir cosas, permite a la larga entrenarse en un tipo de pensamiento para detectar el problema, o la falla de forma sencilla, de todos los que observan y por la cantidad de información recibida, se obtiene un resultado con mayor precisión. Simplificar y realizar un mayor control de las causas (variables) con poco esfuerzo sobre el problema u objetivo. En los casos de los ejemplos, en vez de estar pendiente de 4 cosas, solo hay que estar pendiente de uno solo, es más sencillo de pensar y de trabajar, concentrarse en un solo punto o en pocos puntos. El efecto de Kaizen sucede que al cambiar pocas cosas, pueden generar cambios y resultados grandes, podría plantearse en este tipo de pensamiento y razonamiento, cambiar y  controlar variables que solo afectan al problema. El hecho contrario de no llegar a una solución, o no llegar a ningún lado, aún realizando grandes cambios que dependan de esas variables, y no hay afectación al sistema. En resumen, hacer cosas sencillas pero eficientes, es la forma pragmática y la visión de algunas culturas orientales que se aplican en todo el ámbito de la vida.

### 5.1.3. Mecanismos que proveen las herramientas y la tecnología

Algunas personas no utilizan las tecnologías en su totalidad, la tecnología existe elemento o herramienta que  no se usan o se desconocen su utilidad, en buena parte, las herramientas permiten hacer mediciones cuando se realizan el refinamientos o las mejoras, la mayoría de los casos, las herramientas controlan los tiempos de respuestas que se dan a la petición de un requerimiento (detiene el proceso por el programador hasta el tiempo que se desee), algunas herramientas poseen un  cronómetro que indica el tiempo que se tardó en un resultado para un requerimiento pedido, otras medidas como números de líneas de programas, identificación de ciclos anidados, identificación de llamadas de funciones y procedimientos de forma cíclicas o de circuitos cerrados (genera un macro ciclo entre los diferentes componentes, es una recursividad con varias funciones anidadas), etc., cada información o datos que provee la tecnología y la herramienta sirve como propósito para la medición. Por ejemplo, los accesos a los manejadores de bases de datos, en algunos manejadores tienen sus propios interfaz para el usuario (en este caso para el programador), esta interfaz permite realizar instrucciones de comando SQL ("Structured Query Language") para acceder a las bases de datos, en ellas contienen el tiempo de repuesta de cada acceso y el comando ejecutado, esto permite dos cosas importante: verificar a nivel de código (sintaxis) que funcione correctamente en el algoritmo a ejecutar posteriormente en los componentes (se introduce en el código de programa) que realicen las llamadas con los comandos SQL; por el otro lado, indica el tiempo de respuesta del comando en el acceso a la base de datos. En el uso de los mecanismo de OLE / DB (Object Linking and Embedding for Databases), ODBC (Open Data Base Connectivity), ADO (ActiveX Data Objects), DAO (Data Access Objects), JDBC (Java Data Base Connectivity), etc., utilizan comandos de SQL para acceder a las bases de datos, estos comandos se coloca las líneas de códigos en los algoritmos permitidos en los diferentes lenguaje de programación, los comandos SQL se validan con las interfaz de usuarios que provee el manejador de base de datos de forma directa, se ejecuta el comando y determina el tiempo de respuesta de cada acceso, estos tipos de programación se hacen dos refinamientos, uno es verificar la correcta sintaxis en el comando de acceso SQL a las bases de datos, y el otro, el algoritmo dentro del componente, se realizan estos accesos con los mecanismos definidos con un tiempo de ejecución de los comandos SQL. Generalmente, los algoritmos de los componentes que realizan las llamadas por los mecanismos de acceso a base de datos (OLE / DB, ODBC, etc.) están correctamente creado, pero no los comandos SQL a realizar a las bases de datos dentro del algoritmo. Dependiendo de cómo se accede con los comandos de SQL, el tiempo de respuesta varía, puede dar el mismo resultado por dos o más comandos diferentes, pero algunas de ellas tardan en sus tiempos de respuestas más de un minuto y el otro solo un (1) segundo. La idea es de reducir el tiempo de respuesta lo más que se pueda, debido a que las condiciones del usos de los componentes que accede a las bases de datos por este  mecanismo varían; no es igual usar el componente en un proceso de lote que dure largo tiempo o usarlo en un aplicativo web que su tiempo de duración puede ser menos de un minuto; o es limitado desde que se realiza la petición, debe ser construidos que dure lo menos posibles y reducir el tiempo de respuesta. Adicionalmente cada mecanismo de acceso tiene un tiempo de respuestas diferentes asociados, por ejemplo: el ODBC es lento comparado con el mecanismo de OLE / DB que es rápido usado en el mismo ordenador.

El objetivo es de obtener datos o la información que provee las herramientas de las tecnologías para realizar mediciones y controles, permite también de validar el progreso del refinamiento de los componentes. El solo observar detalladamente y estar consciente de esa información o dato que provee la herramienta permite sacar utilidad a los recursos e información disponible, para llevar un proceso de control y de mejoramiento de la calidad de cada componente a construir. Cada mecanismo como recursos usados también contiene un tiempo de ejecución que hay que considerar.

El uso de la tecnología puede ser arma de doble filo, por un lado una tecnología puede ser compatible con otras tecnologías y otras que no lo soportan; en este caso se debe usar en la tecnología, componentes o mecanismo que permita ser usados en otras tecnologías, o uso de componentes con estándares del mercado, o por lo menos, que cubra la mayor cantidad de tecnología. Por ejemplo, los desarrolladores de las páginas de internet utilizan componentes propios de una tecnología que solo puede ser usado en la plataforma de la misma, y utilizar los navegadores propios, obligando a los usuarios la adquisición de esta, el punto que al usar componente estándar para todas las tecnologías, se cubre un mayor número de navegadores del mercado, no obligar al usuario en la adquisición y el rechazo del nuevo aplicativo; la otra opción, es la construcción de la parte de interfaz del usuario para cada tecnología por separado, mantener el resto igual para todas las interfaces, e identificar y re direccionar a los clientes a la interfaz definida para cada tecnología cuando se conecte.

Si se analiza el enfoque del capítulo de la codificación se centra en la gestión personal y apoyado por la demás gestiones del proyecto, la responsabilidad, la habilidad, la experiencia del uso de las herramientas tecnológicas, y el compromiso de los desarrolladores o programadores en la construcción de todos los componentes que están descritos en el diseño y en la arquitectura del software. La mayor parte del trabajo está en los programadores, pero la gestión y los procesos que acompañan en el ciclo de vida del software, se pone en evidencia con los resultados de la planificación, controles, actividades que se realizaron en las etapas antes de la codificación. Se valida y comprueba que la visualización a futuro de estas etapas y se observa en el presente con los resultados actuales. El dimensionamiento de una idea, un diseño o algo mental que se construye actualmente y se hace visible, crece con el tiempo. Pasa de la teoría a la práctica en el concepto de la ciencia, validaciones y verificaciones de los principios, normas y leyes que se basaron en las etapas anteriores que ahora se verifican que se cumplen. En la práctica, es validar y verificar que los planes son realistas o no, fueron creados con certezas y ejecutados a lo acordado. A nivel de gestión de proyectos es el monitoreo de lo planificado en tiempo de ejecución, fechas y responsabilidad de cada actividad, ejecutado y no ejecutado a la fecha. Con respecto a esta información como otros datos que se verifican y observa en la realidad, datos e información que se obtiene en  todos los ámbitos, se definen tomas de decisiones en diversos ámbitos, desde cambios de planes en general o en particular, o solo el continuo monitoreo de la situación actual con respecto a las fechas anteriores. Identificación de situaciones de riesgos como amenazas del interno o externo del proyecto que afectará el resultado de la entrega del software, como cambio de leyes y regulaciones del país, situaciones anormales que ocurren, etc. La diferencia de una excelente o una pésima planificación en esta sub etapa, se realiza con la medición como los cambios de planes como acciones adicionales no planificadas para solventar los problemas actuales y futuras, o el solo monitoreo y validación de lo planificado. El nivel de riesgo que se presenta en el proyecto es una forma de medición de la gestión del proyecto, como el tiempo de las soluciones de los problemas presentados y su cantidad. Es a nivel de la gerencia que definen muchas más mediciones de lo expresado hasta ahora.

## 5.2. Prueba del software

La prueba del software en el ciclo de vida del software se define y se ejecuta después de concluir la fase de codificación. La planificación de la prueba del software comienza desde que se tiene el primer requerimiento del usuario, en el inicio del proyecto, el requerimiento del usuario tiene que ser probado en el software cuando se está diseñando y codificando como requerimiento de software, en esta etapa se hace formal y definitiva la prueba del cumplimiento del requerimiento. En el análisis como en el diseño se hace pruebas conceptuales del software, en la etapa de la codificación, cada línea de programación se debe verificar y probar para llegar al objetivo deseado con la funcionalidad deseada, ir paso a paso. Todo el tiempo con el requerimiento en la mente, todas las actividades en el ciclo de vida del software se deben realizar pruebas para su verificación y validación; en cada uno de los niveles de abstracciones. Aún en esta etapa sigue siendo económico encontrar y reparar las fallas, culminado el componente, el conjunto de funciones, el subsistema, o el sistema completo, pero no tan económico como en la etapa de diseño y análisis por el trabajo de codificación. Después de la etapa de prueba las fallas tendrán un alto costo, por los daños causados y su reparación en el cliente. Las fallas en manos de los usuarios son de gran impacto, no solo por los daños que se causan en la operatividad del proceso de negocio o la información almacenada, el impacto es de imagen del software como la empresa proveedora y los integrantes del equipo quien lo desarrolló; la confiabilidad de los usuarios se pierde poco a poco, y alejan a los posibles nuevos usuarios, hasta el punto de producir rechazo en donde las empresas adquieran el producto, los mismos usuarios realizan una mala propaganda de esta, en este sentido, un software libre de fallas permite una buena propaganda de boca a boca, los usuarios y la empresa que adquiere el software son los multiplicadores de la publicidad a los nuevos usuarios y clientes, hasta el punto que la empresa proveedora del software se ahorre el costo de publicidad.

El objetivo de esta sub etapa fue introducido en capítulos anteriores en el concepto de confiabilidad. En esta fase intenta encontrar todas las fallas que no se detectaron durante el ciclo de vida del software en las etapas anteriores. Se debe detectar fallas tanto de toma de requerimientos, diseños y los más encontrados, las fallas de la fase de codificación. Se debe estar consciente en esta etapa que puede generar o introducir nuevas fallas; se mantienen las mismas condiciones de introducir fallas humanas existentes desde el inicio del proyecto, como información o dato no correcto entregado para las pruebas del sistema, mala comunicación entre las partes del programador, gestor del proyecto y el personal encargado de esta etapa, mala definición y diseño de esta etapa, uso incorrectos de las herramientas o recursos para las pruebas, y otros mecanismos o generador de fallas que pueden ser incluido. Las fallas introducidas pueden ser conceptuales o teóricas como operativas (por ejemplo, carga de datos de pruebas inconsistentes en la base de datos). Una mala interpretación del dominio de los encargados de la evaluación o el desconocimiento de esta, puede también generar y agregar, o agravar las fallas. En esta etapa se debe encontrar al menos una falla, algunos expertos en esta área indican que si se ejecuta esta etapa y al finalizar no se consigue una falla o error, la prueba es un fracaso, se debe repetir o rediseñar las acciones en esta etapa, hasta haber encontrado por lo menos una falla o error.

En las pruebas existen sub etapas que se debe realizar desde el inicio del proyecto, existen estrategias de pruebas como:

- Planificación de la prueba formal.
- Prueba constante con los requerimientos.
- Prueba unitaria.
- Prueba integrado del sistema.

Planificación de la prueba formal. Las pruebas se inician desde el comienzo del proyecto, cuando se registran y organizan los requerimientos de los usuarios, pasan a ser requerimientos del software, el diseño del software, y construcción (codificación). Todas estas etapas, se puede aplicar lo que es la prueba de concepto, no es necesario tener presente el área de mercadeo o comercialización de la empresa, pero si la de gestión del proyecto que permite apalancarse en esas áreas posteriormente, realizar prototipos de la solución técnica primordial del proyecto y no solo de los requerimientos de los usuarios, permite indirectamente cautivar al usuario (cliente o empresa) que es una labor de comercialización y mercadeo del proyecto de vender estas ideas técnicas como funcionalidades del sistema, esto permite una retroalimentación de los usuarios en plantear claramente los requerimientos para ser incluido en el software y lo que puede soportar la tecnología a adquirir.

Al tener registro y organización de todos los requerimientos, se tiene una idea clara en el futuro de las pruebas que se deben hacer cuando el software este concluido, estas pruebas futuras se deben registrarse para ser usado, es decir, un registro continuo de las acciones a realizar en las pruebas cuando se termine el desarrollo, cuando culmine la sub etapa de codificación. Concluido la construcción del software se utiliza estos registros para realizar las pruebas. Las pruebas formales generalmente lo realiza un personal que no esté involucrado en la etapa de codificación, pero tiene que tener el vínculo de comunicación con los desarrolladores o el gestor del proyecto, el personal puede ser integrado de forma multidisciplinaria con diferentes áreas del conocimiento, en el área de la tecnología, de negocio y venta, procesos, usuarios futuros (si es posible) y principalmente los dueños del dominio del conocimiento de la empresa.

Definir el plan de pruebas con todos los involucrados, involucra gestionar la comunicación y las fallas. Planificar los tiempos de ejecución y fecha de culminación probable, con los responsables de las pruebas. Se recomienda tener el tiempo de mejoras y corrección de las fallas encontradas. Existen diferentes pruebas formales, uno es gestionado por el grupo de desarrolladores antes de entregar al equipo de las pruebas, los propios del equipo de prueba de la empresa desarrolladora del software, otro equipo de prueba que está integrado por el personal de la empresa receptora del software (el cliente), existe un equipo adicional y es opcional, lo define entre ambas empresas (desarrolladora y receptora del software) o una de ellas, de contratar una tercera empresa dedicada a estas labores especializadas para realizar pruebas independientes. Cada equipo determina la gestión de la prueba; se definen tres procesos básicos: a) al detectar las fallas o un grupo de ella, se detiene la prueba, se corrigen las fallas, despliega los cambios y se reinicia las pruebas, existe una comunicación constante con los desarrolladores y lo que realizan las pruebas; b) se realizan las pruebas del software y se informa todas las fallas al terminar la prueba, se revisan todas las fallas y reproducen lo que se detectó si es posible con los desarrolladores, se corrige y se despliega los cambios para el inicio de las pruebas nuevamente; c) se realiza por sub sistemas las pruebas, culminado cada sub sistema se realiza las correcciones y el despliegue de los cambios, se repiten las pruebas en ese sub sistema, es una combinación de las dos primeras gestiones. Al culminar las pruebas, y después de reportar las fallas, se corrigen las fallas y son desplegada. Se realizan dos tipos de pruebas: a) se prueba solo los cambios realizados y verificar la desaparición de la falla; b) realizar la prueba de nuevo en su totalidad al sistema. Se recomienda realizar el último tipo de prueba, debido a que los cambios realizados eliminan las fallas reportadas, pero pueden agregar en otro lado del sistema nuevas fallas; este caso es típico con la programación con bajo nivel de cohesión. Para el primer tipo de prueba es recomendado, cuando se aplica los cambios que solo afectan en un área bien limitada o definida del sistema, pero tampoco es garantía que no se genere otra falla en otra área del sistema por el cambio. Se recomienda prueba total del software luego de ser corregido las fallas, por lo indicado anteriormente que los cambios pueden generar fallas en otro lado del software, es por tener los módulos con diferentes niveles de cohesión; cuando es cohesión baja, los cambios se reflejan en otros módulos; en el caso de cohesión alta, el comportamiento es igual en cualquier parte del software a ser usado el modulo con el cambio, pero los otros módulos no necesariamente tengan el mismo nivel de cohesión.

Prueba constante con los requerimientos. Como se indicó anteriormente, cada paso y etapa que se realiza permite tener los objetivos claros de cubrir los requerimientos solicitados en el software, en todas las etapas del ciclo de vida del software, debe haber una pausa en cada acción, para la validación o verificación del cumplimiento de los requisitos solicitados. Cada refinamiento en las etapas debe culminar con la prueba, esta prueba permite realizar la toma de decisión de seguir refinando o terminar la tarea debido a que cumple con las expectativas deseadas con el objetivo o meta a cubrir. Por esta razón, todos los modelos de procesos de desarrollos deben tener mecanismo de seguimiento de la posición actual del ciclo de vida del software hasta el inicio, o un proceso repetitivo en los modelos, donde exista la prueba necesaria para indicar la culminación de las tareas. Esta prueba se puede realizar en cualquier momento como si se aplicará una auditoría personal, interna o externa. Esto depende más del compromiso y disciplina de cada integrante del equipo de desarrollo. En algunas empresas de tecnologías realizan modelos de procesos con actividades que produzca de modo implícito como explícito realizar este tipo de pruebas. El objetivo de esta prueba permite de tener la conciencia en el objetivo o meta a trazar, cada vez que se realizan las acciones o actividades involucradas en el plan.

Prueba unitaria. Se refiere a la prueba de la función, módulo, procedimiento, objeto o componente definido en la modularidad como unidad básica. Terminado la construcción o programación de esta unidad, se debe hacer verificaciones como validaciones de sus funciones y operatividad con base a los requerimientos deseados. Es la prueba del código interno del elemento terminado, que es obligatorio la prueba por el creador o el programador que lo construyó, primero para que el programador tenga un nivel de consciencia de sus bondades, fortalezas y fallas, que permite auto corrección y auto control de sus actividades, en estos todos los modelos de procesos de desarrollos exigen un registro personal, para su auto evaluación, refinamiento profesional y calidad de trabajo en su área, antes de la evaluación de otras personas. El programador se responsabiliza de lo que se va entregar, permite refinamiento al trabajo hecho, como mejoramiento continuo de su trabajo.

La prueba unitaria se recomienda en algunos modelos de procesos de desarrollos, que otra persona evalué y detecte las fallas no encontrada por el programador en esta unidad antes de entregar para la prueba formal. Esta prueba se realiza en la construcción del componente. También se recomienda la posibilidad que el programador o creador de la unidad, posea un ambiente similar al sistema definitivo para realizar las pruebas de lo construido en el sistema principal. Es una prueba integral del sistema (próxima prueba) pero aislado en el ambiente del programador si es posible. La pregunta del lector sería, ¿cómo podemos probar el sistema integrado, si está en proceso de construcción?, existen tecnologías que permite realizar integración en un área central de todos los trabajos realizados y culminados por todos los programadores; se inicia una copia del sistema integrado en formación para cada programador en su equipo, al crear los componentes y lo integra para las pruebas unitarias, al finalizar la construcción del componente y pasada la prueba, se integra al área central el nuevo componente, y renueva la copia antes de continuar de crear más componentes para estar lo más cercano de la realidad; esta tecnología tiene que tener un alto nivel de control de versiones de componentes, como versiones de área central del sistema, la gestión de cambios debe estar presente en estas actividades, poseer también un mecanismo de control de integración que no permitan dos programadores trabajar en el mismo código o componente al mismo tiempo, como también mecanismo de reversar un cambio en el área central. El personal de la gestión del proyecto debe aplicar la modularidad en su máxima expresión en la separación de responsabilidades de la construcción de los componentes y determinar reglas de control de cambio.

El programador puede validar con prototipos, en el sentido de hacer prueba unitaria, puede hacer simulaciones con o sin el uso del sistema integral, como por ejemplo, la prueba de estrés al componente, construir un prototipo con el uso del componente recién creado para sus pruebas. Aquí el programador debe realizar código de programas adicionales que luego son desechados después de la prueba unitaria o hasta que culmine el proyecto. Otro ejemplo, es crear aplicaciones que simulen la petición de los requerimientos al componente creado, las aplicaciones puede simular usuario pero de forma automatizada. Este tipo de prueba permite también hacer la simulación de otra persona valide el componente. En resumen, permite al desarrollador herramienta de prueba automatizada para las pruebas de los componentes o unidades en desarrollo o terminadas, es más trabajo para el desarrollador pero es una forma más confiada de pruebas personales del componente.

Prueba integrado del sistema. Son las pruebas definitivas ante la entrega del software al usuario para ser usado. Es el aplicativo terminado con todos los componentes deseados del diseño y construido con la codificación. Se realiza la planificación definitiva de las pruebas, si hay una previa de la planificación de la prueba final, se realiza refinamiento en el plan de prueba, y se asignan los recursos para su ejecución. Es la prueba formal para el sistema en el ciclo de vida del software. La prueba se realiza con todos los componentes integrados, debido a que las pruebas de unidad no garantizan que el componente funcione correctamente al trabajar en conjunto con los demás componentes que integra en el sistema final. Los errores y fallas son más difíciles de localizar, debido a que las pruebas que se han realizado era en área específica o limitada alrededor del componente, una falla detectada en el software puede venir de cualquier lado y solo se observa la consecuencia en un punto o en varias partes. El detectar el origen o causa de la falla es difícil porque la construcción y responsabilidad está en parcelas por los diferentes programadores, la falla puede provenir de un conjunto de pequeñas fallas en diferentes componentes y derive en un componente que lamentablemente puede estar correctamente construido y se incluye en la falla; o solo en un componente que genere la falla y sea reflejado en una cadena de componente posterior en la ejecución. Los casos de fallas localizadas, donde la causa y efecto está ubicado en el mismo componente son los más sencillos de resolver. Existen en las empresas personal cualificado y con experiencia con una visión amplia para la solución del problema, pero son pocos de este tipo de personal con estas características; este personal es contratado o es llamado en el último caso al pasar por los diferentes niveles de solución: local, con el mismo programador, generalmente el siguiente nivel es con todos los programadores y lo que integra el proyecto en la solución del problema, y finalmente a los especialistas de solución de problema; existe un tercer nivel donde la solución proviene de los proveedores de la herramienta o de la tecnología, cuando el anterior nivel no puede encontrar la solución. Todo depende del uso de los conceptos de modularidad eficiente, encapsulamiento de información, confiabilidad y otros temas que se describieron anteriormente que se aplicaron en el proyecto como el estilo de gestión del proyecto.

Los integrantes de las pruebas deben ser multidisciplinarios con usuarios reales hasta especialistas propios de la tecnología, incluyendo experto del área del dominio. Los encargados de la gestión de la prueba, diseñan, planifican, documentan, miden, controlan y realizan los seguimientos de todas las tareas y acciones; con un proceso paralelo de la gestión y registros de las fallas. En contrapartida, el grupo de desarrollo debe tener el personal encargada de administrar las fallas detectadas en la gestión de la prueba, y en paralelo el proceso de gestión de la solución de las fallas, generalmente se encarga el gerente de proyecto. Normalmente deben existir dos equipos en la gestión de las pruebas, como se indica en párrafos anteriores, por un lado integrado al equipo de desarrollo o la empresa que desarrolla la aplicación y por el otro lado, el equipo que pertenece a la empresa que recibe formalmente el software para su prueba, existe opcionalmente un tercero, que no pertenece a la empresa que reciba (cliente) ni del proveedor, es un equipo independiente que realiza también la prueba, con los tres equipos se realizan las normas y procedimientos de intercambio de información,  como los reportes de las fallas, existen aplicaciones o software semiautomática o automatizada que realizan la  tarea de las pruebas de un sistema completo, es decir, software de prueba, donde registra y detecta falla en otro software.

Se recomienda en las pruebas, la instalación de un ambiente o plataforma (hardware, software, dispositivos, infraestructura como de redes, etc.) idéntico o similar al ambiente donde va ser operado en el futuro o similar al ambiente de los usuarios reales. Este ambiente debe ser separado e independiente con el ambiente del desarrollo y similar al ambiente en la puesta de producción (se describe más adelante). El ambiente de prueba combina los dos ambientes (producción y de desarrollo), la instalación tanto de los hardware y software como la arquitectura de producción real, pero sin la herramienta de desarrollo o sin utilizar mecanismo para la construcción del software, con un ambiente que soporte fallas, controlado y que no afecte el ambiente de producción como el de desarrollo; que sea fácil de instalarse de nuevo con las copias de datos reales o acceso a datos de pruebas en caso de pérdida por fallas, tener mecanismo que el ambiente se pueda recuperar fácilmente, debe ser un ambiente aislado. De forma implícita, se está realizando la prueba de instalación, refinamiento y entrenamiento para el futuro despliegue en el ambiente de producción.

Los componentes desarrollados pueden generar fallas en un ambiente fuera de desarrollo, es fundamental de detectar estas fallas de instalación previa a la entrega del sistema a los usuarios reales. Existe un refinamiento de instalación, validando y verificando los recursos necesarios en la puesta de producción. Permite verificar la convivencia del nuevo software con los otros aplicativos que esté funcionando e instalado anteriormente (la operatividad en conjunto), se verifica la no afectación o generación de fallas en los otros aplicativos existentes de la empresa. La gestión de prueba han de considerar labores extras con los demás sistemas que están operativos dentro de la misma empresa con este ambiente, definir pruebas de recursos de hardware o dispositivos que son compartidos por dos o más software, se prueba las capacidades de los componentes físicos en soportar todas las cargas, como el consumo de recursos de hardware por todos software instalados funcionando al mismo tiempo, como la cantidad de usuarios operando simultáneamente, capacidad de almacenamiento de datos de todos los sistemas, etc. Permite medir el tiempo de instalación del nuevo software que es importante en la planificación de la puesta en producción. Pruebas adicionales que se permite en esta área de ambiente, es la prueba de instalación, es de verificar el empaquetamiento, mecanismo de distribución e instalación del nuevo software en los equipos, dependiendo de la tecnología, permite el empaquetamiento o construcción de la instalación del software en equipos nuevos, verificando la diversidad de hardware si es posible. También permite medir el tiempo que se aplica la instalación para la planificación futura del despliegue.

## 5.2.1. Diseño de las pruebas

En la etapa de prueba se convierte en casi en un proyecto completo dentro de otro proyecto, tiene sus diferentes fases como el ciclo de vida del software, análisis, diseño e implementación, la diferencia que la implementación de la prueba es accionar todos los componentes construido en la codificación, sea operado y ejecutado por lo menos una o más veces cuando sea necesario de cada línea de código de programa, validar y verificar la conformidad con lo definido, lo planificado en el análisis y en el diseño del ciclo de vida del software.

El análisis y diseño se realiza las pruebas que vienen en paralelo en el proceso de calidad con los análisis y diseño del software. El diseño de las pruebas se deben basar en:

- Las especificaciones de todos los requerimientos.
- Las especificaciones del diseño.
- Las especificaciones aplicadas en la construcción.

Las especificaciones de todos los requerimientos. Todos los requerimientos del software obtenido en el análisis y diseño, se registra en una lista para su codificación. En la prueba se realiza la validación y verificación de la lista de requerimientos. Detecta todas las funcionalidades del software en su completitud y correcto resultados. Se valida el comportamiento deseado en cada requerimiento.

Existe en este sentido la afirmación de la existencia de un requerimiento ya creado y funcionando correctamente, hay especialistas o expertos de las pruebas que aplican "la prueba de la negación del requerimiento", es decir, el uso correcto del requerimiento fue validado, pero aplicamos ahora el uso incorrecto del requerimiento. Por ejemplos, si el sistema con una condición identificada (caso de uso) se debe realizar ciertas funcionalidades y dar un resultado correcto, se debe aplicar la condición negada para revisar su comportamiento, en este caso no debe hacer nada o no permitir hacerlo; caso que generalmente sucede también en las pantallas de interfaz con el usuario, el orden de introducción de los datos está definida por una secuencia predefinida en el requerimiento; una prueba sería de no seguir este orden, el sistema no debe permitir estos casos o corregir esta situación. Recuerde que el usuario puede equivocarse en el uso del sistema, pero el sistema debe ser cauteloso para que el usuario evite estos errores. Por ejemplo: el uso adicional de las tablas de decisiones donde indica la acción a realizar en cada condición, aplicar todos los casos, implica generar todas las condiciones posibles en el ambiente en las pruebas y ver si los resultados concuerdan con la tabla de la acción, por ejemplo, en la figura 27 hay 16 pruebas que deben realizar con introducir todas las combinaciones de valores y verificar si realiza la llamada a la función, mientras que su refinamiento hay dos pruebas en el caso 4 del capítulo 5.1.2.

Las especificaciones del diseño. La tecnología abre un área que trata las pruebas de especificaciones del diseño, existen diversas herramientas que permiten realizar diversos tipos de pruebas al software, como simuladores que puede llegar a los límites de conexiones y concurrencias hacia el software para realizar pruebas extremas. También se considera la prueba de tolerancias a fallas definidas en el diseño con producir fallas deliberadas y controladas en el software para validar su comportamiento. La arquitectura desarrollada se realiza la verificación del correcto funcionamiento definida por sus limitaciones y potenciales. Las pruebas recomendadas están relacionadas a los requerimientos no funcionales o esperadas no descrita de forma explícita en los requerimientos de los usuarios. La mayoría de las pruebas son acciones para generación de condiciones para que el software falle, valida su comportamiento y recuperación. Se utilizan las tablas de decisiones como otros diagramas para definir todas las posibilidades de condiciones, casos de usos, pruebas de escenarios, etc. Por ejemplo, el desconectar el computador o desconectar un cable de la red.

En el diseño se selecciona la tecnología para cubrir la construcción del sistema. La prueba debe realizar bajo el entorno a la tecnología y a la compatibilidad con otras tecnologías. La selección también se debe al uso el aplicativo en diversas tecnologías, es el caso de los sistemas centralizados o sistemas de aplicaciones web que debe ser ejecutadas en diversos navegadores, dispositivos o clientes.

Las especificaciones aplicadas en la construcción. Las pruebas que son realizadas al construir o acoplar el nuevo componente en el software. Se centra en detectar fallas al utilizar las dos categorías de pruebas: la caja blanca y negra.

Caja blanca. Es la prueba que debe realizar cada programador cuando se construye el componente, los programadores tienen la facilidad de utilizar los depuradores que provee la herramienta de desarrollo, y permite verificar línea a línea los códigos del programa. En general, la prueba consiste en tener el fuente del programa, realizar al menos una vez la ejecución de todas las sentencias y en el caso de las diversas condiciones lógicas que sean probada al menos una vez todas las combinaciones, en el caso de los grafos es de verificar y validar todos los posibles caminos a recorrer, se ejercitan todas las condiciones y sus combinaciones, se prueba todas las bifurcaciones; y finalmente en caso de sentencia o instrucciones de ciclos, llevar a todas combinaciones condicionales como sus límites superiores e inferiores.

Caja negra. En caso de los equipos encargados de la prueba como el programador, no desea guiarse por los códigos de programas, se sustituye por los diferentes diagramas disponibles y diseñando todas las posibles condiciones como caminos existentes. Las pruebas son diseñadas con base en la funcionalidad sin fijarse en su construcción interna, se deriva de las pruebas de las entradas de datos para ejercitar el comportamiento del sistema o del componente, ejercita con datos dentro y fuera de los límites permitidos, utilizar los datos permitidos y los no permitidos, la prueba se realiza con la generación de diversas condiciones o acciones para causar un efecto, apoyarse de la aplicación de la teoría de predictibilidad de la causa y efecto.

Lo recomendable aplicar las dos categorías cuando se diseñe las pruebas, desde el punto de vista interno y desde el externo, con dos visiones diferentes, dos pruebas diferentes (blanca y negra).

Una de las pruebas que no se mencionan, es la simple observación de los usuarios reales y las personas en contacto con el sistema en esta etapa, se detalla sus observaciones más allá de los cumplimientos de los requerimientos definidos y acordados con los usuarios. Entra todo lo indicado y cumplimiento o no definido en el diseño de interfaz de usuario, como por ejemplo el nivel de impacto y el nivel de satisfacción.

La prueba no termina, la prueba se transfiere de los encargados del desarrollo a los usuarios, cada vez que los usuarios utilizan el sistema lleva en sí una prueba.

## 5.3. Puesta a producción

En algunos textos lo llaman también implantación, es colocar el nuevo software en mano a los usuarios, se instala en los ordenadores del cliente o del usuario final. El nuevo software trabaja con datos reales en un ambiente que afectará la operatividad de la empresa. Es la salida al mundo exterior y real del nuevo software, se aplica el término comercial de liberar el software, y está disponible para la venta.

En el ciclo de vida del software es el paso siguiente de la culminación de la etapa de prueba, donde no se localiza más fallas o errores, existe una aceptación formal del cliente o los usuarios para ser instalado en producción. En un ambiente de producción está definido por el área en la tecnología donde esta soportado el negocio, el objetivo de la empresa, la información y los datos son reales, son activos de la empresa. La pérdida de información es pérdida para la empresa, generar inconsistencias o fallas en esta área es de gran costo para la empresa. El hecho de generar solo lentitud en sus procesos de negocios con el software puede generar grandes consecuencias, aún sin pérdida de información o fallas. La automatización de los procesos manuales genera el efecto de que se agiliza o disminuye el tiempo de los resultados, esto es una ventaja en el uso del software, aumenta la productividad de la empresa. Estar consciente que la instalación y el uso del nuevo software en producción es de gran impacto para la empresa.

Existen pasos básicos que deben considerar en la puesta de producción. Cada acción o pasos indicados son para evitar gran impacto en la operatividad e instalación del nuevo software, disminuir el nivel de impacto tanto a los técnicos como a los usuarios del sistema. Solo debe haber un solo gran impacto y es en el resultado de utilizar el nuevo software.

Entrenamiento. En todas las empresas al adquirir un nuevo software opta por definir un ambiente tecnológico diferente al de desarrollo y de prueba, un ambiente de entrenamiento, es un ambiente también aislado con similitud al ambiente de prueba y el real. Tiene como objetivo de prestar el servicio de adquirir experiencia tanto los técnicos como los usuarios de la empresa. Antes de interactuar con el nuevo software, los usuarios deben aprender su uso, disminuir sus dudas como adecuarse al nuevo software, en este ambiente se permite equivocarse o generar fallas, hacer pruebas, ver cómo se comporta y ver cómo funciona el nuevo software.

Permisos. Antes de la puesta de producción se debe tener los permisos de acceso físico al área de producción, si es necesario, indicando la fecha y las horas de permanencias (tiempo suficiente para el despliegue y soporte). Los permisos también deben ser a los accesos informáticos, claves, usuarios, etc., para la instalación y acceso a ambiente de producción. Creación de los nuevos usuarios en el sistema a instalar en una lista definida por la empresa receptora del software.

Despliegue. Es el paso de la instalación y configuración al ambiente de producción del nuevo sistema. Instalación tanto de componentes informáticos, como nuevos ordenadores, o sustituciones, nuevos dispositivos, instalación y configuración de las redes, etc.

Soporte. Existe un soporte obligatorio que debe poseer todos los integrantes en el despliegue, la documentación necesaria, como manuales de instalación del sistema y de los dispositivos a usar, manuales de usuarios, lista de tareas en la instalación, etc. En el proceso de despliegue se lleva un monitoreo especial por parte de la empresa como los integrantes del grupo de desarrollo y soporte, puede ser tanto físico como remoto la presencia y por un tiempo prudente definido en la planificación de puesta a producción. Soporte definitivo (contacto a un grupo de soporte) al finalizar el soporte temporal y monitoreo de la instalación, determina el nivel de escalamiento de fallas y soportes permanentes.

Pruebas básicas. Realizar pruebas que no afecte el estado actual de producción, por ejemplo, realizar consultas en el nuevo sistema que no se cobre comisión. Uso del nuevo sistema e identificar por los datos e información que se está utilizando los datos reales de producción y no del ambiente de prueba o de desarrollo. Utilización de todos los dispositivos y software instalados para verificar y validar su operatividad.

Contingencia. La contingencia es un conjunto de acciones previamente planificada, donde permite ser aplicada para resolver problema o fallas encontrada en el despliegue. Una contingencia básica que se debe tener es la desinstalación o reversar todo lo nuevo del software, dejar el ambiente como estaba antes de haber empezado el despliegue, dejarlo como si no se aplicó la puesta de producción. Después de reversar la instalación, se debe aplicar lo indicado en las pruebas básicas del párrafo anterior pero con los sistemas actuales.

Validación y verificación. Con las pruebas básicas, se debe realizar de forma organizada y planificada, dejando un registro de las acciones ejecutadas, como registro de la observación de la correcta instalación y operatividad. Se verifica el correcto funcionamiento del nuevo software y cada software que están instalados previamente antes del despliegue.

Control. El despliegue existe procesos de instalación de forma paralela como en secuencia de los diferentes componentes. La gestión del despliegue debe tener un responsable líder o principal que coordina, observe, valide y verifique la instalación y funcionamiento correcto de todo. Cada integrante del grupo de despliegue, también tiene asignado sus responsabilidades y sus labores. El control es a nivel local temporalmente en el momento del despliegue, el estatus de la puesta en producción y su progreso debe estar en comunicación con la coordinación general del despliegue, cualquier cambio de ejecución, planificación o resultado de lo deseado, se notifica para tomar la contingencia a nivel de la coordinación general, puede que afecte los cambios de la instalación local en otro punto de la empresa. Por ejemplo, la creación de acceso de la nueva base de datos para el nuevo sistema localizado remotamente en un lugar físico o acceso a una red privada remota del despliegue. Algunas gestiones se aplican el aislamiento temporal de la nueva instalación, al suceder una falla que no se propague a otras instancias de la empresa y pueda controlar y resolver de forma aislada, esto se permite si tiene los mecanismos necesarios para hacerlo.

Planificación final. Cada instalación se verifica la gestión y sus resultados, realizando posibles mejoras en los procesos de puesta de producción del sistema en el futuro o en otro punto lugar de la empresa.

Los puntos críticos en esta sub etapa son la planificación, coordinación, control y comunicación entre los diferentes integrantes de los grupos de trabajo del despliegue. A nivel de los nuevos usuarios es la empatía que debe tener los encargados del proyecto y gestores en el despliegue, los usuarios tienen la prioridad de llevar el menor impacto por el cambio que está sucediendo en la instalación del nuevo software. Mientras que los usuarios sientan menos el cambio, el impacto es menor, llevar cambios pausados y pequeños en general; al menos que los cambios son tan radicales que sube el nivel de seguridad, confort y satisfacción en el uso del nuevo software, cambio de ambiente laboral positivo en todo los sentidos, es decir, un aumento de nivel de los usuarios en la pirámide de Maslow en el uso del nuevo software. Es importante la observación del personal de ventas y mercadeos de ambas empresas (desarrollador y él que adquiere el software) que acompañe al personal de soporte posterior a la instalación, permite una observación real de los resultados de todas las etapas previas del ciclo de vida del software, como el futuro del nuevo software, es tener otra visión del producto obtenido.

Las empresas que poseen varias localidades geográficamente separadas físicamente, el pase de producción debe ser paulatino cuando el software es nuevo y si es necesario de ser instalado en cada lugar físicamente; se recomienda de ir de lo sencillo a lo complejo, es decir, la localidad que tenga menos impacto a la empresa y que técnicamente sea más simple o sencillo de controlar y dar soporte. Se puede llamar prueba piloto, en la instalación y pase a producción se hace un refinamiento en el proceso de despliegue para el siguiente con mayor complejidad, dejando de último el más complejo y de gran tamaño; en cada piloto se realiza refinamiento para la próxima instalación. Esto permite que el riesgo sea menor, la curva de aprendizaje sea natural y el crecimiento sea progresivo. Cubierto todos los tipos de localidades y pilotos, se puede masificar o ampliar a nivel de rango como simultaneidad  el pase de producción, en caso tener la logística y planificación de cambio en un momento dado a todas las localidades, esto permite ayudar a la próxima etapa, el mantenimiento.

## 5.4. Mantenimiento

La última etapa del ciclo de vida del software, es la menos predecibles de todas las etapas, en el sentido que existe una planificación y fechas pautadas de entregas en las etapas anteriores, la fecha importante de todo proyecto es la fecha del despliegue o puesta a producción; pero definir el tiempo de duración de esta etapa de mantenimiento no es predecible, tener planificado a largo, mediano o corto plazo la sustitución de este nuevo software por otro, puede ocurrir tres casos, a)  se cumpla a la cabalidad de lo planificado; b) la sustitución abrupta del software (no se espera la fecha de planificación para su desincorporación); y c) el último escenario es del plazo fijado para su sustitución se alargue más de lo esperado, por ejemplo: se estaba fijado en los planes la duración de 5 a 8 años, el software se ha mantenido por más de 19 años y esta operativo actualmente. Pero lo que es cierto, que el tiempo de duración promedio de esta etapa es mayor a la suma de todas las etapas anteriores, es por esta razón que existen empresas que no desean tener las etapas iniciales del software, solo desea el contrato de mantenimiento, es parte de la razón que existen las empresas externas ("outsourcing") que desean estos contratos, por un lado, el nivel de incertidumbre es baja para todos los cambios dentro del software, son como mini proyectos o de baja escala, son de corta duración, en esta etapa es predecible en este sentido.

La empresa gasta gran cantidad de dinero en hacer trabajo sencillo y rutinario en la mayoría de los casos. Los cambios son debido a que después de entregar el software al cliente (usuarios), los cambios son necesarios para adaptarse o realizar mejoras producidos a los cambios tecnológicos, cambios de procesos internos o mejoras de la empresa, cambios externos de la empresa (economía, leyes, situación o hechos acontecidos sociales, políticos, etc.) o simplemente mejoramiento del software en sí.

El mantenimiento tiene como objetivo la continuidad operativa del software, e inclusive alarga la vida del software o la supervivencia de esta en el tiempo. En el mantenimiento se aplica el ciclo de vida del software para cada cambio, a menor escala, pero se realiza en el mismo proceso de selección de modelos de procesos de desarrollo, estudio de factibilidad y todo lo mencionado, como si fuera un proyecto nuevo de desarrollo de software, por su escala y el nivel de incertidumbre, la mayoría tiende a usar el modelo de desarrollo clásico o de cascada o que tenga un nivel de tamaño pequeño de proyecto como los procesos ágiles. Existe adicionalmente una diversidad de modelos de procesos de desarrollos de software y gestión aplicada solo al mantenimiento. En los diferentes institutos de estándares separan el mantenimiento con la gestión, procesos, modelos y técnicas del ciclo de vida del software aplicada anteriormente, esta etapa lleva también todos estos conceptos pero aplicable en esta etapa como si fuera un proyecto nuevo, cada cambio es similar a un proyecto nuevo.

Las actividades y los procesos aplicados en la ingeniería del software permiten la calidad del producto entregado como selección de cualquier método basado en estos principios, la aplicación de estos mismos principios en la sub etapa de mantenimiento garantiza su éxito.

Existen cuatro tipos de mantenimientos que aplican en el software definido en ISO/IEC 14764:2006 [lee02]:

- **Correctivo:** corregir errores que no han sido descubiertos antes y durante la etapa de prueba.

- **Adaptativo:** se modifica el software cuando hay cambios del entorno externo del software.

- **Perfectivo:** incorpora mejoras y nuevas funcionalidades solicitadas por la comunidad de usuarios.

- **Preventivo:** mejoras para la facilidad de mantenimiento y la fiabilidad como base para el futuro.

Una manera de hacer mediciones de la calidad del software entregado, es verificar la cantidad y el tipo de mantenimiento que se ha realizado cerca de la fecha de la puesta de producción del nuevo software. Por ejemplo: si el porcentaje es alto en el mantenimiento correctivo, y los otros tres tipos son muy bajos, se define que las pruebas no se hicieron de la forma correcta. En el caso de mantenimiento adaptativo es de gran afectación para alargar la supervivencia del software, el uso correcto del concepto de portabilidad, permite este tipo de mantenimiento de que el software sea aplicado en las actualizaciones de los sistemas operativos, una gran familia actuales de estos sistemas operativos se actualizan con nuevas versiones que dejan obsoletos a los más antiguos o no se la dan soporte por parte de la empresa proveedora o fabricante de esta tecnología, que obliga  cambiar a nuevas versiones del sistema operativos; un sistema operativo que es cambiado a otro es porque dejan de ser comercializado o dejan de ser usado por el mismo problema del soporte, que obligan al cambio a otro sistema operativo, como sucedió con los sistemas operativos Windows 98,  NT, XP, Windows 7 y Vista de Microsoft que dejaron de ser soportado y lo descontinuaron, se debe migrar los aplicativos a las siguientes generaciones de los sistemas operativos. Esto es más marcado por los fabricantes de hardware, con los nuevos  ordenadores más poderosos, que se renueva constantes y rápidamente. El mantenimiento adaptativo puede también venir por cambio del mundo del negocio, industrial o empresarial, empresa desarrolladora de software que soporta una tecnología, se debe cambiar de tecnología por la adquisición o absorción entre las empresas tecnológicas.

Ahora, el aplicativo esta operativo en una granja de software, en una diversidad de plataforma  tecnológica. El mantenimiento del software de una empresa no es sencilla, diversidad de persona que atiende a cada software en su parcela, el definir una arquitectura general (conexión y relación de cada software instalado con los otros software) de la empresa ayuda en gran medida de realizar los mantenimientos  necesarios. Los costos de realizar un cambio, repercute y varían en la selección del software o el grupo de software a realizar el mantenimiento, el nivel de riesgo, el impacto y muchos otros aspectos que se evalúan en un proyecto de un software. Se debe aplicar en este proceso pero a una escala mayor en que puede afectar no uno, sino a varios software; en este caso los software son ahora los componentes de la arquitectura tecnológica en la empresa, nivel alto de abstracción de una arquitectura, esto genera que el mantenimiento y el trabajo es de gran escala. Los principios de la ingeniería del software en estos proyectos se deben usar para lograr el éxito, por ejemplo, cambios sencillos y simples, cambios pequeños que permitan cubrir las nuevas necesidades y cambios de la empresa.

## 5.5. Documentación

*"Cuando me siento a programar, sólo Dios y yo sabemos lo que el código hace.*

*Una semana después sólo Dios sabe"*
*Anónimo*

El uso de la documentación en los proyectos informáticos se inicia mucho antes del inicio del ciclo de vida del software, el uso de documentos para investigación de los posibles clientes, las licitaciones públicas, la formación de una idea para un proyecto informático, etc. En todas las etapas del ciclo de vida del software como los procesos que lo acompañan, se usa una herramienta básica que es la documentación. La documentación según la Real Academia Española es la acción o efecto de documentar [Rae01, página 844] y el documentar se centra en dos objetivos:

- Probar y justificar.
- Informar lo que se realiza.

El documentar en su definición [Rae01, página 844] es la acción de probar, justificar con documentos. Instruir o informar acerca de lo relativo a un asunto determinado.

Su utilización indica el nivel de madurez, calidad, formalización, control y organización del proyecto. La acción de representar la información en un medio de almacenamiento de forma entendible para su uso futuro. A su vez, es la utilización de esta información para soportar la nueva información a generar en todas las etapas de desarrollo del software.

346

Ventajas de la documentación en el proyecto:

- La información de lo que se desea esta formalizada y todos saben que hacer.
- Control de estados no deseados o errores.
- Con la información ordenada, se alimentará la documentación y/o manuales futuros.
- Ayuda en el análisis y diseño de forma ordenada y óptima.
- Predice el alcance de las necesidades del usuario.
- Planificación de las acciones a tomar.
- El control de la información se puede dar en un grupo y no se centra en una sola persona.
- Formalización de acuerdos del grupo de trabajo.
- La documentación es una práctica madura de una organización.
- Extiende el conocimiento a otras personas y en la organización.
- Calidad de trabajo de alto nivel.
- Es una herramienta de control.
- Formalización de todos los requerimientos y trabajos.
- Recordatorio para el mismo programador.
- Ayuda en el entrenamiento, soporte, mantenimiento y otro personal.
- Al nivel de negocio es un instrumento.
- Síntoma de proyectos organizados.

Existen dos tipos fundamentales de documentación:

- Documentos fuentes.
- Documentos de programas.

Documentos fuentes: Son diferentes tipos de información de diferentes orígenes que son utilizados en el proyecto. Existen tres objetivos básicos de los documentos fuentes:

- Investigativo: Informes, manuales o cualquier documento técnico o no técnico que orienta la investigación o análisis para lograr los objetivos, requerimientos o solución de problemas.

- Compromiso: El documento fuente que formaliza los requerimientos, intención o necesidad del usuario. La mejor práctica son las minutas, memorándum, contratos, etc.

- Control: Los documentos de nuevos requerimientos o nuevas necesidades que afectan las características del sistema, se estudia con respectos a los anteriores documentos fuentes, controla requerimientos o estados contradictorios en el sistema.

Todos los documentos tienen vida propia, cambian con el trascurso del tiempo, evolucionan, por ejemplos: los manuales técnicos o de los usuarios, varían con respecto a las versiones que son desplegados con las nuevas funcionalidades, correcciones de fallas, mejoras, etc., las listas de requerimientos que van creciendo en detalles como en número de peticiones del usuario. Pero existe un documento que no cambia, que son los registros, son documentos que se plasman hechos, o se graban en un momento dado, los distintos significados de esta palabra se utiliza, en este contexto, se toma el significado de la acción de registrar en un documento en un momento dado, no se modifica, son los documentos que están en las notarías o registros de cada ciudad, con este significado, se define los registros. Los documentos tiene vida propia como se describe anteriormente, pero puede llegar ser un registro, por ejemplo, cada manual del sistema de una versión específica es un registro. Una característica que define el registro es que posee fecha y algunas ocasiones la hora, por ejemplo, las minutas son documentos que describen las reuniones de trabajo con sus puntos a tratar y acciones a aplicar, nombre y firmas de cada integrante que asistió a la reunión, las minutas no se cambian cuando están firmadas por todos los integrantes.

Los registros son muy usados en los diferentes modelos de gestión de la calidad y diferentes modelos de procesos de desarrollos del software, permiten hacer mediciones, formalizar las condiciones no deseadas o no conformidades detectadas en los procesos observados, compromisos de eliminación de estados no deseados o fallas encontradas en los procesos o en el software, etc. en un momento dado. Con los registros se pueden observar el avance o las mejoras de calidad mientras transcurre en cada etapa o el tiempo, el análisis de los registros de diferentes fechas puede llegar a muchas conclusiones, es una herramienta de gestión de control y de compromiso. Solo recordemos por ejemplos, de los reportes de las tareas y las fallas, las planificaciones y las anotaciones usadas en los diferentes modelos de procesos de desarrollos del software mencionados en el libro sobre la utilización de la documentación y registros.

Documentación de programas: Documentar diferentes tipos de información requeridas para la operatividad y el mantenimiento de los programas durante todo el ciclo de vida. Existen dos objetivos básicos de estos documentos:

- Uso: documentación que permite a los usuarios aprender a utilizar el software.

- Mantenimiento: documentación que permite ayudar a los programadores para la continuidad operativa, mejoras, reparación y modificación de los programas.

Existen tres grupos de personas que necesitan conocer la documentación, y los objetivos de cada uno de ellos son diferentes:

- *Programadores*: Manual de mantenimiento del software.

- *Operadores*: Manual del operador. El operador es la persona encargada de ejecutar el programa, introducir datos y extraer resultados.

- *Usuario*: Manual de usuario. El usuario es la persona o sección de la organización que explota el software, conociendo su función, entradas requeridas, el proceso a ejecutar y la salida que produce.

### 5.5.1. Manual de usuario

Este documento explica la funcionalidad del software y como utilizarla. Está escrito en un lenguaje propio de los usuarios o del área del dominio que se orienta el software. Combina el lenguaje sencillo y natural estándar del nivel de los usuarios. Generalmente son redactados por los mismos usuarios experimentados o por el personal de normas y procedimientos. Describe en forma general y detallada de toda la funcionalidad del sistema, aclaratoria de términos y de dudas generales para el usuario. La presentación puede ser física de forma de libro o un documento electrónico que se accede en el mismo software, o ayuda en línea.

Por la simplicidad del lenguaje y entendimiento, el documento es utilizado como herramienta para el personal de venta, publicidad y mercadeo, donde es el documento fuente de información para los demás documentos de otras áreas de la empresa.

## 5.5.2. Manual de operador

Este documento nace de los grandes ordenadores ("Main Frame"), existen todavía una diversidad de personal con diferentes responsabilidades alrededor del manejo de estos ordenadores,   como diseñadores, constructores, operadores, programadores y el personal de mantenimiento. Los grandes computadores deben mantenerse operativos el mayor tiempo posible, una de las herramientas para su continuidad operativa es el manual de operador, persona utiliza este manual como ayuda. Con el tiempo, la diversidad de tecnología en otros ordenadores y las arquitecturas de software actuales, hace diferentes a los grandes ordenadores pero mantienen el uso de este manual para los operadores técnicos. El manual de operador tiene el objetivo de indicar el funcionamiento técnico correcto del software, los procedimientos, las actividades, las tareas y las acciones, de una manera secuencial y precisa que se debe ejecutar, para mantener la continuidad operativa del sistema. Indicaciones de detección y arreglos de anomalías o estados no deseados. Definición del paso a paso para realizar una actividad técnica en el sistema. El lenguaje escrito en estos documentos es  técnico. Un lenguaje técnico básico que puede ser intermedio entre el manual de usuario y manual de mantenimiento. El lenguaje usado está basado en el área de la informática, de la computadora y de las aplicaciones o software.

## 5.5.3. Manual de mantenimiento

La documentación del sistema o manual de mantenimiento es por naturaleza más técnica que el manual de operador. Se describen las fuentes finales y explicaciones sobre la construcción de los mismos, las especificaciones, los diagramas de flujos (DFD) o su equivalente, los diagramas entidad-relación, los diccionarios de datos y diagramas que representan la estructura modular del sistema. Este manual se modifica y se actualiza durante todo el ciclo de vida del software, posee todos los diagramas y esquemas descritos en todas las etapas desde el análisis hasta el mantenimiento inclusive. El lenguaje escrito para este manual es de la tecnología seleccionada en la mayoría de los casos.

El manual debe cubrir al menos los siguientes puntos:

- Arquitectura del software.
- Diagramas y esquemas del diseño (caso de usos, DFD, etc.).
- Descripción detallada de cada componente.
- Configuraciones del  sistema.
- Instrucciones necesarias para iniciar el programa en memoria desde el almacenamiento secundario (discos u otros dispositivos) y arrancar su funcionamiento.
- Recursos internos y externos que accede el programa.
- Nombres de los archivos externos a los que accede el programa.
- Mecanismo de comunicación con otros aplicativos (si existe).
- Todos los mensajes de error o informes.
- Opciones en el funcionamiento del programa.
- Descripción detallada, preferiblemente con ejemplos, de cualquier salida producida por el programa.
- Protocolo de comunicación entre componente o aplicaciones externas, si aplica.

Categoría del manual de mantenimiento:

(1) documentación interna

(2) documentación externa

Documentación Interna

La documentación cubre los aspectos del programa relativos a la sintaxis del lenguaje de programación. Esta documentación está contenida en los comentarios. En todo lenguaje de programación existe la instrucción, sentencia o comando de "comentario", cada instrucción del lenguaje de programación tiene una función concreta, en este caso la instrucción de comentario es usado en los códigos fuentes pero el compilador o la herramienta hace omiso a su contenido (no hace nada en el programa como instrucción hacia el hardware o sistema operativo). Se debe considerar su utilización en los siguientes puntos:

- Cabecera de programa: se indica el nombre del programador o responsable, fecha de creación, breve descripción del programa, nombre de los programadores que modifican el programa con fecha y versión, descripción breve del programa, entrada, salida, descripción de variables y estructuras de datos, comentarios importantes, explicación de dudas o partes confusas.

- Nombres significativos para describir identificadores.

- Comentarios relativos a la función del programa como en todo, así como módulos que comprenden el programa.

- Claridad de estilo y formato (una sentencia por línea, sangrado), líneas en blanco para separar módulos (procedimientos, funciones, unidades, etc.)

- Comentarios en general.

Esta documentación esta explícita en el programa fuente para ofrecer información. La información tiene la finalidad de ayudar a otras personas en el entendimiento del programa fuente. Otro punto importante es de identificar los cambios realizados y llevar en estos un historial de modificaciones. La documentación se hace con estilos libres con mínimo recomendaciones básicas como:

- Depende de la herramienta de desarrollo, se debe crear normas y procedimientos para organizar, controlar los cambios y las creaciones de los nuevos códigos.

- No borrar nada, comentar las líneas en vez de borrar. Permite reversar los cambios si no funciona. En caso de ser el creador del programa hacer la limpieza luego que funcione el algoritmo, pero con mucho cuidado. Si no es el creador, no hacer limpieza y seguir la siguiente recomendación.

- Cada cambio hecho por un programador, inclusive el creador, se debe identificar los cambios. No borrar nada, inhabilitar las líneas de programa con los comentarios que permita ver los cambios y su evolución. Identificar nombre del programador, la fecha, versión y motivo del cambio. Se recomienda colocar en los comentarios etiquetas. Por ejemplo: si el lenguaje de programación el símbolo "//" es la instrucción de comentario, entonces, en la cabecera se debe colocar al inicio del archivo fuente,

  // <JF-019> Jacinto Fung, 15/06/2017, Cambio de requerimiento num.

```
// 151

// <JF-020> Jacinto Fung, 07/09/2017, corrección del error en la

// formula ..

//<JF-020 Begin>

//X = X + 1;   ← error de la formula, este es el código original

X = X * 3;

//<JF-020 End>
```

- Si el cambio es total o gran parte de una rutina, se comenta toda la rutina y crear una nueva con el mismo nombre y aplicando todo lo anterior en la cabecera de la rutina.

- Si es un archivo completo de código fuente que va a modificar, se aplica con el renombrar el archivo con nomenclatura u otro mecanismo que se identifique el desuso, esto depende de la herramienta y el estándar a proceder del equipo de desarrollo, para este caso se aplica todo lo anterior.

- Cada programador debe tener un control de cambio e informar a lo demás miembro del desarrollo, tanto en los fuentes de los programas como en una documentación externa (centralizado y acceso a todo el equipo) para gestionar el proyecto. El uso de la documentación interna ayuda a disminuir los tiempos en el proceso de control de cambio. Lo recomendable es actualizar ambos documentos (interno y externo), uno para el uso particular de los desarrolladores y otro para la gestión de cambios.

Documentación Externa

Esta documentación esta fuera del programa fuente, siempre debe acompañarse al programa. La documentación externa debe incluir:

- Diagramas y esquemas del sistema donde dieron origen al código de los programas.
- Explicación de estructuras, fórmulas o esquemas complejos.

- Información de los programas fuentes, mapas de memoria, referencias cruzadas, etc.
- Especificación detallada del programa: documento que define el propósito y modo de funcionamiento del programa, entrada y salida.
- Diagrama que representa la organización jerárquica y control de los módulos que comprende el programa.
- Información de las pantallas utilizadas por los usuarios, descripción de los campos y secuencia de los campos, si aplica.
- Información importante que pueda servir a los programadores para mantener el programa.
- Detalle del diagrama de representación de los datos, detalle de los datos a procesar, como los archivos externos a acceder, incluyendo el formato de las estructuras de los registros, campos, etc. Esto proviene de los diagramas de entidad relación, de jerarquía o redes.
- Descripción detallada de las conexiones entre los componentes del software como las conexiones a otros aplicativos.
- Información para la gestión de cambios del proyecto (registros).

Con el uso de los documentos electrónicos, la administración, el control y la organización de la información dentro de un manual de mantenimiento se hace sencillo, el administrar cada requerimiento de forma individual con su evolución y versiones, permite gestionar de una manera más flexible y creativa, con uso de estilo personalizado de las empresas con la mezcla de estándares en el manejo de documentos electrónicos y documentos tradicionales, usando la plataforma de redes locales como los recursos actuales existentes, permiten agilizar y distribuir la información de forma interna en el grupo de desarrollo durante el proceso de creación del software (en todo el ciclo de vida del software). Al final del proceso de codificación, permite de forma sencilla la integración y la organización de la información en un solo documento de mantenimiento, donde será usado  el resto de las etapas del ciclo de vida del software. El continuo proceso de modificación de este documento de mantenimiento, como el de operador (si existe) y el manual del usuario, se actualiza de forma paralela. Con la tecnología actual permite iniciar todos los manuales desde el inicio del proyecto de forma conjunta y con la coordinación en la gestión de los documentos, adicional a todos los demás documentos y registros que acompañan a estos manuales, como herramienta de control y medición de la calidad, el uso de la red local y en compartir un área común electrónico (de forma de ficheros y carpetas electrónicas) para todo el equipo que labora en el proyecto, permite también organizar de forma personal la gestión de los documentos y su calidad, un proceso personal antes de ser compartido a todo el equipo.

Siempre hay que recordar que es una mala costumbre de los programadores de escribir la documentación en la última etapa del proyecto, lo ideal es desarrollar la documentación a medida del progreso en el ciclo de vida del software. Esta práctica es importante y más efectiva debido a que tiene las ideas frescas y sirven de recordatorios, y de segundo no se acumula el trabajo al final.

Los programadores como todos los integrantes de grupo de desarrollo deben apoyarse de las herramientas y las tecnologías como la red local, uso de ordenadores y modelo de arquitectura de software existente, reutilizarlo en los procesos de documentación tanto interna como externa. Los procesos de control y calidad de la documentación deben ser apoyados con la tecnología existente. El uso de internet permite gran cantidad de empresas de desarrolladores de software y de tecnología, apalancarse en el proceso de documentación tanto en la distribución a los usuarios y clientes del software, también se aplica para el caso de la publicidad y mercadeo del software.

# 6. La gestión

La gestión y la administración en el contexto de las empresas y organizaciones, como en los proyectos existen ciertas similitudes como diferencias entre ellas. La acción de administrar como de gestionar nos basamos en sus significados en la Real Academia Española [Rae01, páginas 47 y 1135], el administrar posee diferente significado como: de gobernar y ejercer autoridad o el mando sobre algo o sobre las personas; dirigir una institución; organiza, dispone, ordena en especial la hacienda o los bienes; suministra, proporciona o distribuye algo; graduar o dosificar el uso de algo, para obtener mayor rendimiento de ello o para que produzca el mejor efecto. Mientras que gestionar es hacer diligencias conducentes (guía hacia un objetivo o situación) al logro de un negocio o de un deseo cualquiera.

Los dos conceptos se basan en las tomas de decisiones y acciones que producen un resultado, un resultado que puede estar alejado o cercano a lo deseado. La diferencia de llegar al objetivo deseado o no, son las acciones que precipitan a estos resultados. Esto deriva que las acciones correctas generan los resultados deseados. Una forma de crear acciones para llegar a los objetivos deseados es aplicar lo que conocemos de lo básico en la carrera. Todo conoce en lo que trabaja en esta área del **conocimiento de desarrollo de software y de la ingeniería del software sobre el concepto de la programación estructurada.** La programación estructurada tiene el objetivo de resolver problema mediante la utilización ordenada de sentencias o instrucciones básicas como sentencias simples, condicionales y de ciclos, ir paso a paso con estas sentencias para obtener la solución, al final deben ser representadas en las sentencias en un lenguaje de programación (codificado), para que luego sean ejecutados en los ordenadores. Los desarrolladores deben hacer gestión para cumplir a cabalidad este concepto si desea que su código funcione y llegar a la funcionalidad deseada, lo llamaremos gestión del programador.

## 6.1. Gestión del programador

Un programador de software se plantea naturalmente de acciones y toma de decisiones  propias de su personalidad y su formación, para lograr el objetivo de codificar el programa deseado y que funcione en un ordenador; se habla entones de un estilo de programación, abstracciones del programador, investigación y aprendizaje o auto aprendizaje del lenguaje de programación, si es necesario, la utilización de la ciencia dura como la ciencia blanda son aplicadas o usadas como únicas herramientas disponibles. Las acciones por si no tiene un valor significativo al objetivo si no tiene un orden o una secuencia, una planificación de lo que se debe hacer. Pero la planificación no es garantía del éxito, pero es la guía a seguir, en un plan existe otros factores que se combinan para que permita el logro del objetivo con éxito. Sin duda el trabajar en esta área profesional, se forma el modelo de gestionar inconsciente influida por otra área de la vida y en el contexto de las dos ciencias de equilibrar o balancear para el logro de los objetivos. El uso de las ciencias de forma balanceada, el uso de la formación profesional como en la vida; permite el acumulamiento de experiencias y de conocimiento, que se utiliza para planificar las acciones futuras, que conlleva a tomar  decisiones que dependiendo de los resultados de las acciones; construir nuevas acciones para el cumplimiento del objetivo definidas en los planes trazados; define proceso futuro para crear, modificar o actualizar el programa, se apoya en la aplicación de ensayo y error en casos desconocidos; o un plan concreto definido donde es conocido la ruta a seguir para llegar la meta.

La gestión del programador tiene secuencia de pasos pero en algunos se aplica de forma paralela o simultanea, es el modelo del programador. El ejemplo se aplica en la construcción de una función,  rutina o componente como se indica los siguientes pasos:

- Analiza el requerimiento y aclara las dudas.
- Formación del objetivo principal o funcionalidad de la rutina.
- Define los pasos generales para la solución del problema o la funcionalidad,  se plasma en el algoritmo principal de la rutina. Cada paso define una subrutina sin detallar, solo el nombre de la subrutina que describa su funcionalidad (comentarios de los detalles).
- En cada sub rutina se coloca los pasos generales para cubrir la operatividad. Se coloca el nombre y comentarios de los detalles de la funcionalidad. Este paso se repite hasta llegar al algoritmo propio con

el lenguaje de programación. Si no encuentra la instrucción, comando del lenguaje de programación, se investiga en la documentación para aplicarlo. Si es posible, sustituye la instrucción inexistente por otro que realice algo similar o por un conjunto de sentencias conocidas.

- Pruebas y evaluación de los resultados.
- Correcciones. En este paso hace refinamiento de cada sub rutina que contiene el algoritmo principal, desde los más internos a los externos. Se repite el paso anterior. Si no funciona, ir al principio de nuevo.

¿Le parece conocido estos pasos?, por supuesto, es sencillo y fácil de aplicar, es el ciclo de vida del software pero en una escala simple, depende del programador en escoger el modelo de proceso de desarrollo para la rutina, que tiene analogía y similitud, pero en cada etapa se aplica los mismos procesos pero en una escala menor, como:

- Refinamiento de paso a paso. De las subrutinas internas terminadas se refina hasta completar la totalidad de los pasos de la sub rutina mayor, hasta llegar al algoritmo principal **de la rutina.**

- **Abstracción de lo general a lo particular.** Desde el algoritmo principal definido en la rutina principal, ir a cada una de subrutinas internas que son llamadas y se desarrolla con mayor detalle.

- **Basado** en principios, leyes, normas o estándares. Se obliga en las sub rutinas internas cumplan con la sintaxis y la semántica en cada instrucción definida en el lenguaje de programación y de la tecnología seleccionada, como las llamadas de las subrutinas, uso correcto de la herramienta, uso de controles, como monitoreo del código de programación, etc. Es seguir las normas de uso de la tecnología en construir la rutina.

- Sencillez. Cada paso se detalla en un grupo de instrucciones de llamadas básicas a las subrutinas, al mismo tiempo el programador realiza algoritmo sencillo con mínimo de líneas de código (Ver el capítulo 5.1. de "Algoritmo simple" si aplica el programador).

- Planificación. Define el inicio de la programación, duración, la entrega del producto final, y realiza la construcción de la rutina. Es el responsable asignado en la construcción de la rutina.

- Administración de recursos. Determina en este caso los recursos necesarios tanto a nivel de equipo, lenguaje de programación instalado, etc., administra su propia persona, como la parte de la competencia o lo apto para realizar la tarea, cómo realizarlo con los recursos disponibles.

- Estimaciones. Deriva de los resultados del trabajo si cumple con la funcionalidad deseada, tiempo de desarrollo, etc. Medición de la calidad de la rutina. Medición de la complejidad y orden del algoritmo.

- Riesgo. Disminuir el riesgo con la aclaratoria de las dudas.

- Otros, como modularidad, y todos los compendios que se ha estudiado hasta el momento.

El detalle de la gestión básica del programador permite extrapolar a otras gestiones. La otra visión, la aplicación de los diferentes procesos a escala menor del ciclo de vida del software como procesos que lo acompaña pero en el contexto de la gestión del programador. De la gestión grupal como individual y organizativa descrita en los capítulos anteriores, se presenta este mismo patrón con su propia escala y en su propio contexto.

El patrón surge también con los efectos de la ciencia blanda en las tendencias de la ingeniería del software como indica Pressman [Pre01, páginas 699 y 700], pero es inevitable esta influencia debido a que todo depende de las tomas de decisiones y acciones por el humano, la influencia en todos los procesos y construcción del software, lo dicta también con las interacciones humanas, las tendencias que son universales y que está influenciado por la ciencia humana.

El hecho del ser humano como ente básico de la sociedad y sus relaciones con la sociedad influye principalmente en estas tendencias en las ciencias blandas y el uso de las ciencias duras (predictivas). Pero como indica Pressman hay que dejar está área a los expertos de las "ciencias blandas", dedicarnos más al área de las ciencias duras, pero hasta que punto podemos hacer esta concesión y tomar acciones al respecto, la mayoría de los procesos está influenciado por las ciencias blandas; esta diversidad de modelos de procesos, diversidad de escuelas (vieja y nueva era) en el desarrollo del software, selección de la tecnología es una toma de decisión humana y no técnica (la base de las decisiones puede ser técnicas), etc. Hay punto de límite entre las dos ciencias y de uno u otra forma este límite deben ser conocido por ambos lados; los ingenieros con conocimientos científicos y los humanistas, no se proponen de adquirir la totalidad del conocimiento de la humanidad, es imposible por la inmensa cantidad de conocimiento que en una vida promedio de un humano no se puede adquirir. Pero si se puede ahondar el conocimiento y experiencia del otro lado, hasta cierto punto que sea útil en el área de la ingeniería del software y en el objetivo a cumplir; en los casos de las empresas que contratan expertos en ciertas áreas para el asesoramiento en los objetivos trazados, el conocer el área que no le pertenece o se desconoce hasta el momento, pero es valioso para las metas y objetivos. La decisión es tomada por el dueño o el que dirige la empresa, no por los expertos, la decisión puede estar influenciada por diversos expertos de diversas áreas, es la razón que existen reuniones plenas, que está involucrado todos los principales influyentes y expertos en el área para la toma de decisión, una diversidad de punto de vista solo para tomar una decisión.

Sucede lo mismo en la gestión de los proyectos de la ingeniería del software. Pero aun así, existe éxito como fracaso en las decisiones y acciones tomadas. El porcentaje de fracaso y éxito en los proyectos de desarrollo del software hace similitud o tiene la misma proporción en las demás áreas profesionales como en otros ámbitos de la vida, como en el proyecto de negocio personal, el cambio de vida, mudarse a otro sitio, en cambiar su vida económica, etc. La mayoría fracasan y pocos tienen éxitos, algunos indican que el éxito provine de la pasión, constancia, disciplina, esfuerzo, determinación, talento y conocimiento de las personas que integra el grupo; o simplemente, este porcentaje proveniente de la misma naturaleza, supervivencia del más apto o la ley de la selección natural; viene marcado por la ley de la naturaleza humana, explicaciones e investigaciones desde diferentes punto de vista desde la ciencia dura como blanda de los éxitos y fracasos de las gestiones. Lo que sí está seguro, que la ciencia blanda afecta de algún modo en la gestión. Las acciones y tomas de decisiones es de mayor rango proveniente de la ciencia blanda que hasta ahora todavía y en el futuro bien lejano no lo podemos medir o determinar con certeza, con el mismo razonamiento del límite y profundidad que puede llegar entre las dos ciencias en el proceso de gestión.

La gestión del programador, puede llevarse a un más al interior del individuo, en el manejo de la gestión personal descrita más adelante. Permite estudiar las acciones propias de las demás gestiones, e inclusive de la gestión del programador.

## 6.2. La naturaleza humana de la gestión personal

Todo individuo comienza desde lo básico en el comportamiento y pensamiento, el ser natural del hombre, nuestro origen proviene de ciclos atrás a la naturaleza y seguimos perteneciendo a esta, no quiero ir a lo profundo del estudio humano, ni pretendo hacerlo, no es mi área de formación, pero como pensante, pertenecemos y mantenemos en nuestro gen comportamiento que nos incluimos como todo ser creado en este mundo. Evolucionamos como todo ser en la naturaleza, y nos hacemos diferenciar de las otras especies, por las acciones que son propias humanas que nos diferencian de otros seres de la naturaleza, para bien o para mal, con o sin razón, e inclusive rompemos o no cumplimos leyes naturales que todas las demás especies lo cumplen. Las características básicas de la naturaleza en la gestión son:

- Supervivencia. En el sentido del concepto básico del comportamiento de todos los seres vivos en el mundo, es la supervivencia, todos los seres vivos tienen el instinto de sobrevivir de las condiciones externas, protegerse, de cubrir sus necesidades básicas (la base de la pirámide de Maslow); en otro término como la psicoanálisis se define al individuo que tiene un amor propio, los individuos que carecen de amor propio pertenecen o están en los extremos del narcisismo o del egoísmo [Fro01, páginas 62 al 67] de Erich Fromm, no solo carecen del amor propio, adicionalmente, es incapaz de amar a los demás.

  Según la religión católica el amor lo determina según los mandamientos, primero es amar a Dios sobre todas las cosas, luego, amar al prójimo como uno mismo. La supervivencia o amor propio genera comportamiento inconsciente o consciente del individuo que se refleja en sus acciones y su toma de decisiones. Desde el nivel más básico existencial del individuo definido en la naturaleza, pasando de la continuidad de la especie, la procreación, hasta la auto realización en las pirámides de Maslow, del sacrificio propio de los padres por sus hijos, el sacrificio propio por la salvación de toda la humanidad. En esta actitud de la vida y llevando en una escala de la auto realización, de la supervivencia básica de la especie como individuo dentro de una sociedad, el comportamiento natural de todo ser humano es la integración y acción de contribuir para sí en la sociedad es la subsistencia misma, en buscar con las acciones y tomas de decisiones del mantenimiento y búsqueda de cubrir sus necesidades fisiológicas (comer, sustento, búsqueda de trabajo, mantenerse con trabajo, etc.), en ella puede elevar a otro nivel en enfocarlo a lo más cercanos en el sustento de la familia, en conformar con otras familias el sustento de la sociedad cercana, así sucesivamente creciendo hasta llegar al país y porque no a nivel mundial, cada uno derivando del pensamiento del progreso global que afecta al nivel individual en toda esta cadena. Aumentar la prosperidad de uno, de lo individual al colectivo, para ser más llevadero el individual. Esta relación simbiótica de la sociedad, en la prosperidad y supervivencia, entre el individuo y su alrededor, para que todos los individuos logren en cubrir estas mismas necesidades básicas, seguridad y protección, sean más fuertes y más fácil para cada uno de los integrantes de la sociedad, por ejemplos: en una batalla se debe confiar en alguien más para protegerse la espalda, mientras vigila el frente; en caso de la enfermedad, tener un familiar o amistad que lo cuide mientras mejora; en el caso de los proyectos como, integrar en un equipo de trabajo para lograr las metas o los objetivos en el desarrollo del software, donde simplifica el esfuerzo individual del equipo.

-   Adaptación. Es el comportamiento como consecuencia de la supervivencia. Describe Karl R. Popper según González de Luna [Gon01], que el método de ensayo y error, modelo de comprobar los conocimientos ordinarios en científicos, es un modelo de selección natural, es el método de conjeturas y refutaciones. La sobrevivencia depende de las acciones y reacciones que se ajustan al medio. Existen tres niveles de adaptación: adaptación genética, comportamiento adaptativo y descubrimiento científico. La adaptación genética proviene de años de evolución del individuo, el comportamiento está predefinido ante de su nacimiento, son selecciones de mutaciones y de las variaciones disponibles: aquellas mal adaptadas son eliminadas mediante la *selección natural*.

Comportamiento adaptativo mediante el aprendizaje de la tradición y la imitación social en el nivel conductual, y en el científico. El sentimiento final es la seguridad (segundo nivel de la pirámide de Maslow). En este proceso de adaptación del individuo, transferir a niveles superiores a la sociedad, permite la misma subsistencia propia del individuo, la unión de fuerza, en aprender a sobrevivir o afrontar las condiciones externas, permite de que cada individuo aporte a la sociedad la transferencia de conocimiento y práctica, para el cambio de conducta y comportamiento de una sociedad para poder adaptarse a la misma supervivencia, o solo de su propio mantenimiento, esto depende de que tan cohesivo estén los individuos en la sociedad, el comportamiento colectivo en enfrentar las diversidades de problemas o conflictos, e inclusive de la misma especie. El proceso de la adaptación del humano actual en la historia con respecto a las diferentes especies como Neandertal y Cromañón, que hasta el momento somos especies humanos evolucionados que han sido los mejores adaptados. Es largo el tiempo en las evoluciones, pero en nuestro corto tiempo en esta tierra, la aplicación de acciones de adaptación conlleva a la repetición de acciones exitosas en las mismas condiciones o hacer analogías, imitación de éxitos de otros, o descubrimientos científicos. El método a aplicar más usado es el método de ensayo y error. Estas adaptaciones son muy aplicadas o reflejadas al cambio de comportamiento de los individuos en los grupos sociales o empresariales, el comportamiento personal, dependiendo del contexto ya sea profesional, personal o social, depende del ambiente donde se desarrollan el comportamiento, generan diferentes comportamientos por las normas y reglas del ambiente (implícitas y explícitas) que en ese momento vive, pero es seguro que el comportamiento de la adaptación bien experimentada se mantiene con una continuidad y homogeneidad de comportamiento para cualquier ambiente. No solo se considera el proceso de adaptación al medio ambiente del individuo, el individuo puede ser creador de oportunidades de cambio, ser proactivo en una necesidad de cambio, tomando la parte positiva para el beneficio de todos y para él mismo.

- Humildad. También significa falta de rebeldía. La rebeldía puede venir por varias razones, proviene de la misma naturaleza del hombre, es la forma de reaccionar del individuo frente al mundo, las condiciones ambientales donde vive el individuo, sean sociales, políticas, religiosas, etc. Existen dos tipos de rebeldía, el que proviene de la falta de madurez; y el otro, es definido por el espíritu o carácter propio del individuo. La rebeldía es la falta de obediencia debida a algo establecido o definido. No estudiaremos el caso de la falta de madurez, en la ingeniería del software existe mucha documentación y procesos sobre este tema, en la mayoría de los casos la rebeldía desaparece al tener un proceso de madurez. Todos los procesos de refinamiento son procesos de maduración del software. Ahora vamos a estudiar el caso del espíritu del individuo, para algunos es una virtud, para otros solo es una actitud, para algunas ciencias, es el punto de libertad de mucha presión mental que estalla en esta conducta (psicológica), en el área de derecho es una situación jurídica; es la falta de obediencia debida a un orden establecido, para haber o no obediencia, debe haber principios, leyes, normas, etc., que están definidas. La falta de obediencia en las ciencias naturales, duras, científicas o predictivas no debe practicarse, en la ingeniería, por ejemplo: según por la regla de la suma de dos números decimales 101 y 21 es 122, el  resultado es exacto, donde hay ciertos patrones naturales como  leyes que se rigen con la matemática y con las leyes físicas.

En las ciencias blandas, la rebeldía se estudia en diferente caso y en su contexto, aquí se deja a los expertos de cada una de las áreas; la gestión están incluida en ellas; la base principal de la gestión es de tener mayor número de beneficio para la población (incluyendo al gestor) y la naturaleza; es un principio moral que se debe cumplir, como manejo de personal, recursos naturales, la empresa u organización, etc.  La humildad es la sumisión, rendimiento; otro concepto de la humildad es la virtud en el conocimiento de las propias limitaciones, debilidades y en obrar de acuerdo con este conocimiento. La humildad por su definición no determina el concepto del éxito o no de las acciones, pero si puede afectar en los resultados, en el concepto esta de obrar o accionar de acuerdo a su propias limitaciones o debilidades teniendo consciencia de la situación, una acción u obra posible es no hacer nada por no tener las habilidades o tener las limitaciones, el resultado de no hacer nada es que el estado actual se mantiene igual, al menos que sea afectado por otra fuente o desde el exterior donde cambia el estado actual; pero hay que esperar que suceda esto, si desea un estado deseado, es difícil que suceda, puede haber cambio pero no el deseado, es sumisión o rendimiento total a la circunstancia, como un barco sin rumbo llevado por el mar.

El otro concepto o visión de la humildad, es de obrar de acuerdo a las propias limitaciones o debilidades conocidas; actuar para avanzar al estado deseado; al avanzar se elimina las limitaciones o debilidades conocidas, es decir, se produce un crecimiento personal y obra en el sentido de los recursos que poseen, en adquirir el conocimiento deseado para poder accionar a un estado deseado; el crecimiento o mejora puede ser radical o de poco a poco (Kaizen), como se indica en las evaluaciones; puede obrar de diferentes formas y depende del individuo para su mejoramiento, empeoramiento o estancamiento. El tener consciencia de su propia limitaciones es lo inicial y primordial, del resto de las acciones y toma de decisiones depende de cada individuo. La humildad habla también de sumisión o rendimiento, ¿a qué se somete o se rinde?, en el caso la palabra de sinónimos, también puede definir a lo se somete, en el caso de la circunstancia o al hecho ocurrido y no hacer nada; la otra opción, es de someterse o rendirse a principios ya conocidos como recurso limitado o debilidades (en el sentido de no conocer otros principios aplicable acorde del estado actual), es someterse al principio del aprendizaje y el conocimiento, por ejemplo, la sabiduría en el nivel pleno del conocimiento, es que eleva el porcentaje de éxito, accionar con sabiduría disminuye las limitaciones como las debilidades. Depende de los principios o normas a lo que se somete o se rinden, define el éxito o fracaso, llegar o no al estado deseado, el individuo exitoso se somete y respeta a los principios y leyes naturales, es paciente y aprovecha de estos procesos que son inalterables, aprovechar la corriente del agua a su favor, en vez de nadar en su contra, por ejemplo: someterse o rendirse al alcohol, creo que no llega a ningún lado, perdón, si sabemos dónde va llegar, al suelo; pero sí, someterse a un proceso de mejoramiento de recuperación de la salud por el alcoholismo.

Tanto la humildad y la rebeldía son actitudes frente a las condiciones exteriores del individuo, donde el individuo a modus propios realizan acciones o conductas condicionadas previamente, al enfrentar con acciones que se puede derivar de la humildad o de la rebeldía, algunos autores reconoce que para evitar la rebeldía se debe aplicar la humildad. Lo importante de ambos es que tenga un resultado positivo tanto en mejoramiento personal como el exterior por las acciones y decisiones tomadas. La humildad personal puede generar innovaciones personales como para la sociedad, como en la humildad grupal (es la suma de la humildad de un equipo de trabajo) puede generar grandes innovaciones sociales o para la sociedad.


- Sentido de la libertad. Es el área permitida del individuo para su campo de acción. Existen dos libertades: exterior e interior. El exterior es la libertad que demuestra en el espacio físico y tiempo, donde el individuo decide por dónde ir y adonde ir, en el momento que él decida; son con resultados reales y tangibles vistas por otros individuos; como la libertad de expresión, escuchar o ignorar lo que presenta al mundo, obras y hechos bien definidos y concreto, ir a la iglesia, realizar una obra de arte, el resultado de un trabajo, etc. La libertad interna es más personal y espiritual, la mente lo define, creencias, supersticiones, tomas de decisiones, consciencias de sí, conciencia de lo que es, las raíces, lo que quiere, lo que desea, el camino definido en la vida, etc. En la historia se han descritos personajes importantes que tuvieron la libertad plena o auto realización de la libertad, y no necesariamente tenía la libertad física o que se le trunque parte de esta libertad, por ejemplo: prisioneros con espíritu de libertad.  En el concepto básico de la libertad es hacer todo lo que uno quiere, pero que no perjudique  a lo demás; este concepto con los límites, relaciones y vínculos con el exterior u otras personas, no es una libertad ilimitada; existen adicionales, las condiciones y principios naturales que lo rigen y con estas limitaciones se mantienen, si se desea, la vida existencial en este mundo da escoger en acatarla o no cumplirla, es una decisión propia y sus acciones generan consecuencias que influyen y afectan a todos, por las leyes de causa y efecto, por eso uno es preso de su cuerpo y alma. Las acciones deben estar enmarcada en estas realidades presentes, la libertad se ejerce bajo estas circunstancias. Esta libertad presente debe llevar al futuro del estado deseado, manteniendo la libertad o creando más libertad de la actual. Sin esta visión, no vale la pena las acciones actuales. La libertad imponen compromisos, responsabilidades y acciones, que permitan esta misma libertad y la existencia propia del individuo, en un constante desarrollo personal, ético y humano, sea en virtud o en vicio para el futuro, la decisión y la acción es también libre. Pasar del estado dependiente a un estado de libertad o independencia personal. La madurez de la libertad personal se llega a la libertad social o de los otros, acompañando en compartir del bien común y se integran con las demás libertades para la continuidad y elevación de las libertades, en términos de algunos autores es la interdependencia, auto realización de la independencia. La virtud de la libertad genera en los individuos la felicidad y consciencia del yo pleno. En lo interno a la sociedad, la libertad se puede reflejar en la pirámide de Maslow. Refleja igualmente en el compromiso propio, hacia el otro individuo, o a la sociedad completa.

- Conocimiento. En la obtención de un dato, permite definir tomas de decisiones como acciones. El tener solo el dato se puede encontrar la información, de la información puede ir a la búsqueda del conocimiento, y el nivel superior de esta búsqueda es de encontrar la sabiduría, la sabiduría que es la aplicación del conocimiento con base a principios, normas de la ciencia, las artes o las letras. Actuar de forma prudente con base del conocimiento, acciones con base a todos los ámbitos y sus consecuencias, regido por el principio de causa – efecto. No solo en tener el conocimiento, el proceso de investigación, la obtención de la información necesaria y la formación del conocimiento profundo, por un lado, el proceso de crear o aplicar acciones acorde a los resultados o los estados deseados a futuro como el resultado de la formación del conocimiento. El individuo puede desarrollar, fomentar, compartir e integrar aprendizajes, promueve las mejores prácticas en todos estos procesos.

- La verdad. La realidad domina en todos los contextos y los procesos, la verdad debe estar presente en las acciones juntos a la verificación de los resultados. En el principio de la captación de la realidad, una información mal captada o mal interpretada puede generar catástrofe, o durante el proceso no se detecta riesgo y es evidente, o al finalizar con una mala medición en la verificación y validación pueden generar resultados no deseados. Durante la gestión debe prevalecer la realidad y la verdad en todo el proceso.
- Motivación. Como se describe en el capítulo inicial del libro, la motivación enfocado en el pensamiento y en la acción. El desear hacer las cosas, el querer estar en un estado deseado, debe tener la

motivación de conocer (ver el "Conocimiento" en párrafos anteriores) e investigar, y motivar para el accionar, sin acción no hay nada. El origen de la motivación puede ser interna como externa al individuo, pero lo primordial que el proceso final de la motivación salga del interior del individuo.

- <u>Acción</u>. Toda acción debe tener previo la motivación y el objetivo de las acciones en la mente. Sin accionar se desvanece el objetivo y la motivación, la acción produce los cambios, los cambios deben ser acciones en el interior del individuo hacia el exterior. Para haber cambio en el exterior, debe primero haber cambio en el interior, los cambios se realizan de forma consciente en el individuo. Un ejemplo de la acción es el resultado de la economía de un país de un año, es el resultado de todas las acciones de las empresas del país; el resultado de una empresa en un año es consecuencia de las sumas de las acciones de cada departamento o sección de la empresa, y el resultado de un departamento es la suma de las acciones de los individuos que lo integran. Los resultados no vienen solos de los planes sin acción o motivación sin acción.

- <u>Ética</u>. Descrita en el capítulo de **"Felicidad, ética y virtud"**, el bien de hacer las cosas, lo correcto y lo justo, refleja la calidad de la gestión como del producto entregado; es difícil que en una mala gestión salga un producto bueno, se sabe que una mala gestión sale un mal producto; pero existen casos de estudios de las buenas gestiones con productos malos, pero pocos con una buena gestión sale productos excelentes. La probabilidad está en contra de entregar productos excelentes. La calidad de los productos proviene de la suma de las acciones correctas, justas y bien hechas de todos sus miembros, no solo de la gestión. Hay poca o ninguna forma de medir la ética en los procesos, los individuos encargados de la gestión debe considerar que es un gran reto de lidiar con el compromiso de la ética de las personas, la ética de la empresa, la ética de la sociedad. De forma individual en considerar la ética en todo el ámbito, incluyendo el propio y el profesional. La ética personal refleja el respeto propio y la tranquilidad a sí mismo, la propia realidad hacia su persona, luego el accionar para el bien o el mal para el prójimo, la ética con lo demás, si no es ético para sí mismo, menos va ser ético para el prójimo; como la selección de lo correcto, lo bien, se reflejan en sus acciones y en los resultados finales. Las únicas acciones con malas intenciones que funcionan y son útiles están en la etapa de la prueba de los productos. Las acciones correctas se ven reflejadas en la tolerancia y el respeto a sí mismo y a lo demás.

- Compromiso. Se cumple de lo interno del individuo hacia el exterior, debe haber un compromiso propio para poder hacer un compromiso con lo demás. El compromiso es asumir las consecuencias de las acciones propias y de los resultados; cumplir sus metas y su misión; apoyar los objetivos; tener nivel de consciencia de su entorno y convertir en oportunidades con acciones para el crecimiento propio; diseñan alternativas de acciones para poder maximizar los objetivos y éxitos. Compromiso con otros es asumir las consecuencias de otras personas como propias, apoyar, cumplir y ejecutar las acciones para que los objetivos del grupo se cumplan, para el beneficio de todos, buscar el crecimiento de todos, contribuir a los planes y tomas de decisiones del colectivo. El compromiso es un contrato social y moral consigo mismo, también es un contrato con otras personas. Todo compromiso se basa en el respeto de uno mismo y con los demás.

- Orientación al prójimo. Tener la capacidad de la búsqueda o la negociación con el otro, empatía para anticipar las necesidades y los requerimientos actuales y futuras del otro, promover un ambiente de relación a largo plazo. El humano por lo general es un ser sociable, convive con los demás. Esta orientación lo integra la conciencia del individuo, el conocimiento de las acciones que se aplican y sus consecuencias, junto con el conocimiento de las condiciones del otro individuo. Las acciones son en pro del prójimo, y del bien propio, cubren las necesidades de ambos en el mismo o distinto campo, por ejemplos, el samaritano realiza una acción para el bien del otro y para su propio beneficio al sentirse bien consigo mismo; realizar una buena negociación comercial para satisfacer el cliente en la obtención de un cliente cautivo para el futuro y tener ganancia. La orientación al prójimo es mejorar el estado actual del otro. Este caso, se aplica a un nivel de plenitud personal o para completar o llegar a la auto realización personal. Si te conoces a ti mismo, puede conocer muy bien a lo demás, conociendo a lo demás, puedes conocerte a ti mismo, es un proceso reciproco.

- Responsabilidad. La responsabilidad es la actitud de asumir las consecuencias de los resultados, demuestra la confianza de sus competencias y habilidades de sí mismo y de lo demás, otorga y recibe autoridad como responsabilidad, comparten las consecuencias y los resultados, asumen obligaciones. La responsabilidad se hace mayor al asumir la responsabilidad de otro; el individuo es responsable de sus decisiones y acciones propias, dependiendo de sus competencias y habilidades asumen las consecuencias de sus actos, tener control total de sus acciones y pensamientos en relación al mundo exterior y su visión que percibe de la realidad. Conociendo las consecuencias de las posibles acciones y de su accionar, asume al mismo tiempo la responsabilidad y autoridad del cargo, es responsable y tiene autoridad sobre su personal, por la definición de jerarquía organizacional de la responsabilidad y autoridad. Tanto la responsabilidad y autoridad son compartidas como las consecuencias y resultados.


- Trabajo en equipo. Cada persona busca el beneficio del grupo y cumplimiento de los objetivos generales. Equilibrar entre las conductas personales, como miembro, encargado o como líder. Incluye el sacrificio personal o del equipo si es necesario para el bien de todos. Expresa satisfacción de los logros de los demás, como miembro o líder, el grupo de trabajo se coordina y acciona como si fuera un solo ente. El beneficio es de todo el equipo, como el compromiso, la motivación, la responsabilidad, la toma de decisión y el accionar de cada uno del equipo, con diferentes grados, intensidad o niveles, dependiendo de la humildad de cada miembro para el bien del equipo.
- Disciplina. Ser observador y galante en la acción de las leyes y órdenes dentro de la profesión y fuera de ellas; ocurre lo mismo en la moral, justicia y ética de las acciones y pensamientos (toma de decisiones). El uso correcto de las tecnologías y las gestiones presentadas en los proyectos de desarrollo, con el uso de los principios, leyes o normas que se indican. La investigación y el encuentro de la verdad con

sabiduría en caso de no existir principios o leyes que lo dirige. Como todo proceso grupal, este se inicia de lo individual en su aplicación, como la autodisciplina, la gestión individual a la gestión grupal y organizativa. Toda buena disciplina hay una buena enseñanza y entrenamiento desde lo individual, grupal y empresarial. La gestión es fundamentalmente constancia en el pensar y obrar correctamente.

- Determinación. Una característica humana a la fijación de términos, resolución o de tomas de decisiones en algo. Enfocar en procesos mentales o acciones concretas para llegar un estado deseado, hacer realidad una visión, objetivo o meta. Permite aumentar la credibilidad y la moral del individuo, sus acciones pueden tener afectación a lo demás, en lo positivo como en lo negativo. La acción de tomar el control de algo es la determinación, en tomar el mando de su propia vida y dirigirlo al estado deseado, desde el ámbito profesional sucede de la misma forma, en dirigir su vida profesional como dirigir y seguir a otros individuos por convicción y no por obligación. Lo que son acompañados por la misma determinación y motivación propia en formar un conjunto de individuo en solventar problemas comunes, resultados y consecuencias compartidas que beneficien a todos. Para esto se aplica la autodeterminación que lleva en paralelo y es consecuencia de la autodisciplina y auto aprendizaje del individuo. Las acciones y pensamientos se concentra en lo justo, lo correcto y cumplimiento de los principios y leyes conocidos para lograr el éxito. Para el éxito exige también la determinación de la perfección tanto individual, de lo que lo rodea y como el objetivo a alcanzar, se necesita ser constante, tolerante a la diversidad, empatía y consideraciones a las demás personas. Focalizan acciones en límites claros y definidos.

- Resultados. El logro de los objetivos o metas, es parte de los resultados; la influencia y afectación a los demás de los resultados es lo más importante, y se debe medir y observar; es la consecuencia de la acción del humano. En gran medida la conclusión de una tarea o meta no garantiza el éxito de los resultados, pero es vital el resultado para el éxito, se mide en el nivel de satisfacción del resultado. El no cumplimiento como el resultado negativo, se toma como estudio para la no repetición en el futuro, es aprender del fracaso. Tanto el éxito y el fracaso de los resultados se deben considerar para la perfección y el mejoramiento futuro de las próximas tomas de decisiones y acciones. Permite definir bien la etapa de corrección en lo realizado o mejoras a los resultados con acciones adicionales si es necesario.

Existen otras características naturales del humano que afectan en la gestión personal, grupal y organizativa; se inicia con esta lista que es modificable en el futuro, pero permite englobar el nivel de gestión de lo personal hasta las gestiones empresariales u organizativas. Estas características donde el humano usa como herramientas en sus acciones y tomas de decisiones básicas en las diferentes gestiones, enmarcadas en diferentes niveles y diversidades de ámbitos.

Las características naturales son definidas por la observación y la vivencia de diferentes individuos del área, que por muchos años se han encontrado este patrón a nivel profesional. En algunos individuos se destacaron por desarrollar algunas de estas características dando resultados exitosos; como los mayores casos de fracasos por el comportamiento y tomas de decisiones erradas que se evidencian en los resultados en una diversidad de proyecto.

## 6.3. Gestión Personal

La gestión personal es el planteamiento de procesos que se genera en pensamiento, conducción, lineamiento y acciones hacia un objetivo en el ámbito general de las personas. Enfocado con una visión del individuo como un ente independiente en cualquier ámbito con el desarrollo de actividades que cubra la diversidad de necesidades y beneficio propio. Gran parte del estudio está en el comportamiento conductista o determinista de los humanos en el área de la ciencia humana, conocidas en las áreas académicas de la psicología y psiquiatría, sociología, economía, administración, ciencia política y antropología. Todas estas disciplinas están muy extensamente estudiadas sobre el proceso de las personas dentro de una organización o sociedad, en referencia a las organizaciones empresariales con base al individuo, tiene gran parte de estudio en las áreas en conducta organizacional y desarrollo organizacional. En referencia a la ingeniería del software comprende dentro del ámbito organizacional, relación de los individuos en un equipo, el individuo en la posición y relación con las empresas. La ingeniería del software estudia las gestiones de las personas que acoplan al equipo, como a las empresas donde laboran a nivel profesional. Es el punto de encuentro entre dos ente: el individuo y la empresa. En donde se presentan puntos de encuentros y limitada con una separación formando una línea basado en el complemento entre dos fuerzas.

### 6.3.1. Acercamiento y aproximaciones

Un punto de acercamiento a la gestión personal, donde se estudia el Proceso Personal de Software (PPS) que plantea Watts Humphrey [Hum01], que indica prácticas personales de un ingeniero de software, describe la disciplina para aumentar la calidad de los programas entregados, por medio de planificaciones y reportes de autoayuda para el futuro ingeniero de software; también se presenta en el trabajo de Pressman [Pre01, páginas 48-49], hace énfasis en la medición personal tanto del producto del trabajo que se genera, adicionalmente, responsabiliza al profesional acerca de la planeación del proyecto y delega el poder de controlar la calidad de todos los trabajos que hace. Se asume el compromiso del ingeniero de su propia responsabilidad, como el individuo que debe aplicar mecanismo de auto medición y evaluación de la calidad del trabajo o actividad que realiza dentro del proyecto. Esto produce como consecuencia que el individuo debe adaptarse con sus cualidades y características personales, en comprometerse a la aplicación de mecanismo de autoevaluación y manejo de la calidad. El primer paso es la gestión individual y luego se delega en los procesos, como la gestión de evaluación de los resultados del individuo en el equipo, y la calidad esperada en el proyecto. Impacta y presiona al individuo en detectar lo más pronto los errores o los defectos, como también la introducción de esta cuando se mejore o arreglen las fallas, es la meta individual del profesional, el profesional debe buscar la forma de controlar, medir y disminuir sus propias fallas. Luego con un enfoque disciplinado de medición en todo el proceso de desarrollo del software se realiza el control que todo modelo de desarrollo identifica. El proceso personal como lo que se debe aplicar en todos los proyectos en la organización, no se ha adoptado ampliamente en todas las industrias, debido a razones que tiene que ver en la naturaleza humana e inercia organizacional más que las ventajas y desventajas del enfoque PPS. Se explica en este enfoque de procesos PPS que es más gestión natural de un ingeniero de software. Si estudia el PPS en profundidad, se nota que es importante para el profesional que se inicia en la carrera de la Ingeniería de Software, pero personas graduadas con muchos años de experiencias e inclusive antes que se creara el PPS de W. Humphrey, se realizaba esta práctica pero de una forma natural y sin tanto reportes, la idea de los reportes del PPS son en su inicio por motivo de enseñanza y aprendizaje, pero ya con los años de experiencias lo hacen en forma natural y personal. Coinciden en plasmar como una disciplina o buena práctica el PPS en la gestión personal como de los antiguos ingenieros exitosos que lo tiene como actividades naturales en su trabajo. En ambos casos, es una disciplina que se adquiere con el tiempo, impuesta por la empresa (en este caso hay ciertos rechazos), por la comunidad o social de su ambiente laboral (obligado por sus compañeros de trabajo), o por iniciativa propia; es decir, es una opción que el ingeniero debe o no escoger. La mayoría de los ingenieros exitosos lo toman como iniciativa propia y no por obligación.

Otra aproximación a la gestión personal es la motivación planteada por Ian Sommerville en su libro [Som01, páginas 495-497], donde los administradores de proyectos tienen un papel fundamental de la motivación de las personas que trabajan con ellos; pero la motivación de los profesionales se rigen en cubrir las necesidades propuestas en la pirámide Maslow, las motivaciones de los diferentes profesionales son presentados como un estado natural en todo proyecto. Esto deja a la gestión de los proyectos definir al profesional por la pirámide de Maslow, donde cada profesional debe gestionar de forma propia en cubrir todas las etapas de sus necesidades que donde se generan las diferentes motivaciones y comportamientos. En la gestión del proyecto debe aplicar acciones efectivas en los diferentes perfiles dentro del equipo. En general, todos los profesionales no están en el mismo nivel de la pirámide de Maslow, en este sentido, cada integrante del grupo tiene necesidades, objetivos personales y profesionales diferentes.

Recordando las ideas de Maslow, las necesidades fisiológicas son los fundamentales de comer, de dormir, etc., incluyen todas las necesidades para vivir; la visión con la empresa cubre gran parte de las necesidades básicas con el salario percibido, pero la mayoría de los profesionales siente que no lo cubre (existen condiciones externas reales que en algunos países suceden, donde el salario no cubre las necesidades básicas; mientras otras razones es netamente apreciaciones influenciadas por la misma naturaleza humana). Las necesidades de seguridad, es estar resguardado y protegido; tener en el mañana una relación con la empresa que genera estabilidad, por medio del trabajo permanente, asume la sensación que el trabajo está garantizado y durará por largo tiempo. Pertenencia y amor son las necesidades sociales, como la aceptación social; en el campo profesional se reflejan en las consideraciones en el alto mando y en un ambiente de trabajo agradable. La necesidad de estima se basa en la autoestima (confianza, libertad, independencia, etc.) y el respeto de los demás personas (atención, aprecio, estatus, fama, imagen profesional, etc.); se refleja en los reconocimientos laborales y cargos asignados. Plenitud o auto realizado, o último nivel, se define en cuanto al crecimiento, realización y búsqueda del ser; en un ambiente laboral, tener la libertad de crear cosas nuevas, crecer como profesional. El profesional al estar trabajando en una organización se asume que los dos primeros niveles están satisfechos, que son las fisiológicas y la de seguridad, los siguientes niveles en cubrir de las necesidades son: la social o pertenencia, estimas y respetos, finalmente, la plenitud. No hay una relación de escala con las necesidades del individuo en forma natural en el mundo con la relación profesional, existe una variedad de objetivos y metas por cada profesional.

Cada etapa de la vida se inicia desde el nivel más bajo de la pirámide de Maslow, llegar al auto realización, pasa a la otra etapa de la vida que se inicia de nuevo en la base de la pirámide. Las necesidades fundamentales pasan de una escala de auto realización al formarse como ingeniero, cuando es contratado como empleado, dentro de una empresa el individuo llega a la auto realización del estudiante al profesional, ahora, las necesidades fisiológicas cambian a otro plano, que es la supervivencia en el plano profesional y permanencia dentro de la empresa o puesto de trabajo, así sucesivamente el nivel y objetivo de auto realización en una empresa son otras antes de ser profesional. En todas estas escalas y diversidad de áreas se aplica la pirámide de Maslow sin ningún problema. Por esta razón, existe diversidad de perfiles de profesionales definidos por las motivaciones de cada individuo, desde el plano de la vida de definir la profesión como un medio o un camino para llegar a su objetivo final de vida, y la profesión no es su objetivo final, es el medio de llegar a la vida plena, por ejemplo. Existen diversos comportamientos derivados por las diferentes motivaciones en la variedad de áreas de la vida que generan los múltiples perfiles del profesional, es basado en su gestión personal en las diferentes escalas y de necesidades a cubrir en el futuro. En ellas se entrelazan en la relación con el mundo exterior del individuo y los recursos que poseen tanto en su interior como en el exterior.

 Los diferentes perfiles están orientados en la interacción, algunos profesionales le gustan trabajar en equipo, mientras existen otros tipos de profesionales que prefieren trabajar solos. Se concluyen que los que trabajan solos, están ubicados en el nivel entre  el límite de necesidades de seguridad y no llega a cubrir el nivel de las necesidades sociales de pertenencia y amor. Cosa curiosa, el nivel de pertenencia y amor son partes que complementa a los profesionales comprometidos. Los profesionales comprometidos es una de las características fundamentales de éxitos en los procesos de PPS y PES de W. Humphrey [Hum01, página 204]. En este concepto Pressman [Pre01, página 691] el PPS (PSP en inglés) y PES (TSP en inglés) con estos modelos de mejoramientos de software son incluidas en las actividades organizativas, hay razón para que este mejoramiento del proceso se pueda aplicarse también a nivel individual.

Dado el punto de vista de motivaciones, permite tener una excelente referencia y bien marcada entre los tipos de profesionales que se clasifican. Lo que permite una clara definición de las posibles acciones y objetivos tomados en su gestión dentro de una empresa o institución, sea trabajando en equipo o solo, reflejando la gestión en acciones que se define como comportamiento dentro de las organizaciones. Un punto a considerar, todos los individuos primero trabaja solo y luego en equipo si es una opción probable, esto es debido a que se prepara individualmente para todas las alternativas de acción. Una consideración de la pirámide Maslow es que sube de nivel cuando de haber completado el nivel actual, es decir, para alcanzar la auto realización debe cubrir todos los niveles inferiores; en la teoría se cumple, en la práctica existen profesionales que intentan subir al siguiente nivel sin tener cubierto en su totalidad el nivel actual, e inclusive intenta manejar los cincos niveles al mismo tiempo en porciones manejables, por ejemplos: ser integrante comprometido en un grupo de trabajo pero al final trabaja solo; o relacionarse con otro colaborador o trabajador sin tener ningún tipo de objetivo en conjunto. Son también combinaciones de motivaciones que empieza a entrelazar no con los cincos niveles de necesidades, sino subconjunto de estas, cubrir solo los niveles de necesidades fisiológicas y de seguridad, o niveles de fisiológicas con sociales saltando la seguridad. Con estos casos, no se saben su comportamiento y gestión, tampoco se conocen con certeza de los resultados, no se posee ninguna información o investigación en esto, si se mantienen o la duración de tiempo que se mantiene en ese nivel, sin haber cumplido las necesidades de los niveles anteriores, pero se sabe que no llega al auto realización plena. Esto permite  generar una diversidad de perfiles de profesionales. Gran parte de esta diversidad de perfiles se considera en la ciencia blanda que está gobernado por el carácter y características propios del individuo.

La gestión del proyecto tiene bien definido las tareas cuando se incluyen los diferentes tipos de profesionales, es decir, como individuo (el profesional) caracterizado y reflejado por su gestión personal, dependerá de la gestión del grupo de trabajo responsable por los administradores de los proyectos, asignando y seleccionando las personas que integran un equipo, la gestión varia. Es muy diferente gestionar un equipo con todos los integrantes con profesionales orientados en tareas, a una gestión de proyectos con todos sus integrantes con profesionales orientados a interacción, y la gestión de un equipo con diferentes tipos y perfiles de profesionales a un equipo homogéneo. Donde se inicia los choques o acoplamientos de los profesionales, es la forma de integrar el equipo, parte de la gestión que todo administrador debe hacer. Por el otro lado, el comportamiento individual de los profesionales a ser escogido para un equipo de trabajo, se maneja en su gestión con referencias a sus necesidades y motivaciones, hay una gestión personal dentro del proyecto donde se asignan las actividades de la gestión del administrador del proyecto (más adelante se describe esta gestión). Las necesidades están enmarcadas también en cada sociedad y la cultura de esta, sin mencionar otros factores que influyen las necesidades del individuo en una sociedad. Por ejemplo, la gestión de cubiertos en la mesa en familias asiáticas que viven en el mundo occidental, en la mesa no se usa los cuchillos (para la carne y pescado), solo se utiliza el tenedor para el seco y la cucharilla para la sopa, el comensal no necesita usar el cuchillo, debido a que la mayoría de la comida asiática ya viene cortada del tamaño adecuado a la boca (por el uso de los palitos), hay varias razones que se coloca el cuchillo en la mesa, y uno de las razones es por respeto del grupo familiar al invitado occidental y que se sienta cómodo; sucede lo mismo en la gestión de los proyectos donde tomar en consideración grupal e individual del equipo es parte opcional del mismo grupo o del encargado del proyecto.

Otro acercamiento teórico en la gestión personal, es la relación de esta con la gestión de la organización que está en la otra acera del frente; describen los procesos de gestión con el CMM de personal [Pre01, páginas 688-689], se define como un proceso de software que está dentro de un proceso mucho mayor, sin importar que este bien concebida el sub proceso, no triunfará sin personal de software que sea talentoso y motivado, se indica que todo depende del esfuerzo del individuo el éxito del proyecto. El CMM de personal, alienta el mejoramiento continuo del conocimiento de la fuerza laboral genérica o llamadas "competencias centrales", de las habilidades específicas de los ingenieros de software y administradores del proyecto llamadas "competencias de la fuerza laboral" y de las habilidades relacionadas con el proceso, donde determina una serie de pasos que debe ser cubierto, determinado en diferentes niveles, mientras se cambia de un nivel a otro, el objetivo puede ser alcanzado. El CMM del personal define un conjunto de cinco niveles de madurez organizativa, dichos niveles son:

1. Inicial.
2. Gestionado (gestión básica).
3. Definido.
4. Gestionado cuantitativamente.
5. Optimización.

Como se ha indicado anteriormente con las diferentes bibliografías, se plantea procesos propio del individuo donde se acerca a la gestión personal (no gestión al personal), describes gestiones y actividades en los procesos que son determinadas por las organizaciones o empresas de desarrollo del software; donde intenta de tener un perfil de los profesionales deseados o a ser moldeados en los diferentes pasos de la producción del software, con ciertas habilidades, motivados, talentosos y con competencias específicas. Se intenta que las empresas permitan ser los autores de las mejoras de los individuos que integran en estas empresas. Existen excelentes empresas que no escatiman esfuerzos en la educación y formación de los nuevos integrantes, que de alguna forma el individuo acepta o no esta formación. Dependiendo de la política de la empresa, por normas o reglamentos internos o normativas del gobierno de cada país, promueve la formación del profesional deseado. Por otro lado, las empresas que no tienen recursos en la formación de los profesionales, generan un gran degaste en la selección del profesional para encontrar al personal adecuado. Y otras empresas forman a sus profesionales en las prácticas del día a día y por periodo largo para obtener el perfil deseado, los costos se miden en los éxitos y fracasos de los proyectos. Existen empresas que realizan combinaciones de esta gestión para obtener el perfil del profesional deseado o crean nuevas formas de relaciones entre los profesionales y la empresa. Pero todas estas formaciones de las empresas, intentan de fomentar un mejoramiento del profesional y es seguro que muy poco es para fomentar el mejoramiento personal o individual.

Pero de este lado de la acera donde están los profesionales recién graduados, aprendices, profesionales con mucha experiencia y profesionales con promedio de vida productiva activa, incluyendo a los estudiantes de esta carrera, es cuesta arriba encontrar la formación o la educación de mejoramiento personal e individual, la mayoría está inclinado en el mejoramiento en el ambiente profesional, proveniente en su mayoría en la formación universitaria. En la universidad se plantea en entregar a las empresas y a la sociedad, profesionales con competencias deseadas en todos los ámbitos y sectores del país que sean productivo y con mejoramiento de la calidad de vida para todos los ciudadanos. Es una gestión general del país que involucra a todos. El ingeniero utiliza todas las herramientas que tiene disponible en sus manos, una de ella es la definición de gestión, en la ingeniería del software se apalanca en los diferentes tipos de gestiones en proceso de desarrollo del software, ¿por qué no usar este mismo conocimiento para gestionar el mejoramiento y crecimiento individual? Este proceso de mejoramiento individual se aplicaría en las demás carreras universitarias. En la universidad se inicia en la carrera de ingeniería de software en construir aplicaciones con algoritmos para resolución de problemas, es una manera de iniciar la práctica de la gestión en resolver problemas puntuales en forma algorítmica, mientras avanza en la carrera se dará formalmente conceptos de gestión de proyectos, y casi al finalizar la carrera están las materias de gerencias y gestión de proyectos, es un proceso natural y gradual de ir de lo micro a tener todos los conceptos de gerencias, que al culminar la carrera pueden ingresar en la maestría en el área de gestión de empresas y proyectos. Por analogía, ¿estas materias y carreras lo podemos aplicar a la gestión de la vida de cada uno? Podemos extraer todo un modelo de gestión y aplicarlo a la vida como, hacer en otros modelos adaptaciones y modificaciones, o parte de la vida del individuo. En todos  los casos se resuelven problemas de diferente índole y en diferentes niveles de cargos dentro de las empresas, estas enseñanzas - aprendizajes se pierden por el camino para ser el problema y no la resolución del problema, que es el origen de todo estudio de la ingeniería. Por el otro lado, se pierde hasta cierto punto los diferentes modelos de medición de las acciones y toma de decisiones cuando se está fuera del ámbito tecnológico, donde se puede adaptar en diferentes contextos para medir los progresos y mejoras en la vida (personal y profesional). La gestión personal como las demás gestiones son disciplinas que son opcionales en escoger y no deben ser impuesto por el mismo hecho que entra en conflicto con la naturaleza humana. Las gestiones tienen el objetivo en mejorar la calidad del producto (de la vida) y es una opción de la naturaleza humana.

### 6.3.2. Un proceso mental

Todo proceso "mental" de mejoramiento tanto personal o profesional (carrera), el individuo debe iniciar con la motivación de mejorar su estado actual, algunos dice que la motivación es el inicio del éxito. Nace en cada individuo al tener la conciencia de un estado actual no deseado, o de conocer un estado deseado en el futuro; tener bien definido las emociones que percibes y estar pendientes de ellas cuando ocurra realmente, es una observación interna de la persona que le ocurre y siente. Para hacer cambios debe contar con los recursos personales que poseen tanto tangible como intangible; realiza un inventario personal interno como externo, es un reconocimiento y evaluación a su ser, conocerse a sí mismo, tomando en cuentas como recursos intangibles sus habilidades como: conocimientos para llegar al estado deseado, destrezas, formulación del problema, forma de resolver, debilidades, fortalezas, reconocimiento de los comportamientos y conductas propias; de la cual son las razones de las conductas personales que lo llevan al éxito o al fracaso. Los recursos tangibles lo que tenemos disponibles físicamente como capital, tiempo de dedicación para el cambio, teléfono inteligentes, ordenador, etc. Considere en la autoevaluación y autoconocimiento en verse a sí mismo como en el espejo, ver tu persona como otra persona evaluando a otro. Una de las cosas que debes tomar en consideración antes de seguir, es el compromiso propio y la motivación. El compromiso es de ayudarte a ti mismo, no faltar a tus propias palabras y pensamientos, respetarte a ti mismo, sin esto no hay la fuerza para continuar. La otra fuerza es la motivación o auto motivación, buscar siempre de animarse a realizar lo que se quiere, esto puede ir acompañado de ayuda en la simplicidad de lo que se quiere, recuerde que primero hay que motivarse uno mismo, si no se auto motiva, ten seguro que no podrás motivar a otra persona, estas dos definiciones de motivación y lo simple están descritas en párrafos iniciales del libro. Las cosas que te motivan solo lo conoce cada uno, si no lo sabe, tienes que conocerlo. Es importante que el conocimiento es amplio y es imposible por el tiempo en cubrir todo, la recomendación es buscar en cada área la motivación, por ejemplo: si es personal, espiritual, deportes o profesional, dependiendo en el área donde está el estado no deseado, buscar en esa área tu motivación. Enfrentar a cada área o sub área por separado del estado no deseado, es más sencillo. Si hay varias áreas, debes colocar prioridades a cada área e ir uno a uno, de los más importantes a los menos importantes. El proceso de mejoramiento "mental" se puede resumir en:

- Conciencia del estado actual y el deseado.
- Auto conocimiento.
- Inventario personal.
- Auto motivación.
- Auto compromiso.

Este proceso dirán que es una visión egoísta, hay que diferenciar el sentimiento o acto excesivo hacia uno mismo, una visión individualista o personal, de cómo se debe tratar el estudio de los procesos personales en relación y dentro a un proceso mayor. Es el resultado final que se define de las acciones de las personas y la persona, si es egoísta o no, partiendo del mismo proceso se conocerá. Es un proceso básico "mental" de mejoramiento personal. A nivel moral, si los resultados son negativos, el proceso debe mejorar con colocar acciones morales, que el fondo debe tener un resultado para el bien o beneficio individual, por lo menos, existe una evaluación mental de los resultados. Otra razón es el estado del individuo, si el individuo está bien, sus allegados y familiares estarán tranquilos y bien, él que está mal o hace mal, todo se preocupan y puede generar a otro un mal. De la visión personal del autor se refiere a estar bien para no preocupar y afectar a los demás, y no al contrario, que todo esté pendiente y de ser una carga para los demás. Es importante mencionar que debe existir la auto corrección como proceso de mejoramiento "mental", pero se refleja en las acciones y gestión donde se apliquen, aunque este implícito en la gestión básica que se describe a continuación, la auto corrección es vital también para mejorar como individuo.

### 6.3.3. Acciones

Del pensamiento tenemos que ir a la acción, para la acción se debe tener algún guía o plan que seguir para obtener el estado deseado. Para esto como individuo debemos gestionar nuestras acciones y conductas. Podemos iniciar aquí nuestra gestión básica que está definido por actividades estructuradas aplicadas en la vida (vista por un ingeniero de software) y en los proyectos de software:

- Observación e investigación. Se conduce en el análisis de la situación actual, al mínimo de detalle posible u obtener mayor información posible. Búsqueda de la verdad.

- Definir el resultado o estado deseado. Tener objetivos o metas bien definidas y sus consecuencias.

- Planteamiento de acciones. Creación conceptual de la solución o pasos para llegar al resultado deseado. Intentar basarse en principios o que sea predecible los resultados por las acciones.
- Ordenar las acciones. Planificar las acciones o pasos, colocar responsables, secuencias de acción (colocar las prioridad a las acciones), fechas, y duración de la acción. Es importante definir el resultado de la

acción o la consecuencia, según por los principios aplicados, si existe y es predecible.

- Agregar acciones de mejoras del estado actual o modificar al planteado.

- Cuantificar o cualificar. Mecanismo de medición de las acciones, o cambio de estados de cada acción. Intente que sea fácil de observar o medir. Registrar las mediciones.

- Revisión y mejoras de todas las actividades anteriores, hasta que sean simple y alcanzables las actividades. Si es preciso ir al inicio de nuevo en los pasos. Es válido cambiar el estado deseado si es para mejorarlo, no disminuirlo.

- Ejecución o accionar. Accionar cada actividad, con sus respectivas mediciones.

- Vigilar cada actividad para su evaluación, corrección o simplemente la no aplicación (parar).

- Evaluar todo, resumir el todo como uno, ver si se llegó al estado deseado o a la meta, terminar si llegamos a la meta. Repetir el proceso si no se cumple o no llegamos a la meta.

Todos estos pasos le parecerán numerosos, pero en toda gestión es lo mínimo que pueden aplicar de forma inconscientes como conscientes, y después de la aplicación reiterativa de estos pasos con disciplina, será fácil de aplicarla. Existen diversidad de secuencias de pasos de las actividades estructuradas que se pueden definir y con diferentes estilos personales, lo que se debe estar pendiente de las actividades que contengan el uso de la verdad, tener medición y registro, mejorar los pasos, cuidar la calidad de lo que se hace y de la entrega al final de cada actividad, tener los objetivos claros, entregas simples con acciones simples o partes simples, tener conceptualmente el estado deseado u objetivo detallado con todas sus partes, planificación y procesos de reversar o colocar en el estado inicial, si se aplica. En resumen, definir en lo máximo detalle antes de actuar, realizar un plan, teniendo acciones con contingencia, y lo más importante que el resultado sea mejor que el actual, actúa con revisión y medición en mente, si la gestión que definiste, no varía el estado actual, depende de ti de hacerlo o no. Al final y al cabo, la gestión es una cuestión personal. Hay muchos ejemplos en la empresas e instituciones, donde los cargos de gerencia tiene definida los roles, actividades, procesos, deberes y derechos, normas y procedimientos, margen de acción de los gerentes son casi nula, pero el solo hecho de cambiar a la persona, todo cambia, inclusive los resultados.

La gestión permite hacer cambios, tanto personal como profesional, lo ideal es mejorar todo el tiempo, y no para empeorar. Hay gestión donde el objetivo es mantenerse en su estado actual sin cambios, de igual forma debe tener mediciones de su estado actual, habrá momento que cambiará el estado por razones internas o externas, pero igual debe gestionar para mantener en el mismo estado, por ejemplo, con los termómetros de los médicos, los médicos intentan mantener la temperatura del cuerpo humano, si hay una subida o bajada de los grados de la temperatura, el médico debe gestionar en regularizarla, igual existe gestiones que maneja en la ingeniería del software para mantener la operatividad de las aplicaciones. Si se plantean las actividades  en la gestión básica, para que no exista cambio, en cualquier caso que se presenten en gestionar en un proyecto de software, siempre habrá cambios en la ejecución de los pasos detallados de cada actividad. La gestión se debe aplicar para hacer cambios o por los cambios.

Cada gestión se estudia en dos sentidos básicos: para el objetivo que se desea, en este caso se identifica el producto o software que se desea tener, se define la mejor gestión conocido para llegar al objetivo; el segundo, los pasos detallados de la gestión construida, es detallar los pasos hacia al producto deseado, las actividades detalladas tienen que referenciar o enlazar para llegar al objetivo. Hay tres pasos fundamentales en toda gestión: seleccionar o crear una nueva gestión adecuada hacia el objetivo, se define inclusive por área, por ejemplos: es diferente gestionar en el área militar, gestionar estando en el frente de una guerra; que gestionar los recursos en una empresa de producción. Si repasamos la gestión básica descrita anteriormente, no hay mucha diferencia a las gestiones existentes en el área militar como la empresarial. El segundo, en cada actividad se debe detallar más hasta llegar a pasos o acciones simples y factible de hacer, aquí donde se diferencia, e inclusive la misma área, pero para diferentes gestiones en un área en específico, por ejemplo en el militar, gestionar en una guerra,  con el objetivo de tomar un sitio del enemigo o gestionar para mantener recursos disponibles en el frente de guerra para uso de los soldados, las tareas y pasos en cada gestión cambia. La tercera, la gestión puede cambiar en toda sus estructuras en la básica como en los detalles en las tareas, existe un momento de la madurez de usar la gestión en forma reiterativa, que toma experiencia y mejora en cada iteración, donde llega el punto de cambiar o agregar acciones para fortalecer dicha gestión.

Sucede lo mismo  a nivel personal cuando se está gestionando en diversidad de condiciones y de objetivos, por ejemplo: si esta en el frente de guerra, busca la manera que las acciones, permitan que no esté en situaciones y acciones vulnerables, el objetivo es mantenerte vivo para poder atacar y vencer al enemigo, es diferente en gestionar para llevar pertrecho de forma segura que llegue a tu compañero de guerra. La gestión define los comportamientos a seguir, utilizando los conocimientos adquiridos hasta el momento y flexibilizarlo si es necesario para obtener mejores resultados positivos.  Hay muchos ejemplos en la realidad que se viven, el CMM, salió la nueva versión CMMI, ISO2001:2000 a ISO2001:2015;  Dr. Stephen Covey su libro de "los 7 hábitos de la gente altamente efectiva" [Cov01], seguidamente escribe "8vo hábito" y "La tercera alternativa"; Pressman como Somerville en los libros relacionados a la Ingeniería del Software, entregan nuevas ediciones y entre los cambios se deben a las nuevas  gestiones en el desarrollo de software como mejoras a los existentes o desarrollos de nuevas tecnologías, esto permite evolucionar, crecer o mejorar.

Por medio del proceso "mental" de mejoramiento personal y la gestión básica individual, donde deben prevalecer las motivaciones y compromisos personales. En el área de la inteligencia emocional, la competencia personal tiene estos dos componentes: autoconciencia y autogestión, se definen como las habilidades de autoconocimiento y autogestión en las personas, donde su estudio central se basa en el individuo más que la relaciones de las personas. La inteligencia (medido en la coeficiencia intelectual)  como la personalidad no varía en la vida de una persona, pero si en su comportamiento que depende de la competencia personal y su rendimiento en los resultados.

Cada profesional está programado por su personalidad y su inteligencia, pero la competencia personal hace la diferencia, depende de cada profesional de cambiar y decidir, si se mantiene, mejora o empeora. Al depender del proceso de mejora de los resultados, llevar en la práctica el  proceso "mental" de mejoramiento y la gestión básica individual, tendrá gran parte de control para llegar al estado deseado y no llevar la vida donde lo lleve el viento. Ejemplos, un profesional de desarrollo de software que cambian de una empresa tecnológica a otra, inclusive a la competencia de la empresa donde estaba; manteniendo su labor en aplicaciones similares  del mismo sector y similares funcionalidades, pero con tecnologías diferentes, con el paso del tiempo, las mismas fallas de la aplicación de la primera empresa empezaron a surgir en la aplicación de la empresa actual; otro caso, profesional que lo han cambiado en varias áreas de la empresa, en el área donde laboraba se generaba diversidad de problemas; como hay profesionales por donde van, dejan éxitos en el camino, incluyendo cuando se cambia a otra empresa, como a otras áreas de la empresa, sube de cargo inclusive puede cambiar de profesión; y los profesionales en promedios tienden a mejorar al cambiar de empresa o de proyecto, porque selecciona mejor los trabajos según sus habilidades y competencias. Los cuatros casos anteriores de ejemplos, se presentan profesionales que trabajan o laboran aplicando la misma gestión personal, en los dos primeros casos repiten las mismas acciones y toma de decisiones en diferentes condiciones dando los mismos resultados; los dos últimos ejemplos hacen cambios de gestión personal dependiendo de diversidad condiciones o busca la condición adecuado para aplicar la misma gestión personal.

Las construcciones de las acciones en las gestiones de las personas, varían con respecto a otros criterios como culturales, el ambiente donde creció, la educación, la crianza en el hogar, lo espiritual y religioso, las experiencias; el individuo es un contenedor de información y conocimiento que ha adquirido durante toda su vida, alguno inclusive es afectado por la situación actual y las emociones que innovan sus actividades y en su gestión. Es importante que el proceso de creación tanto de la gestión como las actividades, se centra en el área a la que pertenece; en el caso de trabajo profesional, se debe definir en el contexto de la experiencia laboral y conocimiento adquirido en la carrera; con la economía es aplicar los conocimientos relacionados a esta, así sucesivamente, y un punto importante que se debe dejar las emociones a un lado, las emociones al principio es importante para la motivación, y otras emociones que se menciona anteriormente, pero debe escucharlo y estudiarlo de forma que tenga consciencia de la presencia y sus causas; pero no debe afectar la labor de la creación de acción y gestión, por ejemplo, si estas deprimido, y no se tiene conciencia de la situación emocional, las acciones y gestión estará impregnado de la depresión, se mantendrá un circulo vicioso donde la depresión se mantiene, y no se logrará de salir de ella; al contrario, si está deprimido y está consciente de esto, se debe crear y hacer acciones para salir de ella, pero con la mente separado a la emoción. No es fácil hacer esta separación, pero si se logra, el nivel de profesionalismo crecerá.

En caso de la ingeniería de software, un ingeniero debe gestionar con los diferentes procesos y modelos de desarrollos (convencionales, especializados y ágiles) descritos anteriormente y podemos aplicarlos como referencias con relación a la solución de un problema. Pero al seleccionar y aplicar cualquier modelo de desarrollo se debe considerar la gestión personal, como se puede vincular e inclusive realizar mezcla, reforzamiento, adaptaciones o analogía de las variedades de modelos de desarrollos, se recomienda iniciar con los descritos en este capítulo como PPS, CMM de personal, etc., y se tendrá una diversidad de gestión personal, esta gestión debe relacionarse y adaptarse a la característica de la persona (necesidades y competencias personales), luego al modelo de desarrollo que se trate en el desarrollo de software. En la metodología de desarrollo de software se encarga de estudiar la mayoría o todos estos modelos con base a las características de los proyectos y al personal que lo integra.

Descrito de forma general de las diferentes gestiones que engloba la interacción entre dos o más personas están contenidas en diversas literaturas del área, la gestión grupal envuelve como el individuo interactúa con las diferentes gestiones que se presentan en un proyecto, y su comportamiento en reacción tanto a gestión de proyecto como dentro de los procesos. El profesional como ingeniero de software en un cargo definido por la gestión o como profesional en diferentes cargos, el comportamiento y tomas de decisiones pueden estar definidos por las normas y conductas propias de cada rol, acompaña con el comportamiento social estándar dentro de la corporación o empresa; el formalismo dictado por los diferentes modelos de gestión y estudiado en las demás ramas de la gerencia. Pero en todo el comportamiento es impuesto por la gestión personal, con la particularidad de que cada individuo hace la diferencia en el rol, el cargo y la gestión que es responsable.

Dentro de su cargo en el proyecto, el ingeniero de software debe definir las actividades o planificar sus actividades para ser entregado al administrador del proyecto. El ingeniero debe definir las actividades que incluyen dentro de la gestión del proyecto como el proceso en los diferentes ámbitos y objetivos, actividades que en el plan esta diluido en ambas gestión, en este sentido debe abocarse en la interrelación de su superior inmediato y de sus compañeros de equipo para definir las secuencias y entregas, como recepción de los recursos necesarios para sus actividades, ordenar las secuencias de las actividades y negociar la interdependencia de su trabajo con lo demás integrantes del grupo o equipo. El profesional debe estimar tanto costo y programación de las actividades, que tenga un nivel alto de confianza en las estimaciones, mide su capacidad y rol de supervisor de sí mismo. Tener un control interno de los recursos entregados, sus usos con sus mediciones y control respectivo, el profesional debe tener un mínimo de conocimiento de administración de recursos. En sus actividades también puede encontrar riesgos o errores del producto a entregar, como en las actividades en los diferentes procesos y planificaciones, el personal debe saber planificarse y ser muy observador a las señales presentadas en sus actividades. En realidad estamos bajo un esquema de gestión individual con relación a lo demás, incluyendo a la gestión personal descrito en el próximo capítulo. Se genera tres grandes gestiones que el individuo que debe conciliar o manejar:

- Gestión personal (como persona o individuo). Autogestión.
- Gestión grupal (como persona relacionando a otra persona).
- Gestión organizativa (gestión de procesos y gestión de proyecto, relación interpersonal)

Esta realidad se manifiesta en los profesionales de esta carrera en cargos superiores de gerencia y presidencia, dentro del proyecto de desarrollo del software o como apoyo en otra área de la empresa. Por supuesto, mientras los cargos sean más elevados a nivel estratégico, el nivel de relación interpersonal se hace con más frecuencia, de forma contraria, mientras más operativo, la gestión se concentra en casi relación con la tecnología y menos con las personas.

Podemos tener una gestión personal muy elevada pero con gestión grupal muy deficiente, la diferente gestión puede generar conflicto entre sí, o lo mejor la combinación de ambas puede afectar tanto positivamente o negativamente en la otra gestión como el caso de la organizativa. Lo fundamental es basarnos en la gestión personal, que afecta a la gestión grupal y finalmente la organizativa. Si tiene una excelente base en la gestión personal, es seguro que la gestión grupal tiene que mejorar, de la misma forma, si tiene gestión personal como la grupal están bien gestionadas, podemos mejorar a nivel de la gestión de la organización. Una de las relaciones importantes de la gestión personal, grupal y organizativa puede crecer simultáneamente, una dependerá de la otra, y debe haber un equilibrio entre todas, dependiendo de esto, los resultados a nivel de gestión organizativa como la demás gestiones darán buenos resultados. Las organizaciones que tienen un nivel de gestión excelente para afrontar los retos de un proyecto de desarrollo de software, y el profesional no ha llegado a su nivel en las dos otras gestiones (personal y grupal), es difícil de mantenerse por largo tiempo porque la base es la gestión personal que sostiene esta gestión, pero hacer extracción, modificación, adaptándola o realizando aplicación idéntica a la gestión organizativa para las otras gestiones es válida en su proceder, y si tiene forma de medir los resultados es mucho mejor, se puede desarrollar las otras gestiones poco a poco, por ejemplo: caso de profesionales poco comunicativos o con deficiencias de comunicación, genera problema más a nivel personal que la profesional; esto afecta también el nivel organizativo, desde que no se mejore la forma de comunicarse tanto pública y privada, a nivel de las organizaciones será un problema. Escoger una gestión de mejoras continuas en el manejo de producción de software, donde al ubicar los orígenes de los problemas y hacer acciones para mejorarlas, la gestión podría resolver el problema de comunicación de la persona, puede que de resultado, esto depende mucho de las competencias personales que posea para mejorarse, por ejemplo: una persona de edad madura es difícil aprender un nuevo idioma, aplicando cualquier gestión de aprendizaje de idioma no funcionará, al menos, que la misma persona encuentre una gestión adecuado para que ella misma avance y progrese en el aprendizaje. Generalmente el tipo de gestión de aguas arriba, son procesos y normas que deben ser estándar en toda la empresa dictada por las altas gerencias; los posibles problemas estarán en aguas abajo.

La gestión personal es similar a la gestión grupal en las fases como en las actividades, pero la gestión personal depende del individuo, la diferencia de esta gestión es el cómo el individuo realiza comportamiento cuando hace relación o contacto con otra persona, las reacciones o respuestas de los estímulos entre ambas personas varían, son dos entes con independencias de criterios, personalidades y actitudes diferentes, que comienza un proceso de negociación entre ambas partes, a diferencia de la gestión personal en la negociación, la gestión grupal es más difícil, y depende de los individuos, no hay mucho rechazo en este sentido en la gestión personal. La gestión grupal entra en negociación ambas partes, junto a la gestión personal de cada individuo. En ambos extremos están la gestión personal y la gestión grupal de cada individuo, la gestión grupal del individuo negocia con su gestión personal y con el otro individuo al mismo tiempo. La gestión grupal es un nivel de madurez de la gestión personal del individuo. En la mayoría de las empresas y las organizaciones tiene guardado cada registro de los empleados donde describe el conocimiento en el área que labora, los cargos que han estado y la actual, es decir, un historial que al revisarlo tiene un perfil de la persona de cómo se gestiona en su vida privada y la profesional, poseen la información de las habilidades y competencias de cada persona, la personalidad como su coeficiencia intelectual en algunos casos. Algunas personas saben cómo es la gestión personal como la grupal, pero a veces el mismo individuo no lo sabe, a nivel de psicología como psiquiatría se detecta estas personalidades en los detalles de la información registrada. Esto permite estudio del comportamiento del individuo de cómo gestionar en su vida. Un ejercicio a los que ya están trabajando en las organizaciones es de verificar este registro y tener conciencia de los escritos, es una forma de tener conciencia y auto conocerse. Cada persona tiene un modelo de gestión tanto personal como grupal. En la actualidad para la selección de personal en las empresas se guían en un mayor porcentaje de las características humanas que gobiernan en la gestión personal como la gestión grupal, en el conocimiento del dominio del área o técnico entra en un segundo plano en las evaluaciones de aceptación en las empresas.

## 6.3.5. Una visión de la realidad

En la gestión personal como grupal se refiere a dos conceptos básicos que hemos nombrados, consciencia y conciencia, la diferencia es una "s" en las dos palabras a nivel de sintaxis, tienen el mismo significado en cierta circunstancia y en otro momento no lo es. Se refiere al objeto de estudio, si es el mismo individuo que se estudia, las dos palabras son sinónimos, pero si hablamos de consciencia es el conocimiento de sí mismo, de sus acciones, tomas de decisiones y reflexiones; es una capacidad de verse y reconocerse uno mismo, y la capacidad de juzgar sobre esta visión [Rae01, página 628]; la conciencia se refiere al conocimiento del bien y el mal, la evaluación interior de sus acciones y pensamientos; también como el acto psíquico por el sujeto que se percibe el mismo en el mundo; ver en el otro con lo que uno conoce, es el conocimiento reflexivo de las cosas, [Rae01, página 613]. La conciencia se diferencia de la consciencia, cuando el objeto de estudio no es uno mismo. Hablamos muchos de estas dos palabras, hasta los confundimos, este hecho es debido a que, al estudiar las conductas del humano en la gestiones que hemos mencionados, las relaciones entre ambas tiene el mismo significado por el momento, en el sentido de la relación del individuo en sí mismo (gestión personal), y la relación con otras personas o cosas (recursos de proyectos) del individuo en su gestión (gestión grupal), como actúa el individuo en esta área de gestión, todo se define con los actos y tomas de decisiones propio del individuo. En el fondo casi todo el tiempo no nos percatamos en el mundo donde vivimos, nos dejamos llevar por las situaciones y condiciones actuales, actuamos de forma reactiva de forma natural, no pensamos las acciones que realizamos, sino varios minutos o días después que nos damos cuenta de lo que se hizo.

Es importante tocar la psicología como la neuro-psiquiatría en estos dos conceptos y como reaccionamos ante el mundo, cómo reaccionan los individuos en el proceso de gestión en los proyectos de software, no estudiaremos con profundidad esta dos áreas de la ciencia humana, pero podemos acercarnos con las diversas visiones que el individuo representa la realidad, en esto hay cantidades de trabajos que se refieren en estas dos áreas del dominio del conocimiento. El punto de estudio es introducir en estas dos áreas, tiene como objetivo de definir el individuo como ser independiente dentro o no en el grupo de trabajo, tiene un nivel de gestión básica que podemos intentar de encontrar, esta gestión depende en parte de la conciencia de su realidad y la consciencia del individuo. De la visión del individuo del mundo exterior es la primera fase antes de tomar decisiones y luego los motivos de los actos, y finalmente los actos en sí. Iniciamos con la detección de la realidad que tiene una interpretación por el individuo, que se descubre en forma indirecta, este fenómeno originario tiene los siguientes factores según Juan Marconi [Mar01]:

- Uso de los sentidos de forma natural. El humano posee en teoría cinco sentidos naturales que permiten percibir el exterior. Es el papel de la naturaleza del cuerpo humano, no hay filtro mental.

- La conciencia del exterior. Es darse cuenta de lo percibido por los sentidos del mundo exterior. El cerebro detecta e identifica una realidad.

- Interpretación de la realidad. Basado en la experiencia del individuo, clasifica en su realidad conocida lo percibido del exterior.

Presenta una ordenación de la conciencia de la realidad:

1) Conciencia de la realidad del individuo. Compuesta por las dos siguientes conciencias que se traducen y dan como resultado el comportamiento del individuo ante la realidad.

2) Conciencia afectiva de la realidad. Experiencia en torno a los afectos. Es privada y subjetiva. Genera sentimiento dentro del individuo como resultado de la detección de la realidad en el exterior.

3) Conciencia cognitiva. El individuo intenta buscar una relación con el conocimiento de esa realidad. Genera críticas, juicios, análisis y confirmación de la información obtenida por parte de otro miembro de la sociedad [Mar01].

La realidad del individuo donde en la detección, análisis y acción a tomar son definidas por su formación, sentimientos, vivencia, cultura, educación, fe religiosa, experiencia, criterios y juicios. Existe un filtro entre la realidad pura en la naturaleza, y la conciencia de esta realidad captada por el individuo. El razonamiento que se puede llegar a dos grandes visiones de la realidad, y son:

- Mientras más conocimiento tenga el individuo, la realidad del individuo se acerca a la realidad pura, es la proporcionalidad del conocimiento con base fundamental a la realidad recibida, será más exacta la realidad si el individuo pueda llegar a nivel de sabiduría.

- La captación de la realidad, ante del proceso de análisis o interpretación, debe ser los más receptivos posibles, determinar que la realidad percibida sea una nueva experiencia antes de ser clasificadas o interpretada por el conocimiento del individuo. Tener conciencia de que existen nuevas realidades no vividas.

Hay una gestión personal que es muy natural, se identifica con el proceso de gestión en varios puntos que pueden reseñar con lo anterior descrito de la realidad y la conciencia; donde tener conciencia de la experiencia originaria de la realidad; es el disparador inicial donde el individuo define la realidad y lo enlaza en la resistencia con la experiencia de esta, vivencias anteriores, como es constante la experiencia presente; no da tiempo en crear y enlazar lo presente a todas las experiencias anteriores, es imposible, por esta razón el cerebro es muy selectivo en este sentido; busca inclusive patrones conocidos de realidades, donde presenta la ordenación de la conciencia de la realidad que gobierna la mayoría de la conciencia afectiva, es más natural y son más las experiencias pasadas que surgen o no esos afectos, los que se toma en consideración o predomina las experiencias pasadas que tuvieron un alto nivel de afecto, e inclusive de gran impacto en el individuo.

En la mayoría de los casos de la conciencia cognitiva con base a las experiencias previas de la realidad, en la conciencia cognitiva existen muchas formas de nutrir la visión de la realidad, de tal forma que se puede llegar al estoicismos, que es el dominio o fortaleza sobre la propia sensibilidad, relacionada a la Escuela de Zenón, el predominio del conocimiento y la razón. Si vamos más atrás con la realidad sensorial, que define los sentidos a nivel puro, sin interpretaciones, el individuo generalmente tiene el gran problema de, ver lo que quiere ver, escuchar lo que quiere escuchar, etc., por esta razón la realidad sensorial es bloqueada por la experiencia originaria de la realidad e inclusive en la resistencia o en la interpretación, la realidad sensorial es filtrado por el mismo individuo dando una visión personal. Otro punto importante en la gestión, es la confirmación grupal de la realidad por parte del individuo, que puede o no aceptar la realidad a nivel grupal, para apoyar la confirmación individual de la realidad. De alguna forma también existe un consenso de la realidad de un grupo social o por una cultural, no necesariamente es la misma realidad vista por otra cultura o sociedad. En la historia de la humanidad se ha demostrado en varias oportunidades, del comportamiento social por la visión de un hecho real o una realidad, que en ambos no fueron las correctas, la interpretación social de la realidad y la toma de decisión que resultaron con acciones erradas, según este concepto, la sociedad también se puede equivocar. La conciencia cognitiva se centra parte de la relación de la realidad de otros individuos, por la transmisión y enseñanza del conocimiento. El conocimiento puede provenir de diversas fuentes como histórica o con conocimientos del pasado y la forma de descubrirlo en el presente.

La visión de la psicología de la conciencia y consciencia relacionado a la emoción no está clara. La emoción es la alteración del ánimo intensa y pasajera, que acompaña de cierta conmoción somática [Rae01, página 883], la relación entre la emoción y la conciencia lo describe Diego A. León [Leo01], donde declara que existe una separación entre la emoción y la conciencia, afirmación definida por varios autores, pero hay un punto donde las emociones afectan a la conciencia, el problema radica en que no existe una relación entre las emociones y las sensaciones en investigación experimental, que no permite conectar la emoción con la conciencia; pero se presentan otros autores donde afirma que si existe la relación; el punto de la relación donde la emoción es requerido para la conciencia, el estudio principal, son los sustentos de varios autores, donde indican una de ellas, la conciencia tiene el procesamiento de información generados por las señales detectadas por el cuerpo, significa que existe una jerarquización de valores biológicos, sociales y subjetivos personales; y existen tres estados o función global en el procesamiento de información: el afectivo, "atencional" y el ejecutivo; donde el afectivo está relacionado con el atencional y el ejecutivo, que el ejecutivo conduce la representación global del valor.

Tanto Diego A. León como Juan Marconi presentan que el afecto y lo cognitivo tiene relación en la conciencia. Según Diego León, donde la parte más primitiva en el sentido de organismo biológico, el humano tiene evaluación afectiva para la adaptación y la supervivencia, la conciencia tiene que sentir de lo que pasa en su estado interno del organismo al ser modificado por el mundo. La emoción es la parte principal de la cualidad de la vida, que permite evaluar de forma subjetiva la realidad para sobrevivir al ambiente, la emoción provee a la cognición y a la acción del individuo, le dan la organización y dirección básica a la conciencia por medios de las emociones y las orientaciones cognitivo-afectivas [Leo01].

El individuo actúa en función a la conciencia, donde se relaciona con lo cognitivo y lo afectivo del individuo. Teniendo como base esta verdad en la rama de la psicología como en la neuro-psiquiatría, podemos definir que las acciones a ser ejecutados en toda gestión; sea personal o grupal, estas acciones están basadas por la conciencia e influenciada por las otras áreas (profesional, personal, etc.) que impactaron de gran o mediana intensidad, influenciada por el conocimiento de los diferentes modelos de gestiones y acciones pertinente para cada condición o estado del mundo que conoce. El individuo en una organización o empresas se centra mayormente en la educación y la práctica de la parte cognitiva, involucrando en el conocimiento tecnológico; en el uso de las herramientas, como también cursos para administración de proyectos; abarcando en el conocimiento en la gestión de personal y empresas, etc.; pero el profesional como la empresa descuida la otra área del conocimiento para una vida integral del individuo; lo que algunos emprendedores lo llama la rueda de la vida, que son características o parámetros que deben poseer valores como auto evaluación personal, y mejorar en ciertas áreas personales. Hasta cierto modo pierden el contacto con la realidad del mundo por la visión filtrada solo por la parte cognitiva o la afectiva. En parte, las consciencias de las personas tienen diferentes formas de organizar el mundo exterior, el individuo identifica y coloca valores, no solo identifica sino también jerarquizar los parámetros, asigna prioridad a los parámetros que posee el individuo con la realidad que percibe. Por supuesto la preocupación nos ha invadido, en que es una realidad donde no todos tenemos la misma visión de la misma realidad en un momento dado, existe una parte subjetiva de la realidad, que en estado normal de todos los individuos vemos diferentes, en personas con limitaciones sea afectivos o cognitivos, la realidad por supuesto será igualmente diferente para todos por otras razones. ¿Cómo identificar y describir la realidad pura?

Trabajar en grupo es importante llegar a un consenso o un punto de encuentro en la realidad que vemos como individuo o ser independiente, propio, absoluto, inequívocos de la realidad, por lo menos afectiva; con la realidad del individuo analítico, pensante, más amplio, razonado, intelecto y conceptualizado, de la realidad cognitiva; y relacionarlo con la realidad del grupo tanto en lo afectivo y en lo cognitivo. No es una tarea fácil, para el profesional de buscar y gestionar estás cuatros realidades que llevan en su conciencia para llegar a sus acciones y pensamientos, hay que coincidir también en la realidad del grupo en general.

Diversidad de visiones de la realidad conduce a un acercamiento para negociar con todos, desde lo individual afectivo y cognitivo personal como el grupal; la realidad de los demás en su gestión grupal. La realidad del individuo para que sea lo más exacta posible a la realidad pura, hay que recordar uno de los primeros preceptos de Descarte, buscar la verdad. Hay que estar consciente que se puede equivocar en recibir la realidad en nuestra conciencia y tener una realidad personal muy errada o acertada, porque depende de muchos factores que ya hemos mencionados anteriormente; sea la emoción o el afecto generado o padecido en el momento al captar la realidad, lo que se capta con los sentidos, se tiene una realidad parcial del mundo exterior, igualmente de todas las personas que recibieron la misma realidad, ¿cómo unificar todas las realidades individuales, o la verificación de todas las realidades individuales?, gestionar para que esta realidad sea lo más exacto a ser percibido por nuestro consciente. Sea en forma personal o grupal, toda gestión se hace una verificación o rectificación de lo que percibimos. Lo otro que podemos gestionar si es repetible para validar lo percibido. Para la gestionar la captación de la realidad y manejar la diferencia con la visión de la realidad interna del individuo, no solo aplica en las diferentes gestiones en el manejo de la realidad, también se aplican en las acciones y en las tomas de decisiones:

- Gestión de verificación de la realidad.
- Gestión de reproducir la realidad percibida (factibilidad).
- Gestión de medición o avance.
- Gestión a la auto realización (pirámide de Maslow).
- Gestión en lo simple.
- Gestión de premios.

**Gestión de verificación**, se centra en confirmar la realidad en nuestro consciente; nuestros sentidos tienen filtros por los conocimientos y los afectos (o emociones). Existen filtros que afectan los sentidos puros de lo que reciben del mundo exterior (pérdidas de las facultades de los sentidos), tener conciencia de ella y la interpretación personal de la realidad; en todo el proceso debe haber coincidencia o puntos de coincidencias, y puntos de diferencias, tener conciencia de la coincidencia es tener tantos los sentidos, el conocimiento y los afectos de lo que se percibe en el mundo externo, es base fundamental en todo análisis, las diferencias debemos buscar la razón, el ¿por qué? no están de acuerdos estos tres, y llegar a un acuerdo; tan simple como rechazar estas diferencias o investigar de estas. En el proceso de investigación puede que las diferencias se vuelvan en coincidencias con condicionales para que se cumplan o sean aceptados por todas las partes de la conciencia. Este ejercicio es simple que se puede aplicar todos los días, por ejemplo, al ver una noticia sea en el periódico como en la televisión, busque en otra fuente o canal la información de la misma noticia (otro periódico o canal informativo), ver que cada canal tiene una visión diferente como punto de similitud a la primera noticia que vimos, en indagar por internet la misma noticia u otra fuente como redes sociales, la diferencia se va incrementando; la realidad que desea saber es sacar factor común de todas las fuentes de la misma noticia, es decir, las coincidencias de todas las fuentes de información que aparece la noticia (verificando la fuente, hay noticiero que usa o se apoya de la misma noticia del primero que se mencionó la noticia, por ejemplo, en el caso de la televisora a veces toman la señal de otra) que tengan diferentes fuentes de origen, varios reporteros de varios canales informando el suceso al mismo tiempo, son de varias fuentes y son los más confiables en buscar las coincidencias; esto sucede porque cada persona interpreta lo sucedido, y la diferencia entre los detalles de una misma noticia pueden ser interpretaciones personales; aquí es importante separar los hechos en sí y las interpretaciones de los realizados por las personas que estén presentes cuando ocurrieron el hecho.

También es importante identificar si la información proviene de una persona presente en el hecho o no (que le informaron de lo ocurrido y re transmite lo sucedido); ¿a qué persona confía más?, a la persona que vio los hechos o a la persona que estaba a miles de kilómetros y narra lo sucedido. En caso de la noticia economía o política de un país, es recomendable identificar las fuentes y sus tendencias, es decir, leer tres periódicos mínimos de la misma noticia, uno que apoya al gobierno, otro que tiene tendencia opositora y una equilibrada o independiente, el ejercicio es lo mismo, la misma noticia con diferencias y coincidencias, créanle a las coincidencias, del resto son interpretaciones. Lo mismo sucede en las diferentes áreas del conocimiento, hay tendencias como ideologías en el área de la ciencia como natural y humana.

Buscar las coincidencias como mínimo en diversas fuentes, si son más numerosos es mejor; si desea ir más allá, investigue y analice las razones de las diferencias; verás la conciencia de cada tendencia o corriente. La investigación y análisis es importante, inclusive en el caso de que no exista coincidencia, el trabajo se hace más laborioso en encontrar la realidad. En el caso del profesional de esta área, debe confirmar sus sentidos, conocimientos, y afectos, se sabe que este último es difícil de cambiar; pero se debe negociar con el contacto externo con los demás, la gestión grupal, de coincidir la gestión de contacto con otras personas e inter actuar tomando la información o la realidad de los integrantes del grupo a investigar, realizar la gestión de las coincidencias como las diferencias, y buscar las razones de las diferencias. Tener sentido común es una gestión de verificación natural que aplicamos todos los días, en todo lo que recibimos de la realidad y lo que se realiza. Esta gestión puede que no se haga correctamente, pero los resultados de la siguiente gestión es que valida el trabajo realizado. Esto se aplica en n-versiones y bloques en la confiabilidad del software (capitulo 4.7). Lo importante es conocer que existe filtro que afecta en lo que se recibe del mundo e intentar de encontrar mecanismo de solventar la interpretación personal de la realidad.

**Gestión de reproducir**, estar consciente en ubicar el área de la ciencia donde sucede esta realidad; a veces sucede que la realidad aparece una vez en la vida y no se pueda repetir, generalmente sucede en la ciencia humana; si es en la ciencia exacta o que es predecible, la ciencia con esta realidad no hay forma de reproducir, entonces la ciencia no tiene conocimiento de esta realidad para ser demostrable y reproducible, ¡solo Dios sabrá!, la gestión debe considerar el estudio de riesgo, la factibilidad, el éxito o el fracaso al proceder en reproducirlo; la recomendación es usar los diferentes métodos de la ciencia que posee para demostrar su repetición, se debe apoyar con todas las herramientas disponibles en las manos y conocimientos. En el caso que se puede reproducir, usar las acciones para generar la misma realidad para poder demostrar su predicción a futuro de sus consecuencias.

Poder repetir el mismo hecho en el presente, se puede reproducirlo también en el futuro con la misma consecuencia, se dice que es predecible y repetible. La experiencia sirve en la adquisición del conocimiento y la utilización práctica en el futuro, esto es lo que hace la ciencia en los laboratorios. Para reproducir hechos es importante la buena interpretación de la realidad o tener la conciencia de la realidad, por esta razón, existen muchos analistas que interpretan sus realidades e intentan de interpretar y predecir (si es posible) lo que va suceder, lo más acertados son los que captaron correctamente la realidad, y poder asociarlo a los principios y leyes de sus áreas de conocimiento.

Sucede lo mismo en el proceso de gestión, las acciones que se hacen en el presente tienen consecuencias en el futuro, pero se debe tener una realidad individual la más cercanas a la verdad. Si en la gestión de reproducir, al inicio se detecta que está gobernado por un principio o ley conocido, es mucho más fácil su labor, ya que se basa en las leyes de causa y efecto, no lo dude en reproducirlo y se sabe el resultado en el futuro, esto permite validar el principio otra vez. Existen diferentes formas de hacer la repetición como: en forma mental (diferentes esquemas de pensamientos o ideas de los hechos como analogías, etc.) donde siguiendo la lógica de las acciones y condiciones iniciales basado por las leyes y principios, se encadena a los resultados deseados (expectativas); por otro lado, se hacen en una proporción pequeña o simple, repetir por escala menor, por ejemplo: las pirámides existente en el mundo, antes de construirlo se diseñaron a pequeñas escalas de la obra final, se encontraron maquetas o figuras a escala de pirámides en algunas de las excavaciones cercana a estas, con la misma edad de antigüedad de las obras; y por último de gestión de repetir es la experimentación controlada.

En la ciencia abarca el estudio del humano en la predicción del comportamiento dado ciertos estímulos, se definen en el modelo conductista; como demostración práctica de las ciencias teóricas definidos en la reproducción de la realidad. En la gestión de los profesionales en el área de desarrollo del software se valida con los prototipos, el prototipo posee todos los ingredientes de la gestión de reproducción, sea una idea, una falla, etc.

**Gestión de medición y avance**, consiste en tener en la conciencia de parámetros que se crean o se seleccionan para verificar el avance o progreso de algo, el desmejoramiento o simplemente estar en el mismo estado inicial. Determinar el estado inicial e ir a un estado deseado, debe tener identificado las características comunes de cada estado pero con diferentes valores, estos son los parámetros que deben detectar y seleccionar para la medición.

Si durante el proceso de desarrollo se detecta nuevos parámetros, bienvenido sea, hay que agregarlo y poder identificar el valor del parámetro en el estado inicial, si no se puede obtener, ni modo, se empieza en colocar el valor actual en el estado que son encontrados los parámetros y vigilar el valor en el estado en el futuro. En la gestión personal como grupal, podemos identificar como los parámetros afectivos (estados de ánimos dominantes individual o grupal), conocimiento, experiencia, posesión de cosas (casa, carro, capital, activo, etc.), competencia individual o grupal, ser (el mundo interior, control por el mismo individuo y libertad de cambio; por ejemplo, introvertido, sociable, etc.), felicidad, etc. Los parámetros son identificables con los estados a cambiar en el futuro, en el caso de gestión individual como grupal dentro de una empresa o institución, lo importante del individuo es el ambiente de trabajo, el salario y la tecnología (capitulo 1.15), donde se puede combinar con los parámetros de gestión personal como grupal, trabajar con tranquilidad y con ánimo, sentirse productivo, equilibrado con la vida privada, etc.

Algunos parámetros son controlables por el mismo profesional y otros no lo son; por otro lado, habrá coincidencia entre los parámetros de la organización con lo profesional, como otros que no interviene la empresa o la organización; estos últimos depende de cada profesional; existen también parámetros indirectos, que no son controlados directamente por el profesional o empresa pero si depende o inter actúan con los parámetros controlables como por ejemplo los cambios de las políticas económicas de la empresa o del país. En los parámetros se colocan valores generalmente cualitativos o cuantitativos, esto depende de la naturaleza del parámetro, y tener un mecanismo de medirlo en cualquier momento y validar los cambios.

Los parámetros que dependen de los valores que son favorables al profesional pero no son a la institución o a la empresas (grupo de trabajo); y viceversas, en este caso debe ser negociado el valor deseado por ambos, o el profesional simplemente debe buscar su mejora en otro lugar. La gestión con medición, puede suceder que sirva de marco de las alertas u observaciones, permite determinar riesgos o fallas, en el sentido de que los cambios sean paulatinos o evitar cambios radicales, en el sentido que los cambios en lo general debe ser poco a poco como se indica más adelante en la gestión en lo simple. Los parámetros como sus valores permiten identificar el avance, el mantenimiento o desmejora de la situación actual, la evaluación se realiza con la comparación de los valores anteriores o en la situación del pasado y el presente; con los registros de los valores se evalúan dos o más periodos del pasado si es necesario.

**Gestión de auto realización**, como se describen en párrafos anteriores, la gestión debe también tener conciencia a la escala de la pirámide de Maslow es afectada con las acciones; crear, modificar o eliminar acciones para cubrir necesidades básicas hasta la punta de la auto realización de la pirámide; lo ideal de la gestión es diseñar acciones que cubran dos o más niveles, si se cubren todas es mejor. Generalmente los grandes administradores, gerentes y líderes, sus acciones cubren la mayoría de los niveles de la pirámide de Maslow.

Gestionar en cubrir las necesidades de tu persona conjuntamente con la sociedad es el objetivo final. Si solo cubre lo personal, tarde o temprano no durarás en tu gestión grupal u organizativa, no solo el personal es importante, sino en los afectos y cognitivos (conocimientos) debe haber un equilibro y mejoras de todas las gestiones. Por ejemplo, la gestión en las negociaciones de ganar-ganar entre las partes, ambos ganan en todas las negociaciones. En el fondo o indirectamente está realizando acciones con buena moral, por lo menos para ti y a tu prójimo. Mientras se beneficie mayor número de persona en la sociedad es mejor. Esta gestión combinado con la gestión en lo simple permite siempre mejoras continuas. A los líderes lo llaman a veces estadistas, el individuo intenta con las tomas de decisiones y acciones cubrir de satisfacción y beneficio a un número mayor de personas. Para llegar a la gestión de auto realización, se recomienda ir de cada nivel a la vez de la pirámide de Maslow, cubrir completamente el nivel para subir al siguiente, cada nivel es la base del siguiente nivel, si no se tiene una base firme, tarde o temprano se caerán los niveles de arriba y solo quedarán intactos solo las bases firmes; y sobre estas bases pueden volver a construir.

**Gestión en lo simple**, hacer las cosas sencillas, simples y un paso a la vez, que sean corto. La filosofía Kaizen [Mau01] recomienda estos pasos; la gestión personal debe seguir esta recomendación porque la naturaleza humana rechaza el cambio y desea estar en su zona de confort. Todo depende de la consciencia y la decisión del individuo en irse al extremo con un cambio radical, pero es muy importante en una mejora de su estado inicial debe existir un cambio, sea por un cambio radical o un cambio paulatino. Lo general debe ser con cambios pequeños o acciones pequeñas para llegar a los resultados deseados. Cada persona se conoce a sí mismo, esta gestión varía dependiendo en cada persona. Mientras más se conoce el individuo, la selección va acorde a la persona con los diferentes modelos de gestión existentes, este será más exitoso. El objetivo final de todo, es la mejora del estado actual a uno deseado, no hay que olvidar mejorar la calidad de vida de uno y de la sociedad. En el capítulo de "lo simple" permite que el individuo trabaje o evite el rechazo en la interpretación de la realidad, aplicar cosas conocidas con pequeños cambios. Los cambios radicales se conocen muy bien el efecto en la realidad individual y lo que conlleva, el primer impacto es el rechazo del resultado, pero si tiene un conocimiento claro de la realidad y los sentimientos que producen, es otra forma de aprender; los cambios radicales tienen un proceso de adaptación fuerte a la nueva situación, adecuados a personas con adaptación rápida de cambios o que tienen experiencias. Mientras que la naturaleza humana por su seguridad se sitúa en su zona de confort, la inseguridad se produce en proporción qué tan alejado esta de la zona, el moverse poco a poco la inseguridad no será tan abrupto como los cambios radicales; y las adaptaciones son también pequeñas.

**Gestión de premios**, También podemos llamarlo gestión de reforzamiento, en el caso personal se debe tener conciencia que al final de todo logro, existe un proceso de pensamiento que se debe gratificar al individuo. La persona sabe si se logró o no su meta, primero se debe identificar la finalización del logro, debe tener en su lado afectivo una compensación, no solo en lograr el estado deseado como meta y objetivo, adicional, tener conciencia que puedes lograr más cosas en la vida, en la profesión o en otra área de la vida. En usar el mismo conocimiento y experiencia adquirida e ir a otra área en aplicar la misma gestión que desea tener cambios. Lo importante es el conocer el punto de finalización del logro, existe experiencia de personas que terminan pero no finaliza una etapa debido al mismo proceso de mejora continua, no queda satisfecho por el resultado y de nuevo rehace todo, donde puede llegar a un ciclo de no terminar.

Al finalizar el objetivo, debe gratificarse a sí mismo, no solo para levantar el ánimo sino de celebrar la nueva experiencia, también permite un reforzamiento para la disciplina de repetir el logro o en otros logros, no importa si se celebra con pocas cosas (simbólica) [Mau01, página 155] o en lo grande, por ejemplo, ir a la parte más alta de tu ciudad y ver desde arriba que el trabajo en el desarrollo de software, es usado por toda la ciudad o en el país, otros ejemplos, pasear en coche después de tu éxito, recorrer la ciudad por el camino más largo para llegar a tu casa, si es que disfruta el conducir el coche; o ir a un lugar que te guste a sola y pensar en lo que se realizó; o tan solo darse un tiempo en pensar en su puesto de trabajo; o solo invitar a un amigo(a) a tomar un café.

En cada paso dado con éxito debe haber pequeños premios, en todos los momentos del proyecto se puede aplicar, se recomienda luego de pasar un momento crítico del proyecto. Hay premios que son indirectos que no se aprecia a simple vista, el logro de un objetivo, e inclusive es afectado a dos o más niveles de la pirámide de Maslow, genera indirectamente a la empresa o institución el mantenimiento de su operatividad, de su existencia y por consecuencia la sustentabilidad de los sueldos de sus empleados; es una relación de ganar-ganar, la labor que se realice en una empresa para ganar una licitación o de un proyecto, y con el ingreso económico del proyecto puede mantener por meses o por años la tranquilidad contable y económica de la empresa, por supuesto la tranquilidad de cada empleado. El otro sentido personal, el premio implícito del profesional es la imagen, la imagen genera a nivel personal amplitud en otras empresas o institución en el caso de hacer cambio de rumbo en el futuro con la empresa actual. Por supuesto el premio mayor es el resultado del esfuerzo, el producto final terminado y la experiencia de vencer los obstáculos para llegar a la meta.

### Resumen de la gestión de la conversión de la realidad

En la captación de la realidad para que no exista distorsión, la gestión personal utiliza diferente proceso; se asume que la realidad al ser recibido por el individuo poseen filtros por las emociones y los sentimientos, mezclados con conocimientos dentro de la consciencia; las acciones y la toma de decisiones son afectadas por las emociones y los sentimientos del momento, varios autores e investigadores identifican la influencia de la ciencia humana en la gestión, donde existen dos puntos principales que considerar en la gestión: la captación de la realidad y crear acciones por las tomas de decisiones. Los filtros son minimizados por con el conocimiento, en identificar y catalogar las emociones y sentimientos, evaluar que sean positivos o negativos que influyen en los diferentes procesos que son vitales para la gestión personal, donde se encadena el comportamiento propio del individuo. La gestión y el comportamiento del individuo se estudia en otras áreas del conocimiento, se investiga el comportamiento del individuo en las empresas y en el ámbito profesional, por ejemplo: Programación Neurolingüística (PNL) que son aplicadas en las empresas y organizaciones; Comportamiento organizacional y desarrollo organizacional, en el estudio del comportamiento humano en las empresas y organizaciones; inteligencia emocional, etc.

Para captar la realidad lo más nítida posible en el consciente y tener conciencia de la realidad pura, todo sucede en la mente; luego aplicamos actividades con la gestión de acción; es importante reconocer que todos tienen una gestión de acción natural y personal; deben ser parecidas a las diferentes gestiones que se conocen en el mundo gerencial o administrativo; con base a la aplicación del conocimiento y la experiencia, o ir más profundo de las acciones que lo gobierna por la sabiduría. Por esta razón, existen numerosas escuelas o tendencias de gestión en el mundo, que se asemeje o no a nuestra gestión de acción natural, puede ser adquirido de forma inconsciente, aprendiendo de familiares o personas cercanas, o tan simple, las diferentes escuelas de gestión que le impactan en la formación profesional. El otro camino, la forma independiente que es aplicar gestión propia personal de acción, por el modelo ensayo y error, con la experiencia que han tenido que se afinan durante el proceso de la vida, es decir, con experiencias propias se deriva un nuevo modelo de gestión de acción. La gestión de acción es el resultado de la toma de decisión que se manifiesta en la realidad o en el mundo del individuo, son las acciones aplicadas luego de la toma de decisión.

Existen otras vías para construir la gestión de acción personal, pero cada uno tendrá en la conciencia de esta construcción de esta gestión. La visión de la gestión personal en esta diversidad de realidades posibles que permiten replantear los diferentes modelos de desarrollos de software en diversas óptica, por ejemplo; es como volver leer un libro después de varios años, la realidad de leer el libro en dos tiempos distintos, permiten ver la diferenciación de los sentimientos y conocimientos en dos momentos diferentes. Los planteamientos de cualquier modelo de desarrollo se vuelven en acciones definidos sin cambios en las realidades, pero si cambia cuando se realiza; en el sentido más humano con base a la conciencia del momento, por ejemplo, con un plano de una silla de madera, al construirla por dos carpinteros siguiendo el plano, las sillas se diferencian, sea porque los carpinteros escogen diferentes tipos de maderas, la terminación del trabajo o la diferencia experiencia de los carpinteros que reflejan sus trabajos. La diferencia cuando el éxito toca en los proyectos, proviene cuando la conciencia está presente en todo el proceso con el nivel de auto realización (conocimiento - sabiduría y sentimientos – bienestar de todos), con calidad del producto y calidad humana. Para la gestión de acción personal se cuenta con las herramientas y los conocimientos básicos dispuestos en este libro, herramientas y conocimientos especializados que están en los textos especializados y cursos en cada área del conocimiento, en las realidades descubiertas pero por descubrir en la realidad personal.

El siguiente tema es consecuencia de las definiciones de los planes o la planificación de los proyectos, de alguna forma se define las acciones futuras con posibles resultados conocidos. En toda gestión y administración se plantea esta misma definición de planificación o planes para el futuro, incluyendo la gestión personal. Se sabe que el futuro es incierto, no se puede predecir aún con la construcción de un plan excelente, pero se hace el intento, la probabilidad que estudia el futuro o predice el futuro no garantiza el éxito, ni tampoco el fracaso, depende de algo que el humano todavía no sabe. Es más cuestión de esperanza que predecir el futuro, pero hay que tener un plan de igual forma, es mejor que no tener nada. El predecir el futuro es en parte también ayuda en la planificación del éxito.

### 6.3.7. Predecir el futuro

Hay una diferencia entre el humano y el resto de los seres vivos que están en la Tierra, el humano posee un pensamiento abstracto donde otro ser en la tierra no lo posee, o no se conoce la existencia del ser que también lo posea, a diferencia de las realidades puras y naturales que tienen contactos todos los seres vivos. Esta abstracción permite tener una idea del pasado, del presente y del futuro. En la ciencia humana en área del psicoanálisis y de la educación, se encuentra varios autores de libros como Frederic Polak en "The image of the future", Banjamin Singer con "The future focused role - image", Viktor Frankl en su libro "el hombre en busca de sentido", se focaliza en la visión de futuro. Los tres autores por sus vivencias, como en las investigaciones realizadas, concluyen, que las personas con visión de futuro tienen éxitos, la visión de futuro de las personas proviene de su actitud (visión) positiva y con objetivos claros en su futuro. El individuo se hace responsable de su futuro, accionar (nadie lo hará por nosotros) y participar activamente, tener algo importante que realizar en esta vida. Como dice Joel Arthur Barker: "una visión de futuro sin acción es simplemente un sueño. Una acción sin visión de futuro carece de sentido. Una visión de futuro puesta en práctica puede cambiar el mundo". Para Joel Barker [Bar01] una visión de futuro exitoso debe contener los siguientes elementos:

*Primero*, la visión debe estar definida por los líderes. Las masas o el pueblo no define la visión, pero el líder debe escucharlo. El líder debe conocer y explorar más, tener un conocimiento más amplio y profundo de lo que escucha a la masa, también es el responsable de agregar y construir con varios elementos una visión de futuro coherente y convincente.

*Segundo*, la visión de futuro debe ser compartido a los demás. Tener un proceso de comunicación y entendimiento de sus seguidores para lograr el apoyo a la visión. Teniendo claro el objetivo trazado en la visión de futuro. Con tomas de decisiones y acciones correctas, la comunidad hace que la visión de futuro se convierta en realidad.

*Tercero*, la visión de futuro debe ser amplia y profunda. No solo se debe tener el objetivo general, se necesita el detalle exacto para que cada miembro de la comunidad se encuentre en la visión de futuro, para que cada uno pueda contribuir y participar en la visión.

*Cuarto*, la visión de futuro debe ser positiva y alentadora. Debe tener un alcance o límite a alcanzar, para pasar esos límites de forma desafiante, crecer y superarse a sí mismo. "Cuando creamos una visión es mejor pecar de grandioso que quedarse demasiado corto." [Bar01]

Como indica Viktor E. Frankl: "El hombre tiene dentro de sí ambas potencias; de sus decisiones y no de sus condiciones depende cuál de ellas se manifieste." [Fra01, Página 74]. El humano tiene definido su destino por algunas religiones, las religiones indican que está construido el camino, solo hay que recorrer el camino para llegar al fin último de la religión, la salvación, si te sale de ella hay castigo. Señales que indica donde existe visualización de lo que puede suceder en el futuro por cada persona, en este caso en el área de la religión. En otras áreas, entra en el campo de la fantasía y especulación.

Sabemos que el futuro está escrito, pero nadie lo ha leído, nadie puede predecir el futuro, pero de alguna forma, no todo se deja al azar, cada persona es responsable de cómo darle sentido a la vida, si está consciente de su existencia. Por esta razón, en la historia humana existe mucha forma en intentar de conocer el futuro, tanto en la ciencia humana en el caso por ejemplo, de Joel Arthur Barker con el resultado de su investigación, estudio y propuesta en una visión del futuro. No es el único, en la historia humana podemos encontrar muchos más autores y pensadores con el tema de predecir el futuro. En el lado de la ciencia exacta que es predecible, tiene su principal objetivo de intentar pronosticar el futuro, con las investigaciones, observaciones, estudios y con los métodos científicos, que sean demostrables y repetibles, afirmando en cuando se cumplen ciertas condiciones y accionando disparadores correctos, produciendo ciertos resultados conocidos por las leyes de causa – efecto, pero no solo en el ámbito científico, también humanístico, desde la escuela del comportamiento determinista, conductual, etc., hasta la filosofía entra en este tema.

Las dos ciencias intentan de alguna forma determinar el futuro que podemos trazar. En la ingeniería de software no se escapa de este tema, por un lado, una diversidad de modelos de desarrollos propuestos, como una diversidad de procesos que acompaña los diferentes modelos de desarrollos, intenta de una forma de predecir un futuro con un producto de calidad y que funcione llamado software. En las dos ciencias están impregnadas de este intento de no trabajar en vano y hacer un trabajo de calidad en las diferentes áreas de la ingeniería de software. La parte de la ciencia humana en la ingeniería del software toca en todos los temas, en la diversidad de gestión de proyecto y de procesos que involucra en el ciclo de vida del software. La ciencia exacta, natural o predecible, está envuelto en la base del diseño físico del software y todo lo que entra en el concepto actual de la tecnología, es decir, todo lo que hace funcionar un ordenador y su componente físico, donde se rige por la ciencia exacta, por esta razón, es más fácil en el sentido de predecir el futuro, repetible, utilizando o reutilizando las mismas acciones y las mismas condiciones, con las herramientas y componentes de la tecnología, que antes se obtuvo algún éxito; con la tecnología si se hace uso "correcto" se obtiene un futuro predecible, dejar que la tecnología por si sola trabaje, o  como indica los conservacionista de la naturaleza, que no exista intervención del humano en un bosque virgen, ella se comportará según las leyes naturales; similar como trabaja la tecnología. La parte más incierta en predecir el futuro son las acciones humanas en los procesos no tecnológicas.

El resultado final de la ingeniería del software es un producto que se usa, que repite los resultados con las mismas condiciones que lo precipitaron, es la idea más pura de la predicción del futuro, en un  producto llamado software que al ser usado en el futuro realiza lo que se programó. Pero recordamos, el accionar de la tecnología se produce por acciones y pensamientos humanos, en donde se puede identificar que existe una intervención de la ciencia humana en el proceso de la tecnología o técnica en el diseño. Por esta razón, se describe el trabajo de Joel Arthur Barker; con la similitud o analogía de lo planteado en este libro sobre la ingeniería del software donde otros pensadores y autores de la ingeniería de software intenta explicar, una ingeniería basada en la ciencia exacta donde tiene el enlace en la ciencia humana con la predicción del futuro. Se asemeja a los procesos  de calidad del software como gestión del proyecto en  base a la construcción de la visión de futuro. Las semejanzas se realizan cuando se replantean en leer las mismas líneas extraídas en Joel  Barker pero en el entorno del desarrollo del software.

Realizamos las semejanzas en los cuatros elementos de las visiones de futuros:

**Primero**. Los líderes son los que proponen la visión de futuro; se replantea en los líderes del proyecto como gerente de proyecto, gerente de administración y recursos de las empresas, donde se desarrolla el proyecto y el elemento que se debe adoptar para la construcción. El líder debe escuchar a su personal, equipo, experto y usuario, saber escuchar a todos con los sentidos activos para tomar conciencia de su entorno. Todos los individuos que integran el equipo de desarrollo se deben definirse como líderes, no solo en el concepto tradicional de la dirección del personal de las empresas, sino como individuo, cada persona es líder en su vida por ser el único que puede gobernar su destino, ser independiente como individuo y no depender de otro, control de su vida por lo menos, tener conciencia propia. Todos somos líderes de alguna forma, de la vida, de la familia, del área de trabajo, del departamento, de la empresa, de la comunidad local o estatal, del país o a nivel mundial. Cada integrante del equipo de desarrollo propone su visión de futuro en su área o responsabilidad dentro del proyecto, luego de escuchar a lo demás. Por ejemplo, desde los futuros usuarios en definir su visión de futuro del software hasta los arquitectos de software en los casos de tolerancias de fallas.

Los diferentes niveles de liderazgo que durante el libro se mencionan con el nivel de gestión (personal, grupal, etc.), permiten diferenciar las distintas escuelas de gestión, que determinan diferencias o no en los conceptos entre el líder y el gerente. En todas las escuelas al tener la visión de futuro, la diferencia entre el concepto de líder y gerente desaparece. Todos los integrantes del equipo, de alguna forma deben explorar en su respectiva área para profundizar en el tercer componente de la visión de futuro. Cada persona debe ser responsable de su área de acción tanto individual como en el equipo de desarrollo, y colocar cada individuo e incorporar sus componentes en el proyecto en los puestos adecuados (personal, rol en el proyecto o como gerente de proyecto), la diferencia que el individuo realiza su labor siguiendo al líder por convicción, es modus propios de asumir la responsabilidad y compromiso. En cambio, el gerente del proyecto es quien busca a la persona que asuma este rol, se dice en este caso, realiza su rol por obligación. Una buena práctica de gestión de proyecto, donde cada personal del grupo de trabajo defina su plan y ser entregado a la gerencia para verificar y planificar el plan total del proyecto, el experto de cada área del proyecto tiene que definir su plan, disponibilidad, compromiso y competencia, con acciones con tiempo de ejecución, esto es una forma de escuchar a la masa o a los integrantes del equipo. Por supuesto existe un nivel de madurez de compromiso y responsabilidad de todo para realizar esta acción.

**Segundo**. Lo vital de la comunicación dentro de un proyecto, desde cargos bajos en notificar sus planes y acciones a realizar, hasta el gestor del proyecto en comunicar a todas las direcciones, en transmitir el plan del grupo a todos sus integrantes y a las organizaciones que se encargan del desarrollo como a los usuarios. Permite confirmar los compromisos como el apoyo de todos en trabajar en conjunto como un solo bloque. Si todos están informados permiten tomar las mejores decisiones para el equipo. Cada persona tiene la visión del producto deseado a ser construido o a desarrollar (objetivos claros). Informa de alguna forma implícita de cómo se debe trabajar en forma individual como grupal para lograr los objetivos que son comunes para todos. Se debe aplicar la gestión de verificación combinado con una excelente comunicación entre todos los miembros del equipo. La comunicación es importante donde se basa el primer elemento de la visión de futuro; escuchar a lo demás para proponer una visión de futuro es una comunicación bidireccional para todos los integrantes del equipo.

**Tercero**. Descripción detallada y ampliada de todo lo que se ha realizado hasta el momento, manteniendo la simplicidad o sencillez de todo. Todos los pasos hasta el momento desde el análisis hasta el diseño físico, detallar más en cada paso que se avanza, hasta definir la tecnología que lo soporte. Los detalles se vuelven más profundos cuando se realizan la codificación y sus pruebas posteriores de cada componente. Cada miembro tiene definido la parte del proyecto que debe comprometerse a realizar por sus habilidades y capacidades. Se asume en que cada miembro es también un líder en su área y competencia dentro del proyecto, es responsable de su trabajo. La consecuencia de los dos elementos anteriores de la visión de futuro, es el refinamiento de los objetivos generales en varios objetivos específicos que se profundizan y el desarrollo en cada área del proyecto. Cada miembro por su capacidad y competencia del área específica, explota en detalle la visión de futuro general en la visión de futuro particular y detallado en cada área, donde el resultado aportará a la visión general.

**Cuarto**. La entrega de un producto de alta calidad, funcional y con todas las características que hasta ahora se han mencionados para desarrollar un software, es una forma alentadora y  positiva de ver las cosas. El otro punto crucial es la justificación del esfuerzo, donde en el diseño lógico y físico se presenta como fácil y sencillo de desarrollar, si se ve complejo, se debe seguir el refinamiento para separar y organizar hasta llegar a lo sencillo y detallado. Indica la construcción futura de cada componente donde será con poco esfuerzo y complejidad. La cantidad de línea de código de los programas se parece como una montaña que hay que construir, pero igual se debe comenzar, módulo a módulo, en algún momento se terminará. Las pruebas parecen no terminar, pero llegará también su fin. En todo el ciclo de vida del software desde su inicio, cada fase se proyecta hacia la próxima etapa, es una visión positiva que se puede alcanzar con refinamiento, no es garantía de cumplir y terminar la etapa actual, pero se construye el camino para llegar a la próxima fase. Es el camino que se debe recorrer teniendo la visión majestuosa en el inicio del proyecto, pero queda uno satisfecho al culminarlo. Cada fase del ciclo de vida del software se concreta y aparecerán nuevos límites y retos que hay que afrontar, ir más allá de lo requerido en cada componente, permite entregar un producto que cubre más allá de lo esperado. Recordando los requisitos estimulantes que pueden ser candidatos de ser la parte grandioso del software y no quedarnos cortos con nuestros sueños (requerimientos del usuario).

Es importante agregar que las visiones negativas son importantes como las visiones positivas en los proyecto. Las visiones negativas pueden utilizarse para evitarlas y recurrir a requerimientos que no permitan que ocurran o acciones para que no aparezcan en el proyecto, por el otro lado, utilizarlas en el proceso en la etapa de prueba, estas visiones negativas y positivas para comprobar la calidad del producto, de la misma forma en evaluar el diseño obtenido hasta el momento. La visión realista que se plantea en el proyecto es de la tecnología que soporta la visión positiva en contra de soportar la visión negativa. Por esta razón, los planes como diseños y la visión a futuro del proyecto deben ser con actitudes y características positivas. Entre las visiones positivas y visiones negativas se encuentra la visión realista, permite aprender de diversas visiones y considerar el uso de estas como herramientas de ver la realidad con diversas ópticas.

El diseño físico es la fase donde la tecnología debe ser mandatorio, la mayoría o todas las justificaciones deben ser basadas en principios de la ciencia exacta. Invita que intentemos que la ciencia exacta gobierne en esta y todas las fases que quedan en el ciclo de vida de software; las gestiones y los procesos en el ciclo de vida del software deben estar gobernados por lo que dicte la tecnología, el predecir el futuro de lo que se diseñe ahora tienen una garantía de éxito basado en una correcta selección de la tecnología.

El predecir el futuro a corto plazo de tiempo es más probable que predecir el futuro a largo plazo, todos se gestionan en la toma de decisiones de un estado actual. La probabilidad de éxito es mayor si se predice a corto plazo, a largo plazo la probabilidad de fracaso aumenta. Por esta razón, en colocar componentes pequeños, tareas pequeñas o simples, tiene una probabilidad de éxito que realizar componentes o tareas grandes. Hacer una maqueta a escala pequeña o un plano es más fácil de hacer que la obra en sí. Ver los problemas que se va presentar en las maquetas o haciendo la maqueta se determina en el futuro el problema pero a una escala mayor. Como indica Watts Humphrey [Hum01] en su libro en el proceso software personal en sus capítulos 2 y 3, la administración y el control del tiempo; con disciplina y el uso de anotación personal, en realizar mediciones de lo que se hace, la proyección en los cálculos de tiempos y los promedios, los tiempos mínimos como máximos de cada actividad, puede planificar a futuro, como el tamaño del producto, costos, actividades; indicadas en los capítulos 4, 5 y 6 de planificación de periodos y productos, y tamaño del producto; como también cómo administrar o gestionar el tiempo, colocando prioridad a las actividades. Watts Humphrey presenta una excelente forma personal de predecir el futuro a corto plazo en el manejo de proyectos de desarrollo de software. En caso de planificación del proyecto de mayor tamaño y de largo plazo, la base es la misma, pero con más controles de riesgo, alternativas de acciones como procesos más rigurosos que entran en el estudio de gestión y administración, como carrera y maestría. En predecir al largo plazo, se puede derivar o descomponer en numerosas predicciones a cortos plazos, con ciertos lineamientos entre ellas que contengan principios y acciones predecibles. La propuesta es estar consciente que tenemos capacidad innata de tener visualizaciones del futuro, por lo menos a corto plazo, no serán perfectas, pero con motivaciones, experiencias, conocimientos y acciones se puede perfeccionar a largo plazo. El control del futuro no es imposible, visualizar el futuro en el mundo exterior es difícil y no es exacto, pero podemos controlar y definir el futuro de nuestro mundo interno, si adquirimos este don podemos explorar el futuro del mundo exterior, luego podemos conectar ambos mundo, para visualizar el futuro.

# 7. Comentarios finales

*"El premio de una buena acción es haberla hecho."*

*Séneca*

## 7.1. Tendencias tecnológicas

En la historia de los computadores y el desarrollo del software, prevalece un crecimiento exponencial de los diferentes dispositivos (HW) donde opera el software, el avance se apalanca en el uso de las ciencias predictivas o duras, sobre todo en la electrónica. Con la creatividad del humano en cubrir y generar nuevas necesidades, con el objetivo de mejorar la calidad de vida de las personas. Se crean nuevos mercados y necesidades por las proyecciones que generan el avance científico; la exploración de nuevas áreas del conocimiento, tener nuevas formas o visiones de enfocar la vida. Con este empuje, el software intenta de ir al mismo ritmo que el HW, plantear nuevos procesos y métodos de desarrollos, diferentes modelos de gestionar los proyectos y los procesos que conforman en la actividad y acción humana. Esta última parte, involucra la ciencia blanda que está gobernada por la naturaleza del hombre, donde mantiene un ritmo constante del individuo al mismo ritmo del colectivo; generan en algunos individuos, pérdida de la esperanza en continuar, o buscar camino no adecuado para ir al mismo ritmo del colectivo; son los diferentes y diversos modelos de desarrollo que se presentan para ser usados en el desarrollo de software; con ellos acompaña una diversidad de gestión y administración. Pero es el mismo colectivo que genera la fuerza de mantenerse en esta constante lucha de búsqueda de la verdad; de buscar la perfección en el mundo y del mismo universo; hace que el individuo busque la forma de mantenerse en este colectivo, o por lo menos en ayudar en mantener a otro. Tanto en la ciencia dura y la blanda tiene como factor común el humano, puede existir una realidad colectiva errada o correcta, existe imperfección en ambos, pero es el camino a seguir que se conoce. Parece una ilusión, pero la ciencia blanda está como estancada, comparando con el ritmo de la ciencia dura que está muy alejada, pero no es una ilusión, es la esencia del humano como una abstracción que cambia poco a poco; incluso parece que la ciencia blanda es el freno de la ciencia dura, que evoluciona a un ritmo lento, pero siempre está al lado de la ciencia dura. Hace referencia del control y conocimiento externo del humano, del control que se desea y quiere predecir hacia el futuro de su medio; pero es el mismo humano que desea conocerse internamente, es el hecho de mantener las mismas actividades y acciones, como las tomas de decisiones que se hace en el siglo pasado aplicado en el presente; pero funciona, por el hecho del avance de la ciencia dura. Con la ingeniería del software se creará muchos más modelos de gestión y de procesos; pero si está claro que los modelos del siglo pasado se pueden aplicar hoy en día inclusive en las nuevas tecnologías con gran éxito; el detalle es saber aplicarlas y usarlas como las herramientas tecnológicas. Las estadísticas del siglo pasado como en este siglo en relación con los proyectos de desarrollos se han mantenido en proporción de éxito y fracaso, en el futuro no habrá mucho cambio, o la variación no será mucho, es por la misma esencia de no ver el problema o ver el problema con la misma óptica, las fallas son del colectivo en sí, en asumir las mismas razones de fracasos y no aplicar los correctivos que deberían ser. Para cambiar esta estadística, se debe enfocar en problemas más a lo interno que el externo, el problema del colectivo, el problema del individuo mismo que genera a nivel colectivo; uno mismo es el generador de las fallas o razones de fracaso de los proyectos, se debe intentar de superar y luego negociar de forma colectiva en llegar en establecimiento de acciones internas del grupo o del colectivo, los líderes y los administradores de proyectos son que lo tienen la gran labor, pero también lo tiene todos los ingenieros del software en propagar este cambio.

## 7.2. Las realidades del proyecto

Existen diversidad de realidades, pero la verdad es una sola. El ser humano tiene la realidad personal determinada por su naturaleza humana. El proceso de crear un software que determina el futuro con solo el introducir opciones y datos actuales, permite en el presente identificar que tan alejados o cercanos están los humanos de la realidad. El software es la creación de una realidad presente que se desea plasmar y reproducir en el futuro, repetir o reproducir los mismos resultados con las mismas acciones. El computador es el juez, que se encarga de juzgar la creación llamada software; el software es el resultado de todo lo que se realizó en los procesos, la gestión y las tareas asignadas; que define las realidades vistas por cada miembro del equipo de trabajo. Evalúa también la sinceridad individual de la realidad, qué hacer cuando se presente esta realidad en el futuro.

La predictibilidad del proyecto se basa en las ciencias blandas y duras, estas ciencias se apoyan en el método científico, este método que no cubre todo lo que existe en este universo, pero es el único mecanismo que hasta ahora se tiene y es lo que permite los avances del ser humano.

Los diversos cargos en los proyectos atienden a un nivel de abstracción, cada cargo es responsable de un nivel de abstracción, desde lo detallado hasta lo general, la abstracción con más detalle involucra la tecnología, la parte de la ciencia dura, mientras la abstracción general tiende a la ciencia blanda. Cada miembro del proyecto posee un liderazgo en su nivel de abstracción del proyecto. La mayoría de los éxitos son cuando se entrelazan todas las abstracciones de forma cohesiva, implica que el nivel de abstracción general debe ser empático y comunicativo con las abstracciones detalladas.

La gestión personal es muy propia de los individuos, es muy personal y no hay dos iguales, las tomas de decisiones como las acciones producen éxitos y fracasos, que son éxitos y fracasos relativos para el prójimo, similar a la recepción por los sentidos de las realidades, que en la mayoría de los casos concuerdan en los resultados y pocas ocasiones divergen, los éxitos de un individuo son a veces vistas por otras personas como fracasos y viceversa. El único resultado medible es la satisfacción, tranquilidad, felicidad y la paz de todos, solo con este resultado es catalogada como exitosa. La herramienta a utilizar lo que esté disponible en la mente y en las manos. Todos los procesos como conceptos de la ingeniería del software nombrado en este libro, permite ayudar de crear una lista inicial de herramienta disponible y parte del lector de seguir aumentando la lista para la gestión personal.

Toda gestión contiene un conjunto de gestiones cohesivas más particulares (modular) que interactúa entre todas, se presenta una jerarquía de control de una diversidad de gestión, a nivel corporativo como a nivel individual. Es un tema de disciplina de tratar todas las gestiones. La tendencia de los diferentes modelos de desarrollos actuales confirma el dominio de las características humanas adecuadas para integrar un equipo en el desarrollo de software. Como modelos de desarrollos clásicos se asoma la calidad de profesional y humano que se necesita para que los proyectos tengan éxitos, la tendencia actual de la contratación del profesional en base a estas características.

La tecnología es tan fiel y predecible, que se realizan con ellas cosas aberrantes y mal usos de ellas, y razones hay, porque existe humano y se mantiene en la faz de la Tierra. Existe un equilibrio natural de la ciencia blanda y dura en los proyectos, donde una buena tecnología permite sobrevivir a las empresas que hace mal uso de ella, la mala gestión en todos los sentidos de los proyectos, pero igual sale a flote la empresa por la tecnología; ahora ha de imaginarse de hacer una mala selección de la tecnología, y tener una mala gestión, no hay empresa que sobreviva para contarla.

La ciencia blanda esta durante todo el ciclo de vida del software, pero debe prevalecer los principios, leyes y normas de la ciencia exacta o dura, la toma de decisiones como las acciones debe prevalecer esta última. La ciencia blanda permite una diversidad de opciones, visiones y esquemas mentales, pero se debe basar en la construcción con las ciencias duras. Combinar las dos ciencias con sus principios permite la creatividad y diversidad de oportunidades. "Den, pues, al César lo que es del César y a Dios lo que es de Dios" Mateo 22:21.

# 8. Referencias bibliográficas

[Acm01] ACM. "Código de Ética de Ingeniería del Software" (2015). ACM. http://www.acm.org/about/se-code-s (12/06/2017)

[Alv01] Álvarez Álvarez, Carmen. "La relación teoría-práctica en los procesos de enseñanza-aprendizaje" 160871-593421-1-PB.pdf (http://revistas.um.es/educatio/article/view/160871/140871) (10/05/2017)

[Bar01] Barker, Joel A."El poder de una visión". http://www.grandespymes.com.ar/2011/06/05/el-poder-de-una-vision/ (15/08/2017)

[Cab01]  Cabero A., J. "Impacto de las nuevas tecnologías de la información y la comunicación en las organizaciones educativas.", (15/06/2002) http://tecnologiaedu.us.es/bibliovir/pdf/75.pdf, (Marzo 2005)

[Can01] Canal de Panamá. "Historia del canal" Canal de Panamá. http://micanaldepanama.com/nosotros/historia-del-canal/resena-historica-del-canal-de-panama/ (16/06/2017)

[Car01] Carnegie Mellon University. "Capability Maturity Model® Integration (CMMISM), Version 1.1" (Marzo 2002), http://resources.sei.cmu.edu/asset_files/TechnicalReport/2002_005_001_14039.pdf (14/07/2017).

[Cha01] Charette, Robert N. "Why Software Fail".(02/09/2005) http://spectrum.ieee.org/computing/software/why-software-fails (28/06/2017)

"Ciencias". https://es.wikipedia.org/wiki/Ciencia (06/06/2019)

"Ciencias Humanas". https://es.wikipedia.org/wiki/Ciencias_humanas (06/06/2019)

[Cle01] Clemente, M. La complejidad de las relaciones teoría-práctica en educación. *Teoría de la educación*, (2007). 19, 25-46.

[Cov01] Covey, Stephen. "Los 7 hábitos de la gente altamente efectiva". 1989. Primera Edición. Ediciones Paidós Ibérica. S.A. ISBN: 84-7509-835-5. España.

[Dav01] Davis, Gordon B. y Olson, Margrethe H. "Sistema de información Gerencial". 1989. 2da Edición. McGraw-Hill. ISBN 0-07-0115828-2. México.

[Des01] Descarte, René. "Discurso del método" 2003, Editorial Tecnos (Grupo Anaya, S.A.). ISBN: 84-309-3968-7. Depósito Legal: M. 17.134-2003. Madrid. España.

[Ele01] ElenRoss. "Sincronicidades, los momentos mágicos" Granmisterio.org. (06/06/2014). https://granmisterio.org/2014/06/06/sincronicidades-los-momentos-magicos/ (13/06/2017)

[Fen01] Fenandez S., L. (Junio 2000): "El futuro de la Ingeniería del Software o ¿Cuándo será el software un producto de la ingeniería?". http://www.ati.es/novatica/2000/145/luifer-145.pdf. (25/05/2017)

[Fra01] Frankl, Viktor E. "El hombre en busca de sentido". 1991. Duodécima edición. Editorial Herder S.A., Provenza 388, Barcelona. ISBN 84-254-1101-7. España.

[Fro01] Fromm, Erich. "El arte de amar". 1959. Ediciones Paidós Ibérica, S.A. ISBN: 84-493-0852-6. Depósito Legal: B-16.240/2002. Barcelona, España.

[Gar01] Garlan, David y Shaw, Mary "An Introduction to Software Architecture". (January 1994). .https://www.cs.cmu.edu/afs/cs/project/vit/ftp/pdf/intro_softarch.pdf (30/08/2017)

[Gon01] González de Luna, Eduardo. "El concepto de sentido común en la epistemología de Karl Popper" (2004). Universidad Autónoma Metropolitana Unidad Iztapalapa, http://www.redalyc.org/pdf/343/34309909.pdf (13/06/2017)

[Gua01] Guariglia, Oswaldo. "Bien, virtud y felicidad" (2003). (http://diposit.ub.edu/dspace/bitstream/2445/26035/1/565107.pdf) (29/05/2017)

[Has01] Hastie, Shane y Wojewoda, Stéphane. "Standish Group 2015 Chaos Report - Q&A with Jennifer Lynch".  (04/10/2015) https://www.infoq.com/articles/standish-chaos-2015 (28/06/2017)

[Hum01] Humphrey, Watts. "Introducción al Proceso Software Personal". 2001. Pearson Educación, S.A. Addison Wesley. ISBN: 84-7829-052-4. Madrid.

[Iee01] IEEE. "IEEE Standard Glossary of Software Engineering Terminology", IEEE, 1993.

[Iee02] IEEE. "Mantenimiento ISO/IEC 14764:2006". IEEE. https://www.iso.org/obp/ui/#iso:std:iso-iec:14764:ed-2:v1:en (06/09/2017)

[Iso01] ISO. "Portabilidad". (2017). Normas ISO 25000 Calidad del producto software (ISO 25010). http://iso25000.com/index.php/normas-iso-25000/iso-25010/27-portabilidad (25/08/2017)

[Kre01] Kremer, William y Hammond, Claudia. "¿Qué tan correcta es la pirámide de Maslow?". 03/09/2013. BBC Mundo. http://www.bbc.com/mundo/noticias/2013/09/130902_salud_piramide_maslow_aniversario_gtg (26/09/2017)

[Kru01] Kruchten, Philippe. "Editor's Introduction: Software Design in a Postmodern Era" (21/03/2005). IEEE Software. (Volume: 22, Issue: 2 ). Print ISSN: 0740-7459. http://ieeexplore.ieee.org/document/1407821/ (11/08/2017).

[Leo01] León, Diego A. "¿Es explicable la conciencia sin emoción?: una aproximación biológico-afectiva a la experiencia consciente". (Agosto 2006). Universidad Nacional de Colombia. Revista latinoamericana de Psicología.
http://pepsic.bvsalud.org/scielo.php?script=sci_arttext&pid=S0120-05342006000200009 (18/07/2017)

[Mar01] Marconi, Juan. "Un modelo teórico de la conciencia normal de realidad" (abril 2001). Departamento de Psiquiatría y Salud Mental, Campus Sur, Facultad de Medicina, Universidad de Chile. Revista chilena de Neuro-Psiquiatría
http://www.scielo.cl/scielo.php?script=sci_arttext&pid=S0717-92272001000200009 (18/07/2017)

[Mau01] Maurer, Robert. "El camino del Kaizen, Un pequeño paso puede cambiar tu vida". 2006, 1ra. Edición. Ediciones B, S.A. Javier Vergara Editor Bailén. Barcelona, España.

[Per01] Pérez, Raúl C.. "La Teoría de la Relatividad, La Mecánica Cuántica, La Eternidad y otras Temáticas…"
Pérezhttp://www.edutecne.utn.edu.ar/dinam_atmos_et_al/Cuestiones_de_la_Fisica.pdf (24/04/2017)

[Pre01] Presmman, Roger S. "Ingeniería del Software. Un enfoque práctico". 2010. Séptima edición. McGraw-Hill Interamericana editores, S.A. ISBN: 978-607-15-0314-5. Impreso en México.

[Pre02] Pressman, Roger S. *Ingeniería del Software. Un Enfoque Práctico*. 1998. 4ª edición. McGraw-Hill Interamericana. ISBN: 84-481-1186-9. España.

[Rae01] Real Academia Española. "Diccionario de la Lengua Española". Vigésima Segunda Edición 2001. ESPASA.

[San01] Sandoval Caraveo, María del Carmen. "Valores morales desde la visión de estudiantes universitarios" (10/07/2013). (http://publicaciones.urbe.edu/index.php/REDHECS/article/viewArticle/2663/4102) (12/06/2017)

[Som01] Sommerville, Ian. "Ingeniería de Software". 2002. 6ta edición. Pearson Educación. Addison Wesley Publishers Limited. ISBN: 970-26-0206-8. México.

[Sto01] Stone, Debbie. "User Interface Design and Evaluation". 2005. Elsevier Inc. ISBN: 0-12-088436-4. Estados Unidos de América.

 [Tan01] Tanenbaum, Andrew S. "Sistemas operativos modernos". 2009, Tercera edición. PEARSON EDUCACIÓN, México, ISBN: 978-607-442-046-3

[Upv01] UPV. "Grupo de trabajo VS Equipo de Trabajo". Universidad Politécnica de Valencia. Vicerrectorado de Deportes. www.upv.es/eestiu/mtl/Introduccion.pps (10/07/2017)

Libros de la serie tecnología por dentro:

- "Redes informáticas: protocolos de comunicación, protocolo de aplicación y software".

  Safe Creative: 1808138039393

  ISBN-10: 1718136366;

  ISBN-13: 978-1718136366

- Gestión de proyectos informáticos para la adquisición de nuevas tecnologías (Próximamente y sin título).

www.ingramcontent.com/pod-product-compliance
Lightning Source LLC
Chambersburg PA
CBHW080547060326
40689CB00021B/4775